当今世界
全球化的毒品问题已对人类的生存
和发展构成重大威胁

Afghanistan Drug Issue and Regional Security

阿富汗毒品与地区安全

杨 恕/宛 程◎著

时事出版社

前　言

阿富汗毒品和与之相关的地区安全问题一直是一个热点问题。从1979年苏联入侵阿富汗至今，阿富汗的罂粟种植和相关的制毒、贩毒活动开始激增，并在20世纪90年代的内战中达到了第一个高峰。2001年多国部队推翻了塔利班在阿富汗的统治，但毒品问题并没有得到有效的解决。更为严重的是近年来这一问题呈恶化趋势，无论是罂粟种植面积还是种植范围都在扩大，制毒、吸毒屡禁不止。不仅如此，毒品问题还和军阀、地方部族势力、难民，甚至是跨国犯罪集团交织在一起，成为对地区安全产生极大破坏的重要因素。

阿富汗毒品问题在形成和不断恶化的过程中具有以下几个特点：一是阿富汗主要以生产鸦片类毒品为主，且自身消耗低；二是阿富汗毒品在恶化过程中有国际贩毒集团的参与，并起到了重要作用；三是阿富汗毒品问题至今没有得到有效的解决。这个问题形成的根本原因在于阿富汗始终无法形成一个对内具有较强控制能力的政府，地方势力的存在使阿富汗的毒品种植和生产得到了有效保护，同时也使禁毒工作遭遇了极大的阻力。此外，阿富汗较为悠久的毒品滥用使当地形成了认同度较强的毒品亚文化，这也为阿富汗人从事相关的制毒、贩毒和吸毒活动提供了心理文化基础。

虽然自阿富汗重建以来国际社会在阿富汗进行了不同领域和层次的禁毒工作，但其制毒贩毒的土壤环境依然存在。同时，在多国部队从阿富汗全面撤军后，毒品问题的变化趋势同阿富汗安全局势仍有着极高的关联度。中国是阿富汗的邻国，也深受阿富汗毒品问题的困扰，不仅如此，中国的“一带一路”战略的有效实施需要一个和平稳定的阿富汗，只有如此，才能为“一带一路”的建设提供一个理想的环境。

本书是国内第一部关于阿富汗毒品与地区安全的专著，其内容对地区安全、世界毒品问题研究、中亚和俄罗斯的毒品问题、中国与阿富汗的关系、上海合作组织参与阿富汗重建等问题的研究提供了有益的参考。

本书的主要内容分为六章：

第一章主要介绍阿富汗毒品的历史成因。本章特别指出的一个重要问题是阿富汗毒品问题的恶化源于苏联对阿富汗的侵略。在很长一段时间内，阿富汗并不是一个传统上的罂粟种植国，毒品加工厂在很长时间内都能得到有效的控制，毒品滥用在阿富汗也不是十分严重，更不用说跨出阿富汗的国门对世界产生严重影响。20 世纪 60—70 年代美国的禁毒政策对世界毒品市场的重新洗牌产生了很大的影响，尤其直接影响了西南亚阿富汗的重要邻国土耳其、伊朗和巴基斯坦的罂粟种植和鸦片产量，但阿富汗依然没有成为毒品泛滥的国家。但是，1979 年苏联入侵阿富汗对阿富汗转变为毒品生产和走私大国产生了决定性的影响。之后，阿富汗经历了军阀混战和塔利班的统治，毒品问题不断恶化，阿富汗也沦为了国际恐怖主义大本营、毒品生产和走私，以及国际难民潮的策源地。

第二章梳理了重建后阿富汗毒品问题的发展趋势与各地方势力的关系以及对阿富汗重建产生的影响。阿富汗重建后，毒品问题不仅没有随着阿富汗重建的开展而得到有效遏制，反而进一步恶化。具体表现是罂粟种植的情况屡禁不止，吸毒、贩毒问题持续恶化。在重建过程中，虽然阿富汗政府也在国际社会的帮助下制定了一系列禁毒措施，但是毒品问题的严重性依然对阿富汗的各方面重建产生了诸多的负面影响。这里着重分析的是阿富汗毒品与地方势力的关系，正是这种纽带的存在，致使阿富汗毒品的相关犯罪得到了有效的保护，从而加大了解决这一问题的难度。

第三章主要对阿富汗毒品流向世界的三条主要路线进行梳理和分析。在世界范围内，人们滥用的毒品主要有四大类，主要包括鸦片类毒品、大麻类毒品、可卡因类毒品以及苯丙胺类毒品。根据生产毒品类型的不同，在世界上也形成了三大毒品生产地。而位于阿富汗、伊朗和巴基斯坦三国接壤处，因形状似新月，而被称为金新月地区，就是鸦片类毒品的主要生产地。阿富汗毒品流向世界，主要通过向南、向北和向西的三条路线。南线的主要路线是毒品经由阿巴边境进入巴基斯坦，再经海路运往欧洲；北线主要从塔吉克斯坦和乌兹别克斯坦过境，流经中亚其他国家进入俄罗斯，最终进入西欧；西线主要由伊朗过境，进入高加索和巴尔干地区最后进入西欧。

第四章主要介绍了阿富汗毒品问题对中亚地区安全的影响。中亚五国自身也有较为悠久的毒品滥用历史，这一问题至今仍然较为突出，这就决定了中亚国家不仅作为重要的毒品集散地和中转站，也是阿富汗毒品的消费者。在阿富汗毒品走私的过程中，国际贩毒集团、族裔犯罪集团、恐怖主义组织以及跨国活动的难民都发挥了作用，而中亚政府官员的腐败则进一步助推了毒品问题在该地区的恶化。

第五章主要介绍了国际社会在阿富汗的禁毒工作，该项工作取得的成绩以及不足。为了解决阿富汗毒品问题，国际社会在阿富汗开展了不同形式的禁毒斗争。就这些在阿富汗开展禁毒斗争的国际行为体的地域范围来说，有全球性的国际组织如联合国开展的禁毒斗争，也有区域性组织如北约、独联体安全条约组织以及上海合作组织开展的禁毒斗争，以及单个国家开展的禁毒工作，如美国或阿富汗周边国家开展的关于禁毒斗争的合作。美国的强制铲除战略以及联合国的替代种植战略都在禁毒工作中取得了一定的成绩，但由于毒品问题本身的复杂性以及禁毒合作中各国禁毒理念的不同等原因，国际禁毒合作依然面临着困境。

第六章重点分析了未来对阿富汗毒品问题产生影响的种种因素。未来阿富汗毒品问题的走势不仅会受市场因素的影响，也会受到多种非市场因素的干扰。在市场因素中，鸦片类毒品的利润、相似产品的价格以及使用人数、毒品走私中的风险成本以及其他内部消耗成本都是影响阿富汗毒品问题走势的重要市场因素。而在非市场因素中，阿富汗毒品问题走势还会受到阿富汗的毒品文化、阿富汗独特的经济环境、安全力量的重建、贩毒集团的参与以及其他因素的影响。而在非市场因素对阿富汗的影响中，阿富汗未来局势的发展无疑将成为对阿富汗毒品问题走势产生最大影响的因素。以目前的状况来讲，无论从市场因素的角度还是从非市场因素的角度，未来阿富汗的毒品走势都令人感到不乐观。由于一系列的因素都引导着阿富汗毒品问题朝着不好的方向发展，阿富汗未来的局势又极有可能重新回到军阀混战的局面，所以阿富汗的毒品问题存在着进一步恶化的可能性。

目　录

第一章　阿富汗毒品的历史考察

阿富汗并不是一个传统上的罂粟种植国，毒品加工厂在之前很长时间内都能得到有效的控制，毒品滥用在阿富汗也不是十分严重，更不用说跨出阿富汗的国门对世界产生严重影响。20 世纪 60—70 年代美国的禁毒政策对世界毒品市场的重新洗牌产生了很大的影响，尤其直接影响了西南亚阿富汗的重要邻国土耳其、伊朗和巴基斯坦的罂粟种植和鸦片产量，但阿富汗依然没有成为毒品泛滥的国家。但是，1979 年苏联入侵阿富汗对阿富汗转变为毒品生产和走私大国产生了决定性的影响。之后，阿富汗经历了军阀混战和塔利班的统治，毒品问题不断恶化，阿富汗也沦为了国际恐怖主义大本营、毒品生产和走私以及国际难民潮的策源地。

第一节　大麻、鸦片与阿富汗

阿富汗传统上种植的毒品是大麻，大麻在阿富汗的生长已经有了上千年的历史。大麻不仅生长在阿富汗，在世界上大部分温带和热带地区都有分布。在植物学上，大麻分为纤维型和毒品型两种。大多数大麻都不含有任何有毒成分，这就是纤维型大麻。大麻又俗称“火麻”，它的茎皮纤维可以制成绳，也可以织成麻布，所以大麻又被称为“线麻”。大麻在植物学中属桑科，是一种极为强韧和耐寒的一年生草本植物。大麻的株一般高 1—3 米，它的茎直立生长，具纵沟，颜色为灰绿色，有短的绒毛，纤维含量很高。它的叶子为掌状互生或下部对生，小叶披针形或条状披针形，边缘有粗锯齿，叶柄长 4—14 厘米。大麻的花为复单性，雌雄异株。雄花絮为长而疏散的圆锥花絮，雄花有五片花瓣、五个花蕊，雌花花絮为短穗状，每朵花外面有一个卵形包片，一个花被片，花被片为膜质，紧抱着子房。大麻的瘦果扁卵圆形，光滑而有细网纹。

在阿富汗生长的可以制毒的大麻属于毒品型大麻，它是印度大麻的一个较为矮小、多分枝的变种。这种大麻的原产地在印度，现在在地球上热带和温带的广大地区都有生长，所以它对土地和气候条件的要求比较低，极易成活。在阿富汗野生大麻很常见，但后来也逐渐被农民所种植，经过长期的劳动经验，阿富汗农民已经获了较高的大麻栽培技术。虽然，大麻的成活率极高，但农民们知道合适的栽培技术会增加大麻的产量。首先，他们会给准备种植大麻的土地施足肥料并对土地进行深耕，之后再整平就可以播种了。然后农民会仔细检查种子中有没有蛀虫或掺有杂草，如果有，农民会用筛子对这些东西进行清理，这样会提高种子的发芽率，从而提高产量。一般大麻较为喜温，最为合适的播种温度是昼夜平均温度为8℃—10℃，所以一般阿富汗大麻的种植时期在春季。当种子播下后，只要进行适当的浇水、追肥和除草就可以保证大麻的收获。由于大麻是雌雄异株植物，而雄麻的成熟一般要比雌麻早30天左右，所以大麻的收获相当讲究，如果收获时间把握不准，很容易对大麻的质量和产量产生影响。一般是先收获雄麻，收获的恰当时间是雄麻花凋萎时。

在人类历史上，无论是被作为经济作物来栽培还是作为药用，大麻在很早就被人类所使用。据记载，公元前5世纪斯基泰人已经开始把大麻种子当作麻醉品来使用，他们的部落会围坐在火堆边，将大麻种子放在火堆中燃烧，他们闻着大麻种子燃烧所产生的烟雾，在这些烟雾的作用下，进行神秘的体验，并在这些体验的催动下尽情地歌唱舞蹈。

大麻能够被当作麻醉品来使用主要是它所富含的一些生物碱在起作用。这些生物碱来自大麻树脂，而大麻花枝上的顶端、大麻的叶子、种子和茎中都含有大麻树脂。在大麻树脂中能够提炼出一种叫作四氢大麻酚的油状、非水溶性液体成分，这种成分在大麻中含量越高，大麻作为麻醉品发挥的作用就越强。此外，将大麻原植物放在溶剂中，再过滤出一些植物内含物质，然后再将溶剂除去，就可以得到大麻浓缩物，即被称为“哈希什”的东西，这种物质的毒性极强，所含四氢大麻酚是大麻叶的数百倍。

大麻在很早就被人们证明具有很高的药用价值，同时其毒性也被人们所认识。中国古代著名药典《本草纲目》中就有大麻有毒的记载：“麻，辛平有毒，多服令人见鬼狂走。”① 随着现代医学的不断发展，大麻的毒性被进一步所确认。

与大麻不同，鸦片的原生植物罂粟并不是阿富汗的传统种植作物，但罂

① 关于《本草纲目》对大麻的描述，参见李时珍《本草纲目》，北京：人民卫生出版社，1979年版，第1444—1453页。

粟在世界其他地方的生长范围也同样十分的广泛。作为制取鸦片的主要植物，罂粟属于罂粟科，是一种一年生或两年生的草本植物。罂粟的株一般高60—100厘米，经人工培育后可以长到1.5米。它整株光滑无毛，具白粉，有白色的乳汁。茎为直立，没有分支。茎下部的叶有短柄，上部的叶无柄，叶为长圆形，叶的边缘曾羽状分裂或有不规则的锯齿。罂粟的花为单生，生在顶部，一般长有长梗。花蕾时常下垂，开放时直立，有大而美丽的花，一般直径8—10厘米，有绿色萼片2枚，早落，花瓣4枚，一般为白色、粉红色或紫色。罂粟的果呈长椭圆形或壶状，直径为4—6厘米，果在未成熟时为绿色，成熟后则变为黄褐色或淡褐色，平滑，具纵纹。罂粟的种子很小，多数为肾形。

罂粟是一种十分抗旱耐寒的植物，以至于它可以在不同的气候条件下生长。但如果作为收获鸦片的用途，则对气候、土壤和降水都有一定的要求，例如，种植鸦片地区的年平均降水量最少要达到38厘米。而降雨量太大对罂粟的生长很不利，尤其是在罂粟生长初期的30—90天内过多的降雨会减弱罂粟生产鸦片的能力。① 罂粟最适宜的生长环境是温带，这里温暖而湿度低，在罂粟生长的早期没有太多的降水，这样罂粟就具有较高的吗啡含量。生长在阿富汗的罂粟与长期生长在伊朗和巴基斯坦的罂粟同样属于罂粟的一个南部属，它的生长需要一个干燥温暖的环境，生长期不能很长。罂粟对温度的要求比较高，一般需要每日3℃—6℃的积温，最好是每日要有12小时阳光的照射。此外，罂粟对土壤也有一定的要求，不是所有的土壤都适合罂粟的种植，在有些土壤中即使罂粟可以成活，也会影响它的吗啡含量。例如，粘土就不适合罂粟的生长，它本身的水分很多，如果下过一场雨后，粘土会存积太多的雨水，罂粟在这种环境下就会很快枯萎。一般情况下，在适当的土地上加以适当的耕作更利于罂粟的成长，因为在罂粟生长的初期，它的根比较脆弱，还无力在土壤中伸展。

每年12月到第二年1月是阿富汗鸦片的种植季节。在这两个月内，一般妇女和儿童都要在田地里锄草、锄地和翻土。罂粟的种植是一项需要大量劳动力的工作。在罂粟种子发芽后，到了第二年的3月或4月，罂粟的茎一般可以长到60厘米。然后就到了罂粟开花的时期。罂粟花的寿命很短，一般只有2—4天。花瓣凋落后，罂粟的蒴果就会长出来。到了4月中旬，就是鸦片农

① 马丁·布思著，任华梨译：《鸦片史》，海南出版社，1999年版，第3页。

收获鸦片的时候。

鸦片是罂粟的初级产品，这种天然的麻醉品的收获技艺在很早就为人们所掌握。公元70年生活在阿纳扎布斯的迪奥斯科里斯在医学史上极富盛名的《药物学》一书中就有对鸦片收获技艺的描述。在迪奥斯科里斯的著作中，他这样描述道："绘出他的收割乳胶的方法并无不当之处；有些人在把罂粟荚和罂粟叶搅拌在一起之后，用压榨机把乳汁压出来，并捣成泥灰，再制成药膏；这种药物叫作罂粟汁，比起乳胶的药性要弱，但是当提取乳胶时，人们必须等露水蒸发后，用刀子在外壳上划一个星状的轮廓，以便切口不要进入罂粟的荚的里面，在荚的侧面靠上部位划入一条直线，用贻贝壳来接滴下的罂粟汁，过一会儿再转向该罂粟荚就会发现另一滴凝结的罂粟汁，第二天还会再发现另一滴凝结的罂粟汁；这时必须把罂粟汁搅拌成灰浆，在把它制成锭剂之后就贮存起来。在割荚取汁的时候人应该尽量站远，免得罂粟乳胶沾到衣服上。"①

现代的罂粟收获和鸦片的采集与2000年前迪奥斯科里斯所描述的并没有太大的差别。现在，除了在收获鸦片的工具上比起2000年前有稍许进步之处外，整个收获的过程并没有发生大的变化。鸦片的收获是一项劳动密集型的工作，只能由烟农来手工操作。与古代鸦片收获稍有不同的在于，现代烟农在收获鸦片时一般会使用一些专门的工具（而即使是在现在，孟加拉烟农在收获鸦片时依然习惯使用一支锋利的贝壳，并用这些贝壳来切割罂粟的蒴果）。这种工具是一把专门的刀，由几个平行的刀片装在一个把手上组成。切割蒴果也是一项技术活，在蒴果上的切口要恰到好处，以便最大程度地接收从蒴果中流出的汁液。如果切口过深，不仅会使汁液流得太快而来不及接，从而造成浪费，而且会伤害蒴果内部组织，阻碍种子发育。如果切口过浅，则会使汁液流得太慢从而影响劳动的效率。采集鸦片的时间也因不同地域而有所不同，一些地域会在傍晚时进行，因为罂粟会在晚上自动分泌出鸦片来，而有些地域则会选择在晌午进行，经过太阳的强光照射后，也会流出鸦片。无论是选择什么时候收获鸦片，都是为了最大程度地提高劳动效率。在阿富汗，烟农一般会把采集好的鸦片放在罂粟的较为低一些的叶子上晒干。

鸦片采集结束后，就是烟农制作熟烟土的过程。刚从蒴果中分泌出的鸦片是白色液体，这种液体在接触空气后会氧化从而变为暗棕色的有粘性的稠

---

① 罗伊·波特、米库拉什·泰希主编：《历史上的药物与毒品》，商务印书馆，2004年第1版，第31页。

状物质。首先，烟农会把这些胶状的生鸦片拿到太阳下进行暴晒，经过自然的蒸发后，鸦片会变成蜂蜡似的暗棕色物质，由于这时的生鸦片比较柔软烟农就把鸦片捏成球状或块状加以贮存。经过一段时间在阴凉干燥的地方保存后，鸦片就会逐渐变硬。生鸦片中的杂质比较多，这是由于烟农在收获鸦片时会将泥土或蒴果的外皮不慎刮下混入鸦片中，所以还必须对生鸦片进行必要的过滤。这也就是把生鸦片做成熟烟土的最后一道工序，即煮鸦片。它的工序也比较简单，分为两个过程，首先是过滤，就是把生鸦片放入滚沸的开水中，待鸦片整个溶化后，杂质由于质量较小会在容器中浮起，这时拿滤网就可以把这些杂质过滤掉。经过过滤后得到的是较为干净的液体鸦片，然后就开始最后一道工序，就是再次煮沸液体鸦片，这些液体鸦片经过煮沸和蒸发后，就会变成摆入市场可供消费的熟烟土。

人类使用鸦片已经有了相当长的历史。目前，最早发现的关于人类使用罂粟的痕迹来自公元前4000年新石器时代瑞士湖边的桩屋村遗址。在这里科学家们发现了保存完好的人工种植的罂粟种子和果实的遗迹，而经植物学的检验，这些种子属于鸦片罂粟。但这些罂粟种子和果实做何目的使用还在科学家们的推测之中。公元前3400年的美索不达米亚平原的两河流域，当时生活在那里的苏美尔人已经懂得罂粟的种植了，这些世界上最早的务农者已经开始用自己的符号来表示罂粟，他们称罂粟是一种“快乐植物”。在公元前2000年，罂粟在北半球的欧洲、中东和北非已经被当地的人们所熟知。在这其中，对鸦片的使用史有重要启发的是公元前17世纪亚述人对罂粟的记载。这些记载于亚述人药方刻写板上的历史记忆清楚地告诉我们当时罂粟果汁是作为药品被亚述人所使用的，它清晰地说明了这些鸦片的使用方法和采集过程。埃及人很早便从苏美尔人那里学习到了种植罂粟的技艺，所以有着高度文明的古埃及也不缺少对罂粟的记载。这就不难理解为什么埃及是人们最早发现鸦片的地方，而且一直以来被认为是鸦片的原产地。因为在当时古埃及的底比斯曾是著名的鸦片产地。

在古代希腊和罗马文明中，鸦片也有着非常广泛的使用价值，但最为人们所熟知的便是它的药用价值。鸦片在希腊文明的初始阶段就在制药学和医学中扮演了重要的角色。不仅因为罂粟的种子富含较高的营养价值，而且罂粟的果汁即鸦片还广泛地被用于安眠药和止痛剂中。这一点迪奥斯科里斯在他的《药物论》中也有记载，他称煎熬的罂粟叶和罂粟荚可做热敷，这样可以促进睡眠，他还称人们服用用罂粟叶和罂粟荚煎成的药液可以治疗失眠。

不仅如此，他还说如果药剂师把罂粟荚完全碾碎，再将它混到去皮大麦制成的泥敷剂中便可以用来治疗脓肿或热病。[①] 同时，在迪奥斯科里斯的《药物论》中，还清晰地记载了鸦片作为咳嗽药和腹泻药的治疗功效。古代希腊罗马人不仅会用鸦片来治病，而且已经能够把鸦片和其他药物混在一起，制成药物来储存。例如，他们先将罂粟荚放入水中煮，将水煮至一半时加入蜂蜜，然后一直将水煮完，煮完之后就可以得到糖浆。药剂师们再把凝固的糖浆制成药片储存起来，用于治疗咳嗽。

尽管鸦片在古代希腊和罗马已经被医生和药剂师们用于治疗多种疾病，但是同时，它的危害也已经被医生们和药剂师们所熟知。在当时，一些医生和药剂师认为鸦片是一种神奇的药物，以至于认为它可以治愈各种疑难杂症。[②] 持这种观点的主要代表人物是加仑。他生活在公元1—2世纪，被称为古希腊最后一位伟大的医生，他就认为鸦片是受到了神的影响，是万能灵药，可以治疗百病。不仅在认识上如此，在实践当中他也将这种被他称为万应解毒药的鸦片混合物推荐给所有向他求医的人来使用，这些病人中甚至包括当时的皇帝康茂德斯。当然，加仑的这些论断并未得到所有人的认可，甚至在早于加仑很久的他的前辈中就已经有人认识到了鸦片作为药物使用的危险性。生活在公元前3世纪的米洛斯的哲学家迪亚哥拉斯就认为鸦片相当危险，所以他宁可忍受痛苦也绝不使用鸦片。生活在公元前4—3世纪的被称为“医学之父”的希波克拉底对鸦片的认识持辩证的态度，一方面，他认为鸦片的确可以治疗一些疑难病症，另一方面他强调应该研究和理解鸦片，并谨慎地、节制地使用鸦片。公元2世纪的希腊药物学家尼坎德尔已经认识到了鸦片作为药物使用的危险性，甚至对人们过量使用罂粟后的反应有着清晰的描述。

随着鸦片的不断传播以及科学技术的不断发展，鸦片继续作为药物被人们所使用。尽管古代希腊和罗马的先贤们已经很清楚地提到了鸦片作为药物来使用的危险性，但通过鸦片的使用史来看，人们似乎是把先贤们的告诫当作了耳旁风。在鸦片不断在世界各地传播的历史中，它在很长一段时间内继续被当作治疗痢疾、腹泻的良药。鸦片在它被人类使用的早期就有着超出药物使用范围的其他多种用途，例如在宗教仪式中使用。在鸦片不断传播的过程中，它也越来越多地出现在各种宫廷画家、诗人、小说家所出没的场合，成为激发他们创作灵感的神奇物质。与此同时，鸦片还继续在医疗卫生领域

---

① 《历史上的药物与毒品》，第18页。

② 《鸦片史》，第23页。

发挥着重要的作用，并且随着医学技术的不断发展，终于在 19 世纪奠定了它在医学上的地位。此后，各种含有鸦片的制剂被不断地开发和生产出来，成为治疗多种疾病的特效药。然而，伴随着大工业时代的到来，鸦片终于得不到控制，源源不断地流入到下层工人、街头小贩以及妓女的手中，鸦片滥用的时代到来了。

长期以来，人们吸食鸦片以致成瘾，但对于为什么鸦片会致人成瘾却一直得不到有效地解释。无论是长时期地使用鸦片当作一种药物也好，一次性地大量使用鸦片致人死亡也好，或者是长时期使用一定剂量的鸦片后，病人会对此产生依赖。这些现象都不断激发着医学家和药学家或者是相关生物学家对鸦片为什么能使人成瘾，以及鸦片中到底有什么元素让人上瘾产生兴趣。现代科学的发展已经揭示了这个长久以来困扰着人们的难题，那就是鸦片中含有一些生物碱，而这些生物碱是使人成瘾的“元凶巨恶”。现代科学已经揭示了鸦片内所富含的多种元素，例如，鸦片含有 25% 的树胶、4% 左右的树脂、6% 的橡胶、2% 的油、10% 的水、1% 的鸦片酸，当然最为重要的它还含有 10%—15% 的吗啡。[①] 除此之外，鸦片还含有包括 24% 的色素以及其他物质。在这其中，吗啡就是鸦片中所含有的主要的生物碱之一。这些发现在鸦片被人们使用的上千年时间里都不被人所知。

正是鸦片的致瘾性以及这种情况长时间得不到权威的解释促使了鸦片生物碱的被发现，也导致了后来吗啡的流行。到了 18 世纪末和 19 世纪初，药物学家们对鸦片生物碱的研究已经初见曙光。在前人不断实践探索的基础之上，以及自己多次试验后，法国药物学家泽尔蒂尔纳于 1806 年成功地分离出了鸦片生物碱。由于之前的科学一直都认为所有有机化合物为酸性，所以泽尔蒂尔纳称自己发现的物质为罂粟酸。但后来又经过一系列的实验，这种有机化合物被泽尔蒂尔纳证明呈碱性。后来，又经过不断在动物身上的实验，这种生物碱被证明即是在鸦片中发挥主要作用的有效成分。泽尔蒂尔纳即以古希腊神话中睡梦之神摩耳普斯的名字命名了这种生物碱，即“吗啡”。吗啡在被发现后，很快因为它比鸦片更为强劲的药性（尤其是它的镇痛性）和更为便宜的制造价格逐渐取代了鸦片，成为医生开给病人们的处方。而且随着 18 世纪鸦片实验的不断进行，有力地促进了药物学和生理学理论的发展，在这其中对吗啡的传播起到推动作用的是人们对毒品作用的方式和部位有了全新的

---

① Amir Zada Asad and Robert Harris, *The Politics and Economics of Drug Production on the Pakistan-Afghanistan Border*, ASHGATE, 2003, pp. 34 – 35.

认识。毒品通过血液循环系统起作用的观点彻底改变了人们以往认为的通过神经直接起作用的观点，这直接导致了新的吗啡使用的方法，即吗啡注射。吗啡使用方式的改变以及当时人们普遍认为的吗啡无害不致瘾的观点，致使吗啡在被使用时的剂量不断加大。很快，吗啡的毒副作用就被人们所发现。但是，这已经无法改变吗啡被人们严重滥用的事实。

吗啡的流行和被滥用让一些药剂师们开始寻求可代替吗啡但又不会致人上瘾的特效药，这就导致了海洛因的出现。像很多致力于找到这种特效药的药剂师一样，一名叫作 C. R. 奥尔德·莱特的药剂师也在不断地进行着实验。终于在 1874 年，莱特在伦敦圣玛丽医院通过把吗啡和乙酸酐进行反应，合成后来被称为二乙酰吗啡的物质。很快，这种物质就被证明是一种阵痛效果强于吗啡 10 倍的特效药，并于 1897 年被德国拜尔制药厂的药剂学家菲利克斯·霍夫曼制成药剂，拜尔制药厂随后用德文 herosh（意为英雄）来注册这种新药，即为海洛因。海洛因在市场上出现后，历史的悲剧再一次重演。就像吗啡逐渐代替了鸦片一样，海洛因也因其比吗啡更为强力的阵痛效果而取代了吗啡。而且海洛因在当时被认为是安全的，不会致人成瘾的，甚至可以治疗人们对吗啡的依赖。就这样，海洛因便顺理成章地取代了吗啡成为人们滥用的毒品。但海洛因拥有比吗啡更强的致瘾性，加上当时海洛因制作成本低、价格便宜、便于分割和携带的特点，使它在被严格管制后成为地下犯罪团伙操纵的非法物品，而且这种情况直到今日都没有得到有效地解决。

尽管鸦片的使用在人类历史上已经有了较长的时期，人们也清楚地了解鸦片的生活史，但对于罂粟的原产地在哪，以及在人类历史的早期它是怎样传播的，还是众说纷纭。一些人认为鸦片的原产地在美索不达米亚，还有一些人认为是在埃及，而且他们认为正是通过埃及，鸦片传入了小亚细亚，然后又通过小亚细亚传到了希腊和欧洲。当然，还有一部分人认为小亚细亚才是罂粟的原产地，而在小亚细亚的所有地区中，波斯作为罂粟原产地的可能性最大。除此之外，第四种最主要的看法是把塞浦路斯当作罂粟的原产地，而通过塞浦路斯，罂粟传播到了埃及。由于罂粟的果实和种子甚至是鸦片都在不同的地区通过考古被发现，所以只能通过时间的早晚来推测出人们种植罂粟或使用鸦片的最早时间，然而却无法据此推测出罂粟的早期传播路径。

随着人类文明的进步，尤其是文字出现之后，鸦片传播的历史在它所到之处都被人类记录了下来，后来人们才得以掌握鸦片遍布全球所经历的过程。在上文中提到过鸦片在古代希腊和罗马有着很高的药用价值，当时鸦片被药剂师们制成药来治疗咳嗽、腹泻以及热病的现象已经很广泛。但在希腊罗马时期，虽然后来随着罗马建立了跨越欧亚非三大洲的帝国，希腊和罗马文明也在它所有效统治的范围内得到了传播，但鸦片的使用却并没有像希腊和罗马的文明那样传播出去。在这其中一个较为重要的原因就是希腊人和罗马人都没有把鸦片当作贸易性的商品，这就使鸦片的使用被限制在一个较小的范围内。

鸦片开始向全球广大地区的传播主要是伴随着阿拉伯帝国的建立和它的武力扩张进行的。与希腊人和罗马人不同，阿拉伯人在进入伊斯兰时期之前不仅懂得鸦片的使用，而且已经进行鸦片的制造，组织起了鸦片贸易，这就为以后阿拉伯帝国扩张中鸦片的传播打下了基础。穆罕默德在创立伊斯兰教并统一阿拉伯半岛后，开始致力于伊斯兰教向世界其他地方的传播，在穆罕默德去世时，阿拉伯帝国开始不断扩张。与阿拉伯帝国的领土扩张同时进行的是，鸦片的使用在阿拉伯士兵所占领领土上也不断增多。一些学习过希腊罗马药学典籍的阿拉伯医生和学者出现在阿拉伯军队中，在军队不断征服和传教的过程中，关于鸦片以及鸦片使用的知识也不断在被征服的地区得到普及。从阿拉伯帝国向西，鸦片传播到了西班牙；向南，传播到了非洲，并由非洲传播到了波斯和印度。通过阿拉伯帝国的扩张，鸦片甚至传播到了没有被阿拉伯帝国征服的国家，例如中国。但是值得说明的是，罂粟通过阿拉伯的征服战争于公元7—8 世纪传到了中国，当时正值唐王朝的中国对罂粟的认识还具有相当的局限性，只限于罂粟花的欣赏。在与阿拉伯人的战争中，关于鸦片的知识随着古希腊、罗马文明的衰落又开始在西欧传播。后来，阿拉伯帝国衰落，但鸦片向世界各地的传播并没有终止，相反，它随着威尼斯人的贸易被传播到了更远的地方。大航海时代到来，新航路被不断开辟，鸦片已经成为世界贸易的主要商品了。

但是鸦片是怎样传播到南亚次大陆的，在这一地区不同群体的学者中也存在着广泛的争论。这些争论的主要群体是印度教学者、穆斯林和西方学者。上文所描述的鸦片通过阿拉伯帝国的扩张从而传播到印度的观点属于西方学术界关于鸦片传播的主流观点。与西方主流观点相类似，印度教学者也认为是穆斯林将鸦片带到了南亚次大陆，他们提出记载着他们文明的主要经典中并没有提到过罂粟这种作物。当然，前两者的论点遭到了穆斯林学者的激烈反对，他们尤其反对印度教学者的观点，他们认为鸦片自古就在南亚次大陆中被印度教徒所使用，他们甚至指出公元前5世纪印度教的经典著作《吠陀经》中就有关于鸦片的记载，因此印度教徒才是鸦片的主要传播者。[①] 虽然争论仍在继续，但不同于鸦片早期的传播路径已经无法为人们所证实，在鸦片向南亚次大陆的传播中主流学者的观点无疑有较大的说服力。原因有二：首先，虽然鸦片可能很早在这一地区被当地人所使用，但是使用的群体以及使用的地域都可能比较有限，然而阿拉伯帝国扩张所带来的却是大范围的罂粟种植和大规模的使用人群的出现；其次，在地缘关系上，阿拉伯国家距古希腊、罗马文明较近，较多的阿拉伯医生和学者都研习过希腊罗马的典籍，所以他们在希腊罗马文明衰落后最有可能成为鸦片知识的继承者。

阿富汗的自然环境对于罂粟种植十分适宜。阿富汗位于北半球的亚热带气候带上，气候特点具有典型的大陆性气候特征。总体来说是夏季炎热干燥，冬季则较为寒冷。阿富汗气候条件种植罂粟的最大优势首先在于它在罂粟成长初期能够提供足够的光照条件。阿富汗罂粟快速生长的时期正值阿富汗的夏季和秋季，这也是阿富汗光照最为充足的季节。在阿富汗的夏季，一般非常炎热，尤其是在海拔较低的阿富汗南部和北部地区，7月平均气温可达到32℃左右，而较为凉爽的中部山区的气温也可达到25℃左右，这样的光照条件对于较为喜温的罂粟的生长是极为有利的。其次，阿富汗的降水量较少，年平均降水量少于210毫米，而且降水多集中在冬季。[②] 在阿富汗的夏季和秋季，也就是罂粟成长的重要季节，其降水量很少，这就对罂粟中吗啡含量的积累起着重要的作用。

除了自然条件的适宜外，阿富汗罂粟种植的人为环境也决定了其鸦片的高产量。阿富汗的罂粟种植一般分为灌溉区罂粟种植和雨水浇灌地区罂粟种植两大类。灌溉区的罂粟种植一般都集中在阿富汗南部以赫尔曼德河谷为中心的灌溉区，主要是普什图族进行罂粟种植的地区，而雨水浇灌区则集中在阿富汗东北部，以巴达赫尚为代表，主要是塔吉克族、乌孜别克族等北方少数民族进行罂粟种植的地区。阿富汗鸦片的主要产区集中在灌溉区，在这里拥有阿富汗最为肥沃的土壤以及最好的灌溉系统，而且烟农一般对罂粟进行育肥，所以灌溉区的鸦片产量不仅要高于阿富汗其他地区，也高于世界上任

---

① Amir Zada Asad and Robert Harris, *The Politics and Economics of Drug Production on the Pakistan-Afghanistan Border*, ASHGATE, 2003, p. 118.

② 参见王凤：《阿富汗》，社会科学文献出版社，2007年第1版，第15—17页。

何一个地区的鸦片产量。在世界其他主要的鸦片生产国，如缅甸和老挝，罂粟的种植也主要是通过雨水灌溉来进行的，而且罂粟的产区主要集中在少数民族生活的偏远山区，这些地区的鸦片产量也自然就不如阿富汗高。

优越的自然条件和人为条件决定了阿富汗拥有世界上最高的鸦片单位产量。虽然从1994年开始阿富汗就超越缅甸成为世界头号非法鸦片生产国，但其罂粟种植面积一直都没有超过缅甸成为世界第一位。除了1999年外，从1994—2001年，缅甸的罂粟种植面积都超过10万公顷，尤其是1994—1997年，缅甸的罂粟种植面积都在15万公顷左右，而同一时期阿富汗的罂粟种植面积只达到了缅甸罂粟种植面积的1/2—1/3。但阿富汗罂粟每公顷的鸦片产量却大大超过世界其他鸦片生产国。在阿富汗，每公顷罂粟可产45公斤鸦片，而在缅甸每公顷罂粟只能生产11公斤鸦片，在老挝是7公斤，哥伦比亚是13公斤。这些世界主要生产国每公斤罂粟所生产的鸦片都不及阿富汗的1/3。此外，阿富汗的罂粟种植面积占全国可耕地面积的比例也非常小，只占了全国可耕地面积的8.1%。①

第二节　抗苏战争之前阿富汗的毒品状况

在苏联入侵阿富汗之前，阿富汗并不是一个在毒品问题上给世界带来很大问题的国家。虽然大麻的种植以及大麻脂的加工在阿富汗极为普遍，但由于当时政府对整个国家还具有较强的控制力，所以大麻从种植到收获再到被加工成大麻脂这整个环节都在政府的严格掌控下，而大麻脂的出口成为当时阿富汗政府换取外汇的重要途径。而随着当时西方社会尤其是美国对海洛因需求的不断增加，同整个南亚地区一样，阿富汗的罂粟种植面积开始扩大。尼克松上台后，开始在美国实施减少需求和切断供应相结合的禁毒政策，这对阿富汗的罂粟种植产生了一定影响。在尼克松以及他的后继者所施加的强大的外交压力下，金新月传统罂粟种植和鸦片产国土耳其、伊朗和巴基斯坦纷纷实施罂粟禁种令，因此阿富汗的罂粟种植面积自然而然就扩大了。然而阿富汗并没有成为一个毒品泛滥成灾的国家，究其原因：一方面，当时阿富汗政府依然具有较强的控制力；另一方面，东南亚的金三角地区和墨西哥的

① 阿富汗鸦片单位产量、种植面积和年产量每年都有变化，这里的数据是根据1994—2000年之间阿富汗鸦片生产数据所做的统计。参见The Opium Economic in Afghanistan：An International Problem，UNODC，p.30。

鸦片产量大幅度增加，迅速填补了土耳其以及马赛毒贩留下的市场空白，所以在苏联入侵阿富汗之前，阿富汗的鸦片产量依然没有大幅增加，毒品问题也依然在政府控制之中。

一、抗苏战争之前阿富汗的大麻和罂粟种植

大麻已经在阿富汗生长了数千年，居住在阿富汗的先民捡拾野生大麻的种子来进行种植和培育开始书写了大麻在阿富汗的种植史。后来，种植大麻的技术逐渐被阿富汗农民所掌握，种植大麻的活动开始在阿富汗不断增多。到了近代，阿富汗的大麻种植开始被外界所知。20 世纪 20 年代，俄国的植物学家瓦维洛夫到阿富汗进行探险活动，在他后来的报告中就提到库纳尔河谷地区生长着野生印度大麻。不仅如此，用于制作哈希什的印度大麻还在赫拉特附近地区以及巴达赫尚的法萨巴德被农民种植。到了 20 世纪 30 年代，印度大麻的种植沿着库纳尔河谷南下扩展到了马扎里沙里夫。之后随着印度大麻种植在阿富汗的增多，阿富汗政府开始对大麻的种植进行管理。20 世纪 70 年代，随着西方市场对大麻类制剂需求的增加，阿富汗的大麻种植活动开始增加，但始终在阿富汗政府的控制之下。在 1969—1970 年，为了通过大麻制剂来换取更多的外汇收入，当时阿富汗的统治者查希尔国王开始鼓励农民种植大麻，并为种植大麻的农民提供肥料以期增加大麻的产量。但是这些活动并没有持续很长时间，1973 年美国开始给查希尔施加压力，要求政府铲除大麻，并为阿富汗提供了 4700 万美元。[①] 在美国的资金诱惑和外交压力下，阿富汗政府开始在全国大部分地区进行铲除大麻的行动，其北部的大麻基本上都被政府所铲除。但随着 1973 年达乌德发动政变推翻了查希尔国王在阿富汗的统治，阿富汗的南方继续种植着大麻。在苏联入侵阿富汗之前，大麻的种植又开始继续增加，并从阿富汗北部迅速扩展到了帕卡蒂亚和坎大哈地区。但阿富汗大麻种植扩展的活动随着苏联的入侵而变得缓慢了，取而代之的是罂粟种植在阿富汗的迅速增多。

与大麻不同，罂粟的种植和鸦片的生产一直以来都是一项十分有限的农业生产活动。在苏联入侵阿富汗以前，阿富汗的罂粟种植面积十分有限，只局限于个别省份，鸦片的产量也比较低，一般的鸦片生产都是农民为了满足

---

① David Macdonald, *Drugs in Afghanistan: Opium, Outlaws and Scorpipn Tales*, Pluto Press, 2007, p. 193.

自己治疗疾病的需求。20 世纪初期，阿富汗政府曾经公布了阿富汗的鸦片产量，公布的结果表明当时阿富汗的鸦片产量相当少。1920 年 12 月，国际联盟第一次大会召开，制定了《鸦片公约》。在该公约下，成立了一个由国联委员会任命的咨询委员会，主要通过和国联的卫生委员会的合作来确定世界合法消费所需要的鸦片、吗啡、可卡因以及海洛因的数量。但是《鸦片公约》的执行效力并不高，有些国家虽然签署了该公约，但却并没有执行，有些国家则没有在《鸦片公约》上签字，阿富汗当时就在没有签署《鸦片公约》的国家之列。① 但是，这一公约的出台还是为国际社会控制和监督鸦片以及其他麻醉品奠定了制度的基础，各国鸦片的生产量开始被国际社会得知。1924 年，阿富汗政府派代表参加了国际联盟下属组织永久鸦片中心局举办的第二届鸦片会谈。在这次会谈上，阿富汗代表向国际社会报告了阿富汗的鸦片生产情况。从阿富汗政府的报告来看，当时阿富汗只有三个省份出现罂粟种植的活动，分别是赫拉特、贾拉拉巴德和巴达赫尚。同时，与其他参与报告的国家相比，阿富汗的鸦片产量相当小。1932 年，阿富汗的罂粟种植面积和鸦片产量才第一次被较为准确的统计出来。根据当年的统计结果，1932 年阿富汗的罂粟种植面积不超过 4000 公顷，鸦片产量为 75 吨。② 这些数字无论是和同一时期世界上其他的鸦片产量相比，还是和苏联入侵阿富汗以后阿富汗的鸦片产量相比，都小得多。

1945 年，阿富汗政府宣布禁止种植罂粟。但由于阿富汗灌溉条件的极大改善，罂粟种植面积还是扩大了。这一时期，罂粟种植活动的增多主要是在后来阿富汗最大的鸦片产区赫尔曼德。随着赫尔曼德河流域管理局（HAVA）的成立以及赫尔曼德河谷工程第一期的完工，赫尔曼德河谷的灌溉条件得到了极大的改善。随着灌溉流域的不断扩大，农民也开始在灌溉区进行罂粟种植活动。当时，巴基斯坦和伊朗的客商都会在赫尔曼德鸦片收获后带着骆驼来这里收购鸦片。后来随着阿富汗政府禁烟政策的执行，很多鸦片在没有生产之前就在罂粟田中被销毁了。③ 由于当时阿富汗政府对国家还有较强的控制力，所以禁烟令的执行较为有效，在阿富汗政府连年的禁烟政策下，到 1956

① 关于《鸦片公约》签字国家的情况，参见 W. J. Collins，The Opium Convention and the League of Nations，*Contemporary Review*，July/December，1923，pp. 28 – 33。

② The Opium Economic in Afghanistan：An International Problem，p. 88.

③ 关于赫尔曼德河谷工程，参见路易斯·杜普雷著，黄民兴译：《阿富汗现代史纲要》，西北大学中东研究所，2002 年 7 月，第 60—63 页。

年，阿富汗的鸦片产量只有 12 吨。①

从 20 世纪 60 年代开始，阿富汗的鸦片生产开始扩大，主要原因在于政府对全国的控制力在不断下降。政府控制能力的下降直接导致了禁毒政策执行力度的下降，这就造成了阿富汗鸦片生产以及鸦片走私活动的增加。到了 20 世纪 70 年代，国际社会开始对阿富汗毒品生产和走私状况表示担忧。1970 年国际麻醉品管制局的报告就指出阿富汗政府虽然禁止生产鸦片，但其鸦片还是会通过非法途径流入到周边国家，表明阿富汗的禁毒政策的执行力已经大大下降了。1971 年麻醉品委员会也表达了对阿富汗政府不能控制持续增长的鸦片产量的失望。20 世纪 70 年代初期，阿富汗的政局开始动荡，整个 70 年代频繁的政变也削弱了阿富汗政府的能力。到这一时期，阿富汗的鸦片生产和走私活动都有所增加。到了 70 年代末人民民主党政权时期，国际社会开始呼吁阿富汗这一新政府在禁止毒品走私活动方面同国际社会合作。联合国毒品滥用控制基金会执行主席布鲁尔・雷薛德开始同阿富汗人民民主党政府接触，以期在禁止毒品走私方面达成合作。雷薛德同阿富汗政府签署了一份协议，为巴达赫尚地区提供 35 万美元以减少这一地区的鸦片生产。②

尽管从 20 世纪 70 年代开始，阿富汗的鸦片生产和走私情况有所增加，但都还被局限在一定的限度之内。在苏联入侵阿富汗之前，阿富汗还不是一个在鸦片生产和走私上严重危害国际社会的国家。

二、二战后世界毒品市场需求的增加

二战后，美国和欧洲对各种毒品的需求开始增加。世界毒品市场需求的增加对世界主要毒品生产国也产生了较大的影响。当然，在对各种毒品需求的增多中，自然也包括大麻和鸦片。在需求不断增多的刺激下，当时世界主要鸦片生产国土耳其、伊朗等国家（也包括阿富汗）的鸦片生产在不同时期都出现了不同程度的增长。虽然在第二次世界大战后阿富汗政府禁止种植罂粟，但到了 60—70 年代，阿富汗的鸦片生产还是不断增加，而且阿富汗鸦片生产增加的时期恰好与西方毒品消费市场扩大最为迅速的时期相契合。

二战后，西方反传统文化运动的兴起激起了战后成长中的年轻一代对各种毒品的热情。在西方首先出现的是“垮掉的一代”。随着二战的结束，美国

① The Opium Economic in Afghanistan: An International Problem, p. 88.

② Thomas Land, Afghanistan to Help Western Europe, sAnti-Drug Drive, *Contempary Review*, January 1974, p. 40.

在西方世界奠定了其霸主地位，而随着美国工业生产的不断增加、全球贸易的不断扩大以及科学技术的迅速发展使美国进入到了一个大众消费时代。在这样的时代里，虽然一部分年轻人能够心安理得地消费社会所提供的商品，过着稳定而安逸的生活，但同时还有一部分年轻人则认为这种生活是以牺牲自我和精神为代价的，而牺牲了自我和精神后，人们是一无所有的。所以，他们厌倦了日复一日守旧的生活，抛弃金钱、地位，放下社会职责和家庭义务，转而通过追求毒品、性以及爵士乐等感官享乐来达到寻找自我、解放自我以及重获价值的目的。虽然“垮掉的一代”还只是局限于一些少数的诗人、作家，以及他们的追随者，他们的行为并没有造成吸毒现象的大量增多，但很快“垮掉的一代”所倡导的精神和引领的生活方式就被嬉皮士们所继承。

到了20世纪60年代，“嬉皮士运动”在美国兴起。嬉皮士们继承了他们的前辈“垮掉的一代”的精神财富和生活准则，蓄长发、穿奇装，继续扛起反对社会传统文化的大旗。与“垮掉的一代”仅仅是局限于少数人的活动不同，嬉皮士运动已经发展成了大规模的社会文化运动。在1967年嬉皮士们建立以“爱情和和平”为口号的旧金山爱情之夏公社，标志着“嬉皮士运动”作为一个有组织、有纲领的社会文化运动达到了高潮。嬉皮士们继承了“垮掉的一代”的生活方式，甚至有过之而无不及。他们通过服用大麻、鸦片、海洛因以及其他各种麻醉品来摆脱世俗社会给自身带来的禁锢和束缚，来打破世俗社会的一切规范甚至是禁忌。参加“嬉皮士运动”的年轻一代大多出生于战后的美国，在整个60年代，美国15—24岁的青少年的人数达到了1100万，而这些人大多数在“嬉皮士运动”的熏陶之下成为瘾君子。[①] 在战后，由于反传统文化运动的兴起，各种麻醉品的使用开始激增，当然也包括海洛因在内。

60年代末，一些受嬉皮士运动熏陶的西方青年开始来到东方体验东方宗教的神秘性以解脱物质主义带来的枷锁。在这里，他们消费了极为廉价的毒品，随着这些人返回西方并带回在东方的经验，更多的人来到东方体验宗教的同时也消费毒品。随着70年代大众航空时代的到来，各种航线大大缩短了世界各地之间的距离，更多的西方人来到东方，也来到阿富汗，在阿富汗他们能够购买到当时世界上最为廉价而且高质量的大麻脂。因此在70年代西方国家需求的不断推动下，阿富汗的大麻制剂生产开始增加。

---

① 谈古铮：《当代西方青年文化价值趋向》。

三、20世纪60年代末—70年代中期美国的禁毒政策

20世纪60年代末期，美国开始注意到毒品问题给社会带来的困扰。这一时期，虽然美国的主要消费毒品仍然是大麻及其制剂（主要是大麻脂），但海洛因却越来越受到人们的青睐。传统上，在美国吸食海洛因以及使用鸦片类毒品的主要是黑人和拉美裔这两大群体，但随着鸦片类毒品使用人数在美国的不断增多，越来越多的白人城市中产阶级加入到了这一队伍中来。从整个60年代中期到70年代中期这10年间，随着大城市中吸毒所带来的暴力犯罪和刑事案件的增多，越来越多的人认识到了吸毒带来的一系列社会问题以及对自身生活的困扰。在1971年对美国公民进行的调查问卷中显示，大部分美国人已经清醒的认识到毒品和犯罪之间的紧密联系，并认为毒品问题已经是困扰美国的最为严重的问题之一（在所有困扰美国的问题中，这一问卷显示最为严重的是越南战争，紧随其次的是美国的经济状况，毒品问题排在第三位）。[①] 适逢其时，美国共和党领袖尼克松在1968年的竞选演讲中强调如果共和党执政，一定会致力于解决美国的毒品问题，这也为他后来成功当选美国总统增加了不少政治筹码。

虽然对毒品问题已经有了一定的认识，但美国高层第一次直面毒品带来的严重问题是因为海洛因在越战士兵中的泛滥。据一些资料显示越战士兵第一次接触到海洛因是在1968年，当时一些在越南作战的美军在泰国边境执行任务时从这一地方带回了海洛因。很快，到20世纪60年代末期，毒品尤其是海洛因的使用已经在越战士兵中大规模地流行起来。

这些状况使美国政府和公众都极为担心毒品对士兵们身体健康的影响，会削弱士兵的战斗力以至整个越战局势发生改变。由此，美国政府开始对越战士兵中的毒品使用情况进行调查。1970年8月，白宫官员艾格里·克鲁夫访问越南并向尼克松报告称越南的海洛因随处可得。在克鲁夫访越后不久，美国军方官员向白宫报告称由于吸毒士兵的死亡率在增加。[②] 随后，隶属于不同部门的美国官员开始赴越调查士兵中的毒品使用情况，其中一些调查所揭露的真相令美国朝野大为震动。例如，两名国会参议员摩根·墨菲和罗伯

---

① D. T. Courtwright, *Force of Habit*: *Drugs and the Making of Morden World*, Haverard University Press, 2001, p. 170.

② Cornelius Friesendorf, *US Foreign Policy and the War on Drugs*: *Displacing the Cocaine and Heroin Industry*, Routledge Taylor&Francis Group, 2007, p. 39.

特·斯蒂尔 1971 年 4 月在对越南美军兵营中毒品使用情况的调查。报告中称，在越南的美军兵营中士兵的海洛因使用率在 10%—15% 之间，有些兵营中甚至达到了 25%。[①]

调查结果所带来的震撼让尼克松认识到禁止毒品势在必行。同时，为了履行他在竞选时对美国公众的承诺，尼克松决定大力推行一系列禁毒举措。第一是加强对禁毒的立法工作。在 1969 年，尼克松向国会提交了《全面禁止毒品滥用和控制法案》，第二年国会就通过该法案。第二，大大增加用于毒品执法部门的预算。在 1970 年财政预算中，用于毒品执法部门的资金为 4300 万美元，到 1974 年，这一预算涨到了 2.93 亿美元。同时，用于毒品研究、教育以及治疗等方面的预算也从 1970 年的 5900 万美元增长到 1974 年的 4.62 亿美元。[②] 第三，美国政府积极为还乡的越战士兵提供治疗，也收到了较为积极的效果，在退伍还乡的两年内，只有不到 1% 的人仍然使用毒品。[③]

尼克松政府也意识到仅仅减少对毒品的需求并不能解决毒品在美国社会泛滥的状况，同时还需要减少对美国毒品的供应。在这种情况下，尼克松政府把注意力转移到了土耳其和法国身上。土耳其种植的罂粟以及收获的鸦片被运往法国，由法国毒贩所生产的海洛因占据了美国海洛因的主要市场。尼克松政府意识到如果要减少对美国国内海洛因消费的供应就必须对土耳其和法国施加压力。

一两千年以来，罂粟的种植在土耳其都极为普遍，以至于土耳其农民的生活中处处可以看到罂粟的身影。在土耳其，罂粟籽被用来榨油，叶子被做成沙拉来食用，而罂粟干则被用来当作喂牲口的饲料以及当作冬天焚烧取暖的原料，至于罂粟果则被当作医治百病的良药。每当鸦片收获以后，由于毒贩付给农民的收购价远高于政府，农民就把丰收的鸦片卖给毒贩。这些毒贩把所得鸦片在土耳其、黎巴嫩和叙利亚的工厂加工成吗啡。被加工好的吗啡经这些地区走海路或经由南斯拉夫、保加利亚和慕尼黑转运到马赛，在马赛这些吗啡再被精炼成纯度极高的 4 号海洛因然后运往美国。由土耳其种植鸦片然后转运法国（主要是马赛），再由马赛的毒贩加工精炼成海洛因然后运往美

---

① Cornelius Friesendorf, *US Foreign Policy and the War on Drugs*: *Displacing the Cocaine and Heroin Industry*, Routledge Taylor&Francis Group, 2007, p. 39.

② Ibid, p. 40

③ E. J. Epstein, *Agency of Fear*: *Opites and Political Power in America*, G. P. Putnam, s Sons, 1977, p. 32.

国构成了一条完整的毒品产业链。这些由土耳其鸦片在马赛精炼成的海洛因占据了美国海洛因消费市场的80%。[①]

在意识到必须减少土耳其罂粟种植从而减少海洛因的原材料来源后，尼克松政府决定对土耳其采取行动。尼克松政府认为在对土耳其施加压力的同时要维持对它一定的援助。在1968年，尼克松政府首先贷款300万美元给土耳其用于减少罂粟的种植，减少从土耳其进口作为化工原料的鸦片；其次也敦促整个北约组织加盟国都这样做。[②] 同时，尼克松政府还不断给当时执政的土耳其正义党领袖、土耳其总理苏雷曼·迪米雷尔施加压力。在迪米雷尔的努力下，土耳其的罂粟种植省份从1967年的18个缩减到1970年的7个，到了1971年，只有4个省份依然种植罂粟，但即便是这4个省份的罂粟所收获的鸦片依然可以维持对美国海洛因消费市场的原材料供应。[③]

正当尼克松政府与迪米雷尔亲密合作之时，土耳其军方发动了政变，正义党政府倒台了。在经过了军方的短暂执政后，1971年4月，尼哈特·埃里姆在军方的支持下成为土耳其的新任首相。尼克松政府随即与尼哈特展开接触并向这位土耳其新领导人施压。在美国的不断压力下，尼哈特向尼克松表示在1972年后土耳其将结束罂粟的种植。

在解决土耳其作为海洛因原材料供应地的同时，马赛的海洛因加工厂及其贩毒集团也得到了尼克松政府的高度重视。在这里，来自世界各地的吗啡被净制成海洛因，然后销往美国市场，并占据了美国海洛因消费市场的绝大部分份额。1951年，马赛第一家海洛因加工厂开始加工净制海洛因，并在随后的20年中很快成为世界海洛因的主要生产基地和走私来源地。

对于这种情况，当时美国政府并不是不了解，但由于毒品问题还没有成为美国社会中的重要问题，美国政府当然觉得自己也没有解决世界毒品问题的责任和义务。而另一个重要原因是二战后冷战开始，美国一切政策的考虑都是围绕着这一中心来制定的。工会经过长期的发展到了二战之后已经成为马赛一支重要的政治力量，再加之马赛地区工人人数众多，曾经进行过数次大规模的罢工。出于害怕马赛被当地的共产党领导的工会所控制从而在整个法国和西欧引起连锁反应，美国决定不过多介入这一地方的事务，也就自然对马赛的毒品加工“睁一只眼闭一只眼”。

---

① *Agency of Fear: Opites and Political Power in America*, p. 89.

② *US Foreign Policy and the War on Drugs: Displacing the Cocaine and Heroin Industry*, pp. 45 – 46.

③ Ibid, p. 46.

在这样宽松的政治环境下，毒品加工厂在二战后如雨后春笋般地在马赛发展起来。但仅仅生产毒品是不够的，因为马赛海洛因加工厂所加工净制出来的海洛因已经远远超出了当地消费市场的需求。在这种情况下，马赛的海洛因制造商需要寻找能够为他们安全运送这些海洛因的人。于是，他们看中了美国的意大利黑手党集团。经过几代人的苦心经营，意大利黑手党集团已经在美国东海岸站稳了脚跟，并成为整个东海岸最有势力的地下组织。他们经营多种非法行业，进行走私和洗钱活动，并和一些政界高层人物维持着较为密切的关系，自然而然也就成为马赛海洛因毒品制造商看重的理想人选。在马赛的毒贩和美国意大利黑手党的联手协作下，大量的纯度极高的海洛因源源不断地流向美国。

在解决土耳其问题的同时，尼克松政府也开始着手解决马赛作为海洛因主要供应地的问题。此时，法国蓬皮杜政府也愿意解决这个戴高乐执政时期一直没有得以解决的问题，所以尼克松和蓬皮杜一拍即合。在肃清了一些与毒贩有很深联系的政府内部人员后，两国加强了在执法部门的合作，并在 1971 年签署了关于执法部门合作的双边协议，主要目的仍是为了解决马赛的海洛因加工问题。

在较短的时间内，两国的合作就收到了成效。1971 年 10 月，在美国 DEA 和法国警方的共同调查下，在巴黎抓获了重要的毒品走私者，在这次行动中缴获了纯度极高的 4 号海洛因。随后，法国警方开展了更多的行动，不断有大量的海洛因被缴获。1972 年 1 月，法国警方在一条渔船上缴获了 400 公斤的海洛因，创下了当时海洛因缴获量的世界纪录。同年 3 月，法国警方抓获了一名土耳其参议员，并搜缴出他随身携带的 324 磅吗啡。与此同时，法国警方也开始捣毁马赛的主要海洛因加工厂并取得了很多突破性的进展。1972 年 7 月，法国警方发现并捣毁了 4 个位于马赛的海洛因加工精炼厂，仅是其中一个加工厂所生产出的海洛因就足够满足美国海洛因消费市场 1/5 的需求。到 1973 年中期，随着一些主要的制毒贩毒人员在法国的落网和被审判，马赛的海洛因加工厂以及整条贩毒链开始萎缩，再也达不到昔日垄断美国海洛因市场的“辉煌”。①

① *US Foreign Policy and the War on Drugs: Displacing the Cocaine and Heroin Industry*, p. 45.

四、抗苏战争之前巴基斯坦的罂粟种植与鸦片生产

虽然长久以来与阿富汗的其他邻国相比，巴基斯坦的罂粟种植和毒品生产都达不到印度、土耳其和伊朗这样能够垄断世界鸦片市场的地位，但巴基斯坦在南亚地区也是一个重要的鸦片生产国。

在殖民地时期，巴基斯坦的罂粟种植面积相当可观，鸦片作为大英帝国的重要贸易商品被出口到世界各地。但 1947 年巴基斯坦从英国的统治下独立，大大地改变了巴基斯坦国内罂粟种植和鸦片生产的情况。在独立后的巴基斯坦，罂粟的种植和鸦片的生产被国家政权牢牢地控制着，在没有获得政府批准的情况下种植罂粟和生产鸦片都是非法的。这一时期，巴基斯坦的合法鸦片来源（一般作为医疗用途，主要是用于医疗上阵痛的吗啡）主要是从印度进口。吸食鸦片在 1950 年后的巴基斯坦也成为了非法行为，但向政府的货物税部交税后注册的烟民可以继续吸食鸦片。烟民去政府登记注册不仅仅是为了加强政府对烟民的管制与控制，更重要的是，政府通过这种方式来控制鸦片的生产与买卖。与抽食鸦片一样，当时进行鸦片的买卖也需要经过政府的批准，然后获得相关部门颁发营业执照后，出售鸦片才算是合法行为。当时鸦片主要在两个合法渠道进行出售，第一条渠道是政府允许其营业的商铺，第二条是穆斯林医生可以向患者出售含有鸦片的药剂，但主要的合法销售渠道还是从商铺购买。在巴基斯坦独立之初，通过货物税部登记的可以合法进行鸦片出售的商铺有 328 个，其中有 267 个都在旁遮普，另外一些主要在西北边境省。①

1953 年是巴基斯坦鸦片生产的一个转折点。在这一年，联合国出台了《国际鸦片公约》，该公约允许在巴基斯坦生产鸦片，此后巴基斯坦的鸦片生产情况开始改变。在该公约生效后不久，巴基斯坦政府就停止了从印度进口鸦片。不仅如此，巴基斯坦政府还重新援引 1875—1878 年殖民地时期的鸦片条例，允许在番贾布进行罂粟的种植。与此同时，政府在拉合尔开办了一批鸦片生产厂，从番贾布收获的鸦片到这里进行加工。但是，在巴基斯坦允许生产鸦片的几年时间里，鸦片产量并不是很大，除了罂粟种植规模并不大之外，一个重要的原因就是鸦片的收获量太小。一些自然因素影响了鸦片的收获，此外，番贾布农民主要还进行棉花和小麦的种植，很难抽出其他劳动力

---

① *The Politics and Economics of Drug Production on the Pakistan-Afghanistan Border*, p. 29.

参与罂粟的种植。另外，巴基斯坦在当时还缺乏熟练的罂粟农。这些都导致了巴基斯坦鸦片生产的状况并不理想。

巴基斯坦真正开始大规模的生产鸦片始于1957年。从1953年开始，巴基斯坦政府在旁遮普省推广罂粟的种植，但由于一系列的原因，并没有收到预期的效果。在这种情况下，巴基斯坦政府决定在西北边境省推广罂粟的种植。在政府的允许下，不仅斯瓦比、马赫丹和白沙瓦这些西北边境省传统的罂粟种植区开始种植罂粟，罂粟种植区还扩大到了以前从未种植过罂粟的部落地区。当时政府除了给农民发个人的种植许可证外，还发一种集体种植许可证。这种许可证主要发给以村为单位的集体，因为在部落地区以前从未进行过罂粟的种植，所以原则上在村长同意后政府才会发证。经过政府许可后，村中的罂粟种植一般在村长的管理下，根据各个农户所拥有的土地面积的大小来进行生产任务的分配。① 在政府的大力推动下，巴基斯坦的鸦片产量开始有所上升，但是在整个20世纪60年代，巴基斯坦的合法鸦片产量只是从5.5吨提高到了7.5吨，主要产地是白沙瓦。这其中一个重要的原因就是巴基斯坦国内医用鸦片的需求还非常小。② 到了70年代，巴基斯坦的非法鸦片生产开始增多，这从政府统计的鸦片种植面积上可以反映出来。1977—1978年，巴基斯坦政府统计的罂粟种植面积为8960英亩，可实际获得政府许可的种植面积仅有2500英亩。造成这种情况的一个重要原因是黑市上的生鸦片收购价要高于政府的收购价（1974年巴基斯坦黑市生鸦片收购价为12美元1公斤，而政府的收购价。为10美元1公斤）③ 此外，政府官员的腐败也是重要原因，他们收取烟农的贿赂，允许他们在不登记的情况下进行非法的罂粟种植。

1979年巴基斯坦政权的更迭又对鸦片生产产生了重要影响。1979年齐亚·哈克将军发生军事政变，推翻了布托政权。齐亚上台后，他的军政府在巴基斯坦推行军法统治。在军法管制下，所有麻醉品的使用和销售都成为非法的，当然罂粟的种植和鸦片的生产也就成为了一种非法行为。

直到1979年伊朗伊斯兰革命爆发之前，在阿富汗的周边国家和地区中，伊朗是另外一个主要的罂粟种植和鸦片生产国。到19世纪末期，伊朗每年的

---

① *The Politics and Economics of Drug Production on the Pakistan-Afghanistan Border*, p. 30.

② Davia Wishart, The Opium Poppy: The Forbidden Crop, *Journal of Geography*, Vol. 73,: No. 1, January 1974, p. 19.

③ Ibid, p. 22.

鸦片产量已经达到了 600 吨。到了 1936 年，伊朗的鸦片产量达到了历史最高水平的 1350 吨。[①] 政府允许农民种植罂粟。在伊朗的俾路支部落地区和库尔德部落地区，也进行着罂粟种植的活动，并且每年都生产了数量可观的鸦片。伊朗不仅是西南亚地区重要的鸦片产国，而且还有着大量的鸦片吸食者。鉴于这种状况，当时的伊朗国王认为必须禁止鸦片生产才能有效解决国内越来越多的鸦片依赖者。于是在 1955 年，伊朗国王宣布伊朗禁止种植罂粟。但由于伊朗国内已经有太多的鸦片依赖者，政府虽然禁止罂粟种植，但却无法阻止鸦片从非法的渠道进入伊朗。在整个 20 世纪 60 年代，土耳其和阿富汗的鸦片不断走私到伊朗，达到了 130 吨。[②] 由于政府实在无法控制从周边国家走私鸦片，在 1969 年，伊朗政府只好允许农民种植罂粟。为了有效防止从周边国家的鸦片走私，伊朗政府为烟农提供了较高的鸦片收购价格。所以，伊朗的罂粟种植很快又发展了起来，1970 年伊朗的罂粟种植达到了 7000 公顷，1971 年又增长到了 12000 公顷。[③]

伊朗为阿富汗 20 世纪 60—70 年代鸦片生产的增长提供了庞大的市场。20 世纪 70 年代初，据有关部门统计，伊朗已经有 30 万鸦片吸食者，5 万海洛因成瘾者。伊朗政府一直还在为这些毒品吸食者提供赡养费，但是只有不到 15% 的毒品吸食者在政府相关部门登记和注册。到了 1976 年，仅仅在政府部门登记注册的毒品吸食者就达到了 17 万。[④] 正是这些日益增多的毒品吸食者为阿富汗和巴基斯坦生产的鸦片提供了巨大的市场。在伊朗禁止种植罂粟的年代，每年阿富汗和巴基斯坦走私到伊朗的鸦片达到了 300 吨，这在很大程度上刺激了阿富汗的鸦片生产。[⑤]

伊朗伊斯兰革命的爆发对阿富汗的鸦片生产产生了最为直接的影响。伊朗在爆发伊斯兰革命后，巴列维国王被推翻，以霍梅尼为最高领袖的神权政府开始在伊朗执掌政权。伊朗新政府成立后，一切罂粟种植和鸦片生产活动都因不符合伊斯兰教义而被严格禁止。在伊朗新政府的打击下，一部分伊朗黑帮和毒贩逃到了伊朗、巴基斯坦和阿富汗三国交界的俾路支斯坦地区。在这里，他们重新组织和经营毒品加工和贩卖活动，他们最主要的合作伙伴是

---

① *Drugs in Afghanistan*：*Opium*，*Outlaws and Scorpipn Tales*，p. 158.

② David Wishart，The Opium Poppy：The Forbidden Crop，*Journal of Geography*，January 1974，p. 19.

③ The Opium Poppy：The Forbidden Crop，p. 19.

④ *Drugs in Afghanistan*：*Opium*，*Outlaws and Scorpipn Tales*，p. 159.

⑤ The Opium Poppy：The Forbidden Crop，p. 22.

巴基斯坦毒贩。通过伊朗的黑帮和毒贩，巴基斯坦毒贩们的生意得以扩大，以前他们只是把毒品卖给伊朗人，在得到伊朗人的帮助后，巴基斯坦毒贩得以接触到世界市场，这也大大刺激了阿巴边境地区的鸦片生产。此外，伊朗毒贩还帮助阿富汗和巴基斯坦的毒贩在阿巴边境地区建立海洛因加工和精炼厂。为了得到足够的海洛因制作的原料，伊朗的毒贩提前预付大量资金给赫尔曼德的农民，为他们的罂粟种植活动提供资金。苏联入侵阿富汗之前，在伊朗毒贩的资助下，阿富汗和巴基斯坦的鸦片种植活动都较为迅速的发展了起来。

五、1973 年之后世界海洛因市场被填补对阿富汗鸦片生产的影响

20 世纪 70 年代，阿富汗的鸦片生产虽然有所增加，但并没有出现像苏联入侵阿富汗之后毒品问题失控的现象。除了阿富汗政府还具有一定的控制力之外，世界市场也对阿富汗鸦片生产产生了一定的影响。主要表现在东南亚和墨西哥的鸦片生产异军突起，迅速占领了世界市场，其中墨西哥生产的海洛因更是在 1973 年之后垄断了美国的海洛因市场。

在土耳其于 1971 年实行罂粟种植禁令以及法国马赛贩毒网被捣毁后，土耳其与法国这对曾经的鸦片—海洛因组合在世界市场上尤其是美国海洛因市场留下了巨大的空额一直没有被填补。由于世界非法鸦片的减产以及随之而来的海洛因生产的不断降低，美国甚至曾经一度出现了海洛因短缺的现象，鸦片和海洛因的价钱也都出现了不断攀升的情况。

后来，墨西哥的鸦片和海洛因生产异军突起，迅速占领了美国市场。墨西哥的鸦片生产开始于 20 世纪 20—30 年代。在墨西哥鸦片产量不断提高的同时，也有越来越多的非法移民从两国边界潜入美国境内。而一般这些非法移民在进行越界活动的同时还进行鸦片和大麻烟的走私活动，这种现象引起了美国的警觉，美国也开始尝试通过各种途径减少墨西哥的鸦片生产。但二战的爆发改变了美国对墨西哥鸦片生产的态度。随着战场上受伤者数量的不断增多，吗啡开始出现了严重的短缺。为了增加吗啡的产量，美国转变了对墨西哥鸦片生产的态度，开始鼓励墨西哥生产鸦片。同时二战爆发后海洛因价格的快速增长也让墨西哥毒贩考虑进入美国市场。虽然在整个 60 年代—70 年代初，墨西哥毒品不断被走私到美国，但只占了美国市场份额的一小部分。直到 1972 年，墨西哥海洛因也仅占了美国市场份额的 10%—15%。但到了 1973 年，墨西哥生产的棕色海洛因迅速占领了美国的海洛因市场，

其市场占有率达到了63%。在1974年，墨西哥的海洛因在美国的市场占有率达到了76%—80%。到了1975年，墨西哥的市场占有率更是达到了87%。[①]

第三节 抗苏战争和军阀混战时期（1979—1994年）阿富汗毒品问题的恶化

随着欧美市场对非法毒品需求的不断增加，以及阿富汗周边传统鸦片生产国的产量下降，在1979年苏联入侵阿富汗之前，阿富汗的鸦片产量已经开始不断增加。但是，如果苏联没有入侵阿富汗，阿富汗毒品问题可能呈缓慢发展的状态，不会在10年时间里迅速恶化。苏联入侵阿富汗在很大程度上加速了阿富汗毒品问题不断恶化的态势，成为阿富汗毒品问题的一个转折点。在占领阿富汗国土的同时，苏联动用飞机轰炸阿富汗，对土地和灌溉系统造成了严重的破坏。在传统农作物不能生长的情况下，农民只能选择种植罂粟。此外，苏联入侵阿富汗还破坏了阿富汗正常的对外贸易活动，在苏联的封锁下，阿巴边境部落地区的走私活动开始增加，这也滋生了毒品走私的温床。最为严重的是，苏联入侵阿富汗以及抗苏运动的兴起，造成了阿富汗的无政府局面，在原本政府尚能控制的土地上各种地方势力开始崛起并成为鸦片生产和走私的主要参与者和保护者，战争的极端条件下毒品经济开始吞噬阿富汗。此外，美国和巴基斯坦在抗苏过程中利用毒品来达到自己的目的，成为阿富汗毒品问题恶化的外部助推力。

一、苏联入侵对阿富汗罂粟种植的影响

一直以来，阿富汗的种植业发展虽然较为落后，但在20世纪60年代随着一系列水利和灌溉工程兴建工作的完成，其农业生产有了一定的发展。在阿富汗主要的粮食作物是小麦，小麦的种植面积曾经占到整个农作物种植面积的75%，占整个粮食作物的90%。即使是在1977—1978年，由于干旱，阿富汗小麦的年产量也达到了256万吨。[②] 除此之外，阿富汗的主要粮食作物还包括玉米、稻谷和大麦。虽然这些作物的种植面积和产量不如小麦，但是这些

---

① *US Foreign Policy and the War on Drugs*: *Displacing the Cocaine and Heroin Industry*, p. 59.

② 《阿富汗》，第202页。

粮食产量基本可以保障阿富汗的粮食安全。

1979 年苏联入侵阿富汗，战争对阿富汗社会经济的巨大破坏成为阿富汗毒品问题恶化的起点。苏联在入侵阿富汗后，采取了占领主要大城市和交通线的战略，而并没有对阿富汗的农村以及偏远的山区进行有效控制。而抗击苏联的圣战者们就活跃在这些苏联势力没有进入的地区。在抗苏运动兴起后，为了减少战斗人员的损失，同时也为了切断圣战者们的后勤补给，苏联开始动用飞机轰炸阿富汗。在苏联的轰炸下，直接遭到破坏的就是阿富汗的农业生产。

战争期间阿富汗工农业遭到巨大破坏，人们的粮食安全保障得不到满足，因此不得不转向罂粟的种植。在苏联入侵阿富汗之前，阿富汗的城市虽然有了一定的发展，但广大地区还是农村，农村人口基本上占了全国人口的 85%。[①] 但在战争中，阿富汗有 1/2—1/3 的农村被轰炸，全国 68% 的水利灌溉系统被炸毁，70% 的牲畜在战争中死亡，1/3 的农民直接失去了自己的耕地。更为雪上加霜的是，战争对阿富汗的工业也造成了巨大的破坏，多数工厂在战争中停产，这直接导致了阿富汗农民可用肥料的下降，有些地方的肥料使用量甚至下降了 90%。到了 1988 年，阿富汗的粮食产量已经比苏联入侵之前下降了 45%，阿富汗不得不每年从苏联进口 50 万吨小麦。[②] 在这种情况下，由于罂粟可以在粮食作物不能继续生产的土地上生长，又因为用其制成的鸦片不仅有较好的收成，而且能够储存便于携带又有很好的销路，这使得大多数失去粮食保障的阿富汗农民不得不进行罂粟的种植。

战争造成阿富汗人民的极端贫困，而鸦片生产带来的利润在很大程度上激起了阿富汗农民种植罂粟的热情。在战争前，阿富汗不仅进行粮食作物的种植，还进行着棉花、甜菜、甘蔗和一些油料作物以及一些水果、坚果和蔬菜的种植，这些作物的生产和交换都是阿富汗人获得收入的主要途径。尤其是水果和坚果的出口，一直是阿富汗换取外汇收入的重要途径，曾经在 20 世纪 70 年代末期占阿富汗整个出口创汇的 30%—35%。[③] 经过战争的破坏，大多数农民在自己的粮食需求都得不到满足的情况下，自然就停止了经济作物的种植。战争令阿富汗农民一贫如洗。从 1981—1987 年，算上大量出逃的阿

① *The Opium Economic in Afghanistan*：*An International Problem*，p. 90.

② Ibid.

③ 《阿富汗》，第 203 页。

富汗难民，阿富汗的国民生产总值下降了约60%，而人均国民生产总值在1981年时为250美元，到了1991年已经下降到164美元。[①] 据联合国的数据显示，阿富汗在当时已经是除了莫桑比克和埃塞俄比亚之外人均国民生产总值最低的国家。而在这样一个国家，由于鸦片的生产为农民提供了较高的利润，在经济利益的驱动下，大多数农民开始从事罂粟的种植。

除了直接的经济破坏外，苏联入侵阿富汗还严重破坏了阿富汗的对外贸易，从而造成阿巴边界人口流动的增多，这就滋生了阿巴边境的毒品走私温床。作为一个没有海岸线和出海口的内陆国，贸易国境一直是一个困扰着阿富汗对外贸易的问题。即便如此，阿富汗一直拥有三条主要的贸易运输线：第一条是从阿富汗运往巴基斯坦的卡拉奇港，再从卡拉奇港将货物运往其他地方；第二条是货物从苏联境内过境；第三条是从赫拉特将货物运往伊朗，再经伊朗转运到土耳其和欧洲。但苏联的入侵对阿富汗的对外贸易造成了严重的影响，主要有以下三个方面：第一，战争致使大量阿富汗人沦为难民并出逃国外，在这其中也包括不少进行进出口贸易的商人，这些人的出逃就导致了阿富汗贸易商的缺失；第二，苏联在占领阿富汗后，向阿富汗输出了大量的廉价苏联商品，基本上垄断了同阿富汗的贸易；第三，苏联军队基本上占领了阿富汗对外贸易的主要通道，商人往往要向占领军缴纳高昂的过路费或行贿才能通过。在这种情况下，阿巴边境的走私活动开始更加活跃起来。

阿巴边境的走私活动在苏联入侵阿富汗之前就已经存在。长期以来，在阿巴边境的两侧生活着同属于一个部落的普什图族，由于他们并没有把“杜兰线”看作是阿富汗和巴基斯坦的边界，所以说跨越边界对他们来说十分平常。而且生活在这一地区的人们生活十分贫困，基本上没有什么稳定的收入来源，所以走私活动就成为他们维持生计的“职业”。再加上无论是阿富汗还是巴基斯坦政府长时间以来都没有有效地管辖这一地区，两国的法律在这里都得不到有效实施，生活在部落区的普什图人甚至根本就没有走私的概念。所以从20世纪50年代起，这一地区就成为电器、奢侈品、枪支以及毒品走私的集散地。在60年代，奢侈品的走私在这里非常盛行，货物多数从巴基斯坦走私到阿富汗，再转手从阿富汗出口到巴基斯坦卖给巴基斯坦商人。

苏联占领阿富汗后，毒品就成为部落地区主要走私的货物。由于苏联的占领，阿富汗正常的贸易活动被破坏，进口商品变得越来越困难。在这

---

① *The Opium Economic in Afghanistan: An International Problem*, p. 90.

种情况下，圣战者开始介入走私活动并通过征收高额的进出口税来维持战争的开销，这就迫使很多部落的人因难以支付高额的过境费而不得不寻求别的途径来维持生计。由于罂粟种植面积在部落地区的不断扩大，一些部落人开始转向海洛因加工来谋取更多的利益。就这样，部落地区的走私活动和海洛因的生产紧密联系在一起，海洛因也成为阿巴边境非法贸易的主要商品。

二、阿富汗圣战者组织与毒品

阿富汗军阀兴起于20世纪70年代末期。这些被称为军阀的政治军事组织在1978年的“四月政变”后以各种反对共产主义政权的抵抗组织的形式登上了阿富汗的历史舞台。抵抗组织的兴起很大程度上和全球伊斯兰复兴有所关联，伊斯兰在阿富汗的复兴过程在一定程度上改变了阿富汗社会中旧的权力结构，削弱了旧的军事领袖“汗”的地位，而兴起了一批新的军事领袖。与“旧汗”的传统型统治权威模式不同，新军事领袖们大多出身平凡，需依靠他们的军事指挥才能和在战斗中的优异表现取得武装力量的忠诚。这些有一支武装力量支持的新军事领袖成为阿富汗现代军阀的雏形。

苏联入侵阿富汗是阿富汗军阀形成的重要外部原因。苏联入侵阿富汗后，各种派别的抵抗组织在外部势力的支持下开始进行反抗苏联的斗争。经历了10年与苏联的战争后，一些抵抗组织的势力不断壮大，在苏联撤军后一方面表面结盟试图推翻纳吉布拉的共产主义政权，另一方面各方势力又相互为战，抵抗组织的领袖逐渐成为在阿富汗统治一方的军阀。除了抵抗组织的领袖外，阿富汗现代军阀还有一部分来自于纳吉布拉政权的军队长官。事实上，在卡尔迈勒政权的政治和解方案被拒绝后，阿富汗共产主义政权对军队的依赖就越来越深。尤其是纳吉布拉，在成功瓦解了抵抗组织发动的贾拉拉巴德和霍斯特的攻城战后，他利用军事上的胜利发动了新一轮的政治和解攻势。而在中央政府对军队依赖加深的同时，军队却逐渐脱离政府的控制，尤其是地方军队，最为明显的表现就是地方军队长官可以不经中央的授权任命下级军官。最终，军队的倒戈在很大程度上导致了纳吉布拉政权的垮台，穆罕默德·拉希德·杜斯塔姆将军领导的第53乌兹别克民兵师在纳吉布拉政权的倒台中发挥了重要的作用。纳吉布拉倒台后，杜斯塔姆、伊斯马图拉·穆斯利姆等手握重兵的地方军队长官蜕化为地方军阀。

1992年纳吉布拉政权的垮台标志着军阀政治在阿富汗的正式形成。在同纳吉布拉的战斗以及各派系抵抗组织的互相攻伐中，抵抗组织逐渐由军事组织向政治军事组织转型。在这一转型的过程中，以前在圣战组织中发挥着重要影响的宗教学者和毛拉们的地位被不断边缘化，而各圣战组织本身的政治诉求和物质利益诉求在不断提高。在这种情况下，圣战组织的领袖成为实力强大的军阀。共同敌人的垮台并没有使阿富汗获得和平，相反军阀们为了两种目的在阿富汗发生激战：第一，为控制象征着阿富汗权力中心的首都喀布尔而战，这主要发生在拉巴尼－马苏德领导的伊斯兰促进会和古勒布丁·希克马蒂亚尔领导的伊斯兰党之间；第二，为了争夺土地、武器以及战争补给而发生的军阀混战，这也成为所有军阀相互激战的根本目的。

自从登上历史舞台的那一刻起，军阀就和毒品有着紧密的联系。在这其中最为值得注意的是，军阀能够出现在阿富汗的历史舞台并在以后左右阿富汗近20年的历史发展，和毒品在阿富汗的泛滥成灾有着同一个原因，即阿富汗中央政府的衰落和长期的无政府状态。正是因为本来对阿富汗地方控制力就弱的中央政府在苏联入侵后进一步丧失了对地方的控制，才导致军阀的崛起和罂粟种植的泛滥。反过来，军阀的崛起和罂粟种植以及毒品加工和贩运又更加削弱了中央政府的权威和有效统治。更为严重的是，在这一过程中，军阀的势力参与到毒品经济中，并伴随着阿富汗中央政府权威的不断衰落而加深。鸦片不仅作为一种商品在阿富汗市场上存在，更成为一种政治经济权力符号，它不仅为军阀提供了战争所需要的资金，这些资金又进一步成为军阀招募武装以及获得部下效忠的权力来源。在抗苏战争时期，除了能够获得的国际援助外，毒品成为能够带给这些圣战组织司令官最大利益的商品。大大小小的军阀不仅对农民征收罂粟种植税，还参与毒品的走私与贩运。甚至，有一些军阀还经营着海洛因加工和精炼厂。

在抗苏战争时期，最为臭名昭著的大毒枭就是赫尔曼德军阀毛拉·穆罕默德·纳希姆·阿昆扎达。长期以来，一些普什图部落就生活在赫尔曼德地区，而部落长老自然就是这一地区的领袖权威，是长期以来赫尔曼德以及地方上的实际统治者。纳希姆虽然出身于赫尔曼德的主要部落阿里查伊，但他并没有出身于一个部落长老的家庭。在抗苏战争开始之前，纳希姆只不过是一个塔里布（阿拉伯语，意为伊斯兰学生），在一个拥有众多毛拉的普什图社区中，他的地位是再平常不过了。但是，后来阿富汗社会的日益动荡给了纳希姆一个攫取地方权力的机会。随着伊斯兰势力在阿富汗社会中的抬头，人民民主党政权逐渐视这些势力为对自己的威胁，开始剿灭这些势力。与此同时，人民民主党政权也试图将自己的势力扩展到部落地区。1978 年，政府军对部落开战，在战斗中一些部落长老或汗逃出了赫尔曼德，而另一些则率领部族反抗。这些部落武装与政府军的战争相当激烈，其中穆萨卡拉地区就曾被政府军和部落武装交替占领，但后来还是政府军占据了优势，这些部落武装只得转战到山区等待时机。后来，苏联入侵阿富汗造成了政府军对赫尔曼德地区控制力的减弱，正当这些部落长老准备重新控制这一地区时，却发现地方的实际控制权已经被纳希姆所掌握。正是战争造成的权力真空使纳希姆从一个普通的毛拉变为赫尔曼德北部的大军阀。①

纳希姆在成为地方领袖后，通过将自己变为部族领袖进一步控制了赫尔曼德地区。他原本并不是部落长老，也没有出身于部落长老家庭，按照一般阿富汗社区中的权力运行逻辑而言，他很难在部落地区成为一个权威的领袖。但是，赫尔曼德北部的情形并不一样。在这里居住的农民中有早先在拉赫曼汗时期从南方强制迁徙到这一地区然后才在这里定居的。而拉赫曼汗强制农民迁徙的目的正是要打破部落权力的格局，从而为中央权威在全国的扩展创造条件。所以，在赫尔曼德北部居住的并不是同一部落的居民，在这种情况下，这里的农民对部落的认同也就不是特别强烈，这就为纳希姆成为部落领袖创造了有利的条件。在抗苏战争开始后，纳希姆最初加入了穆哈马德·纳比·穆哈马迪的阿富汗伊斯兰革命运动（Harakat-e-Inqilab-e-Islami），该运动是赫尔曼德地区的主要圣战组织。随着在抗苏战争中的突出表现，纳希姆逐渐成为地方上的权威。这时，他把不同部落的群众组织起来，开始成为阿里查伊部落三个家族其中一支的部落长老。

为了控制赫尔曼德北部的鸦片产区，纳希姆必须战胜阿里查伊部落其他两个家族。除了纳希姆外，在抗苏圣战早期，活跃在赫尔曼德北部的还有阿卜杜·拉赫曼·汗以及阿卜杜·瓦希德，他们也都是阿里查伊部落的家族领袖，其中拉赫曼·汗是赫尔曼德北部的传统统治者，在政府军的围剿下幸存了下来，也成为纳希姆的主要反对者。为了达到控制整个赫尔曼德北部罂粟产区的目的，纳希姆对其他两个家族开战并在后来取得了胜利，从而获得了赫尔曼德北部罂粟种植区的控制权。

---

① 关于毛拉·纳希姆的相关情况，参见 Alfred W. Mccoy，*The Politics of Heroin*：*CIA Complicity in the Global Drug Trade*，Chicago Review Press，2003，pp. 458 – 459，以及 Vanda Felbad-Brown，Kikcking the Opium Habit?：Afghanistan，s drug Economy and Politics since The 1980s，*Conflict*，*Security & Development*，Vol. 6，No. 2，pp. 129 – 131。

在纳希姆成为部落领袖成功地控制了赫尔曼德北部地区后，他就开始与毒品产生了紧密的联系。据说“salaam”这种现代还在被广泛用于阿富汗罂粟种植中的借贷体系就是纳希姆所发明的。他先预付一部分钱为农民种植罂粟和生活提供资金，等鸦片收获后农民以鸦片来还贷。在这种体制下，缺少生活来源的贫困农民只好向纳希姆贷款，而种植罂粟和鸦片成为他们唯一可还清贷款的方式，因此大多数农民只得选择种植罂粟。他还强制农民种植罂粟，并对种植量提出了严格的要求。他要求农民必须在自己所有耕作土地的一半中种植罂粟，如果农民没有按照他的要求去做或是没有做到的话，将会受到纳希姆严厉的惩罚。轻者会被纳希姆阉割掉，重者则直接处于死刑。

不仅如此，纳希姆还试图将罂粟种植推广到赫尔曼德南部地区。在利益的驱动下，纳希姆开始向赫尔曼德南部发动土地兼并的“鸦片战争”。由于完全控制了赫尔曼德北部的罂粟种植区，从鸦片的收获中获取的巨大利润，为纳希姆向南部地区的兼并战争提供了巨大的资金支持，成为他获得胜利的保障。由此，在纳希姆的控制下，罂粟的种植已经扩展到了整个赫尔曼德地区。反过来，从鸦片的种植中获取的利益又继续为纳希姆的其他战争提供了后勤支持，在这些毒资的资助下，纳希姆建立了一批医院和诊所，主要用于给自己在战斗中受伤的武装人员提供医疗服务。

在抗苏战争时期，基本上每一个圣战组织的司令官都和毒品有瓜葛，但没有哪一个司令官涉入毒品经济的程度超过古勒布丁·希克马蒂亚尔。希克马蒂亚尔，1947 年出生在阿富汗昆都士的一个普什图家庭。1968 年，他进入喀布尔大学学习机械工程，因此又被称为“工程师”。早在学校期间，他就开始投身于政治运动，随后组织起一个名叫“穆斯林青年运动”的组织。作为穆斯林兄弟会在阿富汗的分支机构，穆斯林青年运动反对各种社会中违反伊斯兰教法的行为，尤其反对当时查希尔国王的世俗化改革。为了表达对国王改革的不满，希克马蒂亚尔曾经组织起大规模的学生上街游行示威。不仅如此，他还经常撺掇起一伙人对不愿戴面纱的女学生扔燃烧瓶报以恐吓。在 1972 年，希克马蒂亚尔被指控谋杀了一名左翼学生而遭到政府的通缉，他随即逃亡到了巴基斯坦的西北边境省。在白沙瓦生活期间，希克马蒂亚尔和巴基斯坦的伊斯兰党的关系不断深化。作为一个伊斯兰激进主义政党，伊斯兰党在当时巴基斯坦社会中有着较深的群众基础，甚至它的势力已经渗透到了巴基斯坦军队中。在伊斯兰党的庇护下，希克马蒂亚尔开始以白沙瓦为中心建立自己的根据地。在达乌德 1973 年发动政变夺取阿富汗政权后，希克马蒂亚尔开始筹备力量准备推翻现政权。1974 年，在穆斯林青年运动的基础上，希克马蒂亚尔将其进一步发展为阿富汗伊斯兰党。在苏联入侵阿富汗后，希克马蒂亚尔以白沙瓦为基地，对苏军和人民民主党政权进行打击和破坏。

随着抗苏战争的不断深化，希克马蒂亚尔对毒品经济的涉足程度逐步加深。刚开始，同其他圣战者组织的司令官一样，希克马蒂亚尔也仅仅是在他控制的地区对鸦片农征收罂粟种植税，征收烟农的鸦片然后将生鸦片带入阿富汗和俾路支斯坦的巴扎中贩卖。但后来，希克马蒂亚尔不仅仅进行大宗海洛因和鸦片的走私和贩运，还经营着海洛因的加工和精炼厂。

希克马蒂亚尔能够进行这些活动，很大程度上要归功于他和巴基斯坦军方以及在巴基斯坦阿富汗难民的亲密关系。长期生活在白沙瓦以及同巴基斯坦伊斯兰党的关系都让希克马蒂亚尔能够和巴基斯坦军方建立起密切的联系。此外，希克马蒂亚尔也深得巴基斯坦军政府最高长官齐亚·哈克将军的赏识。齐亚赏识伊斯兰党的最重要的原因还是为了保证巴基斯坦的安全，尤其是应对阿巴边境的普什图人问题长期以来带给巴基斯坦的困扰。在达乌德于 1973 年发动政变上台后，又重提普什图尼斯坦的论调，阿巴两国关系开始恶化。但希克马蒂亚尔长期以来十分反感普什图尼斯坦的提法，因为他认为这种论调相当世俗，不符合伊斯兰的教义。正因为如此，齐亚认为希克马蒂亚尔势力的存在，不仅可以作为抗击苏联进一步南下的先锋，还可以进一步分化阿富汗国内的普什图民族主义情绪。

正因为如此，希克马蒂亚尔才得以在巴基斯坦的庇护下进行他的毒品活动。首先，在巴基斯坦的帮助下，希克马蒂亚尔在巴基斯坦的阿富汗难民中的影响力不断加深，这就为他的毒品走私提供了携带者。一些巴基斯坦边境管理者长期以来就是希克马蒂亚尔的支持者，在他们的管理下，如果难民在进入巴基斯坦时说自己是伊斯兰党希克马蒂亚尔派的成员，他们的入境登记程序就会简单得多，有的时候甚至可以不履行程序直接进入巴基斯坦。巴基斯坦军政府害怕阿巴边境内的普什图民族主义情绪的高涨会在国内引起更大的骚乱，所以也将难民营的管理和教育工作交给希克马蒂亚尔。就这样，希克马蒂亚尔在难民中的影响力进一步加深，伊斯兰党的队伍也不断壮大（大部分来自难民），希克马蒂亚尔就可以轻易指示和教唆手下的难民进行毒品的走私和贩卖。其次，希克马蒂亚尔的运输队进出巴基斯坦国境非常便利，只要是希克马蒂亚尔的卡车在过境时都会被予以通行，甚至巴基斯坦国家后勤装备部的卡车会直接替希克马蒂亚尔运送毒品。

最后，通过巴基斯坦，希克马蒂亚尔获得了更多的资金和武器来源。据说联合国监督的资金经巴基斯坦政府分配后一般都会汇入希克马蒂亚尔的名下，而美国为圣战者组织提供的武器经巴基斯坦的转手分配后约20%—25%都归属于希克马蒂亚尔。[①] 此外，希克马蒂亚尔不仅仅是征收罂粟种植税和进行生鸦片的贩卖和走私，他还拥有自己的海洛因加工和精炼厂。这些海洛因加工和精炼厂分布在阿巴边境地区的西北边境省和俾路支斯坦，其中有6家海洛因加工和精炼厂归属于希克马蒂亚尔。[②] 所以，有了这些海洛因加工和精炼厂，希克马蒂亚尔便可以从事海洛因的生产、走私和贩运。由于海洛因的价格远远高于生鸦片，所以希克马蒂亚尔相比其他圣战者组织的司令官要获得更多的毒品资金来源。

除了希克马蒂亚尔外，其他圣战者组织的司令官们也都在不同程度上参与了毒品经济。除了毒品带来的巨大的经济利益外，参与毒品经济能够快速补充战争对物质的巨大消耗成为这些圣战组织者司令官参与毒品经济的一个重要原因。与希克马蒂亚尔相比，不是所有的圣战组织都能够得到巴基斯坦或者美国的青睐，但他们却同样进行着与苏联的战争。在这其中，马苏德和他领导的伊斯兰促进会就是一个明显的例子。伊斯兰促进会的武装力量在马苏德的领导下，在抗苏战争中已经发展到了1.2万人，并曾经连续7次挫败了苏联对潘杰希尔谷地的围剿，在潘杰希尔谷地建立了自己的根据地，伊斯兰促进会的司令官在阿富汗北方六省开展着活动。但是即便如此，马苏德也一直没有受到巴基斯坦的重视。巴基斯坦方面看不惯马苏德和苏军单独媾和的行为，并指责马苏德的军队不在主要大城市同苏军作战。[③] 巴基斯坦方面不重视马苏德的最主要原因是，他们认为马苏德是塔吉克族，在日后阿富汗政局的角逐中不可能主宰阿富汗，因此他们认为马苏德没有太大的利用价值。在这种情况下，战争的巨大消耗以及可获得较少的外来援助，都使得马苏德不得不依赖毒品所带来的利益。作为阿富汗传统的罂粟种植区，巴尔赫尚的鸦片产量也相当可观，这就为马苏德进行毒品活动提供了便利。和其他圣战者组织司令官所做的一样，马苏德也在他有效控制的地区征收罂粟种植税，并

---

① Marvin G. Weinbaun, War and Peace in Afghanistan: The Pakistani Role, *Middle East Journal*, Vol. 45, No. 1, 1991, p. 78.

② 关于希克马蒂亚尔经营海洛因精炼厂的情况，请参阅 LucyJ. Mathiak, American Jihad: The Reagan Doctrine As Policy And Practice, Doctor of Philosophy at the university of Wisconsin-Madision, p. 88。

③ *War and Peace in Afghanistan: The Pakistani Role*, p. 79.

且进行鸦片以及其他非法物品的走私。

三、美国在抗苏战争中的秘密行动与阿富汗毒品

美国对阿富汗的态度从不关心到关心，再到今天的全力介入存在一个过程，其动力是美国的利益。二战结束后到20世纪50年代中期，美国为了填补中东地区的势力真空、获取石油利益以及对抗苏联，组建了巴格达条约组织（Baghdad Pact），但阿富汗并未加入该组织。20世纪50年代中期到1978年，美国提高了介入水平，以平衡苏联在阿的优势，但是介入程度仍然有限。1978年阿富汗发生“四月政变”，人民民主党上台执政。卡特政府对这一新政权采取了观望态度，延续了美国历届政府对阿的有限介入政策，并继续对喀布尔进行援助，以保持美国在阿的有限影响力。1979年4月以后，卡特政府改变了对阿富汗人民民主党的观望态度，开始在阿富汗实行以抗苏为目的的政策。美国的阿富汗政策改变后，开始在阿富汗实施秘密行动，但无论是行动的规模还是投入的资金都十分有限。在苏联入侵阿富汗后，美国开始提高对阿富汗圣战者组织的援助水平。1980年，里根政府的上台大大加强了美国在阿富汗秘密战的力度。在里根政府的支持下，更多的资金和武器从美国流入圣战者组织的司令官手中。不仅如此，里根政府还加强了在阿富汗对苏军的心理战，以试图瓦解苏联士兵的心理防线从而加速苏军从阿富汗撤军。当然，毒品在里根及其幕僚看来自然是实施秘密战的最好媒介，毒资不仅可以为圣战者组织司令官带来巨额资金以迅速补充战争带来的消耗，而且毒品可以用作毒害苏军士兵身心健康的利器。为了让阿富汗成为埋葬苏联的坟墓，毒品开始在美国在阿富汗的对苏秘密战中扮演重要角色。

里根在成为美国总统不久，就开始策划在阿富汗战场上用毒品来对付苏联士兵。1981年1月，里根刚刚宣誓成为美国总统，在他白宫的椭圆形办公室就迎来了一位神秘的客人。这位客人正是法国秘密对外情报机构主席亚历山大·马赫奇。马赫奇前来的目的是与里根商议加强美法两国在阿富汗战场上对苏联秘密战的合作。在两人商议后，一项被命名为“蚊虫”的行动被制定出来。这项行动的内容是运用当时越共在抗美时的经验，为苏联士兵秘密提供缴获的非法毒品，以达到扰乱敌军和削弱苏军战斗力的目的。① 里根与马

① *The Politics and Economics of Drug Production on the Pakistan-Afghanistan Border*, p. 53.

赫奇一拍即合，随后，里根将这项任务交给了时任美国中央情报局局长的威廉·凯西。凯西在同马赫奇商议后两人约定在不将法国泄露出去的前提下，先由法国的资金支持这些行动。三年以后，这项行动的规模开始有所扩大，通过法国记者办公室，凯西可以同圣战者组织的司令官商议行动的细节。法国不仅为这些行动提供资金的支持，还决定为圣战者组织司令官们建立海洛因加工厂并从国内找来了一些海洛因精加工的专家为制作高纯度的海洛因提供技术指导。

这项行动很快就在阿富汗得以成功的实施。具体的步骤是被缴获的毒品先集中在美国中央情报局、巴基斯坦三军情报局以及沙特阿拉伯情报官员的手中，这些情报官员再把这些毒品混入到卷烟中交给巴基斯坦政府官员。这些政府官员开始指导阿富汗或巴基斯坦的司机们怎么在通过阿巴边境时将混有毒品的香烟交给苏联士兵。当苏联士兵开始上瘾后，甚至不惜违背军队纪律同圣战者们接触以期得到更多的毒品。而圣战者们不仅可以通过这种途径获得资金来源，甚至可以用毒品来换取苏军士兵的武器。更重要的是，这些严重依赖毒品的苏军士兵已经变得意志薄弱、精神涣散、纪律松弛，战斗力严重下降，这些都是美国和圣战者组织所希望看到的。

不仅运用毒品作为瓦解苏军士兵身体健康和心理防线的武器，美国的情报部门还为毒品走私和贩运者提供保护。虽然从抗苏战争开始到苏联从阿富汗撤军，美国的情报部门一直在利用非法缴获的毒品作为它秘密战的武器。但与此同时，由美国国务院主导的禁毒工作也一直在阿富汗和巴基斯坦开展着，主要是制定了西南亚麻醉品控制战略，其内容是为这些地区提供经济援助，包括经济援助和贷款两部分。用于这一地区的粮食种植、农村的电力供应以及其他经济项目。此外，在抗苏战争的时间里，还有毒品执法管理局的 17 名特工以及 16 名员工在巴基斯坦执行禁毒工作，他们负责搜索毒贩的信息并对毒品走私者进行抓捕并缴获毒品。但是，中央情报局的官员经常为毒品走私者提供保护，他们阻止毒品执法管理局官员以及其他执法部门进行犯罪调查，并为毒贩们扫清毒品走私的障碍。正是在中央情报局官员的保护下，在抗苏战争的 10 年里，没有一名主要的毒贩被毒品执法管理局抓获。

当然，美国在为毒贩们提供保护的同时，其自身也深受其害，因为阿富汗—巴基斯坦的海洛因主要都流向了美国。到了 20 世纪 80 年代末，阿富汗—巴基斯坦的海洛因已经占有美国海洛因消费市场 60% 的份额，美国的海洛因注射者人数在 1989 年增加了 25%，整个美国的海洛因滥用人数达到了 45 万。[①] 在之后的时间里，美国的毒品滥用问题严重恶化，部分原因在于美国为了同苏联冷战而忽视了自己的禁毒政策。在整个抗苏战争期间，阿富汗鸦片产量的激增和毒品问题的恶化与美国有着直接的关系，而今天美国社会中的毒品严重泛滥，美国政府不得不为自己在抗苏战争中的秘密战“埋单”。

四、巴基斯坦与阿富汗毒品

除了美国外，巴基斯坦尤其是它的情报部门要对抗苏战争中阿富汗毒品的泛滥负很大责任。巴基斯坦在抗苏战争中发挥了巨大的作用。首先，巴基斯坦在战争中收容了大量的阿富汗难民，并为圣战者组织提供避难所和训练基地。在 8 个流亡的阿富汗圣战者组织中，除了盖拉尼外，其他圣战者组织的司令官们都在巴基斯坦有自己的训练基地。其次，作为抗苏战争中美国向圣战者组织提供武器和物资的中转站，巴基斯坦对于圣战者组织的司令官们起到了至关重要的作用。第三，巴基斯坦甚至亲自为圣战者组织的司令官们提供武器、资金、信息以及技术服务。当然，巴基斯坦在帮助圣战者组织的时候，还和毒品发生了密切的关系，不仅动用军方的汽车为圣战者组织运输毒品，还在司法环节上为主要毒贩开脱罪名，以达到为这些毒贩减刑或脱罪的目的。在整个抗苏战争期间，巴基斯坦变成了一个毒品泛滥的国家，基本上国家的每个公民都和毒品有着千丝万缕的联系。

巴基斯坦介入阿富汗的毒品问题始于它帮助阿富汗的圣战者组织抗击苏联。在齐亚的军政府看来，苏联入侵阿富汗对自己来说是一个绝好的机会。1977 年，齐亚发动政变推翻了布托政府，在巴基斯坦建立了军人政权。政变后，齐亚政府无论在国际上还是国内都面临着很大的困境，尤其是当时热衷于在全球推广民主事业的美国总统吉米·卡特对齐亚政府施加了强大的压力，他认为齐亚推翻民主的布托在巴基斯坦建立军政府是一种极大的倒退。此外，布托政府在巴国内有着较高的声誉，齐亚在推翻布托后将其杀害也背负了极大的恶名。但是苏联入侵阿富汗后，美国本着国家利益至上的原则，开始淡化外交政策中的意识形态色彩，开始考虑同巴基斯坦合作共同在阿富汗抗击苏联。在冷战的环境下，有巴基斯坦情报局这样一个得力的助手，美国便可以既成功实施在阿富汗的抗苏行动，又使得在这一行动中完全看不到美国的

---

① *The Politics of Heroin：CIA Complicity in the Global Drug Trade*, p. 439.

身影，从而在外交和舆论层面占领道德的高地。就这样，齐亚政府不再成为美国批判的对象，反而成为美国的盟友，甚至得到了美国的重要援助。可以想象，如果没有苏联入侵阿富汗这一事件的发生，齐亚政权即使在巴基斯坦能够生存，也必定步步艰难。此外，齐亚本人也害怕苏联会将巴基斯坦作为进一步南下取得暖水港的目标，将战火烧到巴基斯坦境内，所以也热衷于利用自己的情报系统在阿富汗破坏苏联的行动，当然最为重要的就是在不暴露巴基斯坦的情况下通过援助阿富汗的圣战者组织来达到抗击苏联的目的。最后，齐亚也将苏联入侵阿富汗看作是解决长期以来一直困扰巴基斯坦的普什图尼斯坦问题的一个重要契机。他大力支持具原教旨主义色彩的圣战者司令，以期把阿巴边境的普什图民族主义情绪降到最低点。

巴基斯坦介入毒品问题的最重要的做法就是为圣战者组织的司令官运输毒品。在这其中发挥了最重要作用的是法兹勒·哈克将军。作为当时巴基斯坦西北边境省的省长，法兹勒基本上可以左右这一地区的所有事务。此外，他在当时还负责着巴基斯坦向阿富汗的主要武器和物资的运输线，这就为他帮助阿富汗圣战者组织司令官运输毒品提供了极大的便利。法兹勒主要是动用了巴基斯坦军方的后勤装备组的汽车来为圣战者组织司令官们运输毒品。这些军方的汽车在通过阿巴边境时根本不会接受任何的检查。巴基斯坦后勤装备组在抗苏战争时期基本上垄断着从卡拉奇到白沙瓦再到整个西北边境省的向圣战者组织提供援助的运输补给线，但在法兹勒将军的控制下，这条运输线也成为阿巴边境重要的毒品走私通道。

巴基斯坦不仅为圣战者组织提供毒品运输，还破坏国家的司法程序，从而达到为毒贩开脱罪名的目的。由于巴基斯坦政府为圣战者组织运输毒品以及巴政府同毒贩的密切关系，美国深受其苦，美国国务院的官员也对巴基斯坦政府的行为大为不满。他们希望巴基斯坦政府能够在同美国的禁毒工作中加强合作并阻止主要毒贩的毒品贸易活动。不仅如此，美国国务院在明知巴基斯坦政府态度的情况下还向巴基斯坦提供了一些主要毒贩活动的信息，希望巴基斯坦政府能够在禁毒工作中有所作为。但结果确令美国禁毒官员大失所望。因为直到1984年，仍没有一个主要的毒贩被巴基斯坦政府抓获。在1985年，虽然也有一些毒贩被零星抓获，但在巴基斯坦政府的庇护下，这些人并没有受到应有的惩罚，有些毒贩仅仅被判刑1—2年。这些毒贩在巴基斯坦政府的运作下，仅仅在监狱中蹲了几个星期就逍遥法外。

在抗苏战争期间，巴基斯坦变成了一个毒品泛滥成灾的国家，从巴基斯坦的最高国家领导到普通的公民，基本上每个巴基斯坦人都和毒品有着千丝万缕的联系。随着鸦片产量在阿富汗和巴基斯坦的激增，以及海洛因生产和走私的加剧，海洛因基本上成了每个巴基斯坦公民的日常消费品。而巴基斯坦的政府高层甚至是齐亚·哈克将军本人，也和毒品有着很深的联系。1983年12月，一名叫作罗扎·库热西的商人在挪威奥斯陆机场被抓获，同时缴获了他随身携带的3.5公斤海洛因。为了给自己减轻罪行，库热西主动坦白了罪行并供出了自己的主使者正是巴基斯坦哈比布银行行长哈米德·哈桑以及巴基斯坦国内另外两名毒品走私大亨。哈米德·哈桑不仅是巴基斯坦哈比布银行行长，更亲自为齐亚·哈克将军打理家庭财务。1985年，在挪威政府的外交压力下，巴基斯坦联邦调查局逮捕了哈米德·哈桑，并在他的公文包里发现了属于齐亚将军的个人银行账户。在哈桑被抓获的当晚，齐亚将军的妻子亲自从埃及给联邦调查局高层打电话要求释放哈桑。虽然哈桑和他的同伙在1987年被审判时还向证人库热西发出死亡威胁，但最后在挪威不断施加的外交压力下，哈桑终于认罪并被判处了长期监禁。①

五、阿弗瑞迪部落与阿巴边境的罂粟种植、毒品走私与贸易

抗苏战争时期，阿巴边境的普什图部落地区成为毒品泛滥的重灾区。在这一地区，不仅罂粟种植面积逐年扩大，而且还集中了当时阿富汗和巴基斯坦的主要海洛因加工和精炼厂，在当时生产和加工了大量的海洛因。这里不仅是毒品的生产基地，还是非法毒品走私和过境的集散地和转运地。阿巴边境的海洛因经过部落地区后，再从巴基斯坦转运到欧美。到20世纪80年代末，美国市场上消费的海洛因有一半以上来自阿巴边境的部落地区。同时，阿巴边境的部落区已经成为对世界毒害最深的地区之一。

在阿巴边境的普什图部落地区中，和毒品联系最深的是阿弗瑞迪部落。该部落是世代生活在阿巴边境附近的普什图部落，人口主要分布在巴基斯坦的西北边境省。和普什图族其他部落一样，部落长老在决定部落大小事务中有着至高无上的权威，总揽着部落的大权。上文已经介绍过，部落地区的罂粟种植始于1957年，当巴基斯坦在旁遮普推行罂粟种植并没有收到很好的效果后，开始在西北边境省推广罂粟种植。在世界市场不断扩大对海洛因的需求后，部落长老们也看到了罂粟种植能够带来巨大的利益，开始要求农民种

① *The Politics of Heroin: CIA Complicity in the Global Drug Trade*, p. 455.

植罂粟。由于巴基斯坦中央政府长久以来并没有对这一地区实施过有效的管辖，部落长老们就控制了这里的罂粟种植事务。

到了抗苏战争时期，部落长老们和阿富汗圣战者的司令官们以及美国和巴基斯坦的情报部门在毒品问题上进行了密切的合作。从阿富汗收获的鸦片经圣战者组织司令官们征税后，被运往阿巴边境的阿弗瑞迪部落区。圣战者组织的司令官们用征收的毒品税向部落长老们行贿，部落长老们接受这些贿赂后允许圣战者司令官们在部落区开设海洛因加工和精炼厂。部落区加工完成的海洛因在部落长老的保护下被走私到巴基斯坦境内，再流向世界市场，而武器则由美国和巴基斯坦的情报部门在部落长老的保护下被运往阿富汗，交给圣战者组织的司令官们。可以说，如果没有部落长老的允许与参与，由美国、巴基斯坦和阿富汗圣战者组织司令官们运作的毒品—军火运输链就是不完整的，甚至不可能有效地运作起来。

在部落地区，出售毒品也相当常见。长期以来，巴基斯坦政府都没有有效地管辖部落地区，巴基斯坦的基层政权在部落地区也不存在。在部落地区，既没有警察，也没有法院和税收机构，所以贩卖毒品不会被国家执法部门抓获和征税。而且由于巴基斯坦的法律在部落地区根本无效，部落居民长期以来对法律的概念一无所知，所以无论是走私还是毒品的贩卖在他们看来都是极为正常和普遍的，甚至有的部落居民世代就以向阿富汗走私货物来谋生。在部落地区持有毒品者相当多，再加上在这里贩毒根本不用担心被国家执法机关抓获，也不会对毒品征收税，毒品的价格非常低，所以毒品的买卖就更为常见。甚至在街边的小摊上就会看到毒品和其他走私物品一起被摆出来出售的现象。

六、从苏联撤军到阿富汗内战时期毒品问题的继续恶化

从苏联撤军到阿富汗内战爆发这段时期，阿富汗毒品经济的泛滥与圣战者组织蜕化成为军阀是阿富汗局势变化的两条主线。第一条主线是苏联 1989 年从阿富汗撤军并没有给阿富汗人民带来期盼已久的和平，阿富汗局势进一步恶化。苏联的撤离加速了圣战者组织内部的分化，但这种分化在纳吉布拉政权还存在的情况下并没有明显表现出来。各个圣战组织只是为了推翻纳吉布拉政权而进行着表面上的合作。一方面，以白沙瓦为基地的七党联盟继续对纳吉布拉政权进行着打击，但从防御状态的游击战进入到进攻状态的攻城战时圣战者组织的劣势就暴露了出来。尤其是 1989 年七党联盟妄图攻下南方

重镇贾拉拉巴德的失败充分暴露了圣战者组织在装备、战术以及组织上的弱点。另一方面，以伊朗为基地的什叶派八党联盟则占据着阿富汗中部的巴米扬地区，继续在七党联盟部队和政府军的战争中持观望态度。拥有着正规军以及能够保证主要大城市供应和城市之间战略互动的纳吉布拉政权依然牢牢地控制着阿富汗的北部。但是，1992 年驻守北部重镇的阿富汗乌兹别克第 53 师师长杜斯塔姆将军的叛乱对纳吉布拉政权的垮台起了重要作用。杜斯塔姆的叛乱切断了对喀布尔的武器和物资供应，在这种情况下，纳吉布拉政权很快土崩瓦解了。纳吉布拉政权倒台，进一步加剧了圣战者组织的分化，他们各自都认为自己是这场战争的胜利者，开始相互攻伐。随着喀布尔以及北方主要城市的控制权落入塔吉克人手中，这激起了希克马蒂亚尔的不满，一场围绕着首都喀布尔控制权的战争随即爆发，阿富汗内战拉开了帷幕。而与此同时，各主要圣战者组织都已经形成了自己的势力范围，并在其势力范围内建成了经济、政治、法律甚至文化都不相同的权力中心。国家的分裂已经成为事实，而圣战者组织的司令官们和前政府高级将领蜕化成了军阀。

从苏联撤军到内战阶段，阿富汗局势发展的另一条主线是阿富汗毒品经济的泛滥。早在抗苏战争的后期，由于以美国为首的国际援助者对圣战者组织提供的武器不断升级，尤其是对圣战者提供了“毒刺”导弹，在很大程度上改变了战争的形式。圣战者对“毒刺”导弹等对空武器的使用令苏联空军不再占有绝对制空权优势。这种局面也令圣战者组织的司令官们能够更为有效的控制自己的势力范围。在稳固了自己的势力范围后，圣战者组织的司令官们所要做的就是利诱或强迫农民种植罂粟，所以在苏联撤军之前，当局势朝着有利于圣战者组织的方向发展时，阿富汗罂粟的种植面积便不断扩大。到了 1988 年，阿富汗鸦片的总产量已经突破了千吨。在苏联从阿富汗撤军后，这种情况进一步恶化了。虽然圣战者组织并没有在苏联从阿富汗撤军后立即完成对整个国家的有效占领，但在一些地方上却迅速填补了苏联撤离后留下的空白，而这些地方就成为罂粟生长的地方。还有另一个因素造成了苏联撤军后阿富汗鸦片产量的激增。这就是战争为阿富汗妇女提供了外出工作的机会，尤其是在巴基斯坦的难民。这些妇女在战争期间随家迁往巴基斯坦，在巴基斯坦他们的家庭靠国际援助可以度日，这就大大减轻了以往妇女身上的负担，可以使她们走出家门另谋差事。但在苏联撤出阿富汗后，国际社会对阿富汗的援助开始大幅缩减，而巴基斯坦也不堪难民重荷，不再情愿继续为难民提供庇护。在这种情况下，这些妇女不得不重新担起养家糊口的重任，而除了进行传统的农业生产外她们别无其他选择。所以，在严重被荒废和破坏的土地上种植罂粟又成为她们进行农业生产的唯一选择。这种情况是苏联撤军后阿富汗鸦片产量增多的一个重要原因。

苏联撤军后，随着圣战者组织的司令官们开始不断巩固对自己地盘的控制，他们也开始为了争夺对鸦片的生产地和毒品走私通道的控制权而发生冲突。在所有的圣战者组织的司令官中，冲突最为激烈的是纳希姆和希克马蒂亚尔这两派。苏联撤军时，纳希姆已经完成了对当时阿富汗最大的鸦片产区赫尔曼德的大部分地区的有效控制，据称他当时控制的鸦片达到了 250 吨。[①] 此外，在赫尔曼德地区还有几所海洛因精炼和加工厂，而纳希姆在当时也获得了“海洛因之王”的称号。不仅如此，纳希姆还成为了阿富汗国内最大的毒品走私巨头，从赫尔曼德流出的毒品不仅可以经阿巴边境进入巴基斯坦，还可以进入古尔再走私到伊朗。为了扩大对伊朗这条西部毒品走私通道的控制，纳希姆甚至在扎希丹（zahidan）设立了专门的办公室，以对这条线路上的毒品走私进行监控和操作。当然，纳希姆对鸦片生产地和毒品走私通道的控制不仅严重威胁了希克马蒂亚尔的利益，还令希克马蒂亚尔十分眼红。长期以来，希克马蒂亚尔就想把自己的势力范围扩展到赫尔曼德地区北部，尤其是控制这里的海洛因加工精炼厂（他自己在巴基斯坦境内紧邻赫尔曼德最南部的 Koh-i-Soltan 地区经营着自己的海洛因加工精炼厂）。如果控制了赫尔曼德，希克马蒂亚尔就不仅垄断了阿巴边境的毒品生产与走私，而且会垄断阿富汗的毒品生产与走私，这样一来他在阿富汗对毒品的控制再也不会受到其他人的挑战。1988 年，希克马蒂亚尔手下的地方司令官在赫尔曼德鸦片收获之际开始对纳希姆开战，但一场大雪中止了这场战斗。1989 年大雪刚融化，希克马蒂亚尔和纳希姆的战斗又一次爆发，在双方都付出了伤亡惨重的代价后，纳希姆以微弱的优势战胜了希克马蒂亚尔。但希克马蒂亚尔并没有放弃对赫尔曼德鸦片产区的争夺。1990 年 4 月，因不满纳希姆对鸦片的涨价严重提高了希克马蒂亚尔海洛因加工精炼厂的成本，再加之两人长久的积怨致使希克马蒂亚尔派手下部队谋杀了纳希姆。之后，纳希姆的弟弟穆罕默德·拉苏继承了纳希姆的地位，继续与希克马蒂亚尔进行着对赫尔曼德鸦片产区控制权的战斗。

---

① The Politics of Heroin：CIA Complicity in the Global Drug Trade，p. 498.

纳吉布拉政权倒台后，阿富汗主要圣战者组织都已经蜕化成了军阀，其势力范围的确定使他们的活动与毒品经济更为密切的联系在一起。由于主要大军阀都对一个较大的地域范围进行有效地控制，并在这一地域进行独立的税收、立法等活动，而且苏联的解体、中亚五国的相继独立为这些大军阀的毒品走私提供了绝好的契机。在中亚五国独立后，军阀在同这些国家的交往方面基本上占据了垄断地位。马苏德和拉巴尼的伊斯兰促进会控制着以巴尔赫尚为中心的阿富汗东北部地区，继续在这一地区征收毒品税，并大幅度提高对毒品的税率（马苏德对毒品征收的税率在10%左右）。[①] 不仅如此，马苏德利用苏联解体、塔吉克斯坦内战时塔阿边界松弛的边界管理继续开拓了向塔吉克斯坦的毒品走私交通线。利用这些毒资，马苏德和拉巴尼在自己控制的地域进行基础设施建设，不断加强对阿富汗西北部地区的控制。与马苏德情形相似的是杜斯塔姆，在乌兹别克斯坦独立以后，杜斯塔姆不仅从乌兹别克斯坦获得了大量的资助，而且还开辟了从马扎里沙里夫向北直接通到乌兹别克斯坦的毒品走私路线。持续的战乱状态以及军阀的割据让罂粟的种植以及毒品的加工、生产以及走私都从战时的地下运作转入到了地上，并被军阀所依赖。由此，毒品经济成为阿富汗的主导经济，并与军阀的存在密切相伴，直到后来塔利班的出现。

第四节　塔利班执掌喀布尔政权时期阿富汗的毒品状况

塔利班统治时期，是阿富汗毒品问题严重恶化的一个阶段。塔利班在阿富汗执政之初，出于一系列伊斯兰教义以及对外塑造良好形象的政策考量，试图在阿富汗执行禁毒政策。但由于畏惧在阿富汗推行禁毒政策会严重损害自身的群众基础，甚至会遭到农民的抵制，塔利班逐步放弃了在阿富汗执行禁毒政策的企图。为了进一步扩大自己在阿富汗的有效统治，以及迅速补充战争的消耗，塔利班开始鼓励农民种植罂粟，并对烟农征收重税。在塔利班的鼓励下，阿富汗的罂粟种植面积不断扩大，罂粟种植已经扩大到了阿富汗大多数省份，鸦片产量也急剧增加。在塔利班统治时期，阿富汗首度成为世界上最大的非法鸦片生产国。不仅如此，塔利班政权的存在还严重依赖毒品以及其他非法物品的走私，塔利班不仅保护毒贩，征收毒品走私税，还积极

---

① 关于马苏德所属军阀的情况，参见 Antonio Giustozzi，*Empires of Mud*：*War and Warlords in Afghanistan*，Hurst &Company，2009，pp. 281 –287。

拓展新的毒品走私通道。其中最主要的做法就是塔利班加强了同乌伊运以及车臣分裂主义者的联系，扩展了从中亚国家以及高加索向世界走私毒品的通道。在塔利班的积极努力下，以阿富汗为源头的毒品不仅成功占据了欧美市场的很大份额，而且几乎百分之百地占据着中亚以及俄罗斯等国家和地区的海洛因消费市场。在塔利班执政末期，阿富汗逐渐转向强力推行禁毒政策，使阿富汗的鸦片产量大规模地下降。但与此同时，塔利班并不禁止毒品的走私与贩卖，阿富汗的毒品依然毒害着世界。在塔利班统治阿富汗时期，其主要对手——北方联盟也与毒品有着很深的关系。

一、塔利班在阿富汗的崛起

1994 年，塔利班在阿富汗初次登上了历史舞台。这一年，以乡村毛拉穆罕默德·奥马尔为最高领袖的伊斯兰学生民兵组织塔利班在巴基斯坦与阿富汗边境城市查曼成立。“塔利班”，在阿拉伯语中是学生的复数形式。塔利班在阿富汗最初崛起时是作为一种惩恶扬善的社会力量存在的，给当时的人们很大的希望。由于不满地方军阀对村民的欺辱，毛拉·穆罕默德·奥马尔率领手下的伊斯兰学生对地方军阀开战。很快，地方军阀的武装就被塔利班击溃，军阀本人也被塔利班杀死。塔利班的此次壮举受到了附近居民的热烈拥护，从此塔利班作为一支武装力量开始出现在阿富汗南部地区。从此，塔利班在阿富汗南部活动并不断扩大自己的武装规模。在消灭了一些地方武装头目后，塔利班决定对付坎大哈的大军阀纳奎德。结果不费吹灰之力塔利班就将纳奎德击溃，并占领了坎大哈。从此，塔利班开始在阿富汗名声大振，这也吸引了很多来自全国其他地区普什图人的加盟。不仅如此，来自巴基斯坦普什图难民营的普什图人以及巴基斯坦裔普什图人也纷纷投奔塔利班，塔利班的队伍开始壮大，迅速从 800 人增加到了 1 万人。①

塔利班从它的成立到崛起是一个相当迅速的过程。在塔利班的队伍壮大后，塔利班打出了“铲除军阀，恢复和平，重建家园”的口号，开始迅速在阿富汗崛起。1995 年初，塔利班开始为占领喀布尔而战，并在随后的战役中大获全胜，迅速占领了阿富汗 40% 的土地。为孤立当时实力已经得以壮大的塔吉克人武装伊斯兰促进会，塔利班与杜斯塔姆以及希克马蒂亚尔达成了协

① 参见朱永彪：《“9·11”之后的阿富汗》，新华出版社，2009 年第 1 版，第 121 页。

议共同打击塔吉克人。此后，塔利班在阿富汗攻城略地，迅速占领了阿富汗西部各省。后来，希克马蒂亚尔畏惧塔利班迅速强大的势力，担心塔利班的崛起会威胁到自己在阿富汗的地位，转而谋求同拉巴尼合作。在这种情况下，塔利班放弃了对喀布尔的直接进攻，从而转向进攻喀布尔的周边地区。这一战略取得了很大的成效，很快塔利班就占领了喀布尔周边地区，切断了喀布尔通往外界的交通线。在此之后，塔利班加强了对喀布尔的攻势，并对喀布尔进行了长达11个月的攻城战。终于在1996年9月27日，塔利班占领了喀布尔，从而完成了对阿富汗具有象征意义的统一。此时，塔利班已经控制了阿富汗90%的土地，而塔利班的主要敌人则组织起了共同反对塔利班的北方联盟，以马扎里沙里夫为中心继续同塔利班作战，阿富汗的内战进入到了一个新的阶段。

二、塔利班执掌喀布尔政权初期的禁毒政策及原因

许多观察家都认为塔利班因为对于伊斯兰教的信仰所以在执政阿富汗后将会有利于解决阿富汗的毒品问题。也正如这些观察家的乐观看法，塔利班在执掌喀布尔政权后确实承诺要禁止鸦片贸易，因为这些行为是非伊斯兰的。塔利班在上台后开始在阿富汗社会严格地推行“沙里亚”法，而根据《古兰经》和“哈迪斯”，在“沙里亚”中，麻醉品的消费（主要指酒和各种毒品）都是被严格禁止的。这些对于穆斯林的禁忌，在《古兰经》中有明文规定，主要是《古兰经》第2章第219节规定：“这两件事（指饮酒[①]和赌博）都包含着大罪，对于世人都有很多益处，但其罪过比利益还大。”[②]《古兰经》第4章第43节要求穆斯林“信道的人们啊！你们在醉酒的时候不能礼拜，直到你们知道自己所说的是什么话”。[③] 这条规定主要是严格禁止穆斯林在礼拜前使用麻醉品。《古兰经》第5章第90节声明：“新到的人们啊！饮酒、赌博、拜佛、求签，只是一种秽行，只是恶魔的行为，故当远离，以便你们成功。”[④]《古兰经》中最后一段关于麻醉品的禁忌紧接着第5章第90节，在第91节中，《古兰经》声明：“恶魔惟愿你们因饮酒和赌博而相互仇视，并且阻止你们纪

① 在伊斯兰教中，酒指一切导致人醉的物品，也包括所有麻醉品。
② 《古兰经》，马坚译本，中国社会科学出版社，1996年版，第23页。
③ 《古兰经》，马坚译本，第61页。
④ 《古兰经》，马坚译本，第87页。

念真主，和谨守拜功。你们将戒除（饮酒和赌博）吗?”[1] 此外，在《圣训》等伊斯兰的经典中也有许多关于麻醉品禁忌的声明。从这些伊斯兰教的经典中，不难看出麻醉品的消费是与罪恶的象征撒旦有直接联系的，是违背伊斯兰教义的，所以大多数观察家认为有着伊斯兰教狂热情绪的塔利班会因为伊斯兰教而施行禁毒政策。

塔利班政权在执政喀布尔初期施行禁毒政策可能有出于宗教因素的考虑，因为这样做不仅可以为塔利班新政权带来较好的国际声誉，从而获得更多的国际支持。但是，伊斯兰教因素并不是塔利班施行禁毒政策的唯一原因。主要是当时塔利班在依赖毒品带来的经济和政治支持之前已经获得了足够的支持。首先，塔利班得到了巴基斯坦，尤其是巴基斯坦哲贤会的支持。塔利班作为一支伊斯兰逊尼派政治、军事力量，必然和伊斯兰教有着密切的关系，比如塔利班也强调遵守并推行“沙里亚”，穆斯林要恪守五功也热衷于圣战等。但它却与当时伊斯兰复兴主义的三大形式“伊赫万”、“苏菲神秘主义”以及伊斯兰传统教派都不大相同。因为伊斯兰复兴所强调的是社会在伊斯兰的统一下消除一切其他认同，当然也包括部落认同。但塔利班却在坚守伊斯兰的情况下很大程度上保持了阿富汗传统社会中的东西，虽然有伊斯兰教的认同，但同时部落认同依然存在。这种情况的存在很大程度上是因为塔利班受到了巴基斯坦伊斯兰迪欧班德教派的影响。这一教派发源于19世纪末的英属印度殖民地，并一直在巴基斯坦地区有着深远的影响，尤其在巴基斯坦的西北边境省。到了20世纪60年代末，整个南亚地区已经有9000多所迪欧班德教派的宗教学校。[2]

塔利班不仅深受这一教派的影响，甚至在它登上阿富汗的历史舞台之前就已经受到这一教派的支持。塔利班的组成人员大多数来自阿巴边境的迪欧班德教派的宗教学校，自然对这一教派有很强的认同感。其中，对塔利班影响和提供最大支持的是毛拉那·塞缪尔·哈克。此人是巴基斯坦伊斯兰哲贤会一个分支机构的宗教领袖，而且还在巴基斯坦开办了最有影响力的迪欧班德教派宗教学校，从这些学校毕业的宗教学生后来很多人都加入了塔利班政府，并在塔利班政府的中央和地方部门担任要职。不仅如此，塔缪尔·哈克在巴基斯坦政界也有很高的影响，是一名参议员并且是巴基斯坦国家议会的

---

① 《古兰经》，马坚译本，第87页。

② Ahmed Rashid, *Taliban: The Power of Militant Islam in Afghanistan and Beyond*, I. B. Tauris, 2010, p. 90.

成员。塞缪尔·哈克可以说是塔利班最高领袖奥马尔的精神导师和战略顾问。虽然奥马尔并没有在巴基斯坦的宗教学校学习过，但奥马尔身旁的其他塔利班高层基本上都是从塞缪尔·哈克的宗教学校毕业的，这就为奥马尔和哈克的接近创造了条件。1994 年，塔利班在阿富汗异军突起后，试图向巴基斯坦寻求支援，当时哈克就建议塔利班以学生军（因为圣战者组织已经有很多）的形式出现，这样才能得到巴基斯坦情报机构的重视。[①] 不仅如此，在塔利班军队于 1997 年在马扎里沙里夫遭受重创后，哈克甚至组织自己宗教学校的 8000 多名学生支援塔利班的战斗，很显然这一重要的人员补充在后来塔利班对北方联盟的攻势中发挥了重要作用。不仅如此，哈克还利用他在政界中的地位，多次通过哲贤会向巴基斯坦政府施压，要求政府为塔利班提供政治和财政支持。

除了巴基斯坦的支持以外，塔利班还从物品走私中获得了巨大的经济支持。在 20 世纪 50 年代，阿富汗同巴基斯坦签署了《阿富汗贸易转换协定》，该协定规定巴基斯坦政府允许阿富汗利用卡拉奇港对外出口商品，并对这些商品免税。这一协定虽然促进了阿富汗的对外贸易，但也造成阿巴边境两侧走私行为的增多。到了 20 世纪 90 年代，走私货物已经成为为各地大小军阀提供巨额财富的手段。各种军阀路霸也开始在主要运输线路上私设关卡来收取过路费，有时候一段公路上甚至要收取 20 次以上的过路费，大大增加了走私的成本。塔利班在崛起时已经同走私者形成了利益共同体。塔利班在扫除一个地方的军阀后，就为走私者开辟了新的走私通道，不仅收取较低的过路费，还为走私者提供保护。1994 年塔利班夺取坎大哈周围的城市后，就建立了一个通往斯宾巴尔达克的运输通道，并保证在运输途中只收取一次过路费。不仅如此，塔利班还规定由阿富汗向巴基斯坦走私的运输车不能由巴基斯坦提供，这就在很大程度上帮助了阿富汗的走私网络打击其竞争对手。阿富汗的走私网络当然也对塔利班的帮助投桃报李，为塔利班提供了巨额资金支持。正是因为获得了巴基斯坦和走私网络的巨大支持以及一些出于伊斯兰教义的考虑，塔利班在执掌喀布尔政权初期并没有看到毒品经济能够带来的巨大利益，宣布了在阿富汗实施禁毒政策。

塔利班禁毒措施的实施是很不彻底的。虽然口头上表示要禁止麻醉品的生产和消费，但真正严格禁止的只有大麻。塔利班不仅命令在自己管辖

---

① *Taliban: The Power of Militant Islam in Afghanistan and Beyond*, p. 91.

的土地上销毁大麻作物，从烟农和毒贩手中收缴大麻，而且对大麻使用者进行严厉的处罚。坎大哈的阿富汗毒品控制部的头目艾哈迈德·拉希德称，被抓获的秘密抽食大麻的人以及大麻走私者将受到塔利班的严惩。他说："对于被抓获的大麻走私者和抽食者，我们对他们进行审讯并痛打他们以弄清楚事情的真相。我们在一天之内两三次将他们放入冷水中，每次几个小时，这样对他们来说是一个很好的治疗。"① 而对于为什么允许罂粟种植而禁止大麻种植，拉希德这样解释道："鸦片被允许主要是因为西方的卡菲尔（不信教者）在消费它，而不是穆斯林或阿富汗人，而大麻被严格禁止种植主要是穆斯林和阿富汗人在消费它。"② 由此可见，塔利班虽然颁布了禁毒令，但基本上没有对罂粟种植进行太多的限制，只是大麻遭到了严格的禁止。

三、塔利班政权倒向毒品

一开始，塔利班政权倒向毒品并非是出于经济上的考虑，而是出于扩大自身政权合法性的需要。正如前面所提到的，塔利班得到了巴基斯坦宗教界和军队以及阿富汗走私网络的支持，并从中得到了巨大的经济利益。但是随着塔利班控制的领土不断扩大，尤其是控制了首都喀布尔后，就象征性地成为阿富汗的统治者。这时，塔利班就不得不开始考虑自身政权合法性的问题，以及能否得到它统治土地上人们最大程度的支持。塔利班崛起的过程中虽然在人们的心目中留下了一些较为积极的印象，但与塔利班建立了最为密切联系的依然是巴基斯坦宗教学校的学生以及阿富汗的走私网络。这些人却无法为塔利班带来更为广泛的群众基础，塔利班如果不继续扩大自身群众基础的话，就很难在其统治范围内获得更多的合法性。无论是宗教学生还是毒品走私网络，与塔利班所统治范围内的人数相比，毕竟是少数，而宗教学生又大多出生在巴基斯坦的难民营，他们很难产生对阿富汗的国家认同感。所以，为了加强自身的群众基础，不断加强自身政权的合法性，塔利班必须和其统治下人数最多的阶层产生密切的联系。所以，塔利班就把目光转向了其统治下的农民，而和农民产生联系的最好方式就是允许他们种植罂粟。

---

① *Taliban: The Power of Militant Islam in Afghanistan and Beyond*, p. 119.

② Ibid, p. 118.

允许农民种植罂粟无疑是提高自身合法性的最可靠的保证。在阿富汗这样一个落后的又经历了长期战乱的国家，在所有的阶层中，农民无疑占据了绝大多数人口。到了1998年，有85%的阿富汗人口生活在农村，农业劳动人口占了总劳动人口的68%。而在阿富汗，主要进行罂粟种植的农民又大多数是普什图族，1994年联合国毒品与犯罪办公室发布的第一份阿富汗鸦片年度报告中称普什图族村庄的罂粟种植面积占据了阿富汗全部罂粟种植面积的84%，在产量上，普什图族农民生产了阿富汗鸦片总产量的88%，还有10%的鸦片是在塔吉克族和普什图族混居的村庄中被制造的。[①] 作为一支以普什图族为基础的政治、军事组织，塔利班要想在其统治下的土地上获得更多的支持，就不得不让农民种植罂粟。到了1996年，阿富汗的战争已经持续了近20年，苏联的入侵以及内战的破坏都使得阿富汗的耕地面积急剧减少，灌溉系统也由于战争一直得不到修复，种植其他作物成活的可能性很小。而罂粟从苏联入侵阿富汗以后就一直是阿富汗农民赖以为生的重要作物，所以如果禁止农民种植罂粟，无疑会遭到农民的强烈反对。在意识到禁止农民种植罂粟会削弱政权的合法性时，阿卜杜·拉希德说："我们让农民种植罂粟因为农民能够得到好的收入。如果我们不让农民种植罂粟而强制农民种植小麦的话，农民会起来反抗我们。"[②] 而通过允许罂粟种植，塔利班确实在一定程度上得到了农民的支持。因为在阿富汗，战乱以及军阀的骚扰往往让农民背上很重的债务，而塔利班却能够提供较为稳定的环境以便农民种植鸦片。艾哈迈德·拉希德采访的阿富汗烟农就是众多得益于塔利班的烟农之一，当提及塔利班所带来的安全保护时，瓦里·简感激涕零："塔利班为我们带来安全，所以我们可以在和平的环境中种植罂粟，我需要种植罂粟来养活全家14口人。"[③]

1996年，塔利班开始放弃其在执掌喀布尔政权之初的禁毒政策，转而对毒品采取放任自由的政策。塔利班政权也于1996年制定了新的法律，新的法律中规定大麻的种植、贩卖和消费是完全违法的，买卖鸦片以及制作海洛因也是完全违法的，但生产和贩卖鸦片却是合法的。由此开始，塔利班在经济上开始转向毒品经济。塔利班不仅开始允许种植罂粟，对农民征收种植税，而且还对毒贩进行保护，并收取毒品走私税。伊斯兰教规定

---

① *The Opium Economic in Afghanistan: An International Problem*, p. 48.

② *Taliban: The Power of Militant Islam in Afghanistan and Beyond*, pp. 117 – 118.

③ Ibid, p. 117.

穆斯林必须要缴纳2.5%的天课税以救济穷人。但塔利班在收取烟农的天课税时，把税率提高到了10%。1996—1997年，塔利班征收的鸦片税就达到了900万美元。后来，塔利班又把税率继续提高到了20%，这样塔利班的鸦片税收入一年可达到4500万—2亿美元之间。① 在塔利班向烟农收税后，塔利班的地方官和乡村毛拉也开始向烟农私自收税，这些收入大都流入了自己的腰包，成为他们雇佣武装的经济来源。这些塔利班的地方官和乡村毛拉还利用自己的政治和宗教地位来进行毒品的贩卖或充当毒贩与烟农之间鸦片买卖的中间人。

在塔利班对毒品采取放任的态度后，不仅种植罂粟和生产鸦片是合法的，事实上生产和加工海洛因也没有遭到塔利班的反对。从1999年开始，塔利班对海洛因精炼厂征收生产税。海洛因生产在阿富汗"合法化"之后，塔利班还积极为毒贩走私和贩运海洛因提供保护。由于塔利班和阿富汗走私网络的密切关系，以及这些人长期从事货物的走私活动，为他们走私海洛因提供了便利。而塔利班对待他们就像当初两者结成利益共同体时一样，塔利班积极帮助毒贩扫清运输路线上的障碍，由于塔利班收取的保护费大大低于地方军阀收取的过路费，而且在整个运输过程中，塔利班只收取一次费用，不仅大大节约了时间，还降低了走私毒品的成本，所以大多数毒贩开始依附于塔利班的保护，这就形成了新的利益共同体，而反过来毒贩又在经济上对塔利班施以巨大的回报。由此塔利班政权开始全面地倒向了毒品经济。

塔利班倒向毒品经济后，开始大力支持农民种植罂粟。塔利班不仅为烟农提供肥料以期能够增加鸦片的产量，还在全国建立罂粟种植示范田，为烟农种植鸦片产量更高的罂粟提供技术指导。除了直接在罂粟种植方面为烟农进行支持外，塔利班还在罂粟种植区进行战后重建工作，然而它重建的目的并非为了促进地方上经济的发展，而是为了收获的鸦片能够顺利从产区运出。在塔利班执掌喀布尔政权时期，阿富汗的鸦片基本上每年都在2000吨以上，到了1999年，鸦片产量更是达到了4600吨。而罂粟的种植区也从1994年的8个省份扩大到了2000年的22个，基本上全国80%的省份都出现了罂粟种植的情况。②

---

① *Taliban: The Power of Militant Islam in Afghanistan and Beyond*, p. 118.

② *The Opium Economic in Afghanistan: An International Problem*, p. 39.

表1　1994—2000年阿富汗罂粟种植情况（单位：公顷）

省份	1994年	1995年	1996年	1997年	1998年	1999年	2000年	2000年各省百分比	1994—2000年变化
赫尔曼德	29579	29753	24909	29400	30672	44552	42853	52.2%	13274
楠格哈尔	29081	15722	15643	14576	17822	22990	19747	24.0%	-9334
乌鲁兹甘	6221	2573	7777	4587	4288	4479	4331	5.3%	-1880
坎大哈	4043	2461	3160	4521	5602	6032	3427	4.2%	-602
巴哈			1065	710	1044	4507	2669	3.2%	2669
巴达赫尚	1714	2970	3230	2902	2817	2684	2458	3.0%	744
法拉		9	630	568	171	787	1509	1.8%	1509
库纳尔	115	152	19		75	288	786	1.0%	671
查乌兹詹						2593	746	0.9%	746
查布尔	54		255	154	161	611	725	0.9%	671
拉格曼					77	297	707	0.9%	707
塔哈						201	647	0.8%	647
昆都士						38	489	0.6%	489
喀布尔						132	340	0.4%	340
尼姆鲁兹	682	119	136	642	11	202	219	0.3%	-463
巴格兰				328	929	1005	199	0.2%	199
卡比萨						5	104	0.1%	104
萨曼干							54	0.1%	54
卢格尔					4	29	46	0.0%	46
巴格迪斯							41	0.0%	41
赫拉特				38			38	0.0%	38
法里亚布							36	0.0%	36

数据来源：UNDCP/ICMP，Afhanistan Annual Opium Poppy Survey 2000，Islamabad 2000。

塔利班与毒品经济的结合是一种极端条件下的畸形产物。塔利班与毒品经济两者都具备的极端性质是这二者能够紧密结合的重要原因。毒品在阿富汗的泛滥是在极端畸形的战争条件下产生的，在塔利班执掌喀布尔政权之前，阿富汗已经经历了近20年的战争，正是战争对正常经济秩序和生产的破坏才使得罂粟种植在阿富汗不断增加。而20世纪90年代的世界其他主要非法鸦片生产国，基本上同阿富汗一样，全部都是正在经历战乱或内战刚刚结束的国家。从这一现象可以看出在经济上完全依赖毒品的国家基本上都不是正常的经济发展的结果，这些国家的经历使得国内经济发展严重偏离了正常经济发展的轨道，这也就造成了毒品经济主导国家经济发展这样畸形的现象。作为一个伊斯兰极端主义的政治、军事组织，塔利班也具有极其突出的极端特点。它在阿富汗推行的一些伊斯兰化运动要求国民穿戴传统服饰，男子留胡须，女子不得外出工作，关闭专门为妇女开设的澡堂、电影院和电视台等都具有极端保守的属性，甚至有些内容并非《古兰经》上所规定的。塔利班与其他常态的国家政权相比，它并不关心国家的建设，也不关心社会的发展，它所关心的只是把一切它所认为不符合伊斯兰教规定的东西从社会上抹去，以达到整个社会伊斯兰化的目的。所以，这也就不难理解塔利班为什么顶着国际国内这么大的舆论压力依然炸毁了极具历史和文化价值的巴米扬大佛，以及塔利班执政后解雇了所有银行的女职员，而代以根本没有相关专业知识的宗教毛拉来进行经济和金融的管理。正是塔利班这种同样极端的组织在执政后迅速与毒品以及走私等畸形的经济活动联系在了一起，并把这些畸形经济活动作为国家经济发展的支撑。

四、塔利班对毒品走私路线的开拓

在塔利班开始依靠毒品经济后，除了积极地支持农民进行罂粟种植外，还积极地开辟毒品走私的新通道。在塔利班开辟的所有毒品走私通道中，经过中亚国家的北线和经过高加索地区的西线成为最富有成效的两条路线。

在20世纪90年代末期，随着塔利班控制下的阿富汗的鸦片产量的暴增，从阿富汗向中亚五国走私的毒品开始不断增多。这时期，阿富汗生产的鸦片不仅占据了世界非法鸦片产量的70%，而且从阿富汗走私的海洛因基本上占据了欧美海洛因消费市场份额的75%以上，占据了俄罗斯和中亚五国海洛因消费市场的全部份额。在这其中，从阿富汗向中亚五国进行毒品走私的线路是塔利班同毒贩们以及这一地区其他恐怖主义组织联手努力下拓展出的毒品走私新路线。从1997—2002年，在世界范围内所缴获的海洛因总量在几年时间内下降了8%，亚洲范围内所缴获的海洛因数量也下降了6%。与此同时，在阿富汗传统走私路线上的其他主要国家的海洛因毒品缴获量也在不断下降，其中巴基斯坦所缴获的海洛因总量下降了38%，伊朗下降了36%，土耳其更是下降了58%。[①] 然而同一时期在中亚所缴获的海洛因总量却在上升，在5年的时间里中亚国家所缴获的海洛因总量上升了137%。[②] 在中亚一些主要的毒品过境国家中，贩毒集团获益匪浅。例如，据吉尔吉斯斯坦国家安全部副部长米洛斯拉夫·尼亚佐夫称，仅2000年一年国际犯罪团伙就从吉尔吉斯斯坦一国的海洛因走私中获益10亿美元。[③]

阿富汗传统走私路线上的国家实施了强有力的禁毒和缉毒政策是迫使塔利班开辟新的毒品走私通道的重要原因之一。例如，伊朗原本是阿富汗毒品走私西部路线（也就是途径伊朗至土耳其，运至巴尔干地区然后转运向欧洲市场）即"巴尔干"路线的第一站。但是，从20世纪80年代末开始，伊朗开始实施了一系列强力的禁毒和缉毒政策，这大大降低了从这条路线上走私毒品的可能。为了严厉打击毒品走私，在1989年伊朗议会通过了禁毒法，其中规定任何携带超过30克海洛因或500克鸦片者都要被处以死刑。除了通过更为严厉的禁毒法外，伊朗还加强了边界管理，尤其是加强了对伊朗、巴基斯坦、阿富汗三国交界处的管理，这里也是从阿富汗向伊朗走私毒品最为猖獗的地区。伊朗政府在这一地区开辟沟渠，设立岗哨或架设铁丝网以阻止毒贩从阿富汗和巴基斯坦进入伊朗。不仅如此，伊朗国家安全部队还加强了在国内缴获毒品的力度，在主要道路上设立关卡，对过境车辆进行严格的检查。在伊朗政府的大力打击下，阿富汗的毒品进入伊朗的几率大大降低的同时，也增加了毒贩们从伊朗过境时的风险，这些毒贩也不再愿意从伊朗过境贩卖毒品。

新成立的中亚国家不仅有着优越的地理位置，同时边境管理松散，这就为塔利班向这一地区走私毒品创造了条件。中亚国家之中塔吉克斯坦、乌兹别克斯坦以及土库曼斯坦都与阿富汗直接接壤，而除了吉尔吉斯斯坦和乌兹别克斯坦以外，其他三国又同俄罗斯接壤，又由于临近世界上最大的鸦片生产国，这都让这些国家成为阿富汗毒品的潜在消费市场以及最为理想的毒品走私中转站。不仅如此，中亚五国在20世纪90年代中期都经历着向市场经济

---

① Justin Miller, From Holly Wars to Drug Wars: Islam, Insurgency and Post-Conflict Trade, A Dessertation Submitted to the Gradute Faculty of Baylor University in Partial Fulfillment of the Pequirements for the Degree of Doctor of Philosophy, December 2004, Texas, p. 64.

② Ibid, p. 81.

③ Nancy Lubin, Alex Klaits and Igor Barsegian, National Interdiction in Afghanistan and Central Asia: Challenges for International Assistance, A Report to the Open Society Institute, s Central Eurasia Project and Network Women, s Programme, 2002, p. 5.

的转型，经济发展停滞，社会动荡，而且这些国家的边界管理极为松弛，有些官员也比较腐败。这些状况都为毒贩从这些国家过境创造了条件。在这些国家与阿富汗北部边界中，尤其是土库曼斯坦和乌兹别克斯坦以及塔吉克斯坦，居住着大量的跨境民族，而且跨境行为又相当普遍，所以极易为毒贩所利用。当毒贩与这些走私者来自同一民族时，就更容易取得这些跨境民族的信任，从而利用这些走私者将毒品从阿富汗带入中亚。此外，苏联解体后，在苏联原有加盟国基础之上的独立国家联合体的成立也对在这一区域内部的毒品走私形成了极大的便利。在独立国家联合体之内，成立了旨在促进区域合作的独联体关税同盟以及欧亚经济共同体，由此独联体国家之间的人员流动依旧可以不用签证，这虽然为加强独联体内部的相关合作提供了便利，但也为毒品走私者从中亚向俄罗斯走私毒品敞开了大门。

最后，塔利班在中亚地区找到了毒品走私的帮凶，得以顺利完成对北部毒品走私通道的开辟。塔利班在阿富汗南部地区，尤其是阿巴边境的普什图宗教学校中影响力甚大，这里生活着与塔利班主要成员同宗同源的普什图族。由于塔利班与中亚五国民族不同，自然也就在中亚没有较大的影响力。而与塔利班的情况正相反，中亚五国正是塔利班的主要敌人——北方少数民族军阀影响力较强的地方。这就对塔利班向中亚走私毒品产生了影响，塔利班在这一地区缺乏影响力，使其只能依靠个别走私者向中亚走私毒品，很难与军阀的大宗毒品贸易相提并论。所以，塔利班需要做的正是寻找一个能为其提供大宗毒品走私的盟友。而“乌兹别克斯坦伊斯兰运动”（简称“乌伊运”）正好可以满足塔利班的上述所有需求。于是，在塔利班与“乌伊运”的共同努力下，很快“乌伊运”就基本上控制了从阿富汗北方向中亚以及俄罗斯和欧洲市场的海洛因走私通道。据报道，在 2000 年，阿富汗出产的鸦片有 60% 通过中亚地区流向世界市场，而这条走私通道上 70% 的鸦片被“乌伊运”控制。[①] 而在背后，有能力为“乌伊运”提供大宗鸦片的也只有塔利班。正是通过塔利班和“乌伊运”的合作，北方的毒品走私路线才得以被开辟。

从阿富汗向高加索地区走私毒品再运至巴尔干地区或俄罗斯，这是塔利班开辟的第二条重要的毒品走私路线。因为伊朗和土耳其政府在 20 世纪 90 年代都实施了严厉的禁毒政策，经过伊朗、土耳其运往巴尔干的这条毒品走私路线开始逐渐萎缩。由于欧洲是重要的海洛因消费市场，如果海洛因无法从

---

① Ahmed Rashid, *Jihad*: *The Rise of Millitant Islam in Central Asia*, New Haven: Yale University Pressm, 2002, p. 165.

伊朗和土耳其过境的话，就更谈不上从巴尔干地区运往重要的海洛因消费市场——西欧。这种情况就迫使塔利班必须寻找其他可代替伊朗和土耳其通往巴尔干地区的毒品运输线。随着塔利班开始掌握喀布尔政权，它发现高加索地区是一条理想的毒品走私线路，并开始开辟通往高加索地区的毒品走私路线。

高加索地区动荡的局势为塔利班开辟这里的毒品走私路线提供了便利的条件。高加索地区本来就是民族、宗教成分极其复杂的地区，20 世纪 80 年代末期，一些民族宗教矛盾开始显露出来。在这一地区持续动荡下，一些亚美尼亚族的分裂分子开始通过接触阿富汗的塔吉克族人从阿富汗走私毒品，但是后来这些人被土耳其人所取代。从 20 世纪 80 年代到 90 年代中期，这一地区的局部武装冲突或战争都进一步加剧了该地区的混乱与动荡，当然也就为塔利班向这里走私毒品提供了便利。首先是纳卡战争的不断升级造成了亚美尼亚和阿塞拜疆局部地区的混乱。1992 年欧安组织调解纳卡冲突的失败使得亚美尼亚与阿塞拜疆于当年冬季爆发了战争。到 1993 年，亚美尼亚军队夺取了纳卡地区的外缘的凯尔巴贾地区，并造成了数千阿塞拜疆人流离失所。由于在战争之前阿塞拜疆已经宣布对亚美尼亚实施经济制裁，并封锁了两国边界，这就造成了亚美尼亚国内食品和原料供应的短缺。在战争爆发后，出于民族和宗教的原因，土耳其积极支持阿塞拜疆，也宣布封锁土耳其和亚美尼亚两国边界，这使本来就严重依赖能源和原材料进口的亚美尼亚的经济状况更为雪上加霜。由于已经无法从合法渠道进口能源和原材料，亚美尼亚国内的走私行为开始增多，并很快形成了一个运作严密的走私网络。这条走私网络刚开始并不涉及毒品的走私与贩运，但它的形成却为以后塔利班向高加索地区走私毒品提供了接应者。而纳卡地区就成了各种物品走私的通道。在高加索，与纳卡地区情况相似的是车臣地区，两次车臣战争的爆发使车臣分裂分子和车臣黑帮的势力开始崛起，这都为以后塔利班从车臣走私毒品提供了便利。

苏联的解体造成大批高加索人从中亚返回原住地，在这一过程中毒品走私的情况就多有发生。在从中亚返回的高加索人中，大部分是车臣人。在 19 世纪帝俄在高加索的侵略战争后，车臣就一直是俄罗斯的领土。随着十月革命在俄罗斯的胜利以及之后苏联的成立，车臣又属于苏维埃社会主义共和国的一部分。虽然车臣作为俄罗斯（苏联）的领土已经有了上百年的历史，但车臣人一直没有认同中央政府的统治。车臣问题也一直令斯大林极为头疼，终于在1944年，他以车臣人勾结纳粹分子试图谋求独立为名，令内卫部队将40万车臣人和印古什人强制迁往中亚地区。苏联解体以后，大批车臣人和印古什人开始返乡，在这一过程中却多有海洛因走私现象发生。返乡的车臣人和印古什人大多将家产卖掉，然后购买海洛因以便携带。这种现象发生的一个重要原因就是海洛因在中亚地区可以替代货币而进行流通和支付的职能。

车臣分裂分子的帮助是塔利班成功开辟高加索毒品运输线的重要原因。车臣介入阿富汗事务要始于阿富汗抗苏战争时期。苏联入侵阿富汗后，就有一批车臣武装分子进入阿富汗帮助圣战者组织抗击苏联。1989年苏联撤军后，一部分车臣人返回了车臣，还有一部分人加入了本·拉登的“基地”组织，并在塔利班崛起的过程中跟随塔利班作战。伴随着车臣武装分子在阿富汗进行抗苏战争，车臣人也开始介入到阿富汗的毒品走私贸易当中。当时，车臣武装分子与阿富汗圣战者组织的武装一同在巴基斯坦的契特拉训练基地进行训练，契特拉在后来也就成为车臣武装分子进行毒品走私活动的大本营和中转站。每天车臣武装分子的“An－24”和“An－26”运输机都会飞到契特拉城外的机场，在这里装满从赫尔曼德生产的鸦片和海洛因、巴基斯坦的武器以及圣战士，在加满油后飞往阿塞拜疆，然后再回到车臣。

巴基斯坦的三军情报局在促成塔利班和车臣武装分子的贩毒合作中发挥了重要的作用。巴基斯坦三军情报局不仅为塔利班提供一系列的武器、后勤和信息支持，还积极帮助塔利班开拓毒品走私的通道，其中最为重要的就是为塔利班和车臣武装分子的接触牵线搭桥。由于早在抗苏战争时期三军情报局就和车臣武装建立了联系，起先三军情报局主要是致力于促成希克马蒂亚尔伊斯兰党和车臣武装之间的合作。但随着塔利班在阿富汗的出现和崛起，三军情报局开始大力支持塔利班。1994年，以沙米利·巴萨耶夫为首的车臣武装分子访问了阿富汗和巴基斯坦的恐怖组织训练营，并受到巴基斯坦情报部门高层的接见。巴基斯坦情报部门官员向车臣武装分子保证将会帮助他们提供当地的毒品和武器走私联系人。而在巴萨耶夫访问巴基斯坦之前，巴基斯坦的巴布尔将军会见了塔利班的主要领导人，并要求他们必须保障赫尔曼德毒品向车臣源源不断的供应。[①] 正是在巴基斯坦三军情报局的帮助下，车臣武装分子于1995年在车臣的沙利（Shali）建立了自己的武器和毒品集

---

① From Holly Wars to Drug Wars: Islam, Insurgency and Post-Conflict Trade, p. 123.

散中心，专门用来接收从阿富汗和其他地方走私的毒品和武器。塔利班在掌握了喀布尔政权后，与车臣武装分子建立了更为密切的联系，也成功开辟了高加索的毒品走私通道

由于塔利班毒品走私活动的急剧增加，塔利班进一步扩大了西欧的消费市场。到了20世纪90年代末期，西欧国家消费的非法鸦片类毒品基本上都是来自阿富汗。

五、塔利班执掌喀布尔政权末期禁毒政策及影响

塔利班在执掌喀布尔政权末期突然宣布在其统治范围内实施禁毒政策出乎所有人的意料。自执掌喀布尔政权后，塔利班逐渐倒向了毒品经济，鸦片与海洛因的生产以及走私成为其获得财富的重要来源。在塔利班执政时期，阿富汗已经超越缅甸、老挝和哥伦比亚，一跃成为世界上非法鸦片产量最大的国家。根据联合国毒品与犯罪办公室的统计，从1994—2000年，阿富汗的非法鸦片产量达到了21300吨，约占全世界同一时期非法鸦片总产量的67%（同一时期世界非法鸦片生产总量为34000吨）。[①] 仅2000年一年，阿富汗罂粟的种植面积已经达到了82171公顷，鸦片产量也达到了3276吨（同一年世界非法鸦片总产量为5674吨）。[②] 不仅如此，阿富汗还成为世界上海洛因的生产大国，仅2000年阿富汗生产和加工的海洛因就达到了470吨。[③] 在阿富汗生产的鸦片和海洛因经税收和走私后为塔利班带来了巨额的财富。但到了2000年，塔利班突然宣布在自己的统治范围内禁止种植鸦片，这直接导致了第二年鸦片产量的剧减，2001年阿富汗的鸦片产量只有185吨。在这时候突然宣布禁止农民生产鸦片，似乎并不符合塔利班的行为逻辑。

但是，塔利班在这个时候禁止农民生产鸦片确实有着自身的战略考量。首先，塔利班希望通过禁止种植鸦片获得更多国际上的认可。通过允许农民种植罂粟、生产鸦片，塔利班逐步扩大了自身在阿富汗的群众基础，也就获得了一些在阿富汗执政的合法性基础。但是，塔利班却一直没有得到国际社会的认可。世界上承认塔利班政权为阿富汗合法政权的只有沙特阿拉伯、巴基斯坦和阿拉伯联合酋长国三个国家，而拉巴尼政府一直是国际社会承认的

---

① *The Opium Economic in Afghanistan: An International Problem*, p. 30.

② Ibid.

③ Ibid. , p. 31.

阿富汗合法政府。这也就导致在阿富汗的周边国家中，只有巴基斯坦是塔利班政权的支持者，而俄罗斯、伊朗和中亚新独立的五个国家都支持塔利班的主要敌人北方联盟。所以在塔利班执掌喀布尔政权之初，宣布施行禁毒政策并销毁一部分鸦片也是塔利班为了获得国际社会认可的一种策略。塔利班的高级官员也承认塔利班在阿富汗实施的禁毒政策无法继续执行主要是因为塔利班政权没有获得国际社会的认可。这种说法虽然极有可能只是塔利班为了掩饰支持阿富汗农民种植罂粟的一种说辞，但确实也表明了塔利班极力想得到国际社会的认可。就连塔利班最高领导人奥马尔也在塔利班执掌喀布尔政权后的两年之内接连发表声明，称如果塔利班获得了联合国和美国的承认，其就会在阿富汗禁烟，这也是在阿富汗第一次有一个控制了全国领土面积90%的政权作出禁烟承诺。

所以就不难理解为什么塔利班会在2001年突然宣布禁止农民种植罂粟。从1998年开始，塔利班在国际社会上的声誉开始日趋下降。一是即使美国一直没有在正式场合承认塔利班政权的合法性，但在看到希克马蒂亚尔执意发动内战，并继续生产大量海洛因后，美国希望用塔利班来代替希克马蒂亚尔。因为美国看到塔利班控制下的阿富汗能够最大程度上满足自己对中亚和高加索石油利益的需求。但后来随着美国在肯尼亚和坦桑尼亚的大使馆被炸，以及塔利班拒绝交出美国认为的背后主谋本·拉登，美国和塔利班的关系大大恶化，克林顿政府甚至动用飞机轰炸了拉登在阿富汗的训练营。其次，塔利班和周边国家的关系也严重恶化了，尤其是和伊朗的关系。1998年，塔利班在攻入北方联盟总部所在地马扎里沙里夫城时，也攻入了伊朗在该城市的使馆，并杀死了9名伊朗人质。塔利班杀害伊朗外交官不仅遭到了伊朗最高精神领袖哈梅内伊和时任伊朗总统的哈塔米的谴责，甚至伊朗和塔利班的部队在两国边境剑拔弩张，随时可能爆发战争，连巴基斯坦总理谢里夫也谴责了塔利班的行为。最后，随着塔利班2001年对巴米扬大佛的轰炸，其国际声誉降到了最低点。在此情况下，塔利班试图通过宣布禁止种植罂粟来缓解国际社会的压力。二是塔利班极有可能是出于抬高鸦片价格的目的。自20世纪90年代以来，随着罂粟种植面积在阿富汗的不断扩大和鸦片产量的剧增，阿富汗的鸦片价格也在不断下降。这时塔利班突然宣布禁止种植罂粟，使得世界市场上的鸦片供应减少了75%左右，而由于对鸦片需求的持续增长，导致了鸦片价格的大幅度增长。据计算，在2000年，世界市场上的鸦片收购价格只有每公斤28美元，但是在塔利班禁止种植罂粟后，到了2001年，鸦片的收购价格迅速上涨到了每公斤 350—400 美元。[①] 虽然 2001 年阿富汗鸦片的产量急剧下降，只有 185 吨，但这并不妨碍塔利班从鸦片的大幅涨价中获取暴利。因为鸦片是一种可长期储存的商品，在历年的鸦片大丰收后，塔利班已经拥有了大量的鸦片储备。据推测塔利班所拥有的鸦片储量足以连续供应欧美鸦片消费市场 3—4 年。所以，塔利班禁止种植罂粟不仅没有使自己遭致一点损失，反而可以获得更为巨额的暴利。最后，塔利班所禁止的只是罂粟的种植，却并没有禁止鸦片和海洛因的走私与贩卖。各种毒贩和毒品走私者仍然不在塔利班的打击之列，毒品买卖依旧在进行，塔利班依然可以通过大宗的毒品走私来换取所需的各种武器和物资。所以，塔利班的禁毒行为并不是为了在阿富汗禁绝毒品，而是一种经过精心筹划和计算后的战略考量，塔利班正是想通过禁止罂粟种植来达到一箭双雕的目的：既可以缓解来自国际社会的压力，又可以从中获取暴利。

塔利班禁止种植罂粟造成的最直接的影响是阿富汗鸦片产量的急剧减少和全国鸦片产区范围的迅速缩小。2000 年 7 月，在阿富汗罂粟种植的季节到来之前，塔利班宣布开始实行罂粟禁种令。阿富汗的鸦片产量开始迅速下降，从 2000 年的 3276 吨迅速下降到了 2001 年的 185 吨。从 2000 年到 2001 年，世界上非法鸦片产量迅速下降的份额基本上全部来自阿富汗（2000 年世界非法鸦片的总产量约为 4600 吨，到了 2001 年世界非法鸦片总产量约为 1500 吨，同一时期，世界上其他主要非法鸦片生产国如缅甸的产量相比前一年基本上没有变化）。[②] 与此同时，阿富汗的鸦片产区也在迅速缩小。2000 年，阿富汗的罂粟种植面积为 82171 公顷，到了 2001 年，阿富汗的罂粟种植面积只剩下 7606 公顷，种植面积减少了 91%。[③] 与此相对应的是阿富汗种植罂粟村庄数量的迅速减少。根据联合国毒品与犯罪办公室的调查，在 2000 年被联合国统计的 7541 个村子中有 6645 个村子种植罂粟，到了 2001 年，联合国统计的 10030 个村子中只有 914 个村子种植罂粟。[④] 在塔利班统治的地区，到了 2001 年许多省份基本上已经没有罂粟种植的情况。尤其是赫尔曼德省，该省一直以来都是阿富汗重要的鸦片产区，在 2000 年，赫尔曼德省的罂粟种植面积达

---

① Gretchen Peters, How Opium Profits the Taliban, United States Institute of Peace, August 2009, p. 14.

② *The Opium Economic in Afghanistan: An International Problem*, p. 31.

③ Ibid, p. 30.

④ Ibid, p. 40.

到了 42853 公顷，占阿富汗罂粟总种植面积的 52.2%。到了 2001 年，赫尔曼德已经没有罂粟种植。[①]

塔利班在阿富汗宣布禁止罂粟种植后，阿富汗主要毒品走私通道上国家的毒品缴获量也在减少。巴基斯坦 2001 年缴获的鸦片比 2000 年减少了 40%，缴获的海洛因（包括吗啡）也减少了 10%。伊朗 2001 年缴获的鸦片和吗啡比 2000 年减少了一半，而海洛因的缴获量也减少了 1/3。俄罗斯 2001 年的鸦片缴获量比 2000 年减少了 50% 以上，但海洛因的缴获量却有小幅度的上升。[②]从这些数据中不难看出塔利班禁止种植罂粟确实对阿富汗的鸦片走私产生了一定的影响，但也不难推测出塔利班极有可能将毒品走私活动重点放在了向俄罗斯的海洛因走私上。

在塔利班禁止种植罂粟后由于加工海洛因的原材料鸦片供应的减少，也造成了世界海洛因产量的减少。这一数据不仅通过阿富汗周边主要毒品走私路线上国家缴获的海洛因数量反映出来，一定程度上也能从缴获的海洛因的纯度上反映出来。2001 年度主要海洛因消费市场上缴获的海洛因的纯度在一年之内不断下降。土耳其于 2001 年第一季度缴获的海洛因的纯度为 50%，到了 2001 年最后一季度，缴获的海洛因的纯度下降到了 43%。阿富汗海洛因的主要消费国英国在 2001 年缴获的海洛因的纯度也有下降。2001 年第一季度英国缴获的海洛因的纯度为 53%，到了当年最后一季度缴获的海洛因纯度下降到了 43%，到了 2002 年中期，缴获的海洛因纯度只剩下 30%。[③] 与此同时，欧洲主要阿富汗海洛因消费国如德国所缴获的海洛因也发现了纯度下降的情况。

六、北方联盟与毒品

北方联盟是阿富汗原抵抗组织的各派别在共同抵抗塔利班的基础上成立的反塔利班联盟。主要成员包括阿富汗前圣战者组织的各派别武装，主要有拉巴尼和马苏德的伊斯兰促进会、杜斯塔姆领导的伊斯兰民族阵线以及由几个哈扎拉武装派别组成的伊斯兰统一党。此外，北方联盟的阵营中还包括希克马蒂亚尔的伊斯兰党武装。在纳吉布拉政权倒台后，正当这些前圣战者组织为了争夺喀布尔和扩大地盘而相互攻伐时，塔利班突然从阿富汗南部地区崛起，并迅速攻下了阿富汗大部分领土。在这种情况下，本来相互攻伐的各

① *The Opium Economic in Afghanistan: An International Problem*, p. 39.

② Ibid, p. 37.

③ Ibid, p. 38.

派军阀势力在看到塔利班的迅速崛起后畏惧塔利班的进一步胜利，决定停止各派之间的冲突，共同对付塔利班。1996 年 10 月 9 日，以拉巴尼政府、杜斯塔姆领导的乌孜别克族武装以及哈扎拉伊斯兰统一党、其他派别武装成立了“阿富汗最高防御”委员会。不久，伊斯梅尔·汗、希克马蒂亚尔以及盖拉尼等领导的武装也签署了这项协议，至此北方联盟正式成立。北方联盟成立后，各派武装加起来一共达到了 6 万兵力，其中杜斯塔姆的伊斯兰民族阵线和马苏德的伊斯兰促进会势力较强，占据了北方联盟武装人员的绝大多数。1997 年，北方联盟成立“拯救阿富汗伊斯兰联合阵线政府”，首都定于马扎里沙里夫，北方联盟开始以普什图人较少的北部为根据地，与塔利班对抗。

北方联盟在成立之初，确实曾有效阻止过塔利班向全国的继续推进。1996 年 10 月 24 日，杜斯塔姆领导的乌兹别克民兵和马苏德的伊斯兰促进会联合起来向塔利班发起攻势，塔利班武装与北方联盟在代赫萨卡兹等地发生激战。在杜斯塔姆与马苏德的合力进攻下，塔利班最终败溃。与此同时，杜斯塔姆又从西侧进攻西部重镇赫拉特，杜斯塔姆对赫拉特进行了持续两个月的轰炸与进攻。在抵御杜斯塔姆进攻的两个月里，塔利班遭到较为严重的损失。可以说在北方联盟成立之初，它所取得的短暂胜利在很大程度上取决于塔利班的轻敌。塔利班于 1994 年在阿富汗崛起后，一路上可谓势如破竹，从未遇到过富有成效的抵抗。然而却在向北方的继续进攻中遭遇了各圣战者组织的合力抗击，这也是塔利班所没有预料到的。

北方联盟在短暂的胜利后迅速溃败。随着 1996 年冬季的到来，北方联盟的燃料补给开始出现不足，在这种情况下，一度陷塔利班于困境的北方联盟被迫放弃了继续向塔利班进攻，这也让塔利班获得了喘息和重整部队的机会。1997 年春天，塔利班开始向北方联盟发动反击，并迅速取得了一些战略要地。在塔利班的反攻之下，北方联盟节节败退，丧失了大片的土地。1998 年，塔利班又向北方联盟发起了新一轮的攻势，在这轮攻势下，塔利班又迅速占领了原属于北方联盟的一些主要城市。1998 年 8 月，塔利班攻破北方联盟的首都马扎里沙里夫，9 月，塔利班又攻下了哈扎拉人伊斯兰统一党的基地巴米扬。此后，塔利班继续向北方联盟发起攻势。在塔利班的攻势下，北方联盟的控制范围仅限于阿富汗北部和东北部的一些城市，一些重要领导人也都出逃国外。随着北方联盟控制土地的不断缩小，它所能得到补给的机会也就更少，尤其是马扎里沙里夫城的失陷更是让北方联盟失去了从中亚国家的大部分补给。在退居阿富汗东北角一隅之后，北方联盟获得补给的重要交通线只剩下萨朗山口了。这里一直是北方联盟向中亚国家走私毒品和其他物品的通道。据估计，北方联盟用于支付战争开支的20%—30%来自向毒贩和其他走私者征收的走私税。①

北方联盟控制地区的鸦片生产在塔利班执掌喀布尔政权时期一直都在进行。尤其是塔吉克人伊斯兰促进会的大本营巴达赫尚一直都是除了普什图部落以外阿富汗重要的鸦片产区。从1994年以后，巴达赫尚地区每年的罂粟种植面积基本上都达到了2500公顷，其中在1996年更是超过了3000公顷。除了罂粟种植面积一直保持一定的规模外，巴达赫尚地区的鸦片产量也相当可观，基本上每年的产量都在2500吨。此外，在巴达赫尚地区进行罂粟种植和鸦片生产活动的也主要都是塔吉克族、乌孜别克族以及和塔吉克族、乌孜别克族混居的少量普什图族。其中，塔吉克族村庄一直都是除了普什图族村庄以外的第二大罂粟种植单位，并且从1994—2000年，塔吉克族以及北方其他少数民族进行罂粟种植的村庄在不断增加。1994年，进行罂粟种植和鸦片生产的塔吉克族以及少数民族为主体的多民族混合村庄占阿富汗所有进行罂粟种植和鸦片生产的村庄的比例为16%，到了2000年，这一比例上升到了25%。② 值得注意的是，这些增多的从事鸦片生产活动的村庄大多数都在巴达赫尚地区。

在塔利班于2000年宣布禁止种植罂粟以后，北方联盟的罂粟种植和鸦片生产活动仍然在进行。在塔利班宣布禁止种植罂粟后，北方联盟控制的地区就成为阿富汗最大的鸦片产区。随着塔利班禁烟令的开始执行，巴达赫尚地区的罂粟种植面积急剧增加。在2000年，巴达赫尚地区的罂粟种植面积为2548公顷，到了2001年，该地区的罂粟种植面积迅速增加到6342公顷，一年之内增长了158%。③ 在2000年，阿富汗的罂粟种植总面积为7606公顷，仅巴达赫尚地区就占据了阿富汗罂粟种植面积的83%。到了2000年，塔吉克族和乌孜别克族的村庄生产的鸦片占据了阿富汗生产鸦片总量的60%。④

在阿富汗和塔吉克斯坦的边境，每天都有毒品走私活动在进行，而这些活动大多是北方联盟所支持的。北方联盟和俄罗斯的黑帮组织以及毒贩有着

① Ahemd Rashid, Ending the Policy Quagmire, *Journal of International Affires*, Vol. 54, No. 2, Spring 2001, p. 404.

② *The Opium Economic in Afghanistan: An International Problem*, p. 51

③ Ibid, pp. 39 - 40.

④ Ibid, p. 51.

密切的关系。北方联盟将阿富汗的毒品交给俄罗斯黑帮和毒贩，后者将毒品带回俄罗斯后，一部分在俄罗斯消费，另一部分继续转运到西欧市场。不仅如此，北方联盟还亲自参与毒品运输活动。北方联盟每天动用直升机替毒贩们运输毒品，这些毒品的目的地基本上都是欧洲市场。甚至阿富汗临时政府成立后，北方联盟依然在进行毒品走私活动。

第二章　阿富汗重建后的毒品问题

阿富汗重建后，毒品问题不仅没有随着阿富汗重建的开展而得到有效遏制，反而进一步恶化。具体表现是罂粟种植的情况屡禁不止，吸毒、贩毒问题持续恶化。在重建过程中，虽然阿富汗政府也在国际社会的帮助下制定了一系列禁毒措施，但是毒品问题的严重性依然对阿富汗的各方面重建都产生了诸多负面的影响。这里着重分析的是阿富汗毒品与地方势力的关系，正是这种纽带的存在，使得阿富汗毒品的相关犯罪得到了有效的保护，从而加大了解决这一问题的难度。

第一节　阿富汗重建后的大麻与罂粟种植状况

一、阿富汗重建后罂粟种植的五个阶段

阿富汗重建至今，罂粟种植的状况并没有得到明显的好转，虽然目前罂粟种植的省份已经在不断减少，但最主要的罂粟产区依然在进行着大规模的罂粟种植活动，并且每年都保持着鸦片的高产量。如果以阿富汗重建后的罂粟种植面积的增减为依据，可把重建后阿富汗的罂粟种植状况分为五个阶段：分别是从2002到2004年的初次增长阶段、2004—2005年的小规模缩减阶段、2006—2007年的迅速增长阶段、2008—2010年的缩减并停滞阶段以及2011年至今的新一轮小规模缩减阶段（但这并不代表今后阿富汗的罂粟种植面积不会出现反弹的情况）。

（一）2002—2004年为阿富汗罂粟种植的初次增长阶段

由于受2000年10月塔利班罂粟禁种令的影响，2001年阿富汗的罂粟种植面积出现了苏联入侵阿富汗以来第一次大规模缩减，只剩下7600公顷。大多数阿富汗传统的罂粟种植区都已经停止了罂粟种植活动，其中阿富汗历年的最大罂粟种植区也是世界上最大的鸦片产区赫尔曼德基本上没有发现罂粟生长的迹象。部分仍然进行罂粟种植活动的地区基本上都是塔利班的宿敌北方联盟所控制的地区。而到了2002年，阿富汗的罂粟种植面积又迅速增

长到74045公顷，基本上已经恢复到塔利班统治时期阿富汗的罂粟种植水平。

阿富汗罂粟种植面积在2002年迅速扩大基本上是两个因素造成的：一是塔利班的突然倒台在短时间内造成了国家权力的真空，大部分农民趁机重新进行罂粟种植活动。2001年9—10月美国在阿富汗实施推翻塔利班的“持久自由行动”之时正值阿富汗罂粟种植的季节。随着美国以及北方联盟对塔利班发动进攻以及塔利班的倒台，曾经占有阿富汗90%以上国土的塔利班政权不复存在。塔利班的罂粟禁种令在它倒台后也就不再具有法律效力。然而，塔利班倒台后阿富汗新政权的确立并不是朝夕之间就能够完成的，这就给了广大农民重新在罂粟种植季节进行罂粟种植活动的机会。二是由于塔利班实施罂粟禁种令后鸦片产量剧减造成了鸦片价格的迅速增加，农民受利益的诱导开始进行罂粟种植活动。虽然阿富汗鸦片价格在“9·11”事件之前涨到了接近700美元/千克，但随着美国对阿富汗的轰炸，阿富汗鸦片价格迅速跌至90美元每公斤。但是到了2002年随着卡尔扎伊政府宣布新一轮的罂粟禁种令，2002年末鸦片价格已经重新上涨至300美元每公斤，2003年阿富汗鸦片价格一直持续在300美元/千克。[①] 正是在这样的利益驱动下，阿富汗农民不惜违反新政府的禁令重新进行罂粟种植活动。在这种情况下，2002年阿富汗传统的罂粟种植区基本上都恢复了罂粟种植活动，其中赫尔曼德当年的罂粟种植面积又占到了阿富汗罂粟种植总面积的40%。此外其他主要罂粟种植区还包括楠格哈尔占27%、巴达赫尚占11%、乌鲁兹甘占7%以及坎大哈占5%。[②]

从2003—2004年，阿富汗的罂粟种植面积不断扩大。2003年阿富汗的罂粟种植面积达到了8万公顷，2004年阿富汗的罂粟种植面积更是当时的历史最高水平，达到了13万公顷。其中，阿富汗南部和东部的主要罂粟种植区的面积都出现了大幅度增长。在所有阿富汗主要罂粟种植区中，赫尔曼德的罂粟种植面积达到了29353公顷，占了当年阿富汗罂粟种植总面积的22.4%，楠格哈尔的罂粟种植面积也达到了28213公顷。此外，在2004年，有15个省的罂粟种植面积都达到了其历史最高水平，分别是乌鲁兹甘、查布尔、库纳尔、拉格曼、巴达赫尚、法里亚布、巴米扬、古尔、赫拉特、法拉、帕尔旺、帕克蒂亚、霍斯特、喀布尔以及卢噶尔。

---

① 关于鸦片的价格，参见 *The Opium Economy in Afghanista*：*An International Problem*，p. 61；Afghanistan Opium Survey 2005，UNODC，November 2005，p. 71。

② *The Opium Economic in Afghanistan*：*An International Problem*，p. 40.

（二）阿富汗的罂粟种植面积在2005年出现了较小范围的降低

与2004年相比，阿富汗2005年的罂粟种植面积降到了10.4万公顷，下降了21%。[①] 2005年阿富汗罂粟种植的总体趋势是东部、东北部以及中部地区出现了较大幅度的下降，南部地区出现较小幅度的下降，但北部和西部地区的罂粟种植面积则扩大较多。

楠格哈尔为2005年阿富汗罂粟种植面积减少最多的省。在塔利班执政以来的绝大部分时间里，楠格哈尔一直是阿富汗罂粟种植面积仅次于赫尔曼德的阿富汗第二大鸦片产区。但在2005年，楠格哈尔省的罂粟种植面积出现了大幅度的降低，从2004年的28213公顷下降到了1093公顷，下降了93%。[②]在2005年，楠格哈尔省除了阿钦和辛瓦地区以外，其他地区都已经没有罂粟种植的情况。除了政府和联合国在这里进行罂粟铲除工作对烟农种植罂粟的信心造成了一定的影响外，部落长老的配合也是2005年楠格哈尔地区成功减少罂粟种植的重要原因。在2005年的罂粟种植季节到来以前，楠格哈尔省长召集各部落长老以及舒拉成员，要求部落长老们对自己部落民众种植罂粟的行为负责。就这样，在部落长老们的配合下，楠格哈尔的罂粟种植面积才得以成功缩减。[③]

除了楠格哈尔省在2005年罂粟种植面积大规模缩减外，阿富汗东北部和中部地区的罂粟种植面积也出现了较大幅度的缩减。在阿富汗东北部，一直是北方联盟所控制的重要罂粟种植区巴达赫尚省在2005年出现了罂粟面积大规模缩减的现象，从2004年的15607公顷减少到7370公顷，罂粟种植面积基本上减少了一半。[④] 阿富汗中部地区一直都不是主要的罂粟种植和鸦片产区，但2005年中部地区的罂粟种植面积还是进一步缩减了。

虽然总体上2005年的罂粟种植面积比前一年有所下降，但在阿富汗北部和西部地区，罂粟种植面积却出现了增长。在北部，巴哈省的罂粟种植面积出现了大规模增长的情况，从2004年的2500公顷增长到10837公顷，增长幅度达到了334%。同样的情况也出现在西部的法拉省。[⑤] 法拉省一直都不是阿富汗主要的罂粟种植区，只种植十分有限的罂粟。这一地区第一次出现较大

---

① Afghanistan Opium Survey 2005, p. 1.

② Ibid, p. 25.

③ Ibid, p. 29.

④ Ibid, p. 32.

⑤ Ibid, p. 37.

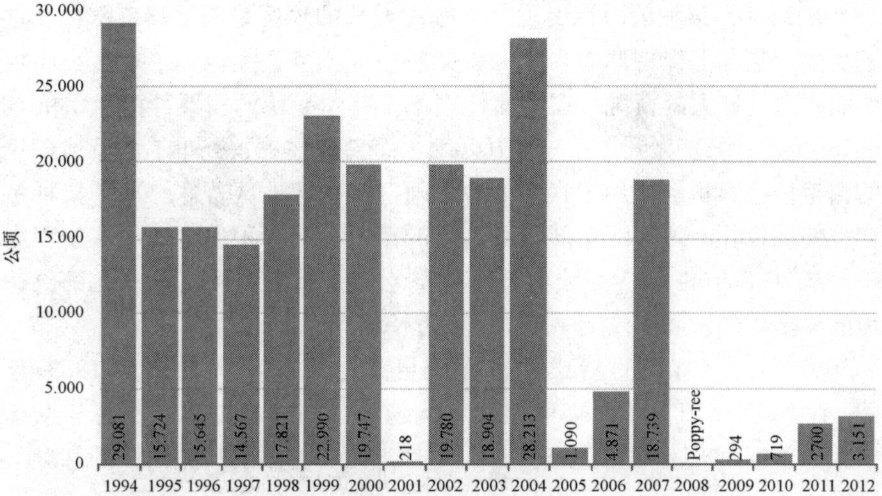

图 1：1997—2012 年阿富汗楠格哈尔省罂粟种植面积（单位：公顷）

数据来源：Afghabistan Opium Survey 2012。

规模的罂粟种植是在 2003 年，但这一年的罂粟种植面积也只不过 1700 公顷。到了 2005 年，法拉省的罂粟种植面积急剧增加，从 2004 年的 2288 公顷上升到 10240 公顷，一跃成为阿富汗的第四大罂粟种植区。

在阿富汗南部地区，虽然总体上罂粟种植面积比 2004 年有小幅度缩减，但这一地区内的罂粟种植情况却呈现出了较大的差异。首先是作为阿富汗最大罂粟种植区的赫尔曼德的罂粟种植面积有了缩减，减少了 2800 多公顷。但这一数量与赫尔曼德总的罂粟种植面积相比，并不算是大规模的减产。在阿富汗南部，罂粟种植面积缩减最多的是乌鲁兹甘省。乌鲁兹甘省在 2004 年是阿富汗的第四大罂粟种植区，面积达到了 11080 公顷，2005 年该省的罂粟种植面积缩减到 4605 公顷。但是与此同时，坎大哈省的罂粟种植面积迅速增加，2005 年已经达到了 12989 公顷，成为除了赫尔曼德省以外阿富汗的第二大罂粟种植区①。

（三）2006—2007 年是阿富汗罂粟种植面积迅速扩大的阶段

在这一阶段，阿富汗的罂粟种植面积达到了历史的最高水平。虽然阿富汗 2005 年的罂粟种植较 2004 年有小规模的降低，但到了 2006 年其罂粟种植

---

① Afghanistan Opium Survey 2005，p. 43.

面积又出现了强势的反弹，迅速增长到16.5万公顷，打破了2004年的记录。[①] 2006年阿富汗罂粟种植面积出现最大幅度增长的地区是阿富汗南部，在这里除了坎大哈基本上保持原有规模的罂粟种植面积外，其他几个地区都出现了罂粟面积急剧扩大的情况。在阿富汗南部，赫尔曼德的罂粟种植面积从2005年的2.65万公顷扩大到了6.934万公顷，而乌鲁兹甘、查布尔以及迪库里地区的罂粟种植面积也增加了很多。除了阿富汗南部地区普遍出现罂粟种植面积增多的现象外，阿富汗东部楠格哈尔的罂粟种植面积也出现了一定程度的增长，从2005年的1093公顷增长到4873公顷。此外，阿富汗东北部巴达赫尚地区的罂粟种植面积比上一年扩大了近一倍。[②]

2007年，阿富汗的罂粟种植面积更是达到了史无前例的19.3万公顷。[③] 在2007年阿富汗罂粟种植的总体趋势是南部、东部以及西部继续迅速扩大，而东北部和北部逐渐缩小，中部继续在有限的种植面积的基础上保持不变。

在2007年，罂粟种植面积扩大最为显著的地区依然是阿富汗南部地区。这一年，阿富汗南部的罂粟种植面积达到了13.35万公顷，基本上占据了阿富汗当年罂粟种植总面积的70%。在阿富汗南部，赫尔曼德和坎大哈的罂粟种植面积扩大较多，其中赫尔曼德的罂粟种植面积更是达到了10.28万公顷。仅仅赫尔曼德一个地方的罂粟种植面积就已经接近2005年阿富汗罂粟种植面积的总和。除了赫尔曼德和坎大哈外，乌鲁兹甘、查布尔和迪库里的罂粟种植面积都出现了较小范围的缩减。[④]

2007年，阿富汗罂粟种植面积增幅最大的地区是阿富汗东部。这一年，阿富汗东部的罂粟种植面积的增长幅度达到了148%。阿富汗东部罂粟种植面积迅速扩大的主要原因是阿富汗传统罂粟产区楠格哈尔罂粟种植面积的扩大。2007年，楠格哈尔的罂粟种植面积扩大到1.87万公顷，重新成为阿富汗罂粟种植面积第二大的省份。除了阿富汗东部和南部以外，西部地区在2007年也成为阿富汗罂粟种植的主要地区。在阿富汗西部，除了赫拉特和古尔地区外，其他地方的罂粟种植面积都出现了不同程度的增长。尤其是法拉，在2007年罂粟种植面积达到了14865公顷。

---

① Afghanistan Opium Survey 2007，UNODC，October 2007，p. 7.

② Afghanistan Opium Survey 2007，p. 11.

③ Ibid，p. 7.

④ Ibid，p. 40.

与阿富汗南部、东部和西部相反，北部地区和东北部地区的罂粟种植面积出现了大范围的缩减。其中东北部的巴达赫尚和北部的巴哈地区成为罂粟种植面积缩减最大的地区。2007 年巴达赫尚的罂粟种植面积只剩下 3642 公顷，而巴哈省成为无罂粟种植的省份。①

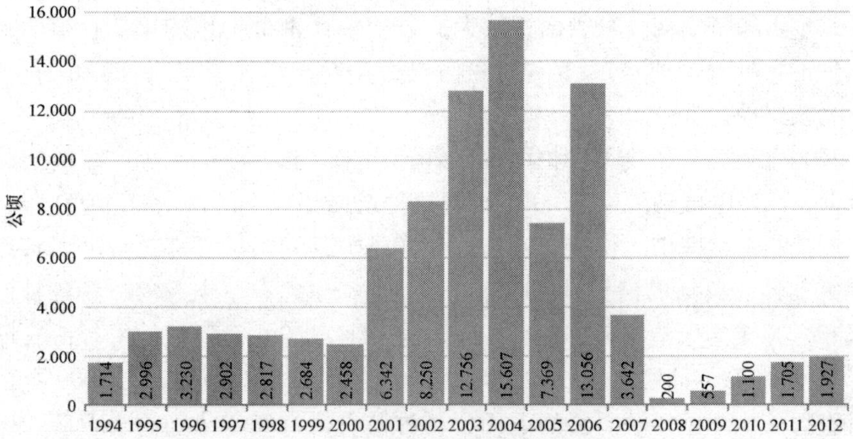

图 2：1994—2012 年阿富汗巴达赫尚省罂粟种植面积（单位：公顷）

数据来源：Afghanistan Opium Survey 2012。

从全国范围来看，2006—2007 年阿富汗的无罂粟种植省份持续增加，达到了 13 个。其中，有 7 个省在 2007 年成为无罂粟种植省份，分别是巴哈、霍斯特、昆都士、努里斯坦、帕尔旺、萨曼甘以及萨里布。

（四）从 2008 年开始，阿富汗罂粟种植面积开始出现缩减

2008 年，阿富汗的罂粟种植面积为 15.7 万公顷，比 2007 年下降了 19%。② 阿富汗东部、北部和东北部的罂粟种植面积大幅度缩减，控制罂粟种植的工作在这些地区取得了很大的进展。在 2008 年，楠格哈尔省在历史上第一次成为无罂粟种植的省；除了楠格哈尔外，其他东部省库纳尔、拉格曼以及卡普萨省的罂粟种植面积也都出现了较大幅度的缩减，其中库纳尔和拉格曼省的罂粟种植面积都不到 500 公顷。同东部地区相比，北部和东北部地区也都出现了较大范围的罂粟种植面积缩减的情况，只有法里亚布、巴格兰以及

① Afghanistan Opium Survey 2007, p. 49.

② Afghanistan Opium Survey 2008, UNODC, August 2008, p. 1.

巴达赫尚省还种植着数量极少的罂粟（这三个省的罂粟种植面积都没有超过500公顷）。2008年，阿富汗的无罂粟种植省份扩大到了18个，除了2007年的无罂粟种植省在2008年继续保持外，又有5个省加入到这一行列，分别是朱兹詹、萨里布、塔哈、楠格哈尔以及古尔。阿富汗南部和西南部在2008年依然是阿富汗的主要罂粟种植区。整个南部地区的罂粟种植面积与2007年相比，基本上保持不变（种植面积减少了1%）。西南部地区的罂粟种植面积虽然减少了6%，但法拉省的罂粟种植面积比2007年增加了1%，成为阿富汗的第二大罂粟种植省。①

2009年阿富汗的罂粟种植面积比2008年有了进一步的减少，缩减至12.3万公顷，已经降低到阿富汗2004年罂粟种植面积以下的水平。② 2009年，阿富汗的控制罂粟种植工作取得最大成绩的地方是阿富汗北部。整个阿富汗北部地区七省（包括巴格兰、巴哈、巴米扬、法里亚布、朱兹詹、萨曼甘以及萨里布）都成为无罂粟种植省。与此同时，阿富汗的无罂粟种植省份又增加到了20个。除了楠格哈尔以外，其他2008年的无罂粟种植省在2009年依然没有进行罂粟种植活动。新加入无罂粟种植省份行列的分别是卡普萨、巴格兰和法里亚布。楠格哈尔省在2009年又出现了罂粟种植活动，但种植面积十分有限，只有226公顷。除了楠格哈尔外，巴达赫尚省也依然进行着十分有限的罂粟种植活动，种植面积为557公顷，成为阿富汗东北部地区中仅存的罂粟种植省。阿富汗南部和西南部依然保持着规模巨大的罂粟种植面积。但南部地区，赫尔曼德的罂粟种植面积在2009年出现了较大幅度的缩减，种植面积下降至69883公顷，下降了33%。但是，坎大哈地区的罂粟种植面积又增加到19811公顷，重新成为阿富汗第二大罂粟种植省。此外，由于行政区的重新划定，尼姆鲁兹省的主要罂粟种植区哈什罗德地区（罂粟种植面积占尼姆鲁兹省的95%）被划入法拉省，所以尼姆鲁兹省不再是阿富汗的主要罂粟种植区。③

与2009年相比，2010年的罂粟种植面积没有发生变化，依然是12.3万公顷，各地区的种植面积与2009年相比，也基本上没有发生太大的变化，阿富汗的无罂粟种植省依然是之前的20个。④ 基本上而言，2010年的罂粟种植水

① 2008年阿富汗各省罂粟种植相关数据，参见Afghanistan Opium Survey 2008，p. 8。

② Afghanistan Opium Survey 2009，UNODC，September 2009，p. 3.

③ Afghanistan Opium Survey 2009，p. 2.

④ Afghanistan Opium Survey 2010 Summary Findings，UNODC，September 2010，p. 3.

平与 2009 年相同，罂粟种植控制工作在 2010 年出现了停滞，没有取得进一步的进展。

（五）2011 年阿富汗罂粟种植面积比 2010 年有小幅度的增加，而且阿富汗无罂粟种植省份的数量也减少了

在阿富汗的主要罂粟种植区南部和西南部，罂粟的种植面积都有小幅度的增长。虽然赫尔曼德省的罂粟种植面积在 2011 年度继续下降，降至 63307 公顷，但是坎大哈和乌鲁兹甘的罂粟种植却保持着迅猛的增长势头。坎大哈的罂粟种植面积在 2011 年继续增加，达到了 27213 公顷，继续保持着阿富汗罂粟种植面积第二的地位。同时，乌鲁兹甘的罂粟种植面积又突破了 1 万公顷。与阿富汗南部地区类似，西部地区的罂粟种植面积也有小幅度的增长。在西部地区，除了巴格迪斯的罂粟种植面积减少了近 1000 公顷外，其他省的罂粟种植面积都有所增加。其中，法拉省的罂粟种植状况值得关注，种植面积继续增加，达到了 17499 公顷。此外，东部地区的楠格哈尔以及东北部的巴达赫尚的罂粟种植面积虽然与以往的种植规模相比仍然很小，但都在 2011 年出现了较大幅度的增长。在 2011 年，有 4 个 2010 年的无罂粟种植省开始重新出现罂粟种植活动，分别是北部的巴格兰省和法里亚布省、西部的古尔省（古尔省的罂粟种植由于规模较小后来在收获之前被及时地铲除）以及东部的卡普萨省。阿富汗其他地区的罂粟种植活动与 2010 年相比基本上没有出现太大的变化。①

2012 年的罂粟种植情况同 2011 年相比，可能不会出现太大的变化。在阿富汗的主要罂粟产区，除了坎大哈地区的罂粟种植面积出现了一定程度的缩减外，其他地区的罂粟种植面积都会出现不同程度的上涨。其中，在西部地区法拉和巴格迪斯的罂粟种植面积出现了较大幅度的增长。而在东部地区，楠格哈尔的罂粟种植面积在 2011 年的基础上继续增长，同样的情况也出现在东北部的巴达赫尚省。阿富汗中部地区各省以及北部各省当中，除法里亚布和巴格兰外的其他地区在 2012 年依然是无罂粟种植省。在 2012 年，阿富汗的无罂粟种植省同 2010 年相比数量有所下降，降到了 15 个。在 5 个重新进行罂粟种植活动的省份中，有 3 个在 2011 年进行了罂粟种植活动。2012 年西部的古尔省的情况与 2011 年极其类似，只有及时铲除这里的罂粟，该省份才将继

① Afghanistan Opium Survey 2011 Winter Rapid Assessment for the Central, Eastern, Southern and Western Regions, UNODC, January 2011, p. 6.

续保持无罂粟种植省的身份。①

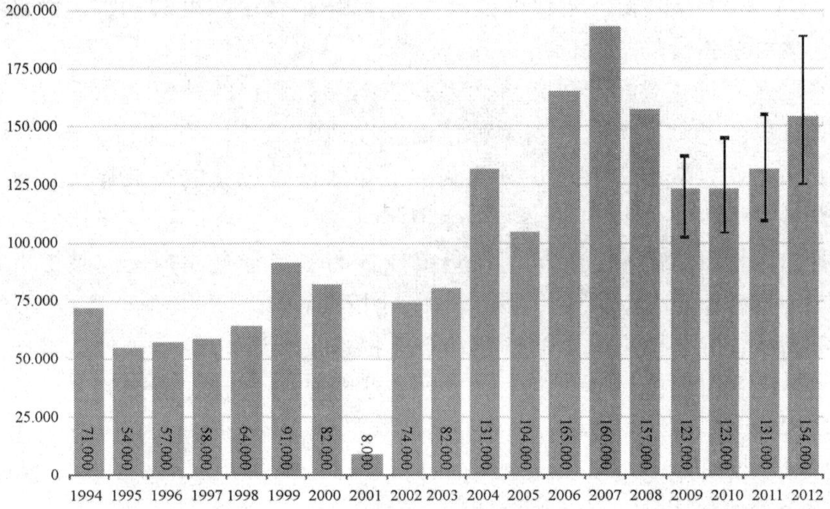

图 3：1994—2012 年阿富汗鸦片种植

数据来源：Afghabistan Opium Survey 2012。

二、重建中阿富汗的鸦片产量、主要种植区以及分布趋势

在正常情况下，阿富汗的鸦片年产量受两个因素的影响。一是罂粟种植面积，在正常的情况下阿富汗鸦片的产量与其罂粟种植面积成正比。二是天气条件和病虫害，这对阿富汗的鸦片产量也有着较大的影响。例如，在 2004 年阿富汗的罂粟种植面积达到了 13.1 万公顷，但由于局部地区受天气影响较为严重，导致这些地区的鸦片产量比较低，中部地区的鸦片产量只有每公顷 17.5 千克，而整个阿富汗每公顷鸦片的产量在 2004 年都不是很高，只有 32 千克。② 病虫害对鸦片产量的影响在 2005 年的巴达赫尚省较为明显，其他地区每公顷的鸦片产量都在提高，而巴达赫尚的罂粟种植受多种病虫害的影响，产量比 2004 年有所降低。受这两大因素综合作用的结果，是有些年阿富汗的罂粟种植面积可能相差很多，但产量却比较接近。例如 2005 年的罂粟种植面

---

① Afghanistan Opium Survey 2012 Opium Risk Assessment for all Regions, UNODC, April 2012, p. 7.

② Afghanistan Opium Survey 2005, p. 47.

积与2004年相比减少了2.7万公顷，但2005年的鸦片产量只比2004年少100吨。另一些年份虽然罂粟种植面积相差不多甚至相同，但鸦片产量却相差很多。例如2009年与2010年的罂粟种植面积基本上没有变化，但2010年的鸦片产量与2009年相比从6900吨下降到了3600吨，2009年每公顷鸦片的产量为59.1千克，而2010年只有29.2千克，[①] 主要原因是罂粟种植区受病虫害的影响较为严重，导致每公顷鸦片产量的下降。

阿富汗重建以后，每年的鸦片产量受这两个主要因素的影响而变化。2004年以后，除了2006年阿富汗每公顷的鸦片产量比2005年有所下降外（2006年阿富汗每公顷的鸦片产量为37千克，而2005年为39千克），阿富汗每公顷的鸦片产量基本上连年提高。2007年，阿富汗每公顷的鸦片产量达到了42.5千克，2008年为48.8千克，2009年更是达到了56.1千克，直到2010年阿富汗的主要罂粟产区受到病虫害的影响而减产。[②] 从2004年开始，阿富汗的鸦片产量开始猛增，达到了4200吨。2005年由于罂粟种植面积的缩水，鸦片产量有所下降，但也达到了4100吨。自2006年开始，阿富汗的鸦片产量达到了历史的最高水平。2006年随着阿富汗罂粟种植面积的重新扩大，阿富汗的鸦片产量达到了6100吨，占当年世界鸦片总产量的92%。2007年阿富汗的罂粟种植面积达到了其历史最高水平，这一年的鸦片产量也达到了8200吨，占当年世界鸦片总产量的93%。从2008年开始虽然阿富汗的罂粟种植面积再一次缩减，但由于每公顷鸦片产量的连年增长，当年的鸦片产量也达到了7700吨，2009年的鸦片产量为6900吨。到了2010年由于主要罂粟种植区受到病虫害的影响，2010年的罂粟种植面积与2009年相比并没减少，但是当年的鸦片产量却减少到了3600吨。[③]

重建后阿富汗的罂粟种植以及鸦片生产的变化趋势主要有两个。一是罂粟种植区和鸦片产地越来越向南部和西部地区集中，而其他地方的罂粟种植活动越来越少。虽然从2002年以来阿富汗的罂粟种植面积又开始扩大，但罂粟种植面积增加最多、鸦片生产最多的地方越来越向阿富汗南部和西部地区集中。阿富汗历来的重要鸦片产区是其南部的赫尔曼德、东部的楠格哈尔以及东北部的巴达赫尚，这三个省在20多年的时间里基本上占据阿富汗鸦片产

① Afghanistan Opium Survey 2010, p. 1.

② 阿富汗历年鸦片单位亩产量数据分别参见 Afghanistan Opium Survey 2006, p. 1；Afghanistan Opium Survey 2007, p. 1；Afghanistan Opium Survey 2008, p. 1；Afghanistan Opium Survey 2010, p. 1.

③ Afghanistan Opium Survey 2010, p. 1.

量的前三位。但是，这种情况在阿富汗重建之后有所改变。赫尔曼德依然是阿富汗最大的鸦片产区，但楠格哈尔和巴达赫尚基本上在2004年之后就退出了鸦片产量前三甲的行列，目前这两个省的罂粟种植面积都极为有限，只能产出少量的鸦片。而南部的坎大哈省以及西部的法拉省逐渐取代了楠格哈尔和巴达赫尚的地位，鸦片产量日益增加。到2006年，阿富汗南部和西部地区的罂粟种植面积占到了全国罂粟种植总面积的74%，[①] 到了2007年，西部和南部地区的罂粟种植面积占全国罂粟种植面积的比重达到了84%。[②] 2008年，仅阿富汗南部和西部生产的鸦片就占到了全国鸦片产量的98%。[③] 到了2009年和2010年，南部和西部地区集中了阿富汗全国99%的罂粟种植。[④] 二是罂粟种植区和鸦片产地与安全状况紧密相连。虽然如今在安全状况也不是十分理想的中部各省如瓦尔达克和帕尔旺都已经实现了无罂粟种植，但是一直以来这些地区的罂粟种植面积和鸦片产量都十分有限，与这些地区的安全状况的关联度极小，并没有随着安全状况的恶化或好转而增减。阿富汗的安全状况从2003年以来开始恶化，而这一时间段也正好与阿富汗罂粟种植面积扩大的时间相吻合。从2006年开始，阿富汗的安全局势进一步恶化，恐怖主义袭击和自杀性爆炸事件不断增多，安全部队和平民的伤亡人数也开始猛增，而正是从2006年开始，阿富汗的罂粟种植和鸦片产量达到了历史上的一个新高度。不仅如此，阿富汗重建后罂粟种植和鸦片生产与安全的关联还表现为它的罂粟种植和鸦片生产主要集中在安全状况极差的地区。目前在阿富汗的主要罂粟种植区即南部和西部，无论是赫尔曼德、坎大哈，还是法拉以及尼姆鲁兹等，都是阿富汗安全形势最为严峻的地方，这些地区都是塔利班以及其他反政府组织、有组织犯罪团伙和毒品走私集团活动最为频繁的地区。这些安全形势极为严峻的地区集中了阿富汗90%以上的罂粟种植面积和鸦片产量。

三、重建后阿富汗的大麻种植和生产状况

阿富汗的大麻种植已经有较长时间的历史，直到阿富汗重建后，大麻种植的状况依然存在。虽然直到2009年一直没有机构专门统计过阿富汗的大麻种植面积，但从2005年开始联合国毒品与犯罪办公室的《阿富汗鸦片年度报

① Afghanistan Opium Survey 2007, p. 10.

② Ibid.

③ Afghanistan Opium Survey 2008, p. 8.

④ Afghanistan Opium Survey 2010, p. 3.

告》中也会对阿富汗的大麻种植作出一定的统计。2009 年和 2010 年联合国毒品与犯罪办公室对阿富汗的大麻种植进行了深度的调查，并形成了关于阿富汗大麻种植的两篇年度报告。由于阿富汗大麻种植与鸦片的种植有所差别，除了一些地方有单独的大麻种植田以外，其他的大麻种植都极为分散。但阿富汗种植大麻的农民比较多，有些农民会在房子旁边种植极为少量的大麻，有些农民会留出很少一部分土地来种植大麻。而有些大麻还会同其他作物一同被种植，由于种植的大麻数量极少，这些大麻就被其他作物所覆盖。由于这些没有集中种植的大麻数量多，相对分散，所以为大麻种植面积的统计造成了很大的困难，无法像鸦片种植面积的统计那么精确。2005 年，阿富汗的大麻种植面积大约为 3 万公顷，种植范围覆盖了阿富汗的 22 个省。在 2006—2007 年，与鸦片种植面积在阿富汗的扩大相类似，大麻的种植面积也不断扩大。2006 年阿富汗的大麻种植面积约为 5 万公顷，到了 2007 年又继续扩大到 7 万公顷。[①] 2009 年和 2010 年联合国进行了专门的阿富汗大麻调查，在这两次调查的结果中，阿富汗的大麻种植面积采取了上下限的标准。据估计，2009 年阿富汗的大麻种植面积在 1 万—2.9 万公顷之间，2010 年的大麻种植面积在 0.9 万—2.9 万公顷之间。目前，阿富汗有 19 个省存在着大麻种植。[②]

在阿富汗，每公顷大麻的大麻树脂产量根据大麻树脂的不同等级而有所不同。在阿富汗，一般根据大麻树脂的质量的优劣，将大麻树脂分为三个等级：第一个等级的大麻树脂质量最好，树脂含量最高，因此价格也就最高；其他两个等级的大麻树脂的质量、树脂含量以及价格则递减。根据大麻制作的不同程序，可以将阿富汗的大麻树脂的产区分为两个：第一个产区是北方和东北方产区，这一产区主要生产质量比较高但数量却相对比较少的第一等级的大麻树脂；第二个产区就是阿富汗南部、西部、中部和东部产区，主要生产数量相对较大但是质量却没有第一产区那么高的第一等级大麻树脂。2010 年，阿富汗第一产区每公顷可产出一级大麻树脂 35 公斤、二级大麻树脂 36 公斤、三级大麻树脂 29 公斤，第一产区每公顷大麻树脂的产量为 99 公斤。第二产区每公顷可产出一级大麻树脂 63 公斤、二级大麻树脂 42 公斤、三级大麻树脂 24 公斤，第二产区每公顷可产出大麻树脂 133 公斤。就阿富汗全国范围来看，每公顷可产出大麻树脂为 128 公斤，其中一级大麻树脂 63 公斤，二级大

---

① Afghanistan Opium Survey 2007，p. 58.

② Afghanistan Cannabis Survey 2010，UNODC，June 2011，p. 6.

麻树脂 41 公斤，三级大麻树脂 24 公斤。[①] 由于阿富汗目前还没有为大麻树脂分类的统一标准，所以各个地区大麻树脂级别并不相同，树脂含量的区别也比较大，这就为阿富汗大麻树脂年产量的统计造成了一定的困难。根据联合国毒品与犯罪办公室的统计，2010 年阿富汗大麻树脂的产量在 1200—3700 吨之间，2009 年大麻树脂的产量在 1500—3500 吨之间。[②] 尽管阿富汗每年生产的大麻树脂的具体数量难以确定，但是可以肯定的是阿富汗是目前世界上最大的大麻树脂生产国。

阿富汗重建以后，大麻的种植范围呈现出由北向南转移的趋势。2004 年，阿富汗的大麻种植主要集中在三个省，分别是北方的萨里布省，大麻种植面积占阿富汗大麻种植总面积的 33%，北方的巴哈省占 18%，以及中部的帕克蒂亚省占 17%。除了这三个主要的大麻种植省外，阿富汗其他进行大麻种植活动的省份还包括昆都士占 10%，查布尔占 4%，乌鲁兹甘、萨曼甘、楠格哈尔、赫拉特以及贾兹尼这些省份的大麻种植面积占到了 3%。与此同时，阿富汗南部和西部也有大麻的种植，但种植面积很小。在南部和西部，大麻种植面积最大的省是坎大哈，其种植面积占阿富汗大麻种植总面积的 1.8%。其他几个大麻种植省的种植面积更小，主要有赫尔曼德占 0.9%，法里亚布占 0.6%，法拉占 0.1%。[③] 但是，阿富汗的大麻种植在向南部地区转移。2009 年和 2010 年，大部分进行着较大规模大麻种植的地区都在南部地区，其中赫尔曼德、坎大哈、乌鲁兹甘、查布尔和蒂昆迪受大麻种植影响较为严重。从这些地区不难看出，阿富汗主要罂粟种植区和主要大麻种植区已经基本上重合了，这里既是主要的鸦片产区也是主要的大麻树脂产区。根据联合国 2010 年的调查显示，在阿富汗，有 61% 的农民既从事罂粟种植活动，又从事大麻种植活动。随着阿富汗主要鸦片产区和大麻树脂产区的重合，这也为毒贩们贩卖多种毒品提供了便利，目前大部分阿富汗大麻毒贩在从事大麻贩卖的同时也贩卖鸦片。阿富汗南部地区安全局势的恶化极有可能是造成大麻种植区由北向南转移的重要原因。随着阿富汗南部地区安全局势的恶化，各种阿富汗反政府组织和有组织犯罪团伙以及毒贩开始在南部地区频繁活动，地方政府的权威开始不断弱化，各种非法经济作物的种植也就得不到有效的管制，开始不断增多。而北方的情况恰好相反，随着安全局势的进一步稳定，政府和

① Afghanistan Cannabis Survey 2010, UNODC, June 2011, pp. 26 - 27.
② Ibid, p. 6.
③ Afghanistan Opium Survey 2005, p. 46.

国际社会能够组织有效的禁烟活动，各种非法经济作物的种植面积就不断缩减。由此可见，阿富汗安全局势的好坏在很大程度上决定了其非法经济作物的种植状况。

第二节　阿富汗毒品滥用状况

一、阿富汗鸦片和海洛因滥用的历史

阿富汗人使用鸦片已经有很长时间的历史，但在相当长的一段时期内，鸦片并不像现在是人们滥用的毒品。早在公元前1世纪贵霜王朝统治阿富汗时期，鸦片已经出现。鸦片第一次在阿富汗被当作麻醉品被人们滥用可能是在巴布尔统治时期。1504年，巴布尔从中亚向印度进军，在经过阿富汗时夺取了喀布尔城、伽兹尼以及其他一些地区。巴布尔生平酷爱饮酒，到了晚年又喜欢吃一些由印度大麻、鸦片、蜂蜜和其他香料调和而成的糖果蜜饯。巴布尔的这种嗜好被他的民众广泛效仿，因而这种被称为“majun”的糖果蜜饯也就成为阿富汗人广泛消费的麻醉品。

但在很长一段时间内，鸦片并没有被单独作为一种麻醉品来被人们所使用，而是被人们当作用于治疗各种疑难杂症的良药。由于阿富汗的贫困落后，除主要的大城市外，其他地方没有条件较好的医院。而鸦片具有较好的麻醉和镇痛效果，所以一直以来在缺医少药的阿富汗就被人们当作是治疗各种大小疾病的良药，例如咳嗽、流感、腹泻等疾病，更不用说日常中更为常见的牙疼等症状。直到20世纪70年代，滥用鸦片的阿富汗人依然比较少。根据喀布尔一家精神病医院的统计记录，从1965—1974年，这家医院记录的鸦片成瘾者只有24人，而这些成瘾者中大部分是因为通过把鸦片当做药物来使用而导致成瘾的。① 这些都说明长期以来鸦片更广泛的用途是药用，而并不是被滥用的麻醉品。

1979年苏联入侵阿富汗改变了鸦片在阿富汗社会中的角色，鸦片开始成为人们滥用的毒品。苏联入侵阿富汗以前，阿富汗人普遍把鸦片当作是一种麻醉品。由于任何麻醉品的使用都违背伊斯兰教教义，所以在宗教的规约下，鸦片被滥用的情况还是较为少见的。但是，苏联的入侵在很大程度上破坏了阿富汗原有的社会组织以及传统宗教价值观。由于战争的残酷性，很多人在

---

① *Drugs in Afghanistan：Opium，Outlaws and Scorpipon Tales*，p. 146.

战争中失去了亲人、土地和财产。因而人们转而寻求通过鸦片麻醉自己的精神来逃避这样的现实，这也造成了社会中越来越多的人们开始依赖鸦片。

战争也令战争的参与者开始依赖鸦片。在人类的历史上，战争一直都是推动毒品问题不断恶化、造成人们依赖毒品的重要力量。在战场后方，大量的伤员在手术中需要使用吗啡来镇痛；而在战场上，面对随时都可能消失的生命，战士也需要鸦片或海洛因来麻醉自己的神经。在19世纪和20世纪战争肆虐的年代中，几乎每场战争后都会留下大量的麻醉品依赖者。美国南北战争后，大量的美国士兵成为吗啡的依赖者，而几乎同一时期的鸦片战争后，中国遭受鸦片毒害长达一个世纪。而在1919年由日本药理学家合成的甲基苯丙胺，在二战中成为日本士兵缓解疲劳、增强战斗力的良药，开始从战后的日本迅速向世界各地蔓延，这就是目前广为人知的新型毒品——冰毒。战争中士兵对毒品严重依赖的情况也出现在抗苏战争中的阿富汗圣战者中。由于战争的残酷，许多圣战者都要在同苏联人打仗之前吸食鸦片甚至是使用海洛因。抗苏圣战者们的这些行为又被更多的阿富汗民众所效仿，进一步加剧了阿富汗社会中的鸦片滥用。当苏联从阿富汗撤军时，阿富汗已经成为一个鸦片滥用较为严重的国家。

在塔利班统治时期，虽然塔利班政府严格禁止民众使用麻醉品，但是阿富汗社会中依赖鸦片和海洛因的人数却在不断增加。塔利班执掌喀布尔政权后，开始在阿富汗社会中推行“沙里亚法”，凡是违背伊斯兰教法者都会遭到塔利班政府的重罚。由于鸦片和海洛因都属于麻醉品，伊斯兰教严格禁止穆斯林使用麻醉品，所以塔利班政府禁止所有民众使用一切麻醉品。凡是使用鸦片或者是海洛因者，都将遭到塔利班宗教警察的逮捕和责打。与其他麻醉品相比，塔利班对使用海洛因的惩罚更为严重，凡是使用海洛因者，不仅要被判处6个月的监禁，还会在监禁的过程中接受宗教警察严厉的戒毒措施，甚至是遭到毒打。但在塔利班的统治下，还是有越来越多的阿富汗人开始依赖海洛因。由于长期的战争已经使阿富汗存在大量的毒品依赖者，塔利班的强制措施并没有改变这样的现状，只是改变了人们使用毒品的方式。在塔利班统治时期，阿富汗人开始寻求更为隐蔽和不为人们所知的吸毒方式，也改变了阿富汗人对毒品的选择。由于与大麻相比，海洛因的体积更小、更便于携带而且在使用时不会像大麻燃烧时那样产生较为刺鼻的味道和浓烟，所以为了既能够满足毒瘾的需要，又不易被宗教警察们察觉，很多阿富汗人都开始选择使用海洛因。

塔利班执政喀布尔时期，造成海洛因大量泛滥的另一个重要原因是大量难民的回归。[①] 1978 年苏联入侵阿富汗，造成了大量的阿富汗人沦为难民并涌入周边国家。其中，阿富汗难民的主要接收国是巴基斯坦和伊朗。苏联撤军后阿富汗又爆发了内战，造成了第二股难民潮。随着塔利班控制了阿富汗越来越多的土地，一些难民（绝大多数是普什图族）认为阿富汗局势趋于稳定，开始陆续从周边国家返回阿富汗。由于一直以来，伊朗和巴基斯坦有着较多的鸦片和海洛因滥用者，这就造成大部分长期生活在巴基斯坦和伊朗的阿富汗难民都有鸦片或海洛因的滥用经历。所以这些难民从国外重返阿富汗时，也就把使用鸦片和海洛因的习惯带回到周围人们身边，这也在很大程度上造成了阿富汗社会中鸦片类毒品，尤其是海洛因的滥用。

二、重建后阿富汗的鸦片和海洛因滥用状况

重建后，阿富汗的鸦片滥用情况并没有得到转好。在 2008 年联合国毒品与犯罪办公室进行的一项调查中，阿富汗每个省鸦片滥用的人数约是 4000—5000 人，在全国范围来看滥用鸦片的人数应该在 13.6 万—17 万之间。[②] 从联合国统计的数字来看，阿富汗社会中鸦片滥用的人数并不是很大，但是考虑到鸦片被当作麻醉品使用在阿富汗一直都是不公开的活动，大部分滥用者都害怕在公开场合使用鸦片会损害自己的名誉，甚至会受到法律制裁，滥用者也不愿意对外界公开自己瘾君子的身份，这就给鸦片滥用人数的调查带来了很大的困难。所以可以大致推测出阿富汗鸦片滥用的实际人数要远远高出联合国统计的数字。例如，巴格兰省和赫尔曼德省的鸦片滥用人数都超过了阿富汗的全国平均水平。巴格兰省的鸦片滥用情况尤其严重，一个省的鸦片滥用人数就达到了阿富汗全国鸦片滥用人数的 10%。在阿富汗鸦片较为低廉的价格以及随处可得是造成鸦片被滥用的主要原因。2001 年以前，阿富汗的鸦片价格从来没有超过每公斤 50 美元，即使在 2001 年鸦片价格暴涨后，许多烟农生产的鸦片也足以满足自身消费的需求。

在阿富汗巴达赫尚省的瓦罕走廊地区，贫穷和极端的自然条件成为人们吸食鸦片的重要原因。瓦罕走廊是连接阿富汗东北部巴达赫尚省和中国新疆

---

① 关于阿富汗难民的情况，参见朱永彪、闫培记：“阿富汗难民：历史、现状及影响”，《世界历史》，2009 年第 4 期。

② 数据根据联合国毒品与犯罪办公室调查报告 Afghanistan Opium Poppy Free Poad Map and Provincial Profile，UNODC，June 2008 整理。

维吾尔自治区的狭长通道，呈东西走向，位于帕米尔高原南端和兴都库什山脉北端的山谷中。瓦罕走廊平均海拔在4000米以上，属于高寒山区，一年中大部分时间都处于大雪封山的阶段，只有每年的6月、7月和8月积雪会融化。在瓦罕走廊的一些地区是条件异常恶劣的荒漠高原，这里地势复杂、气候恶劣，已经不适合人类居住。除了这些不适宜人类居住的地区外，瓦罕走廊的大部分地区都是荒漠，只有极其少量的土地可供人们耕种。那里不仅耕地稀缺，还没有灌溉系统，天气的好坏决定作物的收成。瓦罕走廊地区虽然没有经历过战争的破坏，但至今依然是阿富汗最为贫困的地区。就在这样一个极为贫困的地区，鸦片的滥用却非常严重。虽然瓦罕走廊地区并不生产鸦片，但这里的居民在巴达赫尚的其他地方很容易就可以买到。由于可耕地稀少以及气候恶劣，这里的粮食收成有限，在恶劣的天气里甚至不能自给。农民没有固定的收入来源，他们的收入基本上只能购买少量的粮食，根本不够糊口。在这种情况下，瓦罕走廊的农民就开始依赖鸦片，因为使用鸦片不仅能够消除饥饿感，更能够打发百无聊赖的生活。瓦罕走廊目前已经成为阿富汗鸦片滥用最为严重的地区之一。①

相比鸦片，海洛因在阿富汗的滥用情况更值得关注。与鸦片相比，海洛因的致瘾性更强，更难戒断，对个人的危害也更大。不仅如此，从使用方式上来讲，海洛因的使用已经到了皮下注射的阶段，在注射时共用针头和针管的现象又极为普遍，这就加大了艾滋病等血液疾病的传播，从而对社会造成极大的危害。根据联合国的调查显示，在2003年，仅喀布尔城中的海洛因滥用者就达到了7000人，其中有500人通过皮下注射的方式滥用海洛因。② 从2005—2009年，阿富汗的海洛因使用人数在4年间增长了130%，而在海洛因的滥用者中，通过皮下注射的方式滥用海洛因的人数增加明显。联合国的调查显示，42%的注射滥用海洛因者都有共用针头和针管的经历，同一个针头或针管一般要被超过2个人共同使用。③ 与鸦片相比，海洛因的滥用者主要集中在城市，农村中海洛因的滥用者相对较少。在阿富汗较大的城市，如喀布尔和赫拉特，海洛因的滥用情况都比较严重，另外，帕卡蒂亚的加德兹城以及赫尔曼德等城市中的海洛因滥用情况也都超过了阿富汗海洛因滥用的平均水

① *Drugs in Afghanistan*: *opium*, *Outlaws and Scorpipon Tales*, p. 175.

② Ibid, p. 149.

③ Drug Use Survey 2010 Sarpoza Prison, Kanda, Afghanistan, Assement of Drug Use Leves and Assiociated High-risk Behavious amongst the Prison Population of Sarpoza Prison, Kandahar, June 2010, p. 5.

平。

目前，阿富汗鸦片类毒品的传播主要有两条途径。除了上文提到过的难民重返阿富汗会对阿富汗鸦片类毒品，尤其是海洛因的滥用造成一定的影响外，家庭成员之间的传播也是阿富汗鸦片类毒品传播的主要途径。家庭成员之间的传播又分为两种：一种是成年人向未成年人的传播，另一种是成年人之间的传播。成年人向未成年人之间的传播主要是父母向子女的传播。在阿富汗由于医疗卫生条件极为有限，大多数阿富汗人又极为贫困支付不起医疗费用。所以每当子女生病时父母并不是去医院或诊所向大夫求救，而是直接用鸦片治疗。除了长期服用鸦片当作药物以外，在阿富汗妇女中，通过向婴儿喂食极为少量的鸦片以使婴儿不再吵闹也是极为普遍的现象。通常的做法是母亲将少量的鸦片放在自己的嘴唇上，再将自己的嘴唇轻轻接触婴儿的嘴唇，或者是直接将谷粒大小的鸦片塞入婴儿的肛门中。这些服用鸦片长大的婴儿和儿童甚至在未成年就已经成为鸦片依赖者。

三、阿富汗大麻滥用状况

大麻在阿富汗一直是被最为广泛滥用的麻醉品。与罂粟不同，大麻的种植在阿富汗已经有很长的历史，也就造成了阿富汗人长时期对大麻的依赖。1860 年第一次英阿战争时期，英国远征军的军官中就有对阿富汗优素福扎伊部落人吸食大麻的描述。大麻在阿富汗的使用不仅有着较长时期的历史，还被社会中不同的群体所广泛使用，成为人们的日常消费品。在阿富汗社会中，大麻一直是穆斯林医生即哈基姆（Hakim）调制药方的重要原料。哈基姆们使用大麻、鸦片、蜂蜜以及多种花瓣做成“majun”，主要是用于治疗多种精神疾病，促进睡眠。直至今日，哈基姆依然在阿富汗的医疗体系中占有重要的地位，是不少病人就医的首要选择。与鸦片相似，大麻在阿富汗也被当作是治疗多种疾病的良药，在人们自我救治时被广泛使用。在阿富汗，大麻被用于治疗的疾病相当广泛，包括感冒、脑炎、癫痫、头痛、歇斯底里症、坐骨神经痛和破伤风等。除此以外，大麻也被各种宗教人士广泛使用。在阿富汗的宗教人士中，苏非派僧人对大麻的使用最为平常。他们经常通过使用大麻后带来的幻觉来寻求与安拉接触的神秘体验。除了苏非派僧侣外，一些隐修者甚至是正统的宗教毛拉也经常使用大麻。

总体而言，吸食大麻对于一些阿富汗人而言已经成为一种习惯，即使是在不使用大麻的阿富汗人看来，吸食大麻也是可以原谅的行为，大麻的使用在阿富汗社会中并没有被人们看作是一种严重违背宗教和道德的大罪。在20世纪60年代，阿富汗社会中滥用大麻的现象已经相当严重，1960—1969年在当时喀布尔唯一的一家精神病医院接受治疗的病人中，有13%的病人是因为严重的大麻依赖。[①] 到20世纪70年代苏联入侵阿富汗之前，阿富汗社会中大麻的滥用情况已经相当严重，甚至很多西方的瘾君子都慕名而来，喀布尔在20世纪70年代末已经成为世界上著名的大麻之都。

虽然一直以来阿富汗社会中大麻的滥用已经极为普遍，但是在一定程度上还是遭到了一些道德上的抵制。使用大麻虽然不被认为是大罪，但依然会遭到谴责，很多家长不愿意将女儿嫁给大麻滥用者。如果是宗教人士滥用大麻被发现的话，这个人就会名声扫地，在阿富汗因滥用大麻而被村民暴打后逐出村庄的毛拉也不在少数。但随着苏联入侵阿富汗，阿富汗的大麻产量虽然急剧减少，但滥用大麻的情况却依然严重。2003年在喀布尔进行的一项关于大麻使用者的调查显示，大多数大麻滥用者第一次接触大麻都是在抗苏战争时期。大麻滥用者在抗苏战争时期跟随自己的父亲、兄弟以及圣战者，第一次接触并使用大麻。[②] 塔利班执掌喀布尔政权后，开始全方面禁止大麻。塔利班不仅严格禁止大麻的买卖和交易，也严格禁止大麻的种植和使用。在塔利班统治时期，大麻的使用者一旦被宗教警察发现，将遭到严厉的惩罚。在帕卡蒂亚的加德兹城，大麻使用者第一次因使用大麻被宗教警察发现后，将被关押1周，第二次被抓将被关押20天，第三次被抓则要被关押1个月。大麻使用者不仅要被关押，而且在关押的同时还要遭受鞭刑。在塔利班的统治下，阿富汗的大麻滥用者减少了很多，但这些人并不是在塔利班的高压统治下戒除了毒瘾，而是转向了海洛因。

阿富汗重建后，大麻滥用的情况又开始增多。塔利班的倒台以及随之而来的对大麻管制的放松造成了大麻在阿富汗的重新泛滥。再加上大麻相对其他麻醉品更为低廉的价格，都使得大麻成为阿富汗人最为热衷的麻醉品。2001年在阿富汗4个乡村地区进行的大麻使用者的调查显示，这些地区中超过一半的家庭中至少有一个大麻滥用者，而且大多数家庭都有两个或两个以上的大麻滥用者。这些被调查的地区中15%—25%的男性在日常生活中经常使用大麻。[③] 不仅如此，在重建后的阿富汗，大麻的使用又开始重新公开化。由于塔

---

① *Drugs in Afghanistan*: *opium*, *Outlaws and Scorpipon Tales*, p. 199.

② Ibid, p. 201.

③ Ibid, p. 201.

利班政权已经倒台，大麻的使用者再也不用担心因为使用大麻而遭到宗教警察的逮捕或毒打，而且大麻常常被卷在烟卷中，外表看上去与普通的香烟并没有什么区别，所以大部分阿富汗人又得以在公开的场合中使用大麻。

大麻目前仍然是阿富汗被滥用最为严重的麻醉品。根据 2008 年联合国毒品与犯罪办公室的调查，目前阿富汗每个省的大麻使用者的人数在 1 万—1. 2 万之间，根据这个数据，阿富汗全国的大麻滥用人数大约有 35 万—41 万。[①] 其他的一些调查也能说明大麻在阿富汗被广泛滥用的情况。联合国于 2010 年在位于坎大哈的萨珀扎监狱中所做的一项关于服刑人员毒品使用情况的调查显示，大麻在服刑人员所滥用的麻醉品中所占比例依然是最高的。这项调查显示在 92 名被调查的服刑人员中，有 31 名在服刑过程中继续使用麻醉品，其中有 26 人使用的是大麻。[②] 在目前的阿富汗，大麻的使用虽然已经公开化，但是大麻的统计依然较为困难（因为大麻经常被卷入烟卷中使用或卷入香烟中同烟丝一起被抽，所以当看到一个人有抽烟卷的动作时，并不确定他在使用的到底是大麻还是香烟）。另一些关于阿富汗人每天消费大麻数量的数据也说明了阿富汗人滥用大麻的程度之深。根据一些前往白沙瓦就医的阿富汗人称，阿富汗人平均每人每天消费大麻 16. 8 克。关于阿富汗人平均每人每天消费多少大麻，还有一些不同的数据，这些数据提供的数字在 7—22 克之间。但是这些数字都表明阿富汗人对大麻的严重依赖。

四、阿富汗化学药物滥用状况

目前，阿富汗人除了鸦片、海洛因、大麻这些传统毒品的滥用比较严重外，他们对一些化学药物的依赖与滥用同样值得关注。在阿富汗，化学药物的使用已经非常广泛，基本上在每个省都有分布。使用人数上，滥用化学药物者已经达到了一定的规模，在使用人数较少的省也有 500—1000 人，而在使用人数多的省则达到了 1 万—1. 5 万人。[③] 化学药物滥用最为严重的几个省分别是萨曼甘、帕尔旺、巴格迪斯、法里亚布以及拉法。不仅在阿富汗，在阿巴边境的难民营中滥用化学药物的阿富汗难民也非常多。在巴基斯坦西北边

---

① 数据根据联合国毒品与犯罪办公室调查报告 Afghanistan Opium Poppy Free Poad Map and Provincial Profile，UNODC，June 2008 整理。

② Drug Use Survey 2010 Sarpoza Prison，Kanda，Afghanistan，p. 8.

③ 数据根据联合国毒品与犯罪办公室调查报告 Afghanistan Opium Poppy Free Poad Map and Provincial Profile，UNODC，June 2008 整理。

境省省会白沙瓦的大街上，随处都可以看到因滥用化学药品或使用化学药品过量致死者的尸体，既有巴基斯坦人，也有阿富汗人。在阿富汗，也经常有关于使用化学药物致死的报道。

在阿富汗使用的化学药物具有以下一些特点。第一，化学药品的种类多。虽然还没有专门的调查显示目前阿富汗到底存在多少种化学药物，但阿富汗的化学药物主要可以分为两大类：一类是各种被贴上合法药品标签的化学毒品，仅这类化学药物的种类就多到几乎难以统计；另一类是一些在阿富汗合法的化学药物，主要包括利眠宁、安定、安乃近等。第二，化学药品更新速度非常快。与传统毒品大麻、海洛因、鸦片的滥用不同，阿富汗化学药品的滥用者基本上不会长时期使用一种药物。尤其是在贴有合法标签的化学毒品的滥用上，由于不断有新药物的出现，这些药物的更换周期可能不会超过一个月。第三，在阿富汗，这些化学药物基本上都是合法的，可以很方便地购买到。虽然目前政府禁止鸦片、大麻、海洛因等传统毒品的交易，但在阿富汗出售化学药物是合法的。一些贴有合法药品标签，甚至有具体名称的化学药物的原材料是从巴基斯坦、印度、东欧国家走私进来，然后在阿富汗的地下工厂中加工制作成的，这些药品可能通过黑市流入到滥用者的手中。像利眠宁、安定和安乃近这些已经被西方发达国家禁用了的药物在阿富汗却依然可以从药店中买到，在喀布尔就有5000家出售这些化学药物的药店。[①] 第四，在阿富汗使用的化学药物的危害性依然很大。在阿富汗使用的化学药物中，一些药物的原料就是吗啡，所以这些药物的危害和吗啡、海洛因并没有大的差别。还有一些是巴比妥类药物，这类药物在被使用后患者要靠不断增加用药剂量来保持使用的效果，最后滥用者常常因为使用过量药物而死亡。第五，化学药物的滥用方式也比较多样化。除了可以口服制成片剂的化学药物外，一些滥用者还经常使用皮下注射的方式，以此途径达到使用效果的最大化。最后，在化学药物的使用人群中，与传统毒品的滥用者相比，有更多的女性和青少年滥用者。

阿富汗人滥用化学药物的原因主要有两个。首先，同鸦片、大麻被当作治疗疾病的药物一样，在缺医少药的阿富汗，一些化学药物在阿富汗人眼中就是“万金油”。例如，安定在阿富汗就被广泛用于治疗如焦虑症、抑郁症和失眠等各种精神疾病，甚至是人们用于减轻日常生活压力的常用药。其次，

---

① *Drugs in Afghanistan*: *opium*, *Outlaws and Scorpipon Tales*, p. 215.

与传统毒品相比，化学药物的价钱更为便宜，所以常常成为传统毒品滥用者的替代品。例如，一些化学药品的价格只有1美元1粒，当传统毒品滥用者没有足够的钱去购买传统毒品时，他们就去买价格便宜的化学药品来满足自己的需求。这样的情况在海洛因滥用者中最为常见，由于近些年来海洛因价格的不断升高，很多海洛因滥用者都已经负担不起高额的毒资，于是，他们就转向注射一些化学药物。

五、阿富汗毒品滥用的高危群体

目前在阿富汗，妇女已经成为毒品滥用的高危群体。妇女滥用毒品最主要的原因是为了摆脱日常生活中的痛苦和压力。在阿富汗，给妇女带来最大痛苦的是连年的战乱，不仅直接对妇女造成肉体上的伤害，人权被践踏、亲人的死亡和离散都在精神上对阿富汗妇女造成了无法弥补的损伤。近20年的战争以及数百万阿富汗人在战争中死亡也给阿富汗留下了数量庞大的寡妇群体，这些妇女至今依然生活在战争的阴影下，需要依靠毒品来摆脱战争带来的痛苦。截至2011年，战争已经在阿富汗留下了近200万名寡妇，占阿富汗妇女总数的28%，这些寡妇在战后的阿富汗生活相当艰辛，以至于只有依靠毒品才能维持生命的延续。[①] 此外，即使是在阿富汗重建后，女性在阿富汗的人身安全依然无法得到保障。由于对女性接受教育的仇视，接受教育的女童和女校就成为塔利班经常攻击的目标。根据阿富汗教育部披露的信息，仅在2010年3—10月间，有20所女校遭到了塔利班的攻击，造成126名学生死亡。[②]

阿富汗社会中妇女地位的低下也给妇女带来了巨大的痛苦和压力。在阿富汗传统社会中，家庭是社会的基本构成要素，而在阿富汗家庭中，男性成为一个阿富汗家庭的绝对主宰。就拿阿富汗人的婚姻来说，在阿富汗，早婚、早育以及强迫妇女结婚和部落之间买卖婚姻的现象非常普遍，而阿富汗的妇女从来无权决定关乎自己命运的事情。不仅如此，在阿富汗社会中，妇女无论在家庭中忍受多大的委屈都是不能离婚的，因为离了婚的妇女在阿富汗社会中被认为是可耻的。在阿富汗，一些离了婚的妇女再次结婚甚至会遭受牢狱之灾，原因竟是政府认为这些再次结婚的妇女没有提供适当的离婚证明。此外，由于阿富汗社会中男权至上的原则，一些不能为家庭生育男孩的妇女

---

① Laura Lynch, Widows in War-Torn Afghanistan, PRI's the Word, http://pri.org/stories/2011-09-26/widows-war-torn-afghanistan.

② Human Right Watch Word Report 2011, Human Right Watch, 2011, p. 278.

就会遭到丈夫的抛弃。一般来说，丈夫并不会和妻子离婚，而是会重婚，当丈夫重婚后，第一任妻子在家中的地位就会严重下降。在阿富汗的城市和乡村中，妇女的地位有所不同，但依然是社会中的弱势群体。[①] 在苏联入侵阿富汗之前，城市妇女的地位在阿富汗有所提高，但是经过战争的破坏，尤其是在塔利班统治期间，妇女的地位几乎降到了历史最低点。在阿富汗重建后，虽然政府声明要尊重妇女，提高妇女在社会中的地位，还成立了妇女事务部，并由女性担任部长，但阿富汗城市妇女的地位依然没有大的改变。最为严重的是在一些被军阀控制的地区，例如赫拉特和马扎里沙里夫，在这些城市，军阀自己制定的法律依然不允许女性在晚上独自去公园。在赫拉特和马扎里沙里夫，地方政府甚至强迫少女做贞洁测试。在阿富汗农村，妇女除了要料理家务外，还要帮助丈夫承担农活，基本上没有接触教育的机会。[②]

对阿富汗妇女造成的巨大伤害迫使阿富汗妇女通过使用毒品来寻求解脱。这些妇女在解决自身的抑郁、压力、失眠等症状时不仅依靠传统的鸦片、海洛因和大麻，更是对化学药品产生了很强的依赖，这直接导致阿富汗妇女成为化学药物的主要滥用者。同时，在阿富汗社会中，妇女如果出现了头痛、牙痛等症状时，常常不去寻求大夫的帮助，而是使用毒品来达到镇痛的效果，所以，像大麻这样在阿富汗社会中一般被贴上男性毒品标签的麻醉品，也被越来越多的阿富汗妇女所滥用。

六、目前阿富汗戒毒困难的原因

目前在阿富汗，各种毒品滥用的情况已经比较严重，但是对于毒品滥用者来讲，戒毒无疑是困难的。虽然无论是在哪一个国家和地区，戒毒对于毒品滥用者来讲都不容易，但阿富汗独特的国情加剧了毒品滥用者戒毒的难度。

首先，阿富汗的毒品滥用者人数已经达到了一定的规模。根据联合国2009年的数据显示，阿富汗15—65岁的各类毒品滥用者已经达到了90万人，这一数字与2005年联合国第一次在阿富汗进行吸毒人口的统计相比，已经增长了许多。[③] 置身于这样一个拥有众多吸毒者的环境中，如果周围的人们都在

---

① 关于阿富汗妇女权力的问题，参见 Neamatollah Nojumi，Dyan Mazurana and Elizabeth Stites，*After the Taliban*：*Life and Security in Rural Afghanistan*，2009，U. S. A：ROMAN and LITTLEFIELD，pp. 83－98。

② 参见 Empires of Mud：War and Warlords in Afghanistan，p. 273。

③ Drug Use Survey 2010 Sarpoza Prison，Kanda，Afghanistan，p. 3.

使用毒品，人们就很难不受到周围毒品滥用者的影响。而受周围毒品滥用者的影响接触毒品并进一步对毒品产生依赖是毒品传播的一个重要途径，无论是传统毒品还是新型毒品，无论是在什么年代、在哪些国家和地区，毒品的传播基本上都是如此。所以在拥有如此浓厚吸毒环境的阿富汗，每年都会有大批的人走进毒品滥用者的队伍中，戒毒就更不容易了。

其次，阿富汗拥有相当深厚的毒品文化积淀，进一步增加了戒毒的困难。阿富汗人使用毒品的历史相当悠久，甚至历史上阿富汗的一些著名的统治者也都是毒品滥用者，这些人又对阿富汗民众产生了深远的影响，所以民众也都纷纷效仿统治者的行为。不仅如此，在阿富汗毒品滥用的阶层相当广泛，从社会上层的宗教领袖到社会最底层的农民，甚至社会边缘的性工作者中都有毒品滥用者。可以说，在毒品的纽带连接下，阿富汗已经出现了一个跨阶层存在的毒品亚文化。反过来，毒品亚文化的形成又吸引更多的人加入到毒品滥用者的行列。在阿富汗的官方语言中，无论是达里语还是普什图语，都找不到与毒品这一概念相对应的词汇，这也反映出了在阿富汗人的认知当中，大麻、鸦片，甚至是海洛因都不是“毒”，在很大程度上，阿富汗人把这些毒品当作是药物。在这种毒品文化的熏陶下，阿富汗人根本就不存在戒毒的概念，更谈不上去戒除毒瘾了。

最后，阿富汗缺少戒毒的专门机构，这就成为阿富汗毒品滥用者戒除毒瘾最为现实的难题。一般毒品滥用者对毒品有着身体和心理上的双重依赖。对毒品身体上的依赖表现为毒品滥用者一旦脱离毒品的使用就会表现出身体上的不适。比身体的依赖更为严重的是心理上的依赖，也被称为心瘾。心瘾是毒品身体依赖在心理上的延续，经过一定阶段的发展就会造成毒品依赖者生活习惯、生活理念、行为能力，甚至人格的变化。身体上对毒品的依赖比较容易摆脱，但心瘾一般伴随着戒毒过程的反复而变得更加固守，更加难以戒除。心瘾的戒除在拥有设施完善、人员齐备的戒毒所中尚且不易做到，更不用说在阿富汗这种连正常的医疗条件尚不能满足的国家中了。目前在阿富汗，政府和 NGO 的戒毒所加起来甚至都没有覆盖到全国，而且一般只在最为中心的大城市有一两家戒毒所，这些戒毒所的数量根本无法满足阿富汗如此数量的毒品滥用者的需求。[①] 在这样的医疗条件下，阿富汗的戒毒工作确实困难。

---

① 数据根据联合国毒品与犯罪办公室调查报告统计。参见 Afghanistan Opium Poppy Free Poad Map and Provincial Profile，UNODC，June 2008。

第三节　阿富汗的制毒状况

一、阿富汗大麻制剂的制作

作为目前世界上最为廉价和易得的毒品，大麻类毒品主要包括三类：大麻植物类毒品、大麻树脂类毒品、大麻油。这三种大麻类毒品在阿富汗的加工制作都已经有较长时间的历史。大麻植物类毒品主要是大麻烟和大麻草这两种。这种毒品的制作最为简单，只需要把大麻的枝、叶子和花碾碎并晒干后就可以得到。这个环节一般不需要太多专业的技术，一般都是在种植大麻的农家中完成。大麻树脂的制作相对要复杂一些，需要将大麻植物的茎放在容器中煮或者用一些工具将树脂从大麻茎中刮出。在得到浸出或刮出的大麻树脂后，再进行压缩后就得到可以使用的大麻树脂类毒品。大麻树脂中的泗泾大麻酚的含量相比大麻烟和大麻草要高出许多，含量高的可达到 10% 左右。这一环节的制作一般已经不在大麻农的家中完成，而是当大麻农把制作好的大麻烟、大麻草或收获的大麻卖给大麻贩子后，在大麻贩子那里加工而成。大麻类毒品中制作最为复杂的要数大麻油了。大麻油需要用大麻的原料经过反复提炼后，再过滤掉其中的渣滓才可以得到。制成的大麻油是一种绿色或棕色的有气味的液体，不能浓缩。在所有的大麻类毒品中，大麻油中的泗泾大麻酚含量最高，一般在 10%—60% 之间。由于大麻油类毒品的制作工艺相对复杂，所以一般在拥有较为专业设备的制毒窝点中才可以制作。

在苏联入侵阿富汗之前，阿富汗的大麻类毒品的制作已经达到了很高的水平。20 世纪 70 年代，阿富汗的大麻类毒品的生产规模达到了历史上的最高水平。那个时候，由于受到西方大麻消费市场不断扩大的刺激，阿富汗出现了大规模的大麻种植。与此同时，大麻类毒品的加工与生产也不断增多，以至于在当时的阿富汗可以提供世界上最为廉价的大麻烟和大麻草。不仅如此，在当时的阿富汗，大麻类毒品随处可得，西方旅行者可以随意在阿富汗路边的摊贩上买到大麻类毒品。由于西方大麻类毒品的使用人数不断增加，也刺激了很多西方毒贩们前往阿富汗进行大麻类毒品的加工。除了上文中提到的在阿巴边境进行大麻油加工的德国化学家外，当时还有许多西方人前往阿富汗进行制毒活动。在这其中，一名叫做鲍比·安德里斯特的美国人将大麻油的制作技术出口到阿富汗，之后，阿富汗的大麻油生产技术有了极大的提高，产量上也不断提高。在苏联入侵阿富汗之后，随着阿富汗大麻种植面积的逐渐萎缩，阿富汗的大麻类毒品的加工工厂也相继倒闭。到了 80 年代，阿富汗的大麻类毒品的消费甚至需要从巴基斯坦走私。在塔利班统治期间，由于认为主要是阿富汗的穆斯林在使用大麻，所以大麻的种植、加工、贩运都遭到塔利班的禁止，在塔利班的严禁下，阿富汗大麻类毒品的制作也跌到了低谷。2001 年阿富汗重建后，随着大麻种植面积的不断扩大，大麻类毒品的加工和制作又卷土重来。现在无论是阿富汗南部还是北部，都在进行大麻类毒品的加工和制作。

二、从阿巴边界到阿富汗——海洛因加工和精炼厂的转移

在较长的时间里，阿富汗并不是海洛因的主要生产国，甚至是在苏联入侵阿富汗以后，阿富汗的罂粟种植面积急剧扩大，鸦片产量增长迅速的情况下，阿富汗生产的海洛因都极为有限。由于在苏联入侵阿富汗之前，阿富汗的鸦片产量并不高，也直接限制了阿富汗海洛因的生产能力。阿富汗人极有可能是在 20 世纪 60 年代末或 70 年代初通过西方旅行者第一次接触到海洛因，但这次接触既没有导致海洛因被广泛的滥用，也没有导致海洛因在阿富汗大规模的生产。在西南亚地区，传统的海洛因生产国是伊朗和土耳其，当时阿富汗生产的鸦片主要是被运往这些国家加工精炼成海洛因，然后再销往欧洲。阿富汗第一次出现较大规模的海洛因滥用群体也是在伊朗难民大量涌入之后，因为当时阿富汗的海洛因加工厂的数量还极为有限。但是在苏联入侵阿富汗之前，在阿富汗境内已经存在海洛因加工厂。1971 年，两名德国人和一名意大利人来到楠格哈尔省东部的辛瓦地区，在这里的村庄中建起了海洛因精炼厂。这个海洛因精炼厂极有可能是阿富汗本土上建起的第一个海洛因精炼厂。

苏联入侵阿富汗到塔利班统治时期，海洛因精炼厂主要集中在阿巴边境的巴基斯坦部落地区。巴基斯坦的部落地区在苏联入侵之前已经有 20 多年的罂粟种植史，到 20 世纪 70 年代末部落地区已经成为该地区重要的鸦片产区。由于部落地区长时期不受巴政府的实际管辖，巴基斯坦的法律在部落地区并不适用，再加上部落长老为了巨额利益极力推广罂粟种植，这些都为在部落地区建立海洛因精炼厂创造了便利的条件。1978 年，最早一批的海洛因精炼厂在阿巴边境的部落地区建立起来。在这批海洛因精炼厂中，阿富汗穆哈曼德部落的哈吉·乌玛在穆哈曼德地区的拉卡霍建起的海洛因精炼厂是阿富汗

人在部落地区的第一个海洛因精炼厂。[①] 此外，德国的化学家也在阿巴边境部落地区的加登建起了海洛因精炼厂。德国人在阿巴边境的部落地区活动已久，在建起海洛因精炼厂之前，他们已经在这里建起了大麻油的加工厂。在阿巴边境建起的第一批海洛因精炼厂主要是生产纯度并不高的 1 号棕黄色海洛因。

苏联入侵阿富汗后，更多的海洛因精炼厂在阿巴边境的部落地区建立起来。抗苏战争爆发后，齐亚政府出于对抗苏联的战略需要，开始援助阿富汗圣战者组织。阿富汗圣战者组织的司令官们不仅可以在巴基斯坦建立基地、训练营，有的甚至在巴基斯坦的支持下开设海洛因精炼厂。在所有的圣战者司令官中，希克马蒂亚尔最受巴基斯坦军政府的青睐，他在阿巴边境的部落区经营着 6 家海洛因精炼厂。[②] 除了阿巴边境的部落地区外，抗苏战争时期在阿富汗、巴基斯坦和伊朗交界的俾路支斯坦地区，也建起了一批海洛因精炼厂，这些海洛因精炼厂大多数是在 1978 年伊朗伊斯兰革命后从伊朗逃离到此地的伊朗毒贩们所出资建立的。后来在伊朗毒贩的资助下，一些巴基斯坦毒贩也纷纷来到此地建立毒品加工厂。以至于当时俾路支斯坦已经成为了一个集制毒、贩毒和洗钱为一体的毒品犯罪中心。在俾路支斯坦，霍－伊－苏尔坦（Kol-e-Sultan）地区成为海洛因精炼厂的主要集散地，罗巴特（Robat）地区主要负责毒品的贩运，而吉德－詹迦（Gird-e Jangal）地区则主要负责为制毒、贩毒提供必要的金融服务。除了巴基斯坦外，在抗苏战争时期，阿富汗本土也开始建起一批海洛因精炼厂，主要集中在赫尔曼德省北部地区，这里主要是大毒枭毛拉·纳希姆的势力范围。从 1979 年开始，阿巴边界的海洛因精炼厂已经可以生产出纯度较高的 4 号白色海洛因。

从 1994 年开始，海洛因加工厂开始从阿巴边界的部落地区向阿富汗境内转移。在齐亚·哈克将军于 1988 年遇难去世后，贝·布托成为巴基斯坦的新任总理。布托上任后，试图解决巴基斯坦的毒品问题并改善巴基斯坦世界上“最腐败国家的形象”。虽然在布托第一任期间，一些毒枭落入法网，受到了审判，但由于其国内已经形成了有着共同利益的毒品卡特尔集团，毒贩的势力已经渗透到了社会中的各个角落，布托政府并不可能彻底解决毒品问题。而在阿巴边境的部落地区，部落长老和领袖为了维护部落的利益，极力反对政府在部落区实施禁毒行动，甚至不惜组织武装势力与政府军公然对抗，这

---

① *Drugs in Afghanistan*：*opium*，*Outlaws and Scorpipon Tales*，p. 86.

② 关于希克马蒂亚尔经营海洛因精炼厂的情况，请参阅 LucyJ. Mathiak，American Jihad：The Reagan Doctrine As Policy And Practice，Doctor of Philosophy at the Nniversity of Wisconsin-Madision，p. 88。

也在很大程度上使得毒品精炼厂继续得以在部落区加工和生产海洛因。但是在1994年，随着美国不断对巴基斯坦施加压力，在布托第二任执政期间，巴政府开始清剿部落区的海洛因精炼厂。同时，1994年正值阿富汗内战白热化时期，军阀各自为政，阿富汗国内已经成为一种无政府的状态，在这种情况下，大部分阿巴边境的海洛因精炼厂得以顺利转移到阿富汗境内。

三、重建后阿富汗的海洛因加工状况

阿富汗的鸦片拥有世界上最高的吗啡含量，因而成为世界上最优质的海洛因加工的原材料。对于世界上绝大多数的鸦片生产国而言，无论是东南亚还是南美洲，这些国家用10公斤的鸦片能够生产出1公斤的海洛因，鸦片与海洛因的转换比例为10∶1。但是在阿富汗，鸦片与海洛因的转换比例更小，用阿富汗生产的鸦片加工1公斤海洛因的话，只需要6或7公斤的鸦片。这其中重要的原因是阿富汗鸦片的吗啡含量要远远高出世界其他鸦片生产国。20世纪50年代末期检验的阿富汗鸦片的样本中，吗啡含量达到了18%。目前，阿富汗鸦片中的吗啡含量根据不同的产地而有所不同。根据联合国毒品与犯罪办公室在2002年到2004年在阿富汗29个地区抽检的39种鸦片样本中显示，阿富汗鸦片中吗啡的含量在8%—24%之间。在这其中，巴达赫尚生产的鸦片的吗啡含量最高，平均吗啡含量达到了16%。[①] 除了巴达赫尚之外，阿富汗其他主要鸦片产地赫尔曼德、楠格哈尔以及坎大哈的鸦片的吗啡含量也相当高。拥有如此高的吗啡含量的鸦片，也是海洛因加工厂不断由巴基斯坦向阿富汗转移的重要原因。在阿富汗，一般较大的海洛因加工厂都靠近鸦片的主要产地，这样的话就大大节约了海洛因加工原材料的运输和储存的费用。

2004年，阿巴边界大部分的海洛因加工和精炼厂已经都转移到了阿富汗境内。据估计这些转移到阿富汗境内的海洛因加工和精炼厂供应着欧洲海洛因消费市场75%的需求。不仅如此，在目前几乎所有的阿富汗邻国消费的海洛因都来自阿富汗，阿富汗生产的海洛因已经垄断了周边国家和地区的海洛因市场。目前，阿富汗的海洛因加工和精炼厂主要分布在阿富汗和巴基斯坦边界以及阿富汗和伊朗边界的阿方一侧。此外，在阿富汗的主要鸦片产地赫尔曼德、楠格哈尔以及坎大哈，也都有海洛因精炼厂的分布。在这其中，赫尔曼德省基本上已经成为阿富汗海洛因精炼厂最为集中的地区。由于赫尔曼

---

① Afghanistan Opium Survey 2005, p. 121.

德拥有世界上最大的罂粟种植区和大量的海洛因精炼厂，这一地区也成为多国部队和塔利班争夺最为激烈的地区，其中一些有大量海洛因精炼厂存在的地区经常在双方的争夺中不断更换主导权。例如，穆萨卡拉地区一直都是北约部队和塔利班最主要的战场，北约部队多次攻下该地区又多次失手。在2007年12月北约部队成功从塔利班武装手中攻下该地区后，发现仅仅在穆萨卡拉地区就存在50多处海洛因精炼厂。[①] 在这其中，一些精炼厂自从塔利班执掌喀布尔政权之后就一直在进行海洛因的精炼和生产，有些甚至经过10余年的发展已经成为较大型的海洛因精炼厂，雇佣人数达到了60人。[②] 目前阿富汗的海洛因加工和精炼厂主要集中在阿富汗南部，这里安全形势的恶化以及政府权威的缺失造成了罂粟种植和海洛因加工的泛滥。除了靠近鸦片主要产地以外，选择在阿巴边境或伊阿边境建立海洛因加工厂的主要原因是这里便于获得海洛因加工的化学前体。由于阿富汗并不生产也极少消费这些化学前体，所以这些物质就需要通过从邻国的毒贩子手中走私得到。

阿富汗可以加工各种不同型号的海洛因，无论是纯度较低的棕色海洛因还是纯度比较高的4号或5号白色海洛因。目前在世界各地的海洛因加工厂中，都不会生产100%纯度的海洛因，一般生产的海洛因的纯度都在60%—70%之间。如果要生产纯度更高的海洛因的话，必须投入更多的鸦片。由于阿富汗不仅拥有大量的鸦片，而且鸦片的吗啡含量又相当高，所以在阿富汗的海洛因精炼厂中可以生产纯度更高的海洛因。阿富汗的海洛因精炼厂生产的海洛因的纯度可以达到90%以上，但一般生产的海洛因纯度在45%—85%之间。[③] 在这其中，纯度较低的棕黄色海洛因一般是满足国内消费群体的需求的，这些棕黄色海洛因在被生产出后一般投放在本地巴扎的市场上供当地人消费。而纯度较高的4号或5号白色海洛因在加工完成后一般流入毒贩手中，被不断地分割和稀释后走私到邻国，在邻国被消费或再次走私到欧洲市场。

进行海洛因精炼和加工的主要有两类：一是较大型的海洛因加工精炼厂；二是流动的海洛因加工实验室。阿富汗较大型的海洛因加工和精炼厂每天的海洛因产量相当惊人，能够生产100公斤的吗啡和100公斤的棕黄色海洛因。[④] 在阿富汗大型的海洛因加工和精炼厂不仅产量大，还有专门的武装人员负责

---

① Gretchen Peters, How Opium Profits the Taliban, United States Institute of Peace, August 2009, p. 21.

② Ibid, p. 21.

③ Drugs in Afghanistan: Opium, Outlaws and Scorpipon Tales, p. 101.

④ Ibid, p. 102.

看守。这些武装人员一般装备精良，不仅配备先进的武器，甚至还随身佩戴卫星导航系统。他们一般受大毒枭的雇佣，负责海洛因加工和精炼厂的安全，一旦这些精炼厂受到多国部队或是政府军的围剿，他们就会进行抵抗。

第四节 阿富汗地方势力与阿富汗毒品

一、阿富汗军阀与毒品

阿富汗重建后，军阀与毒品的关系依然密切。随着阿富汗国家重建工作的展开，阿富汗出现了两种不同身份和社会地位的军阀。一些主要的大军阀紧跟着国家重建的主流进程，在重建后的阿富汗拥有了合法的身份，甚至成为国家的领袖，而一些军阀依然游离于国家的法律和制度以外。但不管是拥有什么样的身份和地位，这些军阀和毒品的关系却并没有改变，毒资依然是为他们提供资金、获取忠诚、购买武器以及招募武装的重要来源。

表1 阿富汗主要军阀一览表

主要军阀姓名	所属派别	主要民族	主要势力范围	拥有兵力	
穆罕默德·卡西姆·法西姆	伊斯兰促进会	塔吉克族	以潘杰希尔谷地为中心阿富汗东北部	50000人	
阿卜杜尔·拉什德·杜斯塔姆	伊斯兰民族运动	乌兹别克族	以马扎里沙里夫为中心的阿富汗北部	20000人	
伊斯梅尔·汗	伊斯梅尔·汗派	塔吉克族	以赫拉特为中心的阿富汗西部	25000人	
阿卜杜勒·卡里姆·哈利利	伊斯兰统一党哈利利派	哈扎拉族	以巴米扬为中心的阿富汗中部	4000人	
古勒卜丁·希克马蒂亚尔	阿富汗伊斯兰党希克马蒂亚尔派	普什图族	喀布尔、昆都士、巴格兰、库纳尔、楠格哈尔等省	22000人	

资料来源：根据 Antonio Giustozzi, *Empires of Mud*: *War and Warlords in Afghanistan*, London: C. Huret&Co. ltd；王凤：《阿富汗》，社会科学文献出版社2007年版；网站：Warlords of Afghanistan, http://www.warlordsofafghanistan.com/，相关资料整理而成。

阿富汗重建的进程对主要大军阀来说也是一个身份和地位改变的过程。“9·11”事件之后的反恐战争为军阀重新在阿富汗发挥影响创造了条件。在美国发动的“持久自由行动”中，由军阀为主组成的北方联盟是主要地面力量，配合美国的空中打击，推翻了塔利班的统治。在“持久自由行动”中，各大军阀由于得到了美国等大量的财力物力支持，得以招募兵员，壮大实力。不仅如此，各大军阀还借机重回自己的势力范围。2001 年 11 月 9 日，杜斯塔姆率先攻下马扎里沙里夫；12 日，伊斯梅尔·汗（Ismail Khan）占领赫拉特（Heart）；13 日，法希姆（Muhammad Qasim Fahim）更是不顾美国的反对将自己的部队开进喀布尔（Kabul）。军阀重建自己的势力范围，不仅使他们重返阿富汗政治生活，更使他们在阿富汗重建会议中拥有了讨价还价的政治砝码。

关于阿富汗重建的波恩会议以及《波恩协议》的签署实际上给了军阀合法的政治地位。由于军阀积累了一定的政治资本，在波恩会议上试图排挤其他政治派别，控制阿富汗战后的主导权，最为明显地表现在主导北方联盟的塔吉克军阀试图阻止阿富汗前国王查希尔重返阿富汗。尽管最终在美国的压力下，《波恩协议》在各方都有所让步的情况下得以签署，但塔吉克军阀在争夺战后重建主导权上还是取得了一定的优势。这种优势具体体现在塔吉克军阀对阿富汗重建进程的设定上，《波恩协议》规定在阿富汗政治重建中先成立临时政府，再在此基础上召开大国民议会选举过渡政府的程序就是应塔吉克军阀的要求而设定的。[①]《波恩协议》签订后，军阀在阿富汗的地位被强化。

军阀在阿富汗地位的强化首先体现在军阀进入阿富汗国家权力的中心。在根据《波恩协议》成立的阿富汗临时政府中，塔吉克军阀潘杰希尔（Panjshir）占据了政府的主要权力部门，法希姆担任临时政府副主席并兼国防部长，尤努斯·加努尼（Yunus Qanuni）担任内政部长，阿卜杜拉·阿卜杜拉（Abdullah Abdullah）担任外交部长。在此前 2002 年 6 月召开的在临时政府的基础上选举过渡政府的紧急大国民议会中，也处处可见军阀的身影。一位大会代表称此次大国民议会 85% 的代表是军阀或具有军阀的背景。阿富汗独立人权委员会主席西玛·萨玛尔（ Sima Samar）对此次会议被军阀主导也相当失望，她称：“这并非真正的民主，那些有权力的人决定了一切，大国民议会中包括了所有的军阀。”[②] 而之后紧急大国民议会选举产生的阿富汗过渡政府

---

① Hideaki Shinoda, “*What Was Wrong with Afghanistan*? Reflection upon The Past and Prospect for The Future,” in Yuji Uesugi (ed.), IPSHU English Researce Report Series No. 24: *Towarding Bring Stability in Afghanistan: ARevien of the Deacobuilding Strategy*, Institute for Peace Science, 2009, p. 19.

② Ali Wardak, *Jirga-A Traditional Mechanism of Conflict Resolution in Afghanistan*, University of Glamorgan, 2003, p. 14.

也仍然为军阀所主导。法希姆担任过渡政府副总统并继续兼任国防部长，哈扎拉军阀穆罕默德·卡里姆·哈利利（Muhammad Karim Khalili）也成为副总统，在过渡政府的27位部长中，据保守估计，有10位部长是军阀或具有军阀背景。

军阀不仅进入中央政府的中心，更成为地方势力的主导力量。在2002年任命的阿富汗的31位省长中，至少有20人是军阀并且仍然支配着一支武装力量。除了省长之外，很多军阀还在地方实权职位上任职，例如警长之类。这其中最为出名的就是乌鲁兹甘（Uruzgan）省公路警长马蒂乌拉·汗（Matiullah Khan）。他在乌鲁兹甘控制着一支2000人的武装力量，控制着从乌鲁兹甘首府塔林科特到坎大哈主要公路的所有运输业务。[①] 由于拥有武装力量并为乌鲁兹甘以及通往该地的运输提供安全保障，马蒂乌拉·汗成为乌鲁兹甘的实权人物，影响力甚至超过省长。这正如该地区一位部落长老所言："马蒂乌拉并不是政府，但他要强于政府，他在这里为所欲为。"[②] 随着阿富汗政治重建过程的初步结束，一些军阀都摇身一变成为了国家或者地方以及重要部门的领袖。

军阀身份和社会地位的变化直接导致他们参与毒品方式的变化。在阿富汗战乱时期，战争经济主导着阿富汗社会经济的发展。罂粟的种植、鸦片的生产，尤其是鸦片、吗啡和海洛因的走私都算是合法的产业，军阀参与毒品经济并从中获得了巨额财富。但在阿富汗重建后，整个毒品经济链都成为非法产业，转入地下活动。而成为"政治家"的军阀们的生活也更多地从地下转入到公共生活，更多地暴露在公众的视野下。军阀为了维护自己作为"政治家"的良好声誉，实现更大的政治野心，都在公共生活中与毒品断绝了关系。

但这并不表示军阀已经彻底与毒品断绝了关系，非但如此，他们对毒品的依赖程度反而加强了，而且转入了地下，更不容易为人察觉。也就是说，军阀以更为隐蔽的方式参与到整个毒品经济中，毒品依然是他们获益的重要手段。在塔利班控制了阿富汗的主要地区后，主要由大军阀组成的北方联盟退居到阿富汗的东北部，共同反对塔利班的国际力量为他们提供的资金和武力支持成为他们维持权力的重要来源，而在这其中，美国的援助占据了主导

---

① John F. Tiernry, *Extortion and Corruption Along The US Supply Chain in Afghanistan*, Peport of The Majority Staff, 2010, p. 25.

② Ibid, p. 48.

地位。在一篇由阿富汗—美国商贸立法机构主席、卡尔扎伊总统的哥哥穆罕默德·卡尔扎伊以及该机构的副主席哈米德·瓦尔达克以及美国前参议员杰克·凯普共同撰写，发表于2003年4月的《华盛顿邮报》上的一篇文章中揭示了美国与这些大军阀的关系："很不幸的是这些重新崛起的军阀和美国的资金和武力支持有着直接的关系，这是他们获得权力的重要来源。"① 这种情况在塔利班倒台后却改变了。随着阿富汗重建的开始，国际社会把主要资金和注意力投向了阿富汗的重建工程，这些大军阀的资金来源日益减少，和苏联刚从阿富汗撤军时的情形一样，他们自然把目光投向了毒品所带来的巨额利益上。

这些大军阀从毒资中获益的一个重要手段就是从众多的商业伙伴的毒品走私中获取巨额利益。当然，目前已经身居高位的这些大军阀并不会亲自介入到毒品走私中去，甚至他们的武装也不会参与毒品走私，因为他们要在公众面前和毒品断绝关系。这就出现了一些为这些大军阀走私毒品的商人，他们都是和军阀建立了密切关系的，长期以来在阿富汗进行边境贸易。军阀从这些商人的毒品走私中获益，而作为交换，军阀则为商人提供一系列的保护。在这种情况下，他们就顺理成章地成为这些大军阀的"商业伙伴"。例如，在伊斯兰促进会中，法希姆手下的一名叫贾利勒·阿尔玛斯（Jalil Almas）的商人至今还控制着苏联时期就建立的对苏贸易组织，通过贾利勒，法希姆可以支配阿富汗同苏联加盟共和国的贸易。② 而和杜斯塔姆的伊斯兰民族运动关系密切的这种性质的商业伙伴也不在少数，他的主要"商业伙伴"包括：古拉姆·海德·朱兹贾尼、那比扎达、卡姆迦、库代·库尔、艾山·卡姆勒以及毛拉·吉哈富尔等。在这其中，对杜斯塔姆较为重要的是那比扎达和卡姆迦。

那比扎达在苏联占领阿富汗期间只是在一个名叫 Khod-i Barq 肥料厂工作的普通员工。他和厂里的一些苏联专家建立了密切的联系。在纳吉布拉政权倒台后，在这些苏联专家的帮助下获得了和苏联做生意的通行证。后来苏联解体，他又同乌兹别克斯坦新政权建立了极为密切的关系。据说他的运输车从阿富汗向乌兹别克过境时，甚至是平素极为多疑、检查极为严厉的乌兹别克边防警察都不会查验他的运输车和通行证。另一名杜斯塔姆的重要"商业伙伴"是卡姆迦。他在20世纪80年代还是一名阿富汗地方警察局的排球教

---

① Drugs in Afghanistan：Opium，Outlaws and Scorpipon Tales，p. 113.

② S. Frederick Starr，Karzai's Fiscal Foes and How to Beat Them，Confronting Afghanistan's Security Dilemma，BICC Brief 28，2003，pp. 45 – 46.

练。他也是在苏联入侵阿富汗期间和苏联顾问建立了较为密切的关系，在纳吉布拉政权倒台后开始不断进入乌兹别克斯坦。在和乌兹别克斯坦政界高层建立了联系后，开始向乌兹别克斯坦出口商品。由于和乌兹别克一些高层领导关系密切，他跨境进入乌兹别克斯坦也是免检的，目前他经营着一家叫做卡姆的航空公司。①

因为这些“商业伙伴”的存在，军阀参与毒品经济成为一个不易被发觉的过程。这些和军阀关系密切的商人，由于同一些国家高层关系也较密切，从而获得了边境之间进出关时免检的特权，他们可以在做合法出口贸易的同时进行毒品的走私，再通过他们的一些商业机构将这些黑钱洗净后作为付给军阀的政治献金。他们成为军阀毒品走私的实际执行者。虽然军阀最终从这些毒资中获益多少仍不可知，但从这些商人可以垄断某些国家以及某些行业的能力来看，这些毒资应该不会是一个小数目。而在这整个过程中，军阀没有参与毒品走私，最后他们得到的是被“洗”过的“干净”钱，所以从表面上看不出军阀与毒品有任何联系的痕迹。军阀这种新的参与毒品经济的方式极为隐蔽，通过这种隐蔽的方式，毒资继续成为他们获取暴利的重要手段。一位在阿富汗内政部任职的高级官员可谓一语中的：“以前这种活动是公开的，现在完全转入了地下。整个网络还在运行，只不过组织却完全不同了。”②

阿富汗重建后国防部的建立打破了传统上军阀派别内部组织结构的权力—利益交换模式，从而使一些小军阀与毒品的联系更为密切。

传统上，军阀派别的稳定性得益于其内部的权力—利益交换模式，这种模式的运作具有以下特征。首先，阿富汗军阀派别内部结构具有典型的封建特征。③ 各派军阀尽管实力相差很大，且具有不同的民族、教派或地域背景，但结构特征并无大的差别。这些军阀或军阀政党的封建关系最为明显地表现在军阀派别内的权力结构上。与中世纪欧洲封建权力结构大致相似，阿富汗

---

① *Empires of Mud: War and Warlords in Afghanistan*, pp. 139 – 140.

② Mark Shaw, *Drug Trafficking and The Development of Organied Crime in Post-Taliban Afghanistan*, UNODC, 2006, p. 197.

③ 在当今阿富汗，军阀体系的主要实体表现形式为政党。不同于于西方的现代政党体制，这些政党在当今阿富汗都是非法政党，但却可以参加国民议会的选举，这些政党大多没有明确的政治纲领，不对选民进行政治动员获取支持，而是依靠一支武装力量作为后盾。这些政党包括塔吉克军阀法希姆主导的伊斯兰促进会、乌兹别克军阀杜斯塔姆领导的伊斯兰民族运动、哈扎拉军阀哈里里领导的伊斯兰统一党等。此外，伊斯梅尔·汗虽然表面上属于伊斯兰促进会，但实际上自成一派，自称为阿富汗西部埃米尔。

军阀派系结构成金字塔型，可分为四个层级。以杜斯塔姆领导的伊斯兰民族运动（Junbesh-i-Milli-ye Islami）为例，在该体系内居于权力顶端的是大军阀杜斯塔姆，他的影响力主要在以马扎里沙里夫为中心的阿富汗北部地区；居于该体系第二层级的是杜斯塔姆的诸侯军阀，这些诸侯军阀实力不等，但他们主要在一个省的范围内活动，伊斯兰民族运动的主要诸侯军阀包括萨曼甘省（Samangan）的艾哈迈德·汗（Ahmad Khan）、法里亚布省（Faryab）的阿富汗第200军军长哈希姆·哈比比（Hashim Habibi）等；第三层级的军阀为数众多，每个省内有10—15人数量不等的小军阀，且实力相差悬殊，他们中实力较大的可以在一省内的几个地区发挥影响，而实力较弱者只能控制几个村落；位于该体系基层的是村落的武装领导，他们几乎散布在阿富汗的每个角落，控制着10—100人数不等的乡村武装力量。

其次，阿富汗军阀派系是松散的。第一，这表现在军阀派系权力的分散性上。上一层级军阀并没有实际控制下层级军阀，只是发挥一定的影响力。这种影响力有时候来自于上层级军阀“克里斯马”[①] 型的个人威信，但大多时候这种影响的发挥要依靠上层级军阀给下层级军阀提供资金和物资来维持。通过为下层军阀提供物质利益换取忠诚对维持军阀体系的权力结构十分重要，以至于杜斯塔姆在2007年不得不变卖在塔什干的家产以维持下属忠诚所需的资金。[②] 由于下层级军阀并不对上层级军阀承担义务，在某种意义上可以说他们只是在利益一致的前提下暂时结成的联盟，表现在派系内部非制度性的权力流动发生频繁，主要指军阀地位的变迁与制度、规定、推荐、考核等无关，而是由其他因素决定的。一场战斗或内部政变就可以改变一个军阀的地位。这种非制度性的权力流动往往在相邻的两个层级的军阀之间发生而很少跨级发生，例如法塔乌拉（Fataullah）在2004年以前只是法里亚布省卡伊萨地区的一个小军阀，在任200师师长之后成为法里亚布省的诸侯军阀。[③] 再例如，1997年杜斯塔姆的诸侯军阀马利克发动叛乱迫使杜斯塔姆流亡后，曾一度取代杜斯塔姆的地位。

而国防部的建立破坏了军阀派别结构的这种权力—利益交换模式，尤其

---

① 克里斯马原指古代的宗教先知、战争英雄等，后被马克思·韦伯引入政治学领域，特指一个人的一种非凡的品质。参见［德］马克思·韦伯著，王容芬译：《儒教与道教》，商务印书馆1995年版，第35页。

② Antonio Giustozzi, *Empires of Mud: War and Warlords in Afghanistan*, London: C. Huret&Co. ltd, 2010, p. 138.

③ Ibid, p. 124.

是切断了小军阀获得大军阀提供的资金和物资来源的机会。由于几个大军阀在阿富汗重建后都和政府签订了解除武装的合同，所以他们的部队在解除武装后大部分进入了新成立的阿富汗国民军队，直接在以前活动的地方服役，而这些地方国民军的军饷主要由国防部提供。国防部每年的军饷预算为1亿美元，但在法希姆的操纵下，地方国民军只收到了40%的军费。一些地方司令官每年本应收到2万美元，但大多数时候他们收到的比这一数字少很多，甚至一点都收不到。[①] 这样，小军阀以往获得资金的来源就不存在了，他们只能越来越依靠毒品经济来维持自己的开销。通常情况下，在地方上增收罂粟种植税成为他们获取收益的主要来源。地方军阀对农民征收的是一种叫作“usher”的农产品税，征收对象不仅包括罂粟，还包括其他农作物，税率为10%。卡尔扎伊在2004年成功连任总统后，已经宣布在全国废除这种税，但地方军阀却视卡尔扎伊的政令于无物，依然对农民征收这种农业税。农民如果不能按期缴纳这种税，则可能被地方军阀派去的武装人员痛打一顿，而且农民们还经常收到死亡或被夺去其财产的威胁。[②]

在阿富汗除了一些接受解除武装、复员和重返社会方案的军阀外，还有一些地方小军阀一直都游离在国家的法律制度之外，他们与毒品的关系也极为密切。在阿富汗除了解除武装、复员和重返社会方案之外，还有一个安全项目专门来解决这些地方小军阀问题，叫做遣散非法武装团伙。2005年该项目曾在阿富汗确认了1870个武装团伙，总共包括非法武装人员13.6835万人。[③] 这些地方小军阀既得不到外部的资金支持，也得不到政府的军饷，为毒贩提供毒品走私的保护费和收取罂粟种植税就成了他们收入的重要来源。这些地方小军阀都各自为政，在他们眼中并没有更高的权威，在这种情况下，为了征收同一地区罂粟种植税，他们经常不惜动用武力大打出手。

二、阿富汗毒品与失去政权的塔利班

2001年美国领导的“自由持久行动”虽然推翻了塔利班在阿富汗的统治，但是却并没有将塔利班彻底消灭。虽然在美国的打击下损失了部分兵力，但塔利班的主要领导人大多得以幸存，并顺利逃到了巴基斯坦。塔利班的残余

---

① *Drug Trafficking and The Development of Organied Crime in Post-Taliban Afghanistan*, p. 196.

② *Drugs in Afghanistan Opium*, *Outlaws and Scorpion Tales*, p. 113.

③ 根据遣散非法武装组织项目2005年的数据统计，见 Drug Trafficking and the Development of Organied Crime in Post-Taliban Afghanistan, p. 196。

势力一部分也退到了巴基斯坦，另一部分退到了俾路支斯坦。撤到巴基斯坦后，塔利班残余势力开始了为期3年的蛰伏期，一直到2005年，塔利班组织都没有什么太大的动静。2005年，塔利班开始对阿富汗展开夏季攻势。重新出现的塔利班无论在武器装备还是战术运用上都焕然一新。在战术运用上，塔利班得到了来自伊拉克"基地"组织战士的帮助，主要采取伏击的方式。塔利班士兵通过将爆炸装置和地雷埋在主要运输通道上来对多国部队和政府军展开伏击。此外，塔利班通过采取自杀性爆炸袭击的方式来对多国部队和政府军展开进攻。2005年以后，阿富汗出现的自杀性爆炸袭击明显增多。2004年阿富汗的自杀性爆炸袭击只有4起，到了2006年一共发生了123起自杀性爆炸袭击，造成了1166人死亡。除了采取爆炸袭击的方式对阿富汗的安全造成破坏外，塔利班还在重新占领的领土上建立影子政府，颁布法律。此外，塔利班把打击的目标放在了阿富汗警察、学校以及国际组织上。而在2007年，塔利班实施的自杀式爆炸袭击达到了160起。①

新塔利班更大的变化发生在组织上。与20世纪90年代中后期的塔利班相比，目前的塔利班在组织上变得更加松散。首先是塔利班上下层之间的意识形态纽带已经不复存在。在20世纪90年代，加入塔利班作战的士兵大多数来自阿巴边境的宗教学校，但目前塔利班的战士大部分都是农民。虽然塔利班的高层依然是为了建立"伊斯兰国"而奋斗的宗教狂热者，但大部分士兵加入塔利班的最大动机都是为了糊口。塔利班的最高领导层已经与下层的战士之间失去了意识形态上的相关性。其次，虽然毛拉·奥马尔依然是塔利班的最高领袖，但塔利班的活动已经分散化，地方司令在很大程度上掌握着活动的决定权和领导权，而不需要再通过最上层的指示。这也就是为什么虽然从2003年至今不断有塔利班的高层领导在与多国部队的战斗中阵亡，但塔利班的活动并没有被阻止。阿富汗专家法哈娜·施密特在拿如今的塔利班和20世纪90年代的塔利班做对比时打了一个极为形象的比喻，称以前的塔利班是一只章鱼，而如今的塔利班就像一个海星。其意指虽然一直以来塔利班都有多条触手，但以前要靠章鱼的头（指塔利班的最高层）来指挥，而如今的塔利班就像海星一样即使把它分解成几部分，它依然可以存活。②

① 联合国秘书长报告：《阿富汗局势及其对国际和平与安全的影响》，2008年3月6日，http://daccess-ods.un.org/TMP/5087202.html。

② Fhrhana Schmidt，From Islamic Warriors to Drugs Lords：The Evolution of the Talian Insurg，*Mediterranean Quarterly*，Vol. 21，No. 2，2010，pp. 61 – 77.

塔利班能够得以蛰伏并重新整合力量后开展有效行动的一个重要原因就是其依然拥有获取巨额资金的渠道。除了巴基斯坦三军情报局以及国际恐怖主义网络的支持外，毒资依然是塔利班获取资金的重要来源。2005 年后，塔利班重新占领了阿富汗南部的一些重要的鸦片产区，而这些地方的罂粟种植面积也在塔利班加强在这些地方的行动后迅速增长。这其中一个重要的原因就是塔利班重新占领赫尔曼德和坎大哈的一些地区后，通过强迫和利诱相结合的方式让农民种植罂粟。在塔利班重新控制的罂粟种植区，像其统治阿富汗时期一样继续向烟农征收 10% 的农业税（usher）。不仅如此，在塔利班重新统治的地区，也继续允许鸦片的贩卖，并向鸦片零售商和贩卖鸦片的商铺征收 10% 的所得税。仅仅靠对毒品征税，就足以满足各个地区塔利班武装力量行动所需要的资金，无论是为雇佣的士兵提供工资，还是用来购买武器、原料、食品，以及进行运输等。

为毒贩提供安全服务并收取保护费依然是塔利班通过毒品获取资金的重要方式。重建后的阿富汗南部，依然是各种地方势力活动频繁的地区，在塔利班重新在这些地方开展活动之前，还有一些其他地方武装和路霸在这里积极活动。由于从这些地方武装和路霸的势力范围经过要缴纳高额的过路费，也存在着货物被这些武装人员洗劫一空的风险，大大提高了毒贩运输鸦片的成本。然而在塔利班回归后，有了它的保护就使鸦片的运输能够比较顺利地进行。塔利班对毒贩交托的货物收取保护费，费用一般是交托货物总价值的一部分，最高可达到 20%。① 除了对毒贩收取毒品运输保护费外，塔利班还对烟农征收罂粟种植保护费。随着 2002 年后卡尔扎伊政府宣布在阿富汗执行禁烟政策，并组建了专门进行铲除罂粟的禁毒部队到罂粟种植区进行相关活动。在这种情况下，不愿放弃种植罂粟的农民就请塔利班来保护罂粟田。塔利班一般会在罂粟田周围设置火力点，并在通往罂粟田的道路上设置爆炸装置或埋下地雷，有时甚至直接对进行鸦片铲除的部队进行伏击。

最后，经营海洛因精炼厂也是塔利班获取资金的重要途径。随着 2004 年美国不断对巴基斯坦施加外交压力迫使其清剿部落区的海洛因加工设施，部落区的海洛因加工厂大多开始向阿富汗国内转移。塔利班依然是这些海洛因加工厂的拥有者。在塔利班重新控制赫尔曼德和坎大哈的一些地区后，海洛因加工和精炼厂就转移到了这里，这些地区不仅在塔利班的控制下临近重要

---

① How Opium Profits the Taliban, p. 20.

的罂粟产区，可以获得大量加工海洛因的原料，而且通过与塔利班密切相连的走私团伙和部落长老，可以顺利获得海洛因加工的化学前体。由于这些海洛因加工厂是塔利班获取资金的重要来源，所以在一般情况下，塔利班都对这些加工厂设置重兵把守。一旦多国部队或政府军前来清剿，塔利班就会进行殊死抵抗。

通过征税、收取保护费以及经营海洛因精炼厂，塔利班得以在未对阿富汗进行有效统治的情况下依然能够获得大量资金。根据联合国毒品与犯罪办公室的估计，2008 年，在塔利班有效统治领土上的海洛因加工和精炼厂生产的海洛因达到了 500 吨，除了海洛因以外，还生产出 500 吨用于精炼成海洛因的吗啡。这些精炼厂每生产出 1 克海洛因，塔利班就可以从中获得 250 美元，仅仅通过海洛因加工和精炼厂，塔利班就可以获得 1. 25 亿美元的利润。而塔利班每年获得的毒品运输保护费估计在 2. 5 亿美元左右。[①] 除了这些实际获得的高额利润，塔利班还通过对罂粟种植面积的控制调节毒品价格，以从中渔利。当鸦片价格出现下降后，塔利班就组织宣传队在各村中进行减少罂粟种植的宣传。当然，塔利班此举并不是为了配合卡尔扎伊政府的禁烟活动，而是为了通过减少罂粟的种植来达到提高鸦片价格的目的。

塔利班所获得的这些巨额毒资大多通过洗钱的方式得以净化。在阿拉伯联合酋长国，只需花费 2 万美元就可注册一家公司。在迪拜就有塔利班成员注册的一些空壳公司专供洗钱之用。塔利班成员将所获的毒资注入这些空壳公司，然后再将这些钱转移到迪拜的房地产市场中。除了阿联酋之外，巴基斯坦也是塔利班洗钱的重要基地，尤其是卡拉奇股票交易所。这个交易所一直是塔利班用于洗钱的重要媒介，所以即使是在金融市场遭受严重缩水的金融危机时期，卡拉奇股票交易所的融资量竟增长了两倍。在 2006 年，该交易所的总融资量达到了 1200 亿美元，几乎接近巴基斯坦该年度的国民生产总值（2006 年巴基斯坦的国民生产总值为 1300 亿美元）。[②] 除了这些之外，在阿富汗还存在着非正式的哈瓦拉信贷体系市场，正是通过这些非正式的地下金融市场，塔利班所获的毒资得以被洗净。仅仅在赫尔曼德和坎大哈，54 家/个哈瓦拉信贷机构/信贷者运营着近 10 亿美元的资金。[③]

塔利班不仅通过毒品获取巨额的资金，还利用毒品来引诱少年充当自杀

---

① How Opium Profits the Taliban, p. 23.

② From Islamic Warriors to Drugs Lords: The Evolution of the Talian Insurg, p. 69.

③ Ibid.

性爆炸的“人弹”。在塔利班控制的地区，其武装人员一般都会成立一个专门针对少年的“洗脑中心”。首先，塔利班为少年提供食物和其他一些生活用品以利诱这些少年走进洗脑中心。然后，在洗脑中心中对这些少年灌输极端主义和圣战思想。一般这些洗脑中心的墙上都装饰有一些精美的图画，塔利班武装人员告诉少年们画中的场景就是以后的天堂。通过让少年吸食毒品，既可以让这些少年在接受塔利班的蛊惑后更加丧失理智，也可以加强塔利班对这些少年的控制。正是在这样的蛊惑和教唆下，大量的少年走上了不归路，沦为了为塔利班用来杀死多国部队和政府军士兵的“武器”。

三、“哈卡尼网络”与阿富汗毒品走私

“哈卡尼网络”是一支形成于20世纪70年代，活跃在巴基斯坦部落区和阿富汗东北部的反政府武装力量。该组织的名称根据它的创建者和领导者贾勒鲁丁·哈卡尼的名字而来。贾勒鲁丁·哈卡尼出生于阿富汗的帕卡蒂亚省的一个扎达兰部落家庭，在20世纪70年代中期开始在阿巴边境地区活动。1973年，已赋闲在家10年的前阿富汗总理达乌德发动政变推翻了查希尔国王的统治，作为王室的支持者，哈卡尼不满达乌德对阿富汗的统治。在达乌德执政之后，哈卡尼和他的支持者前往巴基斯坦，并开始在巴基斯坦接受军事训练。1978年阿富汗人民民主党发动政变杀死达乌德，并建立人民民主党政府的同时，哈卡尼在巴基斯坦部落区的北瓦济里斯坦的米拉姆沙地区建立了“哈卡尼网络”。与此同时，哈卡尼还一直是阿富汗伊斯兰党的成员。哈卡尼于1976年加入阿富汗伊斯兰党，并进入了该党的最高决策层。在伊斯兰党于1979年分裂后，哈卡尼留在了哈里斯派的阵营中，并在同年于米拉姆沙地区召开的帕卡蒂亚部落舒拉会议上被推选为伊斯兰党哈里斯派阿富汗东南战区的司令官。在抗苏战争的过程中，哈卡尼的势力开始不断壮大，曾经在1983年攻下了人民民主党重兵把守的霍斯特和乌鲁兹甘。在苏联于1989年撤军后，哈卡尼与自己的组织基本上没有卷入阿富汗军阀之间的混战，而是静观阿富汗形势的变化。1994年塔利班在阿富汗崛起。在1995年塔利班攻下帕卡蒂亚后，哈卡尼决定和塔利班展开合作，并宣布加入塔利班。之后，哈卡尼及其武装成为塔利班攻下喀布尔的重要力量。在1997年塔利班在马扎里沙里夫遭遇军事挫折后，哈卡尼虽然在形式上依然效忠于奥马尔，但他依然在米拉姆沙地区保留了自己的军事基地。1999年，塔利班开始在阿富汗推行极端伊斯兰化政策，这一举动引起了哈卡尼的不满，由于奥马尔在任命塔利班政府官

员时大量启用坎大哈人，终于导致哈卡尼和奥马尔关系的破裂，但为了从塔利班处获取资金支持，哈卡尼在表面上依然维持了和塔利班的关系。

在美国对阿富汗发动反恐战争后，“哈卡尼网络”退回到位于米拉姆沙的军事基地。[①] 在退回巴基斯坦后，哈卡尼依然以米拉姆沙为根据地，并对在大帕卡蒂亚和北瓦济里斯坦的组织进行了重建。在“基地”组织地方司令官阿布·祖巴达的帮助下，“哈卡尼网络”武装力量重新进入帕卡蒂亚省。2003 年和 2004 年，哈卡尼进入到了奥马尔的舒拉委员会，并被奥马尔任命为东部战区司令。在 2003 年，“哈卡尼网络”的势力已经渗透到了帕卡蒂亚省 23 个地区中的 10 个。[②] 重建后，“哈卡尼网络”在组织结构上分为五层。最上层的是哈卡尼网络的最高领导，目前贾勒鲁丁·哈卡尼由于年事已高，并被传身患重病，所以已经把指挥权交给了两个儿子。由他的儿子斯拉吉·哈卡尼领导网络的行动，斯拉吉的哥哥巴德鲁丁负责网络的军事行动。目前，“哈卡尼网络”的最高层领导都在北瓦济里斯坦，负责为网络行动制定战略计划以及筹募资金。第二层为各个地区武装组织的司令官，这些司令官一般出身于各地区部落领袖家庭，与地方部落有着重要的关系。第三层为地方分区武装的司令官。第四层是长期效忠于“哈卡尼网络”的战士。最后一层就是为了糊口而临时被招募的雇佣兵。“哈卡尼网络”重建后，主要有两个战略目标：一是把以美国为首的多国部队赶出阿富汗，二是以传统的势力范围为根据地，使其组织不断在阿富汗扩张。为了达到上诉战略目标，“哈卡尼网络”在阿富汗主要实施三种行动：第一种是暗杀主要势力范围的竞争对手，在 2006 年和 2007 年“哈卡尼网络”多次通过安装爆炸装置和自杀性爆炸袭击的方式暗杀帕卡蒂亚部落军阀巴扎·汗·扎达兰，并在 2006 年 9 月成功刺杀了帕卡蒂亚省省长哈基姆·塔尼维；第二种是向阿富汗的中心城市发动进攻，主要攻击的目标是帕卡蒂亚和霍斯特。第三种是攻击阿富汗的重要新建交通线，尤其是“哈卡尼网络”主要活动范围和喀布尔之间的公路是遭受攻击最为频繁的目标。

虽然目前没有明确的证据显示“哈卡尼网络”与鸦片种植和海洛因加工有直接的联系，但其参与毒品走私却是不争的事实。“哈卡尼网络”目前筹募

---

① 关于这一时期哈卡尼网络的主要活动，参见 Jefdrey Dressler and Reza Jan，The Haqqani Nttwork in Kurram：The Regional Implications of A Growing Insurgency，Institute for the Study of War，May 2011，p. 4。

② Jeffrey A. Dressler，The Haooqrni Network：From Pakistan to Afganistan，Institute for the Study of War，October 2010，p. 21.

资金的方式非常的多样化。在这其中，外界的资助是“哈卡尼网络”获得资金的重要渠道，像阿联酋、沙特和科威特这些富裕的海湾国家以及巴基斯坦都是“哈卡尼网络”的主要资助国。不仅如此，自抗苏战争时期，哈卡尼就和“基地”组织领导人本·拉登建立了密切的私人关系，“基地”组织每年都会为提供大量的资金。除了外界的资助外，广泛参与各种犯罪活动是“哈卡尼网络”获得资金的重要手段，在这其中，威胁、绑架以及毒品走私是其获得资金的重要手段。虽然“哈卡尼网络”参与毒品犯罪的方式并不像塔利班那样的广泛，但其参与毒品走私的能力却一点不输于塔利班。在阿富汗东南部地区，“哈卡尼网络”经常和希克马蒂亚尔的伊斯兰党发生冲突，而在这两个组织发生冲突之前，哈卡尼和希克马蒂亚尔曾经结成过盟友共同作战。造成两者关系恶化并发生武装冲突的原因除了希克马蒂亚尔在2005年开始与政府谈判引起哈卡尼的不满外，对阿富汗东南部地区海洛因走私通道的争夺也是两者反目的重要原因之一。① 目前，在阿富汗东南部的大帕卡蒂亚三省（指帕卡蒂亚、帕卡蒂卡和霍斯特三省，这三省是普什图族扎达兰部落的主要分布区），“哈卡尼网络”依然控制着这里的毒品走私和军火的贩卖。目前，有证据显示吉尔吉斯斯坦已经成为“哈卡尼网络”势力渗透最深的国家之一。据吉尔吉斯内政部部长埃米力·泽西恩别科夫称，“哈卡尼网络”与吉尔吉斯当地的毒枭和犯罪集团关系相当密切，吉国内执法部门目前正在进行“哈卡尼网络”在吉犯罪证据的收集工作。②

四、阿富汗其他地方势力与毒品

在阿富汗，除了塔利班、军阀这样的有武装的组织在地方上有较大的实力外，以毛拉为代表的地方宗教势力也是重要的地方势力，并且和毒品的关系不可忽视。毛拉在地方上的权力是伊斯兰教在阿富汗长期影响的产物，也是伊斯兰教在阿富汗影响的一个缩影。自伊斯兰教传入阿富汗已有1300多年的历史，伊斯兰教在阿富汗的传播与巩固随着不同王朝统治者在阿富汗的统治而加强。到了近代，由于伊斯兰教的重大影响而赋予地方宗教人士的权力已经对阿富汗国家权威的扩展造成了强大的掣肘，也严重影响了民众对国家的认同。在这种情况下，阿富汗政府历次的现代化改革都因为遭到宗教势力

---

① The Haooqrni Network：From Pakistan to Afganistan p. 16.

② Asker Sultanov，Haqqani Network Could Surface in Kyrgyzstan，13 June 2012，Centralasiaonline. com，http：// Centralasiaonline. com/en_ GB/article/caii/features/main/2012/06/13/feature -01.

的否定而失败。到了现代，全球伊斯兰复兴的兴起与阿富汗国内频繁的政变以及冷战背景下苏联入侵阿富汗交织在一起，伊斯兰教的势力开始在阿富汗进一步扩大，极端主义也开始在阿富汗兴起。时至今日，伊斯兰教依然在阿富汗重建的进程中发挥着重大的影响，尤其在各个村庄中。在阿富汗农村，毛拉享有着巨大的权力，主持着村中的日常事务和宗教仪式。毛拉的话代表了真主赋予的权力，因此在阿富汗穆斯林中代表了绝对的权威，甚至具有法律意义。在这种情况下，毛拉的行动一般不会受到外界的约束，也就为毛拉介入毒品事务提供了便利。在塔利班时期，乡村毛拉就同塔利班合作，迫使农民种植罂粟，生产鸦片，并替塔利班收取农业税。目前，在塔利班和各种地方势力控制的地方，毛拉依然与其他各种地方势力勾结，成为强迫农民种植鸦片并榨取农民劳动的工具。

最后，部落是另一个与阿富汗毒品有着重要联系的地方势力。与伊斯兰教相比，部落对阿富汗人的影响同样深远。阿富汗作为一个多民族国家，不同民族之间的矛盾本来就多，在阿富汗主体民族普什图族中，又分为两大分支以及在这两大分支下的多个部落。可以说，部落构成了阿富汗的社会基础，成为阿富汗普什图族群众的效忠对象，而部落长老在部落群众的拥戴下无疑享有至高无上的权力。部落长老对地方事务的控制力是绝对的，在部落影响强势的地方，甚至一般都不会出现大的军阀，更不用说国家权力或地方权力了。例如，在大帕卡蒂亚三省，由于扎达兰部落强大的势力，即使塔利班的武装进入了这些地区，也无法在这里得以有效地运作，这也是为什么塔利班要加强同“哈卡尼网络”合作的重要原因。在一般情况下，部落还受到产生于部落、并与部落有着重要血缘关系的部落军阀的保护。虽然部落不太热衷于关注其他地方的事务，但对于干涉部落事务的行为却会进行顽强的抵抗。所以，要在地方上削弱部落的影响基本上不可能。尤其是在政府禁毒方面，部落的合作与否可以说直接决定了中央政府能否在这一地区有效开展工作。2008 年，楠格哈尔省成为无罂粟种植省，正是中央政府经过与该地区部落长老的艰苦谈判才实现的，但在 2009 年，由于认为禁止罂粟种植严重影响了部落的利益，楠格哈尔省的部落长老不愿再同政府合作，楠格哈尔省也就再次出现了罂粟种植活动。如果政府要派军队强行推行禁毒工作的话，像巴基斯坦政府于 20 世纪 80 年代末和 90 年代中期一样，仍会遭到部落武装的殊死抵抗。不仅如此，部落长老为了自己的利益，还会包庇毒贩和走私者，允许他们在其统治区开办海洛因加工厂以及为他们走私毒品提供庇护。

第五节　毒品问题对阿富汗重建的影响

一、阿富汗的战后重建

2001 年“9·11”事件之后，美国发动了全球反恐战争，其中在阿富汗进行的“自由持久行动”推翻了塔利班的统治。塔利班政权倒台后，阿富汗在国际社会的帮助下开始了重建的进程。到目前为止，阿富汗重建已经在包括政治重建、安全重建、经济重建，以及文化、教育重建等方面开展了全方位的工作，并取得了一系列的成果。

（一）政治重建

阿富汗政治重建之路始于波恩会议的召开以及国际社会和阿富汗各方势力在协商一致后所达成的成果——《波恩协议》的签订。《波恩协议》签订的最重要成果是在阿富汗成立一个临时政府。此外，《波恩协议》还规定了阿富汗临时政府的组成，由 1 名主席、5 名副主席以及其他 24 名成员组成。在该协议中，可以明显反映出各派势力在新政府中的分配：临时政府主席一职由美国支持的普什图族博帕尔扎伊部落领袖哈米德·卡尔扎伊担任，而政府中的内政部长、外交部长和国防部长三个重要部门的部长则是被北方联盟（主要由塔吉克族构成）所占据，当然，政府中也包括其他各族成员。虽然《波恩协议》的签订经历了一系列困难重重的挑战和波折，它的一些结果也没有达到美国的期望，但是它的签订以及由此所产生的一系列内容开启了阿富汗重建的进程。

《波恩协议》签订后，阿富汗政治重建开始起步。根据该协议的规定，阿富汗临时政府的期限为6 个月，所以要召开一个大支尔格会议来商讨在阿富汗临时政府的基础上选出一个过渡政府。2002 年 6 月 11 日，大支尔格会议开幕，在此次会议上，阿富汗临时政府成立，任期至2004 年总统选举。在此次会议上，卡尔扎伊以高票当选为阿富汗过渡政府的总统，而北方联盟也进一步巩固了自己在新政府中的地位。同时，新政府在延续临时政府权力结构的前提下，也进行了一些新的调整，如内政部长不再由塔吉克人担任，而由普什图族塔基·穆罕默德·瓦尔达克担任，长期生活在海外的普什图族阿什拉夫·加尼担任了新政府的财政部长。

阿富汗政治重建取得的另一项重要成果是阿富汗新宪法的产生。同样根据《波恩协议》，阿富汗在该协议签订后就开始积极策划制定新宪法。在阿富汗制宪大支尔格会议召开之前，阿富汗成立了宪法起草委员会来起草宪法草案并成立了宪法审议委员会来审议该草案，同时在全国积极宣传和讨论宪法草案。2004 年 1 月 4 日，在首都喀布尔召开了阿富汗制宪支尔格会议，会议上全体参会代表一致同意通过了宪法的最后草案，阿富汗新宪法随即产生。阿富汗新宪法就阿富汗的国体、政体、语言、国歌等国家重大问题作出了规定，具有重要意义。

后来，2004 年 10 月 9 日阿富汗历史上第一次总统选举的胜利举行和 2005 年 9 月 18 日阿富汗历史上第一次议会选举的召开，标志着阿富汗政治重建的初步完成。2005 年阿富汗新议会的成立标志着“波恩进程”的结束。至此，阿富汗已经初步完成了政治重建工作，《波恩协议》中的承诺得以履行。

（二）安全重建

安全重建在阿富汗具有独特的重要意义，在经历了 20 余年的战乱之后，安全成为在阿富汗最为缺失也是阿富汗人民最为迫切需要的东西。在这种情况下，如果说政治重建是阿富汗重建的基础的话，那么安全重建就是阿富汗重建的前提和保障。在经历了 10 余年的安全建设后，阿富汗在国家安全机构等方面的建设上取得了一定的成果。

阿富汗安全重建方面取得的最为重要的成果就是阿富汗国民军队的重建。阿富汗国民军队的重建始自 2002 年。美国是阿富汗国民军队重建的主导援助国，其他包括法国、英国、土耳其等多国部队的国家和美国的盟友也参与了阿富汗国民军队的重建并作出了一定的贡献。2002 年 5 月，阿富汗的第一支正规营开始在位于喀布尔的军事训练中心接受为期 10 周的军事训练，训练内容主要是初级的战斗训练。后来，阿富汗联合安全过渡司令部，包括菲尼克斯特遣部队为阿富汗国民军队进行了大量的训练。这些训练的主要内容包括：基本的射击训练，排和连一级的战术训练，重型武器的使用，机械、侦查以及医疗技术的训练等。

从 2003 年开始，阿富汗国民军队就开始和美国以及多国部队执行任务。例如，在 2003 年的“勇士清扫行动”中，阿富汗国民军和美国一起在帕卡蒂亚省执行对活动在当地的塔利班和“基地”组织的清扫行动。到 2006 年，阿富汗国民军队建设已经基本成熟，阿富汗国民军也开始在一些行动中发挥重要作用。例如，2006 年在阿南部进行的“山地刺穿”行动和“山地之狮”行动中，有2500名阿富汗国民军士兵参加了该行动并发挥了重要作用。[①]

除了阿富汗国民军队的建设外，阿富汗安全重建的另一项重要成果是阿富汗国民警察的重建。阿富汗国民警察在缉毒、边境巡逻和搜查以及维护地方稳定方面发挥着重要作用。阿富汗国民警察主要由德国提供训练。2002年3月，第一批德国指挥官到达喀布尔开始阿富汗国民警察的重建工作。德国的主要训练对象是警察巡官和尉级警官，这些警官在德国指挥官的训练下，来到位于喀布尔的警校进行为期三年的训练。其主要训练内容包括：战术训练，麻醉品调查、运输，刑事犯罪调查，计算机的使用以及伊斯兰律法等。[②] 但是到了2003年，美国国务院、国防部以及白宫的官员开始对德国主导下的阿富汗国民警察的训练进度表示不满，美国开始取代德国主导阿富汗国民警察的训练。除了建立阿富汗正规警察外，还建立了辅助警察系统。辅助警察主要是为了协助阿富汗国民警察抗击叛乱而建立的，是一支临时的警察力量。阿富汗辅助警察主要活动在南方塔利班等反政府武装活动较为活跃的地方。

阿富汗除了上述国家安全力量之外，还成立了国家安全局。国安局权力广泛，包括拘留、询问、调查、起诉和审判被控犯有危害国家安全罪的人员，并参与相关军事行动。[③] 国家安全局成立以来，主要针对日益增长的来自塔利班对农村地方基层的威胁，不断加强了对阿富汗南部和东部农村地区的情报搜集工作和心理战行动。心理战的主要对象是毛拉，为了切断一些地方毛拉和塔利班的联系，国家安全局动用了一套线人网络来对一些毛拉施加影响，以争取他们对阿富汗政府的支持。国家安全局作为情报机构，在配合其安全部门行动以及维护国家安全和社会安定方面发挥着重要作用。在2006年末，国家安全局特工就联合外国情报机构在喀布尔阻止了多起自杀性爆炸袭击行动。[④]

（三）经济重建

历时20余年的战争使阿富汗变成了一个极端贫困的国家，经济重建亟待进行。到2001年阿富汗的国民生产总值只有46亿美元，而在这其中，农牧业就达到了24.38亿美元，占据了国民生产总值的53%。在工业中，只有一些

---

① 关于阿富汗国民军队的建设情况，参见 Seth G. Jones, Counteringsurgency in Afghanistan, RAND National Defense Research Institute, 2008, pp. 72-77。

② 关于阿富汗国家警察的建设情况，参见 Seth G. Jones, Counteringsurgency in Afghanistan, RAND National Defense Research Institute, 2008, pp. 68-72。

③ 《"9·11"之后的阿富汗》，第72页。

④ 关于阿富汗国家安全部的建设情况，参见 Seth G. Jones, Counteringsurgency in Afghanistan, RAND National Defense Research Institute, pp. 77-78。

轻工业和采矿业有所发展，而一些重工业在阿富汗的工业史中还是空白。战乱对经济的破坏造成了阿富汗人民的极端贫困，2001 年阿富汗的人均国民生产总值只有 200 美元。更为严重的是，在塔利班政权倒台后，阿富汗出现了严重的通货膨胀，食品供应出现了短缺，对阿富汗的重建来说是个极大的挑战。

在这种严峻的情况下，阿富汗开始了经济重建。由于战争对于阿富汗的经济产生了近乎毁灭性的破坏，阿富汗自身的工业基础又极为薄弱，国际社会不得不考虑在重建初期对其进行经济援助。根据在 2002 年 1 月 21—22 日在日本东京举行的关于对阿富汗重建进行援助的国际会议上，国际社会承诺在其后的几年中向阿富汗提供不少于 45 亿美元的援助，其中在 2002 年就向阿富汗援助 18 亿美元。这次援助对于阿富汗经济重建的起步具有十分重要的意义，主要体现在它在一定程度上解决了阿富汗严重的食品供应短缺问题。在阿富汗获得此次援助后，平均工资虽然依然很低，但也出现了上涨的趋势，小麦价格的上涨得到了控制，食品安全也得到了保证。这些都为阿富汗的经济重建的起步作出了重要贡献。

在经历了 10 年的发展后，阿富汗的经济重建也取得了一些成果，主要是经济增长、基础设施建设和通讯建设三个方面。

二、毒品对阿富汗重建的影响

（一）毒品对阿富汗政治重建的影响

毒品对阿富汗政治重建造成的最大难题莫过于官员的腐败。首先是一批与毒品有着重要关系的战前地方势力把持了阿富汗的政局，并利用自己的职位之便参与毒品经济。在阿富汗重建的中央政府中，到处都充斥着军阀的身影，无论是国家副总统法希姆还是国防部副部长杜斯塔姆都成功进入到了国家政权的核心，而国家最高职务被这些前军阀把持后，整个国家机构成为为这些军阀谋取利益的工具，国家化犯罪开始兴起。比起中央，地方官员受毒资腐蚀的情况更为严重。一些军阀和部落领袖依旧成为地方上的重要势力，并为毒贩和毒品走私者提供保护伞。例如，帕卡蒂亚扎达兰部落领袖巴扎・汗・扎达兰在阿富汗重建后被卡尔扎伊任命为帕卡蒂亚省的省长。[①] 在成为省长后，扎达兰继续进行毒品走私和贩卖，并利用省长的权力为毒贩提供庇护。

---

① 关于巴扎・汗・札达兰的情况，参见 Jonathan Goodhand and Maek Sedra, Bargains for Peace? Aid, Conditionalites and Reconstruction in Afghanistan, Netherlands Institute of International Relations “Clingendel” Conflict research Unit, August 2006, p. 49。

就连总统卡尔扎伊的弟弟艾哈迈德·瓦里·卡尔扎伊成为坎大哈省的最高领导后，也深深地介入到毒品腐败当中。2008 年就有大量信息传出，称瓦里·卡尔扎伊每年从价值 40 亿美元的毒品交易中获得不少好处。① 除了中央和地方官员外，阿富汗的内务部直接成为毒贩的保护伞，也成为阿富汗官僚体系中最为黑暗的角落。阿富汗内务部官员不光是侵吞了每年 30% 的国际援助资金，更是从毒贩子们手中捞得大量好处。内务部为了给毒贩们提供走私的便利，在省或地方上任命一些"自己人"做警长，以打通各种毒品走私的关节。据称，内务部 80% 的官员都是阿富汗毒品走私的受益者。②

在阿富汗的官员中，毒品造成警察的腐败最为引人关注。在阿富汗警察体系中，从省一级的警长到村中的警员，无不受毒资所提供的黑金政治的腐蚀。在阿富汗，省一级的警长一般由内务部任命，如果内务部任命的警长不愿为当地的毒贩子提供庇护的话，很可能要被其他人所替换，对他们来说，与其失去要职，倒不如接受毒贩的贿赂，并为他们提供保护。地方的警员虽然不在毒贩的贿赂之列，但他们一般会接受烟农的贿赂，在进行罂粟铲除工作时对行贿的烟农们网开一面。英国著名阿富汗毒品研究专家戴维·曼斯菲尔德曾在 2004 年进行罂粟种植的调查时在法拉省的古里斯坦地区种植了 8 株罂粟，当地进行罂粟铲除工作的警察告诉他只要付 2 万阿富汗尼，他就可以保住所种植的罂粟。③ 这样的例子在目前的阿富汗可以说比比皆是，不同的只是地方警员所要金额的不同。据称，在阿富汗某些地方，省级警长一次性收受毒贩子的贿赂可达十几万美元，而省级警长的工资仅为每月几十美元（这是存在于毒贩与地方警督之间的一种权钱交易，毒贩为警长提供保护费，而警长对毒贩提供为期数月的保护）。比起其他警种，阿富汗的公路警察的腐败程度更是有过之而无不及。他们在公路上巧取豪夺，对毒贩收取过路费，有时甚至直接用警车为毒贩子运输毒品。④

---

① Simon Tisdall, Ahmed Wali Karzai, the Corrupt and Lawless Face of Modern Afghanistan, The Guardian, 12 July 2011, http://www.theguardian.com/world/2011/jul/12/ahmed-karzai-modern-afghan-warlord.

② Jonathan Goodhand, Corrupting or Consolidating the Peace? The Drugs Economy and Post-Conflict Peacebuilding in Afghanistan, *International Peacekeeping*, Vol. 15, No. 3, 2008, p. 412.

③ David Mansfield, Responding to the Challenge of Diversity in Opium Poppy Cultivation in Afghanistan, UNODC, 2006, p. 69.

④ 关于阿富汗公路警察的腐败状况，参见 John F. Tiernry, Extortion and Corruption Along the US Supply Chain in Afghanistan, Peport of The Majority Staff, 2010, p. 25。

毒品问题对阿富汗政治重建的影响还体现在它严重影响了阿富汗现代国家的建构。如同弗朗西斯·福山所言，在阿富汗从来没有出现过现代民族国家，所以推翻塔利班政权后，阿富汗需要在国际社会的帮助下重建。[①] 而阿富汗重建的首要任务就是政治重建，即构建现代化民族国家。现代民族国家的成功构建有赖于国家机器成为垄断暴力的工具，这就需要国家不断扩展其政治权力。现代国家政治权力的扩展首先需要国家依靠政治强制力（军队、警察等）使国家权力成为支配性力量，其次国家对使用暴力的垄断与其对税收的垄断联系在一起。[②] 但是，毒品造成的腐败无疑严重阻碍了国家权威向地方的扩展。在地方势力的控制下，卡尔扎伊政府的影响力原本就难以进入，而在毒资利益的驱动和腐蚀下，省长和地方警长不再执行中央政府的政令，成为地方上的独裁者，不断削弱中央的影响力。其次，毒品造成的腐败严重影响了国家的税收，而有效的税收既是国家权威在地方上有效性的象征，又是国家权威生效的保障。在阿富汗，毒品经济的收入大多流向了各种地方势力甚至是反政府武装的腰包。据美国政府的估计，在鸦片产量达到最高峰的2007 年，从鸦片贸易和海洛因生产中，军阀可赚到 70 亿美元。[③] 而重建后，阿富汗每年中央税收的收入仅占国民生产总值的 4%，严重阻碍了中央政府为阿富汗人民提供服务和扩大权威的能力。

此外，毒品带来的腐败还严重影响了阿富汗政府的能力以及声誉。在阿富汗，不仅是官员腐败和警察腐败，司法腐败的情况同样严重。即使是抓到了毒枭或毒贩，由于法官被收买或警察被收买，经常导致真正的毒贩依然逍遥法外。这样的情况不仅影响了政府的能力，更是极大损害了阿富汗政府的声誉。根据《阿富汗完整观察》所提供的一份调查问卷显示，在接受这份问卷调查的 1258 名阿富汗人中，有 60% 的人认为当今的阿富汗政府是近 20 年来最为腐败的政府。而在所有阿富汗机构中，法院和内务部被认为是最为腐败的机构。[④] 毒品带来的腐败不仅损害了阿富汗政府在国内群众中的声誉，

---

① 弗朗西斯·福山著，黄胜强、许铭原译：《国家建构—21 世纪的国家治理与世界秩序》，中国社会科学出版社 2007 年版，第 98 页。

② 参见叶麒麟：《权力·权威·能力—论现代国家的理想型》，《社会主义研究》，2008 年第 2 期，第 99 页。

③ Vishal Chandra, Warlords, Drugs and the "War on Terror" in Afghanistan: The Paradoxes, *Strategic Analysis*, Vol. 30, No. 1, 2006, p. 79.

④ Jonathan Goodhand, Corrupting or Consolidating the Peace? The Drugs Economy and Post-Conflict Peacebuilding in Afghanistan, *International Peacekeeping*, Vol. 15, No. 3, 2008, p. 413.

也令国际社会和主要援助国大失所望，美国前总统乔治·W. 布什曾经说他已经不愿在像阿富汗这样的“麻醉品国家”再浪费一个美国公民的生命。①

（二）阿富汗毒品对安全重建的影响

阿富汗毒品问题的恶化直接威胁到阿富汗的安全重建。安全重建是阿富汗战后重建的保障，没有安全的环境，其他一切重建工作的努力都是徒劳的。前联合国驻阿富汗特使拉赫达·布拉希米在阿富汗重建初期曾说，阿富汗需要三样东西，这三样东西是：“安全、安全以及安全”。② 但阿富汗毒品对阿富汗的安全重建正在构成日益严重的威胁。首先，毒品经济在很大程度上为各个反政府组织继续行动提供了资金支持。无论是塔利班、“哈卡尼网络”还是其他较小派别的军阀，制毒和贩毒基本上成为他们获取资金最为便捷的来源。在阿富汗，毒品问题与安全问题已经成为一枚硬币的两面，以塔利班为代表的反政府势力的活动造成了安全问题的恶化，正是缺乏安全的环境和有效的政府管理使得毒品问题泛滥成灾。反过来，毒品问题日益恶化，大量的毒资不断地为反政府组织破坏活动注入新鲜的血液，大大破坏了阿富汗的安全环境。可以说，如果不有效地解决毒品问题，切断各个反政府组织的资金来源，阿富汗的安全重建是没有希望的。

其次，毒品以及毒资成为阿富汗各地方势力争相抢夺的重要资源，为了有效控制毒品产地和走私通道，各种地方势力不惜大打出手，严重破坏了阿富汗的安全环境。首先是军阀之间的争夺日益剧烈。正如上文所述，在阿富汗重建后，军阀（尤其是小军阀）失去了他们以往重要的资金来源，如今，争夺地方资源成了他们获得换取部下忠诚的重要手段。目前，阿富汗的大小军阀基本上都和毒品有着某种程度的联系。而鸦片产地和毒品走私通道在军阀眼中，无疑和矿场一样，同样可以为他们带来巨大的利益。所以，军阀对鸦片产地和毒品走私通道的争夺正在日益加剧。仅在2004年，军阀之间就爆发了多起因控制毒品产地和走私通道之间的冲突。2004年6月，在阿富汗北部重镇马扎里沙里夫，哈扎拉人的伊斯兰统一党武装和塔吉克人的伊斯兰促进会之间为了争夺通往巴达赫尚的一条重要毒品走私通道而发生武装冲突，造成1人死亡，2人受伤。这次事件只是阿富汗军阀之间为了争夺毒品资源而爆发战争的一个缩影。不仅如此，毒品带来的利益甚至让昔日的盟友反目成

① James Risen, Poppy Fileds Are Now a Front Line in Afghan War, New York Times, 16 May, 2007.

② Conrad Schetter, Rainer Glassner and Masood Karokhail, *Beyond Warlordism: The Local Security Architecture in Afghanistan*, International Crisis Group, 2007, p. 136.

仇。曾经在阿富汗东南部共同打击政府军和多国部队的“哈卡尼网络”和希克马蒂亚尔伊斯兰党如今为了控制这一地区的毒品走私通道，经常在霍斯特省和帕卡蒂亚省交界处爆发激战。

最后，毒品还严重破坏了社会的治安。在当今世界各地，凡是吸毒者聚集之处，无一不是刑事犯罪率较高的地方。为了支付高额的毒资，毒瘾复发的毒品依赖者不惜偷窃、抢劫，甚至无视他人的生命，这种情况在阿富汗也不少。目前，阿富汗的麻醉品滥用人数已经超过百万人，在这样一个缺乏工作岗位、极其贫困的国家，街头的犯罪也成为瘾君子们支付毒资的主要手段。在阿富汗，由毒品引发的犯罪行为已经相当普遍。在一份关于阿富汗刑拘人员的调查问卷中，509 名毒品依赖者接受了访问和调查。当被问到是如何获取购买毒品的资金时，有 142 人称是通过犯罪途径获得的。在这份问卷中，有过犯罪经历的受访者，90% 都承认是为了获得使用毒品的资金才走上犯罪道路的。[①]

（三）阿富汗毒品对经济重建的影响

阿富汗毒品对阿富汗经济具有双重作用，首先，在阿富汗重建后，毒品带来的收入一直是阿富汗国家收入的重要组成部分。毒品经济在阿富汗经济总收入中所占的比重一直都比较高。在阿富汗鸦片产量达到历史最高峰的 2007 年，仅仅是鸦片类毒品出口赚取的收入就达到了 40 亿美元，占阿富汗当年国民生产总值的 53%。[②] 近些年来，阿富汗毒品经济也占到其国民生产总值的一半以上。不能否认，如果没有毒品经济的支持，目前阿富汗的贫困状况是难以想象的。

但是，毒品经济在阿富汗国民经济总量中占有较大比重并不能说明毒品对阿富汗经济重建的作用就是正面的。其实，正相反，毒品经济的存在大大破坏了阿富汗的经济重建。首先，毒品对阿富汗经济重建造成的最为直接的破坏就是对社会资源的极大浪费。目前阿富汗存在着近百万的毒品滥用者，以鸦片为例，根据联合国毒品与犯罪办公室的估计，阿富汗鸦片滥用者每年要花费工资收入的一大半来购买毒品。在 2000 年，鸦片价格每公斤只有 39 美元，而阿富汗人的人均工资在每年 550 美元时，毒品滥用者只需支付每年工资的 7% 用来购买毒品。但是在 2004 年，鸦片的价格已经涨到每公斤 400 美元，而阿富汗人的人均工资却并没有上涨太多，毒品依赖者差不多要把每年工资

---

① Drug Use Survey 2010 Sarpoza Prison, Kandahar, Afghanistan, UNODC, June 2010, p. 4.

② Afghanistan Opium Survey 2007, p. 7.

的一半拿来购买毒品。[1] 除了吸毒造成的直接浪费外，阿富汗政府和国际社会每年要拿出大量的资金用于铲除罂粟种植，以及在戒毒和宣传上进行的投资，也花费了大量的资金，为阿富汗社会带来了沉重的经济负担，大大影响了经济重建的效率。

其次，从长远的经济建设来看，阿富汗毒品会造成阿富汗经济的畸形发展。阿富汗经济长期以来一直依赖走私、毒品等非法经济，而这种状况在阿富汗重建之后并没有好转。毒品经济在阿富汗重建后也一直都在国家经济收入中占有极高的比重。但是，毒品经济毕竟不是正常的经济来源，这种非法收入在国家经济中长期占有重大比重势必造成经济的畸形发展。不仅如此，在阿富汗毒品经济已经形成了成熟的产业链条，在这条毒品经济链上，农民虽然种植罂粟，生产鸦片，但却处在毒品经济带来收益的最低点，阿富汗毒品的绝大部分收益都落在了毒贩、地方势力，甚至是非法信贷体系经营者手中。尤其是阿富汗的非法信贷体系经营者每年从毒品经济中获取巨额收益，继续支撑他们的信贷体系，从而严重打击了合法信贷体系的运作和经营。

最后，毒品经济以及毒品产业的存在，严重影响了阿富汗其他正常产业的经营和运作，在阿富汗能够为人们带来高额利润的都是一些非法产业，例如走私和毒品的加工与贩运，给各地方的武装势力充当雇佣兵等。在政府提供的岗位工作，每天只能赚到1—2美元的工资，而贩毒等非法行业带来的利润要远远高于政府提供的工资。在这种情况下，高额的利润自然就激起了人们从事毒品行业的热情。这就使国家建设所需要的各个行业的人力资源始终得不到满足。

（四）阿富汗毒品对文化重建的影响

阿富汗毒品对阿富汗的文化重建也造成了很大的负面影响。首先，阿富汗长期以来毒品的盛行已经在社会中形成了一种毒品文化，当毒品文化不断在阿富汗社会蔓延时，就会导致一种畸形的文化成为社会上的主导文化。毒品文化被认为是一种亚文化，是指一种与毒品相关的特殊文化类型，在全球范围是指一种规模相对较小、范围较窄，适用于特定人群的文化环境。[2] 正因为如此，毒品文化有它自身特定的文化群体。而正是毒品文化群体的存在，成为吸毒者互动的媒介，对吸毒成瘾人群产生了重要的影响。这种影响最为

---

① The Opium Economic in Afghanistan: An International Problem, p. 76.

② 关于毒品文化，参见梁若冰：《毒品文化批判》，黑龙江大学博士学位论文，2011年，第31—43页。

明显地体现在毒品文化群体形成后，对个体吸毒者形成特殊的作用机制。由于群体的存在，个体在进行行为选择的过程中就容易形成心理服从，这正是造成个体从初次接触毒品到毒品依赖者转变的关键因素。因此，在吸毒群体形成后，吸毒者在群体的压力下，个体吸毒者的传染性和辐射性就相当强。目前，阿富汗有各种毒品依赖者 90 万人，已经形成了一个庞大的毒品文化群体。在阿富汗，这一文化群体形成的时间较早，所以这就造成了阿富汗作为一个极端贫困落后的国家，其毒品泛滥的原因并不像目前发达国家那样是消费主义在社会中大行其道造成人们对物质和享乐的极端追求，但由于毒品文化群体不断对个体产生影响和辐射，所以毒品文化群体的扩张非常迅速。随着毒品依赖者人数的不断增加以及毒品继续在社会中泛滥，阿富汗已经变成了名副其实的麻醉品国家。

此外，毒品对阿富汗政治文化重建也产生了很消极的影响。阿富汗政治文化重建的目标是将其社会建成源于多种文化集合的社会，即多源文化社会。但在这种社会中，必有居于主导地位甚至是霸主地位的文化，这在文化重建的目标中无疑是普什图文化。这种结果当然就会导致少数民族军阀在文化地位上成为弱势者，也就必然会遭致他们的反对。而政治文化重建的重要意义在于一个国家只有处在统一文化中才能更好地培养公民的认同感。但由于重建中毒品已经成为各种地方势力的重要资金来源，在毒资的支持下，各地方势力尤其是军阀得以重建并巩固自己的势力范围，而且军阀的民族、地域差别很大，他们的实际控制区内已经成为不同的，甚至超越国家的文化共同体，如阿巴边境地区的普什图人对巴基斯坦更为认同，北部塔吉克人对塔吉克斯坦更为认同，而西部赫拉特地区则更为认同伊朗。这种情况下，正是毒品经济为各地区的政治文化分裂提供了物资基础，在一个政治文化分裂的国家，公民意识很难建立起来。

第六节　阿富汗政府的禁毒政策及其成败

一、阿富汗政府的禁毒政策

2002 年，阿富汗过渡政府成立伊始，卡尔扎伊开始在阿富汗实施禁毒政策。2003 年，阿富汗过渡政府制定了一个多年麻醉品控制战略。这项战略的目标是在 5 年内逐渐减少阿富汗鸦片产量的 75%，在 10 年内阿富汗完全禁绝鸦片。与此同时，大力在农村和农民中推广罂粟的替代农产品。阿富汗多年麻醉品控制战略在实施上主要着眼于四点：一是主要打击目标着眼于毒贩，在毒品贸易上加大打击的力度；二是提高农民的生活水平，在农村发展多种农产品；三是减少对鸦片的需求；四是同时在中央和地方层面上加强国家机构的建设。

2003年，阿富汗过渡政府制定了阿富汗国家发展过渡战略，并把禁毒政策纳入到这一新战略中加以重新考量。在阿富汗国家发展过渡战略中，麻醉品控制的目标和战略被重新考量并以更加细节化的面貌呈现出来。卡尔扎伊政府把禁毒政策纳入到国家发展过渡战略之中，也就把禁毒提高到了国家发展的战略高度，由此禁毒开始成为阿富汗重建中的重大战略问题，卡尔扎伊政府也试图表明禁毒已经成为阿富汗政府战略考量中的重中之重。在这项战略之中，阿富汗过渡政府的禁毒总体目标是在减少罂粟种植面积以及毒品产量，降低非法毒品的消费以及打击毒品走私。为了完成上述目标，阿富汗过渡政府进一步细化了禁毒战略，主要包括以下八点：（1）建立强大的国家机构；（2）加强执法部门的建设和强化禁毒工作；（3）继续进行罂粟的铲除工作；（4）减少对麻醉品的需求和加强对毒品依赖者的治疗措施；（5）加强刑事立法打击毒品犯罪；（6）增强公民对毒品斗争的意识；（7）在国际和地区层面加强同相关国家之间的禁毒合作；（8）为农民发展可支撑的替代性农作物。①

在具体禁毒措施的实施中，阿富汗政府投入力度最大的是相关禁毒部门的建设。从2004年开始，一批相关的禁毒机构在阿富汗建立了起来。在国际社会的帮助下，阿富汗内务部成立了阿富汗禁毒警察。阿富汗禁毒警察主要执行三项与禁毒相关的任务：毒品状况的调查、毒品信息的收集以及执行禁毒工作。随后，在2004年5月，阿富汗政府专门成立了中央罂粟铲除部队，专门从事罂粟的铲除工作。2004年底，阿富汗政府专门在内务部内设立了负责禁毒事务的副部长，主要是强化和协调内务部与其他禁毒机构之间的沟通和合作。阿富汗政府在禁毒部门建设的最大举措是在2004年12月专门在政府部门中设立了禁毒事务部，哈比布拉·卡里德被任命为禁毒事务部部长。禁毒事务部专门负责不同禁毒机构之间的协调和管理工作，并负责对禁毒警察进行监督。阿富汗政府不仅加强了禁毒执法部门的建设，还加强了禁毒司法部门的建设，并专门成立了一支刑事法律工作组，负责搜集毒贩的犯罪证据。

---

① Gintautas Zenkevicius, Post-Conflict Reconstruction: Rebuilding Afghanistan-Is That Post-Conflict Reconstruction? *Baltic Security & Defence Review*, Vol. 9, 2007, pp. 48 – 50.

除此之外，为了配合禁毒机构的工作，为禁毒机构提供必要的资金支持，阿富汗政府还设立了专门的禁毒信任基金。

其次，阿富汗政府还专门针对毒品进行相关的立法，强化了禁毒的法律制度框架。2004 年，阿富汗政府颁布了新的禁毒法，新禁毒法中加大了对以下几种跟毒品有关犯罪的惩罚力度。第一，新禁毒法中尤其强调对与毒品走私相关的受贿和腐败行为的惩罚；第二，新禁毒法设立了对毒贩走私毒品罪行进行调查和起诉的专门程序；第三，新毒品法肯定了新成立的禁毒事务部对阿富汗禁毒事务进行监督、评估以及协作的法律地位，并赋予它相关的权力；第四，新禁毒法规定成立专门针对毒贩和其他毒品相关犯罪的专门法庭；第五，加大对洗钱以及毒资通过合法金融体系和非法金融体系对恐怖主义组织以及反政府组织进行资助的打击力度。

在减少对毒品的需求以及对麻醉品依赖的救治方面，阿富汗政府也做了相关工作。目前，由于在阿富汗越来越多的海洛因依赖者以及在海洛因使用中静脉注射式吸毒者的不断增多，阿富汗医疗卫生的建设主要针对注射式海洛因滥用者以及由静脉注射导致的相关疾病的传播。2005 年 5 月，阿富汗禁毒事务部和卫生部联合颁布了针对静脉注射和防止人类免疫系统病毒（艾滋）病毒传播的减少国家危害战略。2005 年 12 月 17 日，卡尔扎伊总统亲自签署的《阿富汗新禁毒法》中明确规定为毒品使用者和依赖者建立解毒、治疗和康复机构。2006 年初，阿富汗政府执行的注射针管和针头获取和处理计划开始在喀布尔实施，并进一步向全国其他地区扩展实施。

除此以外，阿富汗政府在禁毒政策的实施中还加强了同国际社会的合作。目前，阿富汗政府和国际社会在禁毒领域的合作主要有以下三个层面。首先，在全球层面上是联合国毒品与犯罪办公室领导的“巴黎进程”。参与“巴黎进程”的主要国家都是阿富汗毒品的主要走私过境国以及走私目的地。所以，“巴黎进程”主要是这些国家和一些国际组织进行关于边界合作和法律协调的工作。其次，阿富汗政府加强同它的主要资助者之间的合作，主要是美国、北约以及联合国在阿富汗实施的一些禁毒措施。合作的主要项目包括在阿富汗推行罂粟铲除活动以及为农民提供鸦片的替代农作物。最后，阿富汗政府加强了同周边国家和同一地区国家之间的合作以及同一些区域性国际组织的合作。例如，在周边国家中，主要是阿富汗政府同伊朗政府以及巴基斯坦政府之间关于打击毒品走私和加强边界管理的合作。而在阿富汗与区域性国际组织的合作中，主要是阿富汗政府同上海合作组织、独联体集体条约与安全组织以及欧安组织的合作，目的也是防止阿富汗毒品向周边国家和地区的扩散以及通过周边国家和地区再走私到其他国家。

二、阿富汗禁毒政策的成绩与不足

在阿富汗政府和国际社会的共同努力下，阿富汗政府的禁毒政策取得了一些成绩，主要是在罂粟铲除和走私毒品的截获方面。从2005年开始，阿富汗政府每年都会铲除一定量的罂粟。在阿富汗，铲除罂粟的活动主要有三个：政府领导的罂粟铲除活动、罂粟铲除部队进行的罂粟铲除活动以及阿富汗警察参与的罂粟铲除活动。在2005年，由地方政府领导的罂粟铲除活动主要在南部、西部以及东南部的11个罂粟种植省进行。在所有的地方政府领导的罂粟铲除活动中，楠格哈尔和赫尔曼德铲除的罂粟比较多，都达到了1000公顷以上。2005年，由地方政府领导的罂粟铲除运动一共铲除罂粟4007公顷。[①] 在2006年和2007年，随着阿富汗全国罂粟种植面积的扩大，罂粟铲除的面积也在不断扩大。2006年，由地方政府进行的罂粟铲除活动共铲除罂粟13050公顷，2007年达到了15898公顷。[②] 但从2007年以后，地方政府领导的罂粟铲除活动铲除的罂粟面积开始下降。与地方政府领导的罂粟铲除活动相比，阿富汗罂粟铲除部队和阿富汗警察铲除的罂粟面积都比较有限。

除了进行罂粟铲除活动外，在截获毒品走私方面，阿富汗政府也有些收获。2005年，在阿富汗特种麻醉品部队、阿富汗缉毒警察以及司法犯罪工作小组的共同努力下，阿富汗当局一共缴获40吨毒品，铲除15000公顷罂粟田，抓获600名毒贩，其中包括19名政府工作人员。[③] 虽然阿富汗的鸦片走私在2005年仍然比较严重，但从截获的走私鸦片的数量上看，却大大超过了阿富汗重建的头几年。

虽然进行了一些罂粟的铲除和毒品走私的抓获，但阿富汗政府的禁毒行动基本上可以说是失败的。在阿富汗政府实施禁毒战略后，阿富汗的罂粟种植面积又有所扩大。虽然2005年的罂粟种植面积比起2004年有所缩减，但阿富汗政府在2005年开始实施罂粟铲除政策并不是这一年罂粟种植面积缩减的唯一原因。造成2005年阿富汗罂粟种植面积缩减的原因是多重的，卡尔扎伊政府在2005年开始执行禁毒措施确实令一些烟农因害怕触犯国家法律法规而

---

① Afghanistan Opium Survey 2005, p. 53.

② Afghanistan Opium Survey 2007, p. 76.

③ Post-Conflict Reconstruction: Rebuilding Afghanistan-Is That Post-Conflict Reconstruction? p. 50.

在种植罂粟的问题上望而却步，政府对农民许诺为他们提供罂粟的替代性农产品也让一些烟农放弃了种植罂粟。但2005年鸦片价格的下降也是造成烟农放弃罂粟种植的重要原因。阿富汗政府执行禁毒政策的失败还体现在2006年罂粟的种植面积又不断扩大，在2007年达到了阿富汗罂粟种植面积的最高峰。虽然阿富汗政府进行了一些罂粟的铲除工作，但铲除量却很少，即使在2006年和2007年阿富汗政府铲除的罂粟种植面积都超过了1万公顷，在罂粟铲除的数量上大大超出了前几年，但这两年的罂粟种植面积在阿富汗重建后达到了阿富汗罂粟种植的历史最高水平，与阿富汗的罂粟种植面积相比，2006年和2007年铲除的罂粟种植面积所占这两年罂粟种植总面积的比重依然很小。

阿富汗政府的能力弱是导致它禁毒政策失败的根本原因。虽然《波恩议程》的确定及其进程中阿富汗在形式上建立了统一的中央政府，但中央政府的实际控制力却很小。在卡尔扎伊执政以来的很长一段时间内，中央政府的政令甚至只局限在喀布尔，所以卡尔扎伊政府统治下的阿富汗也被笑称为“喀布尔国”。长期以来军阀、部落长老以及其他地方势力掌握地方实际权力的格局并没有随着阿富汗的重建而被打破，这就造成了阿富汗目前的统一只是一种形式上的统一，在这种统一的表面下，卡尔扎伊政府面临着很大的统治危机。就拿军阀来说，虽然一些军阀在阿富汗重建后被中央政府收编，但进入中央政府的军阀不但不服从卡尔扎伊，反而处处为卡尔扎伊执政制造障碍，甚至是试图分化国家的权力。拥有武装力量的军阀使国家无法合法垄断暴力工具，尤其是阿富汗重建初期，阿富汗名义上属于国家的军队基本上是原北方联盟的力量，他们基本上属于塔吉克军阀的最高委员会派，效忠的对象并不是国家，而是军阀法希姆。法希姆还垄断了对军官的任命，在2002年任命的38名将军中，有37名军官属塔吉克族，而这其中又有35名来自最高委员会派。① 同样，阿富汗包括税收等财政收入也并没有被国家所垄断，而是落入了各个军阀的手中。没有财力做后盾，令阿富汗政治重建困难重重。

阿富汗政府能力的弱小导致它并不能为阿富汗提供必须的服务，其中最为重要的就是在阿富汗创造一个安全的环境。反过来，安全环境的缺失又导致了政府禁毒政策的失败。值得注意的是，阿富汗安全环境最为恶劣的地区

① Mark Sedra, New Beginning or Return to Arms? The Disarment, Demobilization&Reintegration Process in Afghanistan, Bonn Internation Center for Conversion, 2003, p. 11.

已经成为罂粟种植的主要区域。而且，目前在阿富汗北方主要是由军阀以及地方武装司令官控制着毒品的走私，而在东南部和南部，部落长老保护着毒贩。由于阿富汗政府能力的弱小，只能对这些造成阿富汗安全环境进一步恶化的行为听之任之。

阿富汗政府禁毒政策失败的一个重要原因是政府没有一支真正的禁毒力量可以执行禁毒任务。阿富汗国家警察因为主要活动地区在基层，分布更为广泛，本来应该在禁毒工作中发挥重要的作用，但是由于重建中对阿富汗国家警察投入的力度并不够，这就使得阿富汗国家警察在禁毒工作中并不能发挥较好的作用。阿富汗国民警察从阿富汗重建工作的开始就不是重点重建项目。与阿富汗的其他重建项目相比，尤其是与阿富汗国家军队的重建相比，阿富汗国家警察并不受国际社会的重视。首先，阿富汗国家警察的装备一直都比较落后。不仅如此，多国部队不愿意在阿富汗国家警察的日常训练中投入太多的教官，这就导致阿富汗国家警察缺乏必要的日常训练。一般一个人从加入阿富汗国家警察到被派去他所在的村子执行任务只需要几周的时间，这个人的素质可能根本达不到执行各种任务的要求。其次，阿富汗国家警察的工资极低，但承担的任务却极为危险。在阿富汗，一般省级警长的工资只有每月 60 美元，其他警员的工资就更加少了。这种情况就导致没有人愿意参加阿富汗国家警察，而参加阿富汗国家警察的人在接受时间极短的训练后，所效忠的对象基本上不是国家，而是其所属的部落或地方武装司令。

阿富汗国家警察自身内部就存在着极其严重的问题。其中，最大的问题就是腐败。在阿富汗国家警察中，从地方警长到警员都很腐败，而腐败在大多数情况下都发生在毒贩和阿富汗国家警察之间。由于接受了毒贩们的黑钱，阿富汗国家警察就成为毒品走私的保护者。不仅如此，在阿富汗国家警察内部，其警员自身的吸毒状况就比较严重。2010 年阿富汗国家警察做的一项毒品测试中显示，在超过 32409 名接受毒品测试的阿富汗国家警察中，只有 13.7% 的人合格。其中，有超过 80% 的人显示是泗泾大麻酚测试呈阳性，另外，有 13% 的测试者是鸦片呈阳性，此外还有 3% 的测试者是其他化学药物呈阳性。① 这样一支毒品泛滥、纪律涣散的警察队伍，要他们执行禁毒和缉毒任务是不可能的。

阿富汗国家警察和其他禁毒部队执行禁毒任务的效果是比较差的。在阿

---

① Report on Progress Toward Security and Stability in Afghanistan and United States Plan for Sustaining the Afghanistan National Security Forces, The Deparment of Defence, Apirl 2010, p. 118.

富汗几年的禁毒措施的实施中，阿富汗国家警察和阿富汗禁毒部队铲除的罂粟非常之少。不仅如此，阿富汗禁毒部队在执行禁毒任务时常常简单粗暴，对于不愿意配合禁毒工作的烟农，常常动用私刑，不是毒打就是将他们无端囚禁。这样的行为遭致烟农的不满，他们经常抵制政府的禁烟行动，烧毁禁烟部队的车辆，甚至向禁毒部队开枪射击，这也是近些年来时常有禁毒部队成员在执行任务时伤亡的重要原因。禁毒部队简单粗暴的工作方式也对政府的形象造成了很大的影响，所以在这种情况下烟农自然不愿意同政府合作，甚至向塔利班等反政府武装寻求庇护。更为严重的是，阿富汗禁毒部队，尤其是阿富汗警察，由于素质较差，时常在执行禁毒和抓获毒贩的任务中表现出能力不足，甚至有时还会成为毒贩或者塔利班武装的俘虏。2011 年 3 月 27 日，塔利班武装宣布他们在阿富汗东北部地区成功俘获 50 名阿富汗国家警察部队成员。[①] 正是缺乏一支有力的执行禁毒工作的力量，使得阿富汗政府的禁毒工作很难开展。

---

① 《塔利班俘虏 50 名阿富汗新警察》，人民网，2013 年 3 月 28 日，http：//world. people. com. cn/GB/14248139. html。

第三章　阿富汗毒品的走私路线

在世界范围内，人们滥用的毒品主要有四大类，主要包括鸦片类毒品、大麻类毒品、可卡因类毒品以及苯丙胺类毒品。根据生产毒品类型的不同，在世界上也形成了三大毒品生产地。而位于阿富汗、伊朗和巴基斯坦三国接壤处，因形状似新月，而被称为金新月地区，就是鸦片类毒品的主要生产地。阿富汗毒品流向世界，主要通过向南、向北和向西的三条路线。南线的主要路线是毒品经由阿巴边境进入巴基斯坦，再经海路运往欧洲；北线主要从塔吉克斯坦和乌兹别克斯坦过境，流经中亚其他国家进入俄罗斯，最终进入西欧；西线主要由伊朗过境，进入高加索和巴尔干地区最后进入西欧。

第一节　世界毒品市场概述

毒品可根据不同的分类标准分成多种类别。首先，毒品有广义与狭义之分。广义的毒品不仅包括鸦片、海洛因、大麻、可卡因等，还包括多种具有依赖性的物质，例如香烟和酒类等，泛指一切能够使人成瘾的物质。而狭义的毒品指的是《国际禁毒公约》中规定的受其管制的麻醉药品和精神药品。狭义的毒品又可根据其自然属性、来源、作用途径和危害性等进行分类。从毒品的自然属性上来讲，毒品可分为麻醉药品和精神药品。从毒品的来源上讲，毒品可以分为天然毒品、合成毒品和半合成毒品。天然毒品就是从毒品原植物中直接提取的一种毒品，例如鸦片和大麻烟、古柯烟等。合成毒品就是完全用化学方法合成的毒品，例如甲基苯丙胺。半合成毒品指的是将天然毒品和化学物品加工合成的毒品，例如海洛因。从毒品的作用途径上来分的话，根据不同毒品对神经中枢的不同作用方式，还可以分为抑制型、兴奋型以及致患型等。最后，根据毒品对人体的危害程度，还可以分为硬性毒品和软性毒品。所有这些毒品，不管他们分类如何，都在世界毒品市场中流通。目前，世界毒品市场上流通的毒品主要分为四大类，分别是大麻类、苯丙胺类、鸦片类和可卡因类。下文将根据世界毒品市场上主要流通的毒品种类对这些毒品分别进行介绍。

一、大麻类毒品

当今世界上被最为广泛滥用的毒品当属大麻类毒品。大麻类毒品不仅被人们滥用的时间长，而且直到今日对大麻类毒品的需求仍然只增不减。大麻类毒品在消费形式上又分为大麻草、大麻树脂和大麻油三种。长期以来，摩洛哥和阿富汗都是世界上重要的大麻种植和大麻树脂的出口国。其中，摩洛哥出口的大麻树脂主要供应欧洲市场的消费。2010 年，摩洛哥和阿富汗依然是大麻类毒品的主要生产国。其中，摩洛哥共收获大麻 47500 公顷，制成大麻树脂 760 吨，大麻烟 38000 吨。[①] 阿富汗 2010 年的大麻种植面积达到了 9000—24000 公顷，而且基本上没有被铲除，由于阿富汗大麻的亩产要远远高出世界其他国家（阿富汗每公顷大麻的产量是 128 千克，而摩洛哥每公顷大麻的产量只有 40 千克），所以在 2010 年阿富汗制成的大麻树脂达到了 1200—3700 千克，已经成为世界上重要的大麻树脂出口国。[②] 除了摩洛哥和阿富汗之外，墨西哥、斯里兰卡、印度和印度尼西亚等国也是大麻的主要种植国。除了这些主要种植国之外，大麻还被广泛地种植在世界上的其他地区。从种植环境上来讲，大麻不仅被种植在室外，而且也在室内种植，并已经相当普遍。此外，在互联网上已经出现专门进行大麻种子交易的网店，在贩卖大麻种子的同时还附赠教人种植大麻的养殖手册。由于这些情况的出现，使得目前全球大麻种植及其产量很难被准确的计算。不仅如此，由于大麻烟的制作极为简单，所以基本上除了大麻类毒品的主要生产国制作大麻烟外，大麻的消费国，例如欧洲也已经成为大麻烟的主要生产国。大麻类毒品无论在使用范围上还是使用人数上都可以说是全球第一大毒品。2010 年，全球大麻类毒品的使用人数在 1. 19 亿—2. 24 亿之间，占 15—64 岁年龄段全球人口的 2. 6%—5%。[③] 大洋洲、北美洲、西欧和中欧以及西非和中非成为全球大麻类毒品被滥用最为广泛的地区，其中大洋洲的大麻滥用程度在全球最高。但是，全球大麻类毒品使用人数最多的地方还是在亚洲，估计整个亚洲的大麻类毒品的使用人数

---

① World Drug Report 2012，UNODC，New York，2012，p. 45.

② Ibid，p. 45.

③ World Drug Report 2012，p. 8.

在2600万—9200万。[①]

二、鸦片类毒品

鸦片类毒品曾经是在世界范围内被滥用最为广泛的毒品，但是从19世纪末开始，鸦片类毒品的使用开始不断减少。从20世纪初开始到50年代，鸦片类毒品的使用人数减少较为明显。目前，世界上鸦片类毒品的产量与20世纪初（1906年）相比，已经减少了75%。2011年，世界罂粟种植面积达到了20.6703万公顷，共生产鸦片6995吨。在这将近7000吨的鸦片中，据估计其中3400吨以鸦片的形式被走私和消费。其他的鸦片基本上被制成海洛因，所以2011年世界的海洛因产量估计达到了476吨左右。其中，阿富汗是目前世界上最大的罂粟种植和鸦片生产国。[②] 2011年，阿富汗的罂粟种植面积达到了13.1万公顷，基本上达到了世界罂粟总种植面积的63%。2011年阿富汗生产的鸦片达到了5809吨，超过了世界鸦片总产量的90%以上。[③] 从20世纪90年代中期开始，阿富汗的罂粟种植面积和鸦片产量就超过东南亚成为世界第一。目前，罂粟种植和鸦片类毒品的生产还一直是困扰着阿富汗政府和国际社会的“毒瘤”。除了阿富汗之外，世界上的主要罂粟种植和鸦片生产国还包括缅甸、老挝和墨西哥。目前虽然鸦片类毒品的使用人数与20世纪相比已经有所下降，但鸦片类毒品依然是世界上带来问题最多的毒品之一。据联合国毒品与犯罪办公室的统计，2010年世界上鸦片类毒品的使用人数在2600万—3600万（包括鸦片、吗啡和海洛因）。[④] 在世界上从15岁到64岁的全部人口中，鸦片类毒品的使用人数占到了0.6%—0.8%。据估计，目前世界上每年都使用鸦片类毒品的人数达到了1300万—2100万之间。[⑤] 目前世界上鸦片类毒品使用人数比重比较大的地区是北美、大洋洲、东欧和南欧，这些地区使用鸦片类毒品的人数在比重上远远高于世界其他地区。但是，从目前的鸦片类毒品的截获情况可以反映出，非洲和东南亚地区的一些国家的鸦片类毒品的使用人数正在增多。

---

① World Drug Report 2012, p. 8.

② Ibid, p. 26.

③ Ibid, p. 27.

④ 根据《2012年联合国禁毒报告（英文版）》数据计算，参见World Drug Report 2012, p. 26。

⑤ Word Drug Report 2012, p. 9.

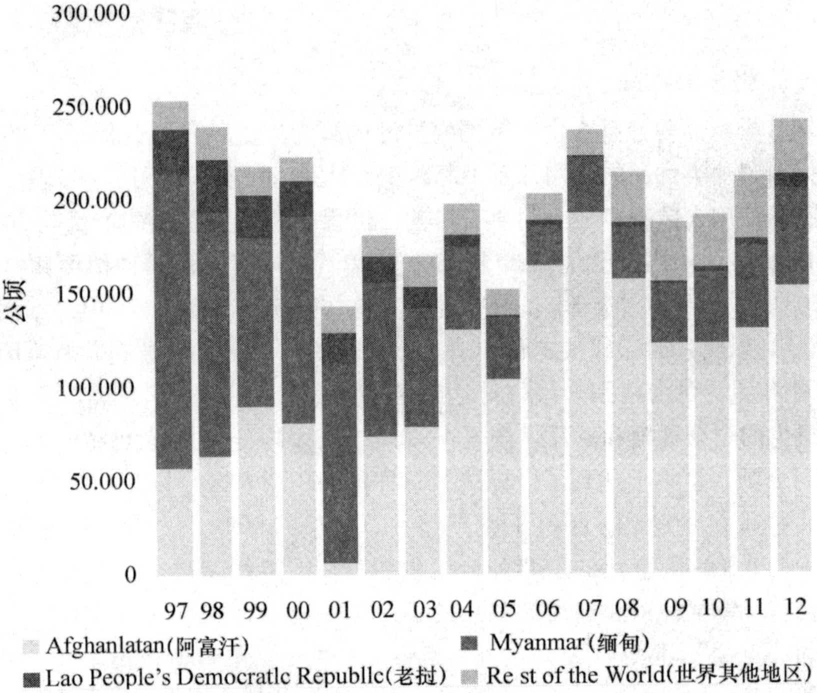

图 1：1997—2012 年世界主要鸦片生产国产量

数据来源：Afghanistan Opium Survey 2012.

三、可卡因类毒品

目前，可卡因类毒品是世界上四大被广泛滥用的毒品之一。可卡因类毒品主要分为古柯和可卡因这两种。古柯是可卡因类毒品的原植物，一般生长在南美洲、东南亚地区以及非洲的热带地区。古柯叶是提取古柯类毒品的重要物质。古柯类毒品在很早就被人们滥用，是南美洲原住民习惯性使用的物质。其在被发现后开始随着西班牙和葡萄牙对南美洲的殖民而向世界传播。与鸦片和大麻一样，古柯也曾被广泛地用来治疗各种慢性病，但后来其毒性和至瘾性被人们发现，古柯开始被列入管制的药品行列。可卡因是从古柯叶中提取的一种生物碱，人们使用后可以导致中枢神经兴奋，并产生一定的麻醉作用。2010 年全球非法古柯种植面积达到了 14.92 万公顷，收获新鲜古柯叶 30.53 万吨，制成干古柯叶9.16万吨。这些古柯叶共生产出可卡因350吨。[①] 长期以来，哥伦比亚都是世界上最大的古柯种植和可卡因生产国。2000年以后尤其是在2005—2007年之间在美国的的强力打击下，哥伦比亚的古柯种植面积和可卡因生产开始逐渐缩小，目前哥伦比亚已经不再是世界上第一大可卡因生产国。到2010年，秘鲁取代了哥伦比亚成为世界上第一大古柯种植和可卡因生产国。2010年，秘鲁的古柯种植面积达到了6.12万公顷，生产古柯叶12.05万吨。[②] 目前，世界上主要可卡因生产国主要都在南美洲，主要集中在秘鲁、哥伦比亚和玻利维亚三国。到2010年，世界古柯类毒品的使用人数在1300万到1950万之间，占到了15—64岁全部人口数量的0.3%—0.4%之间。[③] 目前，世界上古柯类毒品使用最为广泛的地区是北美洲、西欧和中欧以及大洋洲。北美和西欧、中欧已经是可卡因滥用人数最大的地区，北美洲滥用可卡因的人数达到了500万人，超过了世界滥用可卡因人数的1/3。西欧和中欧的可卡因滥用人数也达到了420万，大约占全球古柯滥用人数的1/4。但是，美洲的古柯消费市场正在日趋缩小。[④]

四、新型合成毒品市场

所谓新型合成毒品，就是指与鸦片、海洛因、大麻等传统麻醉药品不同的，以化学合成为主而被人们广泛滥用的非法精神类药品。根据对人精神上的不同作用，新型合成毒品又可以分为四大类。第一类是中枢神经兴奋作用型毒品，其中发挥作用的主要物质是甲基苯丙胺，这一类毒品的主要代表是冰毒。第二类是致幻剂，其中发挥主要作用的物质是麦色酰二乙酰胺、有色胺类以及苯丙胺类，代表性毒品是LSD（即麦色酰二乙酰胺）。第三类毒品是同时兼具兴奋和致幻作用的精神类药物，主要起作用的物质是亚二氧甲基苯丙胺，代表性毒品是摇头丸。第四类毒品是中枢神经抑制性精神药物，代表性毒品是氟硝西泮。新型合成毒品在医疗属性上大多数属于精神类药品，用于治疗人类的精神疾病。[⑤] 只是由于这类药品直接作用于人的中枢神经系统，

---

① Word Drug Report 2012，p. 36.

② Word Drug Report 2012，p. 35.

③ Ibid，p. 11.

④ Ibid，p. 11.

⑤ 参见夏国美、杨秀石等：《社会学视野下的新型毒品》，上海社会科学院出版社2009年版，第73页。

能够产生兴奋或抑制的作用，如果连续使用能够导致人对药物的依赖，一旦过量使用就会越过药品与毒品之间的红线，从药品变成对人和社会都产生危害的毒品。不幸的是，目前精神类药品被滥用已经达到了十分严重的程度。

目前，新型合成毒品被滥用呈快速增长之势。首先，新型合成毒品的使用者在迅速增多。在新型毒品被人们广泛滥用之前，传统麻醉药品是人们主要滥用的毒品。国际禁毒工作经过了数十年的努力都没有有效地减少非法麻醉药品的滥用人数，而新型合成毒品在较短的时期内就分走了原本属于海洛因等传统毒品的大量市场份额，减少了非法麻醉品的使用人数。作为最具代表性的新型合成毒品，安非他明类毒品也是世界上被滥用最为广泛的新型合成毒品之一。就拿安非他明类毒品中的“狂喜”来说，虽然目前在世界中的滥用率在下降，但在一些地区仍然十分严重。例如，在欧洲，每年滥用“狂喜”的人数达到了200万，其中有150万人是年龄介于15—34岁的青年人。除了欧洲以外，大洋洲、北美洲的“狂喜”滥用率更高。[①] 其次，新型合成毒品种类繁多，新品种更新换代迅速。虽然根据不同的作用，新型合成毒品主要分为四类，但是其中的种类却多达数百种。自从新型合成毒品被人们广泛滥用以来，这种毒品的种类就不断翻新。在2005年，被明确认定的新型合成毒品只有14种，到了2012年，被认定的新型合成毒品的数量达到了236种。[②]

第二节　阿富汗毒品走私的南方路线

一、阿富汗毒品南方走私路线的开辟

巴基斯坦成为阿富汗毒品走私的主要中转地和集散地是世界毒品市场变化的一个结果。这种变化的主要趋势是巴基斯坦以及阿富汗的另一个邻国伊朗由鸦片类毒品的生产国和出口国变成了进口国，而阿富汗则一跃成为了世界上鸦片类毒品的第一生产大国。众所周知，长期以来，阿富汗并不是鸦片类毒品的主要生产国，罂粟的生产以及鸦片的制作在阿富汗都是一项十分有限的农业活动，大麻在阿富汗广泛生长，大麻类毒品是阿富汗人主要使用的麻醉品。在1979年苏联入侵阿富汗之前，阿富汗并不是世界主要的鸦片类毒

① Word Drug Report 2013，UNODC，New York 2013，p. 2.

② Ibid，p. 74.

品的生产国，生产的鸦片类毒品十分有限，更谈不上供应整个世界市场。1932年，阿富汗的罂粟种植面积和鸦片产量第一次被统计出来，这次统计的结果是，阿富汗在当年的罂粟种植面积是3200公顷，鸦片产量为75吨，远远低于当时世界上主要的鸦片生产国。[①] 二战后，随着赫尔曼德河谷开发工程的进展，河谷的灌溉条件得到了极大的改善，阿富汗农民开始尝试在河谷谷地种植罂粟，虽该谷地的鸦片单位产量较高，而且不断有来自伊朗和巴基斯坦的毒贩到这一地区收购鸦片，但由于阿富汗政府当时能够有效控制其领土，阿富汗的鸦片生产并没有失去控制，这一状况一直到苏联入侵阿富汗之前都没有改变。

与阿富汗相比，自二战以来，巴基斯坦就是该地区主要的鸦片生产国。巴基斯坦生产的鸦片不仅可以满足当地市场的需求，而且已经具备了满足世界其他消费市场的能力。巴基斯坦独立后，政府控制了罂粟的种植和鸦片的生产，并视吸食鸦片为非法行为。1953年，联合国允许巴基斯坦种植罂粟和生产鸦片。很快，巴基斯坦就停止从印度进口鸦片并开始在其国内进行生产。最初，巴基斯坦在旁遮普推广罂粟的种植并在该地区设立鸦片加工厂妄图得到丰厚的回报。但是，最终由于旁遮普地区的鸦片单位产量过低而不得不另寻其他地方进行推广。旁遮普地区鸦片单位产量不高的主要原因是在巴基斯坦种植罂粟的早期，国内缺乏有经验和技术较高的罂粟农。除此之外，旁遮普农民从罂粟种植中获益的期望值并不高，他们将主要精力都用在了小麦和棉花等传统作物上。后来，巴基斯坦政府开始在西北边境省的白沙瓦地区推广罂粟的种植，并将罂粟的种植第一次扩大到联邦部落管理区。此后，白沙瓦成为了巴基斯坦的主要鸦片产区，而且由于巴基斯坦对于部落区毫无控制力可言，罂粟种植便在部落长老的控制下开始在部落区不断扩大。此时，巴基斯坦的走私路线已经形成，这些路线奠定了后来阿富汗毒品经巴基斯坦外流的基础。只不过当时鸦片直接从巴基斯坦向外流出，而今天则是阿富汗的毒品经阿巴边界走私到巴基斯坦，再从巴基斯坦流向世界市场。

1978年齐亚·哈克将军发动了军事政变，推翻了布托的民选政府。齐亚在巴基斯坦确立了军人政权的统治后，开始实行军阀管制。齐亚在巴基斯坦执掌政权后，为了巩固自身的执政基础，开始拉拢在巴基斯坦社会中有地位的宗教人士。为了讨好这些思想保守的宗教上层人士，齐亚于1979年2月宣

---

① The Opium Economy in Afghanistan：An International Problem，UNODC，New York，p. 88.

布在巴基斯坦实行军法管制。军法管制下的巴基斯坦宣布一切麻醉品的使用和销售都是违法的，这当然也包括罂粟的种植和鸦片的生产，甚至是酒类的生产和消费。军法管制的确立确实令巴基斯坦的鸦片产量有所减少，但却没有改变部落区的罂粟种植状况。齐亚的军阀管制对阿富汗毒品南部走私路线的形成起到了重要的作用。首先，军阀管制减少了巴基斯坦的鸦片产量，也为后来阿富汗生产大量的鸦片提供了巨大的空间；其次，实施军阀管制的齐亚·哈克政府虽然禁止各种麻醉品的生产和消费，但其自身却极其依赖鸦片走私带来的收益。所以，在本国鸦片产量大为减少的情况下，巴基斯坦在世界鸦片类毒品市场上的地位就从供应者成为了走私者，成为阿富汗毒品外流的主要通道。

除了上述这些因素外，市场因素也在20世纪80年代对巴基斯坦的农民种植罂粟起到了一定的作用。这种作用主要表现在两个方面：首先，20世纪80年代巴基斯坦主要农作物的降价促使巴基斯坦农民放弃对这些农作物的种植。巴基斯坦农民种植的主要经济作物是小麦、棉花等。但在20世纪80年代苏联入侵阿富汗的时期（这里的统计数据是从1980—1988年），这些农作物在市场上都遭到不同程度的降价，小麦的市场价钱降了17%，棉花的价钱降了32%，食糖的价钱降了64%，咖啡的价钱也降低了32%。[①] 不可否认的是，这些经济作物的降价在一定程度上刺激了阿富汗农民转向罂粟种植。其次，在巴基斯坦和阿富汗，鸦片作为不同于其他经济作物的特殊性也促使大多数农民选择种植罂粟和进行鸦片加工。毕竟，在当时的阿富汗和巴基斯坦，鸦片是可以当作流通的货币在市场上直接使用的。在大多数经济作物普遍降价的情况下，鸦片作为一种特殊性商品的存在让大多数农民选择了种罂粟。但需要指出的是，市场因素在促使阿富汗农民选择种植罂粟的过程中确实发挥了一定的作用，但并没有起到决定性的作用，阿富汗国内局势的恶化和战争的破坏才是阿富汗毒品泛滥的最主要原因。

在造成阿富汗逐渐成为世界主要鸦片类毒品生产国的影响因素中，伊朗"伊斯兰革命"的爆发改变了伊朗作为世界主要鸦片类毒品生产国的地位，间接地刺激了阿富汗鸦片的生产。"伊斯兰革命"爆发以前，伊朗不仅是阿富汗同一区域内，而且是世界上主要鸦片类毒品生产国。早在19世纪末期，伊朗的鸦片年产量就已经达到了600吨。随着伊朗的发展，虽然它建立起了现代化

---

① Ashish Shukla, Drug Trafficking in Pakistan: Threat to Regional Security, *Himalayan and Central Asian Studies*, Vol. 14, No. 3, July-September 2010.

的国家，但鸦片的生产却并没有停止。在 1936 年，伊朗的鸦片产量达到了历史最高纪录的 1350 吨。不仅如此，伊朗还有着数量巨大的鸦片吸食者。二战后，伊朗的吸食鸦片人数剧增，达到了 1300 万。[①] 当时的伊朗政府也希望控制鸦片生产并打击毒品走私，但面对国内日益增多的鸦片吸食者和猖獗的毒品走私活动，伊朗政府并没有能力去解决，只能允许农民生产鸦片。1979 年伊朗爆发了“伊斯兰革命”，在革命后掌握伊朗政治宗教大权的大阿亚图拉·霍梅尼宣布吸食鸦片和走私鸦片为非法。他斥责毒品走私是殖民主义的记忆，并对毒品走私者处以极刑。在霍梅尼掌权的伊朗，凡是走私 30 克海洛因或是 5 公斤鸦片或以上者都会被处以死刑。[②] 很快，伊朗就结束了鸦片的生产，这不仅为同一地区的阿富汗减少了主要的竞争者，而且伊朗的毒贩们还流窜到阿富汗，为阿富汗农民生产鸦片提供资金。

二、阿富汗南部走私路线的发展

苏联入侵阿富汗以及阿富汗抗苏运动的兴起导致了阿富汗鸦片生产的快速发展，也不断开辟着阿富汗毒品的南部走私路线。一方面，阿富汗圣战者组织以及地方军阀在组织阿富汗农民种植罂粟和生产鸦片方面起到了重要作用。正是在他们的努力下，阿富汗逐渐成为世界上鸦片类毒品的头号生产国。不仅如此，这些圣战者组织司令官们以及地方军阀还积极地寻求将阿富汗的毒品输出国门的道路。

另一方面，巴基斯坦在阿富汗毒品走私道路的不断拓展方面起到了至关重要的作用。在阿富汗的鸦片产量暴增后，巴基斯坦就一直是阿富汗毒品向外输出的主要途径。如果仅凭阿富汗农民种植罂粟的热情与圣战者组织以及地方军阀的努力是不够的，这并不能让巴基斯坦成为阿富汗毒品外流的主要通道。正是在巴基斯坦军政府的统治下，阿富汗的毒品才源源不断地经过巴基斯坦的领土流向世界市场。在抗苏战争时期，阿富汗的大量生鸦片被走私到巴基斯坦与阿富汗交界处的西北边境省、联邦部落管理地区以及俾路支斯坦，在这些地区大量的阿富汗生鸦片被加工成高纯度的海洛因。这些高纯度的海洛因再被运往巴基斯坦国内的各个分销店经过稀释和切割后，等待着被运往世界各地。虽然当时还没有官方的数据能够准确地统计出巴基斯坦到底

---

① Drugs in Afghanistan：Opium，Outlaws and Scorpion Tales，pp. 158 – 159.

② Drug Trafficking in Pakistan：Threat to Regional Security.

加工了多大数量的阿富汗生鸦片，但是巴基斯坦毒贩们从中获取的巨额利润足以让他们在巴基斯坦国内各个领域都发挥巨大的影响力，这点却是毋庸置疑的。正是凭借着毒资带来的巨大收益，巴基斯坦的毒贩开始积极寻求同政界以及军方的联系。正是与号称为“巴基斯坦保卫者”的军方建立了联系，政界、军方以及毒贩们的肮脏的利益关系开始形成，最终形成了三角利益集团。最初，毒贩是利益集团的掌控者，因为他们掌握的毒品网络资源最多，而军方和政界则互相竞争。随着军人集团在巴基斯坦的掌权，一切优势开始逐渐向军方倾斜，他们也最终占据了利益集团的顶端。

军人介入毒品交易以及控制利益集团，让巴基斯坦军政府从中获取了巨大的收益，也让军政府意识到一条可以帮助他们轻松实现自身战略意图的大道正向他们敞开。正是由于通过毒品走私获取的收益巨大又快捷便利，军政府开始大力支持毒品走私活动。为了将更大数量的海洛因运出巴基斯坦，军方甚至动用了国家后勤公司的军车。国家后勤公司在阿富汗抗苏战争时期专门负责运输美国中央情报局为圣战者组织提供的武器。这个公司由巴基斯坦军队经营，整个运输系统都掌握在巴基斯坦军方手中，一般的运输路线是从卡拉奇港口运往白沙瓦和奎达。但这条本该运输武器后勤装备的运输线并非只运载武器和军需品，大量的海洛因通过这些军车成功地避开了各个禁毒机构的盘查，被运往各个交接点。不仅如此，在军人政权统治巴基斯坦的年代，甚至是齐亚·哈克将军本人都难以摆脱毒资的诱惑，以致直接参与了毒品的走私活动。1984 年巴基斯坦籍毒贩里扎·库热西在挪威奥斯陆机场被抓获，也让巴基斯坦军方参与毒品走私活动的真相大白于天下。而齐亚本人参与毒品走私活动的确凿证据则在一次行动中被揭露。在一次联合国大会中，齐亚命人将大宗数量的海洛因藏于 100 个灯具中，而这些灯具是齐亚将要赠给前来参加联合国大会特别理事会代表们的礼物。在纽约机场转运的过程中，其中一支灯破裂了，齐亚参与毒品走私活动的真相也就随之被揭露了。齐亚参与毒品走私活动的大量事实被公之于众是在他死后，巴基斯坦禁毒部长米安·穆扎法·沙披露称巴基斯坦贩毒网络是在齐亚的庇护下活动的。[①]

巴基斯坦在军人统治时期，政府参与毒品走私已经达到了无以复加的地步。曾经宣誓过要成为“巴基斯坦保卫者”的军队最高领袖们都成了开辟毒

---

① Drug Trafficking in Pakistan：Threat to Regional Security.

品走私道路的狂热执行者。如果说中央政府在进行毒品走私方面还有所顾忌的话，那么毒品走私活动在军人掌权的地方政府可以说是在毫无顾忌地进行着。巴基斯坦西北边境省由于毗邻阿富汗，在当时成为了毒品走私活动极其猖獗的地区，而最大的毒品走私者正是当时这里掌握实权的最高长官。在阿富汗抗苏战争的早期，战事吃紧的情况下，阿克哈塔·汗将军突然下令解除了所有奎达地区三军情报局官员的职务。当然，阿克哈塔将军这样做的目的只是为了掩盖自己直接参与走私毒品的罪证。另外，根据当时西方国家援助阿富汗抗苏战争的老兵回忆，巴基斯坦官兵走私毒品的活动不胜枚举。一名叫汤姆·卡鲁的曾参加抗苏战争的英国皇家空军老兵回忆，当时他就亲眼看见1吨重的鸦片被巴基斯坦军方送到阿富汗抗苏圣战者组织的营地。[1] 此外，在当时的巴基斯坦国内，军官在走私毒品时被缉毒部门抓获的事件也是层出不穷。1986年6月，一名巴基斯坦陆军少校在走私220公斤海洛因时被巴警方所抓获，仅仅时隔两个月，就又有一名巴基斯坦空军少尉在携带大量非法麻醉品时被警方抓获。[2] 即使是齐亚·哈克的死，也没有停止巴基斯坦军方参与毒品走私的活动。齐亚死后，古拉姆·伊萨克·汗成为巴基斯坦的新任总统，他不仅没有采取措施遏制军方参与毒品走私的活动，反而变本加厉，伙同当时巴基斯坦军部部长阿斯拉姆·巴格将军一同在阿巴边境地区大力扶植海洛因精炼厂，同时积极开拓阿巴边境的毒品走私路线。

在军人政权大力参与毒品走私活动的同时，巴基斯坦的毒贩也积极利用毒资来参与政治，毒资进入社会的情况不断地恶化。在苏联从阿富汗撤军的几年内，巴基斯坦的毒贩已经成功地改头换面，成为能够对巴基斯坦政治有发言权的政客了。一方面，毒贩利用毒资支持自己的候选人参与议会选举。萨利姆·汗就是巴基斯坦毒贩们支持的候选人，这位来自白沙瓦贫穷家庭的法律系大学生在大学毕业后并没有找到工作，却在巴基斯坦大毒枭赛斯·赛弗拉的支持下成为了巴基斯坦议会的议员。另一方面，另外一些毒贩开始自己参加议会选举。在1990年巴基斯坦国民大会的选举中，巴基斯坦的海洛因制造者、大毒贩哈吉·阿玉卜·阿弗雷迪成功当选为国民大会的议员。阿弗雷迪因为贩毒曾被关进美国的监狱。值得一提的是与阿弗雷迪同时当选国民大会议员的还有另一位巴基斯坦大毒枭杜斯特·简。阿弗雷迪与简同属于后来巴基斯坦总理纳瓦吉·谢里夫所属的伊斯兰民主联盟的成员。同样在本纳

---

① Drug Trafficking in Pakistan：Threat to Regional Security.

② Ibid.

齐尔・布托执政时期，毒资进入社会的情况也相当严重。虽然布托曾经多次在公开场合宣称毒资将是破坏她政府的大敌，但实际情况是布托政府仍然与毒品走私脱不了干系。布托政府的禁毒部长曾经将400公斤海洛因装进米袋子中进行走私。不仅如此，就连布托总理的丈夫都被卷进毒品走私的传闻中。有消息称她的丈夫阿西夫・阿里・扎尔达里利用职务之便向西方国家的毒贩贩卖海洛因。

巴基斯坦军方要让大量的阿富汗毒品源源不断地流出，就需要大量的毒品供应。而解决这一问题的最佳途径就是在阿富汗本土扶植亲军方的势力。在阿富汗抗苏战争时期，巴基斯坦军政权就开始大力支持阿富汗圣战者组织的力量，不仅为他们提供避难所和武器装备等，还共同经营着毒品走私生意。在所有的阿富汗圣战者组织和地方军阀中，希克马蒂亚尔、萨雅德・艾哈迈德・盖拉尼以及伊斯马特・穆斯里姆最受巴基斯坦军方的器重。而在这三者中，希克马蒂亚尔又是其中的佼佼者。

苏联从阿富汗撤兵后，阿富汗国内的形势发生了巨大的变化，也给原先具有强烈意识形态色彩的阿富汗抗苏圣战者组织留下了一个难题。在原先面对具有不同意识形态色彩的敌人时，进行毒品走私活动不仅能够为圣战者组织带来巨大的利益，而且可以合理避开伊斯兰教法的指责。在伊斯兰教中，一切从事麻醉品生产、销售以及使用的行为都是非法的，所以抗苏战争时期，这些行为在跟不同意识形态的敌人进行斗争的借口的掩盖下，还可以较为顺利的进行。但当苏联从阿富汗撤军后，侵略者已经不再，这就给圣战者组织留下了一个难以取舍的选择。一方面毒品走私活动能够带来巨大的利益，但另一方面却跟伊斯兰教的纯正信仰水火不容。圣战者组织的司令官们最终还是选择了后者，继续进行着毒品走私的活动。但这正是巴基斯坦军方所乐于见到的局面，他们在乎的只是能否找到在阿富汗的代理人。

虽然在布托成为巴基斯坦政府的总理后，巴基斯坦迎来了民选政府，但军人集团作为巴基斯坦国内一支强大的势力继续开辟着阿富汗的毒品走私路线。1994年巴基斯坦政府在阿富汗支持普什图政权的战略失败了，但之后塔利班运动的出现又让巴基斯坦的军人集团看到了希望。很快，巴基斯坦军方开始转而成为塔利班运动的支持者。正是在巴基斯坦军队掩护火炮的支持下，塔利班在1994年秋天的重要战役中拿下了具有重要战略意义的边境城市斯宾・布尔达克以及处于帕沙地区的军火库。这个军火库对于战斗的双方都有着巨大的战略意义，在这个军火库中储备着大量的火箭炮、火炮弹药、坦克炮弹以及大量轻型武器。正是由于占领了这个武器库，塔利班在这里得到了充足的武器补给，为他们日后同北方联盟作战增添了重要的砝码。

三、阿富汗南部走私路线的源头——阿巴边境的毒品走私

阿富汗和巴基斯坦边境的毒品走私活动，是整个阿富汗毒品通过巴基斯坦领土向世界市场流出的开端。早在毒品贸易在这里兴盛之前，走私活动在这一地区就有了相当长的历史。这里不仅进行着毒品走私活动，其他的各种走私活动也都相当常见。从阿富汗向巴基斯坦走私的毒品不仅继续向世界各地进行再次贩运，也有相当一部分的毒品留在巴基斯坦，满足当地市场的需要。

阿巴边境地区的毒品走私活动之所以长期以来兴盛不衰，两大因素起到了决定性作用。第一个因素是巴基斯坦在地缘位置上紧邻阿富汗。尽管直到现在都不被大部分普什图族人所接受，但杜兰线是阿富汗和巴基斯坦的国界却是当今国际法所承认的。作为阿巴国界线的杜兰线呈东北—西南走向，绵延1640公里。在杜兰线巴基斯坦国境一侧的南端，是巴基斯坦国内面积最大的省份俾路支斯坦省，其面积约占整个巴基斯坦总面积的43.6%。虽然有着广袤的面积，但这里自然条件较为恶劣，大部分是沙漠。除此之外，这里经济发展落后，缺乏产业支柱，人们受教育程度普遍较低。作为巴基斯坦面积最大和经济最不发达的省份，俾路支斯坦省处于巴基斯坦和阿富汗以及伊朗的交界处。这里不仅地理环境恶劣，还盘踞着长期以来要求独立的俾路支解放军，这些都让俾路支斯坦省成为巴基斯坦国内最危险的地区之一。但是这样的环境却被毒贩视为天堂，长期以来这里就一直是毒品制造和走私最为猖獗的地区之一。在杜兰线的东北部巴基斯坦国境一侧，是巴基斯坦的西北边境省以及联邦部落直辖区。西北边境省拥有与阿富汗最长的边界线，整个西北边境省的人口基本上由普什图人构成，这一地区的普什图人与杜兰线另一侧的普什图人同根同源，甚至大部分都是来自同一部落或家族，跨界活动非常频繁。而联邦部落直辖区的面积约占西北边境省的25%，这一地区虽名为联邦之下，但实际上一直都是由当地的部落长老所控制，且实施高度的自制，所以一直到2004年巴基斯坦军队的足迹都没有踏入这一地区。而在杜兰线的另一侧，与巴基斯坦领土紧密相连的是阿富汗罂粟种植面积最大、鸦片产量最高的五个省。它们分别是坎大哈、尼姆兹、楠格哈尔、巴达赫尚以及赫尔曼德。这五个省每年的鸦片产量基本上占据了阿富汗鸦片总产量的

70%—80%。[①] 正是这样的地缘位置为阿巴边界的毒品走私活动提供了便利的条件。

第二个对阿巴边境的毒品走私活动起重要作用的因素是巴基斯坦和阿富汗的社会文化长期以来存在着紧密的联系。从较大的层面上来说，巴基斯坦和阿富汗都是伊斯兰国家，伊斯兰教是两国大多数人民信仰的宗教。巴基斯坦目前拥有1.7亿人口，穆斯林人口约占全国人口总数的95%。而阿富汗则基本上是全民信仰伊斯兰教的国家。除了有相同的信仰之外，跨界民族的存在更是拉近了阿富汗和巴基斯坦的社会文化联系。普什图族是阿富汗和巴基斯坦的共有民族，主要居住在阿富汗和巴基斯坦的杜兰线两侧。普什图族作为阿富汗的主要民族，大约占据了阿富汗人口总数的40%，约1200万人，虽然巴基斯坦的普什图族只占全国人口总数的13.1%，但其人口总数要超过阿富汗，达到了约1690万人。作为一个家族认同感和部落认同感要强于国家认同感的民族，巴基斯坦普什图族和阿富汗普什图族大多数来自于同一个家族或部落，这种状况对于分别居住在阿巴边境两侧的普什图族来说更是极为普遍。原本在一起生活的阿巴两国普什图族人在杜兰协定的签订过程中被人为地划定在两个国家，由此才形成跨界民族这种说法。但是，阿巴双方的普什图族人直到现在依然不承认杜兰线的存在，所以被视为走私行为的各种活动在阿巴边界两侧的普什图族人看来只不过是正常的货物运输。这种盛行于普什图民族文化中强烈的家族和部落认同感正是导致杜兰线两侧走私活动频繁的重要原因。

阿巴边境猖獗的毒品走私活动也导致了阿巴边境的巴方一侧重新开始罂粟种植活动。自齐亚·哈克将军在巴基斯坦发动政变并实行军法管制后，种植罂粟和生产鸦片在巴基斯坦被视为非法活动。虽然自齐亚以来的历届巴基斯坦政府的官员都多少和毒品走私活动存在着联系，但一直以来巴基斯坦政府还是出台了多个禁毒政策和战略。所以，自20世纪80年代以来，巴基斯坦虽然作为阿富汗毒品外流的主要通道，但本国的罂粟种植面积和鸦片产量却大幅减少。除了联邦部落直辖区以外，到2000年左右，巴基斯坦其他各地基本上已经没有罂粟种植活动。但是，随着塔利班在2000年实施禁烟令导致鸦片价格大幅度上涨后，大大刺激了阿富汗农民重新种植罂粟和生产鸦片的热情。很快，种植罂粟的热潮就传到了阿富汗的邻国巴基斯坦。目前，同阿富

① 根据联合国毒品与犯罪办公室历年发布的《阿富汗鸦片年度报告（英文版）》统计。

汗相同，巴基斯坦主要生长着两种非法麻醉品。其一是大麻，大麻是巴基斯坦的传统麻醉品，在巴基斯坦生长和被使用都已经有着很长的历史。如今，野生大麻的生长基本上遍布在巴基斯坦全境。除此之外，在巴基斯坦北部地区，农民种植大麻的情况也较为普遍。第二种在巴基斯坦生长的非法麻醉品就是罂粟。在巴基斯坦实行军法管制之前，罂粟主要生长在旁遮普省、开伯尔—普什图省以及联邦部落直辖区。但经过政府的禁烟政策后，联邦部落直辖区和省级部落直辖区依然在进行罂粟种植活动。在阿富汗重建的过程中，阿富汗国内局势的持续动荡导致了阿富汗鸦片产量的再次升高，也极大地影响了巴基斯坦境内的罂粟种植活动。到了 2003 年，巴基斯坦国内发现罂粟种植面积达到了 6703 公顷，其中主要集中在联邦部落直辖区、开伯尔—普什图省和俾路支斯坦。① 这也是第一次在俾路支斯坦发现罂粟种植活动。鉴于这种情况，巴基斯坦政府每年都会组织专业的罂粟清剿队去执行清剿任务。巴基斯坦的罂粟种植活动与阿富汗国内局势的变化存在着很大的相关性，一旦阿富汗局势出现恶化，巴基斯坦的罂粟种植活动就会再次增多。

在阿巴边境的毒品走私过程中，有相当一部分毒品留在巴基斯坦国内，用来满足当地市场的需要。长期以来，巴基斯坦都是一个毒品滥用率非常高的国家。麻醉品的使用在巴基斯坦也已经有了相当长的历史。与世界各地麻醉品被滥用的过程相似，在巴基斯坦，麻醉品最初也是被作为药物在使用，逐渐被这一地区的统治者所青睐，由此成为一种社会风气。在经历了殖民时期后，巴基斯坦已经成为一个鸦片泛滥的国家。目前，巴基斯坦的医疗健康预算费用正在逐年增加，这跟巴基斯坦国内逐年增多的海洛因注射行为有着极大的关系。根据相关组织先后在 1980 年、1982 年、1993 年、2000 年和 2006 年组织的毒品滥用调查报告显示，巴基斯坦的毒品滥用率在以每年 7% 的速度增长。② 根据巴基斯坦 2006 年的国家毒品使用报告显示，巴基斯坦当年的鸦片类麻醉品使用者为 62. 8 万人，其中 48. 2 万人为海洛因使用者。与 2000 年相比，2006 年巴基斯坦的鸦片类毒品使用者基本上保持稳定，这对于作为世界第一大鸦片类毒品生产国阿富汗的邻国巴基斯坦来说显得难能可贵。但是在这六年中，巴基斯坦的注射式毒品使用者的人数增加了一倍，达到了 12. 5 万人。在巴基斯坦，鸦片类毒品使用率最高的地区是俾路支斯坦，为

① Abul Malik, Syeda Farhana Sarfaraz, Origin and Development Drug Addiction in South Asia with Special Reference to Pakistan, Pak. J. Commer. Soc. Sci., Vol. 5, 2011, p. 158.

② Origin and Development Drug Addiction in South Asia with Special Reference to Pakistan, p. 160.

1.1%，其次分别是开伯尔—普什图省，为0.7%，信德省和旁遮普省，都是0.4%。[①] 值得注意的是，在巴基斯坦，越是邻近阿富汗的地方，鸦片类毒品的使用率越高。

盘踞在阿巴边境的军阀和毒贩在阿巴边境的毒品走私活动中起到了重要的作用。在阿巴边境的阿富汗一侧，主要是抗苏战争时期的圣战者组织和地方军阀以及一些犯罪团伙在经营着毒品走私生意。而在巴方一侧，毒贩在跨境毒品走私活动中则发挥了重要作用。这些毒贩之所以能够在阿巴边境地区的毒品走私活动中发挥出如此巨大的能量离不开当地部落的支持。在西北边境省，毒品走私活动主要被隶属于三大部落的毒贩们所控制，分别是贾敦斯、优素福扎伊和阿弗雷迪。在阿富汗通往西北边境省的毒品走私路线上，有四条主要的毒品运输线，分别途经 Landikotal、Jamrud、Bara Bazaar 以及 Dara Adam Khel 这四个地区。这些地区大部分都被三大部落的毒贩们所控制。不仅如此，三大部落的毒贩还长期和地方统治者以及巴基斯坦国内政要勾结，增强自己在这些地区的影响力，并相互竞争。优素福扎伊部落的毒贩们和当时任西北边境省最高长官的法奇尔·哈克将军关系密切，也正是通过法奇尔的关系，他们迅速和目前已经三次当选为巴基斯坦政府总理的纳瓦兹·谢里夫建立了密切的关系。而阿弗雷迪部落毒贩的同盟者是巴基斯坦人民党。同时，优素福扎伊部落毒贩也同巴基斯坦贤哲会关系密切。所以，隶属于不同部落的毒贩在这一地区的竞争也就演化成了巴基斯坦不同政治派别的竞争。法奇尔·哈克将军曾在西北边境省组织过反海洛因运动，当然这些运动只针对阿弗雷迪部落，因为法奇尔本人是贤哲会的支持者。在这三大部落中，又以阿弗雷迪部落的毒贩的势力最为强大。整个阿弗雷迪部落的毒贩又来自八个家族，这八个家族的毒贩不仅进行毒品走私活动，还组织农民种植罂粟和进行制毒活动。据称，阿弗雷迪家族的毒贩在他们的势力范围内经营着10个海洛因精炼厂。[②] 在俾路支斯坦，诺特扎伊部落和巴格迪部落的毒贩是毒品走私的主要参与者。而在旁遮普省，号称“印度之路国王”的哈吉·伊科巴尔·巴格基本上垄断了这一地区的毒品走私活动。

---

① Origin and Development Drug Addiction in South Asia with Special Reference to Pakistan, p. 160.

② D. Suba handran, Drug Trafficking and the Security of the State: Case Study of Pakistan, http://www.idsa-india.org/an-sep8-7.html.

四、阿富汗毒品南部路线上的走私

巴基斯坦与阿富汗和伊朗共享边界，这也让其成为阿富汗毒品向需求更多的西方国家市场进行走私的最理想起点。其中，巴基斯坦和作为世界第一号鸦片类毒品生产国阿富汗的共同边界就长达2430公里。在巴基斯坦和阿富汗漫长的边界线上，只有三个官方的过境点对往返于阿富汗和巴基斯坦的交通设备和人员进行检查，这三个过境点分别是位于楠格哈尔的掩哈姆、位于霍斯特的古拉姆·汗以及位于坎大哈的斯宾布尔达克。除了这三个官方过境点外，其余的路线都是不设防的地区。在阿富汗和巴基斯坦的边界线上，有几座南北走向的山脉，这些山脉由于海拔较高设防不易，基本上没有边防军人在这里驻守。所以，这些山脉的存在都为毒品走私者提供了非法越境的天然环境。除了这些山脉为非法越境和走私者提供了便利条件外，留在阿巴边境地区连通阿富汗和巴基斯坦的就是一些高山小径和沙漠。由于这里环境较为恶劣，基本上没有边防军人，也没有任何的管理和监控，所以这些通道也是走私者们进行活动的天堂。在20世纪90年代阿富汗战火不断的时代，开伯尔通道成为国际毒品走私的重要路线，很大程度上源于这里毗邻当时阿富汗东部各个鸦片生产大省。虽然当时在国际贩毒网络中已经形成了阿富汗毒品外流的多条路线，但大多数禁毒官员和相关学者依然认为巴基斯坦是阿富汗毒品外流的最主要通道。

目前，在所有的阿富汗毒品走私路线当中，除了能够基本上确定阿富汗毒品向西方国家和其他地区毒品消费市场进行走私的三条主要通道（即从伊朗土耳其走私的西部路线、途径巴基斯坦的南部路线以及途径中亚国家和俄罗斯的北部路线）之外，具体路线上走私活动的细节和路径选择的具体信息的获得已经变得越来越困难。虽然在这三条主要的毒品走私路线中，由于北方路线上毒品走私活动的加剧，作为曾经阿富汗毒品外流最主要路线的南部路线相比以往走私活动有所减少，但这条路线对于走私者来说地位依然重要。近年来，途经巴基斯坦的阿富汗生产的海洛因和吗啡等非法麻醉品依然占据了阿富汗生产的非法麻醉品总量的40%左右。[①] 不仅如此，从阿富汗向巴基斯坦走私的非法麻醉品种类多样，不仅包括鸦片类麻醉品，还包括大麻。仅在鸦片类麻醉品中就包括已经完成精炼的纯度较高的海洛因、没有精炼的低纯

---

① Word Drug Report 2010，UNODC，2010，p. 5.

度海洛因以及吗啡制品。

在巴基斯坦国内，存在着几条重要的毒品走私通道。这些毒品走私通道因为为阿富汗毒品向世界市场的流通过程中提供了极大的便利，所以在整个毒品走私网络中具有重要的意义。这些通道又包括海上走私路线和陆路走私路线。就海路走私路线来说，卡拉奇以及周边港口地区是阿富汗毒品到达巴基斯坦后，从巴基斯坦运往消费市场的最主要通道。作为最早进行毒品走私的港口，卡拉奇深得毒贩的喜爱，这里也是大宗毒品走私活动的发源地。从卡拉奇港口出海的毒品一般会被运往非洲、美洲以及欧洲。一般情况下，卡车将装满毒品的集装箱运到卡拉奇港口，在趸船驶向最终目的地的途中，会在一些中转站停船并把部分货物转交给中转站上的分销点。从卡拉奇出海的船只一般有两条路线：第一条是途经红海的运输路线，在这条路线上，船只会在也门、南欧国家等地方停留；另外一条路线会途经索马里、埃塞俄比亚和肯尼亚再到达其他非洲国家。近年来，在巴基斯坦，另外一些海港由于安检比较松懈已经越来越受到毒贩的青睐。例如马兰海岸，在这里一般较小规模的毒品被装上船只运往世界各地。① 除了海陆运输以外，途经巴基斯坦的毒品还经过陆路被转运到消费市场。毒品陆路走私也有几条较为重要的走私路线：其一是俾路支斯坦，这里由于没有严格的安检已成为巴基斯坦毒品陆路运输的重要通道。② 其二是途径奎达或海德拉巴德到拉合尔的毒品走私路线。途经这条路线的毒品有时会被直接运往欧洲，有时则会途经旁遮普、拉贾善、德里或孟买中转，然后再被运往目的地。

从2001年以来，巴基斯坦向西欧走私毒品的路线发生了较大的变化。2001年，巴基斯坦向西欧走私毒品主要经过西非和中非国家。这一年，巴基斯坦向非洲国家走私毒品的数量占据了巴基斯坦向世界其他地区走私毒品总量的41%。到了2011年，从中非和西非国家过境的巴基斯坦毒品的比例下降到了4%左右。③ 根据联合国发布的2013年世界毒品报告，这一变化并不表示中非和西非地区的地位有所下降，而是毒品走私方式的改变所导致

---

① 关于途径巴基斯坦的海航毒品走私路线，参见 Musa Khan Jalazai, Silent Killer: Drug Trafficking in Pakistan Afghanistan and Central Asia, Lahore: Institute of Advance and Strategic Studies, 2005, p. 6。

② 关于俾路支斯坦省的毒品走私情况，参见 Louise I. Shelley and Nazia Hussain, Narco-Trafficking in Pakistan-Afghanistan Border Areas and Implications for Security, The National Bureau of Asian Research, 2009, p. 26。

③ World Drug Report 2013, p. 22.

的。以往，巴基斯坦向中非和西非走私毒品往往走航空路线，目前更多的海路走私取代了空中走私。2006 年，东亚和东南亚取代西非成为巴基斯坦毒品走私的最主要过境路线。当年，从东亚和东南亚过境的巴基斯坦毒品数量占据了巴基斯坦毒品走私总量的 44%。[①] 东亚和东南亚地区毒品需求的增加是当年巴基斯坦毒品走私路线的主要原因，尤其是中国市场的扩大对巴基斯坦毒品路线的改变影响较大。2011 年，西欧成为巴基斯坦毒品走私的最主要过境国，其毒品数量占据了巴基斯坦毒品走私总量的 31%。[②] 这也说明越来越多的毒贩开始选择将毒品从毒源地直接走私到毒品消费市场。值得注意的是，西非和中非的国家依然是阿富汗毒品向西欧市场走私的重要中转地，其中肯尼亚、埃塞俄比亚和尼日利亚依然是巴基斯坦向西欧走私毒品的重要过境国。

由于巴基斯坦既是阿富汗毒品外流的重要通道，又是主要的毒品消费市场，所以每年大量的毒品在巴基斯坦中转或分销的过程中，部分会被海关、警察或缉毒部门所抓获。在巴基斯坦，每年都会有一定数量的鸦片、吗啡和海洛因在走私的过程中被截获，但在这三者中，被截获吗啡的数量占世界吗啡被截获总量的比例最高。2006 年，在巴基斯坦被截获的吗啡数量占据了世界吗啡被截获总量的 72%。[③] 在巴基斯坦，吗啡在走私途中被截获最多的地方是俾路支斯坦，尤其是俾路支斯坦的查盖地区，这里与阿富汗的赫尔曼德省毗邻。在跟俾路支斯坦交界的伊朗，曾经被截获的吗啡数量还保持了这种非法麻醉品被截获数量的最高记录。由于吗啡是制作海洛因的重要原料，在鸦片被制作成吗啡后，仅仅需要一些简单的步骤就可以被制成海洛因。所以，在巴基斯坦大量吗啡被截获说明了巴基斯坦不仅仅是重要的毒品消费国和中转国，还是主要的毒品生产国。虽然巴基斯坦目前生产鸦片的规模还难以达到阿富汗鸦片产量的规模，但从 2001 年开始，在巴基斯坦截获的海洛因数量却一直保持着较大的数量。有理由相信，这些海洛因的一部分是在巴基斯坦境内被加工完成的。

在走私过程中，为了躲避警察、海关以及缉毒部门的追缴，越来越多样化的走私方法和途径正在被毒贩所运用。在传统的非法越界毒品走私活动中，因为要翻越海拔较高的山峰，毒贩一般都会选择用骆驼、骡子等牲畜来驮运

---

① World Drug Report 2013, p. 22.

② Ibid.

③ World Drug Report 2010, p. 7.

装载毒品的包裹，以便在每次越境时能够走私最多数量的毒品。与传统的毒品走私方式相比，目前的毒品走私方式已经发生了较大的变化。一般情况下，为了避免在毒品走私过程中被截获，毒贩一般都会选择将毒品分成极小份并且用不同的方式来进行走私。例如，除了选择将小分量的毒品藏在衣服中，人体藏毒以及将毒品藏于信封或其他随身携带的器具中已成为毒贩们的新型走私方式。除此之外，走私不同物理形态的毒品也是目前毒贩们经常使用的方式，例如，在毒品走私中，液态海洛因就更受毒贩们的青睐，因为与固体海洛因相比，液态海洛因更容易伪装成日用品。比如，将液态海洛因混进洗发水中或其他类似的日用品中。与以往在走私活动中毒贩们的亲力亲为相比，目前毒贩更多地雇佣人力来进行走私。被毒贩雇佣的走私者一般都是普通老百姓，他们都没有什么前科，这样就可以降低缉毒者对他们的注意力。即使他们被缉毒者所抓获，毒贩也可以轻松地逃脱法律的制裁。除了这些新的走私方式之外，利用高科技走私活动也是当前毒品走私犯罪中的一个新特点。例如，在夜间走私毒品时利用卫星电话进行导航和协调等。不仅在毒品走私方式上与以往有所不同，毒品走私活动中路径的选择也逐渐多样化。以往的毒品走私活动多发生在陆路或者是海路，目前毒贩在进行毒品走私活动中更多地选择航空路线。2006 年，在巴基斯坦国际机场截获的海洛因数量占到了巴国内海洛因截获总量的 37% 。①

第三节　阿富汗毒品走私的西部路线

一、西部毒品走私路线的历史变化

所谓阿富汗毒品走私的西部路线，主要是指阿富汗毒品途经巴基斯坦、伊朗、土耳其、巴尔干地区最终到达欧洲的毒品走私路线。正如联合国的调查报告所指出的那样，虽然可以确定阿富汗毒品外流的三条主要路线，但每条路线上的具体路线却得不到确定，这一点也适用于西部路线。阿富汗毒品走私的西部路线也被称为巴尔干路线，这是因为虽然这条路线的最终目的地是西欧国家包括英国，但阿富汗毒品在这条路走私的途中经过巴尔干地区时，又会分成三条不同的路线。阿富汗毒品在经过伊朗、土耳其到达巴尔干地区后，由不同的人接收，根据接收者的不同，这些毒品会再经过不同的地区到

① Illict Drug Trends in Pakistan, UNODC, 2008, p. 11.

达西欧国家。因为巴尔干地区是这条毒品转运路线上的重要的中转站，毒品走私路线也在这里分叉，所以在被运往西欧市场的同时也满足一些沿途国家市场的需求。在巴尔干地区分叉的三条毒品走私路线又被称为东地中海路线、南巴尔干路线和北巴尔干路线。北巴尔干路线主要途径土耳其、保加利亚、罗马尼亚、匈牙利，最终到达目的地奥地利；南巴尔干路线主要途径希腊、阿尔巴尼亚和马其顿，目的地是意大利。而东地中海路线主要是一条海路的毒品走私路线。一直以来，阿富汗毒品走私的西部路线都是阿富汗毒品外流的重要途径，就其地位而言，长期以来，西部路线和南部路线一样都是阿富汗毒品走私的最主要的两条路线，在今日这条路线的毒品走私数量虽然由于经中亚国家和俄罗斯毒品走私活动的加剧而有所减少，但依然是阿富汗毒品外流的重要途径。

在阿富汗还没有成为世界上头号鸦片类毒品生产国以前，连接伊朗、土耳其到巴尔干的路线就是毒品走私的主要路线，所以说在当今阿富汗毒品外流的三条主要路线中，西部路线是最为古老的一条毒品走私路线。这条路线之所以能够在很长的时间内一直是毒品走私的主要通道，除了地理位置的特殊性外，沿途国家都曾和毒品有着密切的关系起到了重要的作用。目前，阿富汗毒品途经西部路线的第一站依然是伊朗（也有一些阿富汗毒品先走私到巴基斯坦后，再经过俾路支斯坦走私到伊朗）。而伊朗在很长一段时间内，不仅是重要的毒品中转站，还是重要的鸦片生产国和有着大量麻醉品滥用人口的国家。正是由于国内有着大量的麻醉品滥用人口，伊朗得以长期在这条毒品走私路线上具有连贯东西的重要作用。在当时，伊朗不仅可以将自己生产的鸦片走私到土耳其和巴基斯坦，还走私来自这两个国家的毒品，所以伊朗就成为西部毒品走私路线上最重要的毒品中转站。但是，伊朗作为重要毒品中转站的地位在1979年发生的伊斯兰革命后就大大降低了。革命后的伊朗走上了一条政教合一的伊斯兰发展道路，由于在伊斯兰教中种植、使用和贩卖麻醉品都是非法的，所以霍梅尼采取了一系列极其严格的措施来打击毒品走私。由于霍梅尼严厉的禁毒措施，途经伊朗的毒品越来越难以流出，这也是造成目前西部毒品走私量萎缩的重要原因之一。

同伊朗一样，土耳其长期以来也在西部毒品走私路线上发挥着重要的作用。土耳其在这条路线上的重要作用在于它与这条路线上的最终市场西欧直接相连。在20世纪70年代美国尼克松政府大力打击世界毒品供应市场以前，土耳其一直是亚洲西部重要的鸦片生产国。而土耳其生产的鸦片直接满足西欧市场的需要。在很长一段时间内，土耳其的毒品黑帮和法国马赛的制毒贩毒集团关系密切，在他们的共同努力下，形成了一条包括罂粟种植、罂粟收购、鸦片制作、毒品加工和分销的完整产业链条。土耳其黑帮的主要工作是组织土耳其农民种植罂粟，在鸦片收获后再以较高的价钱收购这些鸦片，然后将收购的鸦片走私到马赛。而作为当时世界上最大的鸦片类毒品的制毒贩毒集团，马赛集团将这些鸦片再加工成海洛因，不仅可以直接满足西欧的市场，还可以再经过原路贩卖给沿途国家。正是在土耳其毒品黑帮和马赛制毒贩毒集团的努力下，巴尔干路线逐步被开辟出来。当时毒品走私的主要途径就是在鸦片到达土耳其后，在土耳其和叙利亚、黎巴嫩等地加工成吗啡，再将加工好的吗啡经过地中海或是南斯拉夫、保加利亚和慕尼黑转运到马赛。这些毒品的走私路线基本上与今天毒品走私的三条巴尔干路线相吻合。不过经过尼克松政府施加给土耳其的外交压力，土耳其政府开始大力打击罂粟种植和毒品走私，途经土耳其的毒品运输也越来越困难。

目前，阿富汗毒品在西部路线上的走私问题依然严重。虽然北方走私路线上毒品走私活动的兴起在一定程度上使得西部路线上的毒品走私活动有所减少，但西部毒品走私路线上沿途市场的存在也让这条走私路线继续充满生机。以往，经西部走私路线的毒品占到了阿富汗毒品总量的80%之多，目前这一数量虽然有所下降，但依然占到了阿富汗毒品走私总量的一半左右。① 而且，与往日相比，西部毒品走私路线在巴尔干部分的走私活动基本上保持着稳定的态势，不仅在走私数量上没有太大变化，甚至开发出了更多的走私线路。西部毒品走私路线的变化仅仅在于起点。在传统上，伊朗是西部毒品走私路线的第一站，但由于伊朗政府历年来较之该地区其他国家更严厉的禁毒政策和惩治措施，以往大部分向伊朗直接走私的毒品都先被走私到巴基斯坦，再从卡拉奇、白沙瓦或奎达间接地走私到伊朗或直接走海路运往土耳其。所以值得注意的是，虽然阿富汗毒品从西部路线上进行走私的数量在减少，但走私活动在总体上依然很稳定。毒品走私路线的这些变化也在不断地提醒着世界各国打击毒品走私活动是全世界应共同承担的责任。

二、伊朗的毒品走私活动

伊斯兰革命爆发后，伊朗政府就一直采取极其严厉的禁毒政策和惩治措

① Turkey, Balkans at the Drug-Trafficking Crossroad, novinite. com, January 11, 2012, http: //www. novinite. com/view_ news. php? id = 135605.

施，禁毒工作也取得了明显的效果，从伊朗过境的毒品数量也在下降。但是近年来，随着阿富汗局势的持续不稳定导致鸦片产量激增，以及这种情况向巴基斯坦的蔓延，作为阿富汗和巴基斯坦邻国的伊朗也备受这种状况的困扰。毗邻两大毒品生产国让伊朗的禁毒工作受到了很大的挑战，这其中，伊朗与阿富汗的边界线长达1923公里。在巨额利益的驱使下，越来越多的毒品走私者甘愿冒着性命危险，继续在伊朗进行毒品走私活动。目前，不管是从阿富汗直接向伊朗走私毒品还是从巴基斯坦间接向伊朗走私毒品，伊朗都是阿富汗毒品外流的主要过境国，这点从伊朗禁毒工作的成绩上能够明显地体现出来。伊朗目前依然是世界上鸦片类毒品缴获率最高的国家，其中在2011年鸦片在伊朗的缴获率达到了80%，而海洛因的缴获率在伊朗也高达30%，这在世界上都是最高的。伊朗每年缴获的海洛因和吗啡的数量占据了世界吗啡和海洛因缴获总量的41%。[①] 目前，伊朗每天缴获的鸦片类毒品数量接近1吨，每小时就有30名毒贩或吸毒者被抓获。[②] 虽然自伊斯兰革命以来，伊朗政府一直采取严厉的禁毒政策，但由于拥有世界上最高的犯罪品滥用率，伊朗不仅是毒品走私的通道，也是毒品消费的市场。每年从阿富汗直接走私到伊朗的鸦片总量达到了700吨。此外，还有1300吨的鸦片经高加索进入伊朗。毒品走私活动在伊朗的重新泛滥也让伊朗政府表示目前正面临着很大的压力。[③] 在2012年伊朗的毒品走私活动又进入了活跃期，伊朗禁毒部部长阿里·毛耶迪称在2012年的前九个月，就有超过20万名毒品走私者或吸毒者被抓获，其中至少有76名被判以死刑。[④]

鸦片类毒品并不是途径伊朗的唯一毒品类型。近几年来，越来越多的合成型毒品开始经过伊朗被走私到世界各地。途径伊朗走私的合成型毒品主要是冰毒。冰毒在伊朗的出现显得很突然，因为在以往的毒品走私活动中，基本上见不到冰毒的身影，而近年来开始缴获出冰毒，而且数量巨大。虽然伊朗每年都要缴获大量的海洛因和吗啡，以及近年来出现的冰毒，但这样的禁毒成果并不是禁毒部门努力就能取得的，而是毒贩们的“帮助”。毒贩一般会在进行大宗毒品走私活动的同时进行一些小规模的毒品走私活动，并提前

---

① Iran Sidesteps Sanctions With Smuggling and Drug Trafficking, theTrumpet. com, May 20, 2013, http://www.thetrumpet.com/article/10630.29435.0.0/society/drugs/iran-sidesteps-sanctions-with-smuggling-and-drug-trafficking.

② Iran Sidesteps Sanctions With Smuggling and Drug Trafficking.

③ Ibid.

④ Ibid.

将消息故意透露给禁毒部门，这样就可以转移禁毒部门的注意力，以便将大宗的毒品成功地从伊朗过境。这种状况在巴基斯坦的禁毒斗争中也出现过多次。

跨国作案的毒贩和活跃在阿富汗、巴基斯坦和伊朗三国交界地区的武装份子是在伊朗进行毒品走私活动的主要参与者。跨国作案的毒贩除了来自其他国家的跨国犯罪集团外，还有伊朗本土的贩毒集团。伊朗本土贩毒集团在伊朗伊斯兰革命前就曾在伊朗活动，伊朗伊斯兰革命后，一些毒贩被处以绞刑，其他人则逃到了阿富汗、巴基斯坦和伊朗的交界地区。在抗苏战争爆发后，他们还曾在阿富汗组织农民种植罂粟并收购鸦片。目前，经过几十年的发展，伊朗的贩毒集团已经发展壮大，他们不仅拥有杀伤力极强的武器，还有先进的装备。在 2012 年一批妄图通过里海到达伊朗北部边界进行毒品走私的毒贩在被抓获后，发现持有高科技的美国产军用装备，其中包括军用夜视仪。因为拥有重型武器，伊朗毒贩在经过边境盘查点时，有时会用重型武器攻击边防军人。正是由于毒贩的武器和装备日益先进，越来越多的伊朗边防军人和缉毒警察牺牲在毒贩的枪口下。在过去的 30 年中，已经有超过 3700 名伊朗国家执法部门的官员在禁毒斗争中牺牲。[①]

除了伊朗本土的毒贩在进行贩毒活动外，活跃在伊朗的另一支主要贩毒力量是俾路支解放军。[②] 俾路支解放军是一支由生活在巴基斯坦俾路支斯坦省的俾路支人建立的反政府武装力量。这支力量在冷战时期由苏联扶植建立，以对支持阿富汗抗苏活动的巴基斯坦进行破坏。但苏联从阿富汗撤军后，俾路支解放军失去了行动的财政来源，一度沉寂。但在“9·11 事件”之后，美国开始在全球开展反恐活动，其中一项重要的战略就是寻求地方势力的支持，就这样在美国资金的支持下，俾路支解放军又开始重新活跃。但如今的俾路支解放军不仅进行恐怖主义活动，更是积极地参与毒品走私活动，因为毒资已经成为他们今日活动的重要支持。

三、土耳其的毒品走私活动

在当前阿富汗毒品的西部走私路线上，土耳其因其不可替代的重要地

---

① Drug trafficking and border control Situation Analysis，Unodc 官网资料，https：//www. unodc. org/islamicrepublicofiran/drug-trafficking-and-border-control. html。

② 参见叶海林，《对俾路支解放军恐怖活动的分析》，《南亚研究》2007 年第 4 期。

缘位置以及悠久的毒品走私历史成为这条毒品走私路线上的最重要一环。在地理位置上，土耳其占据着东西方交通的要道，连接着中亚、中东和欧洲。阿富汗毒品西部走私路线的最终市场是西欧，而土耳其的地理位置使它理想地处在毒品供应地和毒品市场的中心环节上。地处这样一个便利的位置，当然成为各种走私团伙青睐的对象。就作为毒品走私活动的重要集散地而言，每年从土耳其经过的阿富汗毒品数量占据了阿富汗毒品数量的80%。这些毒品有些从伊朗和巴基斯坦直接走私到土耳其，有些是走私到中东国家后再被转运到土耳其的。土耳其的地理位置让它成为理想的毒品中转战。一般情况下，到达土耳其的毒品会再沿着三条路线被走私到西欧国家，这就是所谓的三条巴尔干毒品走私线，即东地中海路线、南巴尔干路线和北巴尔干路线。阿富汗毒品走私的西部路线的分路线开端在土耳其，由此也可以看出土耳其在这条走私路线上的重要性。除了地缘位置的重要性外，土耳其还是有着悠久的毒品走私历史的国家，尤其是在二战后，土耳其的贩毒集团和法国马赛贩毒集团联手基本上控制了当时西欧的海洛因市场。途经巴尔干地区的多条毒品走私路线都是土耳其贩毒集团在冷战时期开辟出来的。在土耳其长久的走私活动为跨国活动的走私者提供了经验。

作为阿富汗毒品走私路线的重要中转站，土耳其的各个边境地区都可能成为毒品走私的通道。在主要满足西欧国家的毒品走私路线上，运至土耳其的毒品主要从土耳其西部流向巴尔干地区。在三条巴尔干路线中，北巴尔干路线主要从土耳其西北部进入保加利亚。南巴尔干路线和东地中海路线主要是从海路进行运输。除了能够满足西欧市场，土耳其的毒品还可以流向中东地区，主要是叙利亚和黎巴嫩。有时土耳其向中东国家走私的是鸦片，这些鸦片在中东国家被精炼成海洛因，然后重新回到土耳其后再被运往巴尔干地区，最终的市场仍然是西欧。安卡拉不仅是土耳其的首都，在西部毒品运输路线上还充当着土耳其重要的集散地，所以每年在安卡拉都会展开由国际刑警、土耳其国家政府或地方政府发动的缉毒行动。除了安卡拉之外，土耳其的其他地方也经常会展开较多的禁毒活动，仅仅在2010年，土耳其国家执法机关就在全国范围内展开了8.12万余次禁毒行动。在这些禁毒活动中，共抓获1.25208万人，缴获海洛因1.2920万公斤。土耳其的禁毒工作确实也受到了较好的效果。土耳其国家公安部反走私和有组织犯罪部门的长官巴塞特·艾柯西就曾表示称，土耳其在过去几年内缴获的毒品总量比欧盟

27个成员国缴获毒品数量总和的两倍还多。① 2011年和2012年土耳其的毒品走私活动更是有增无减，与前几年相比，更多的毒品在这两年内被土耳其截获。

由于土耳其是西部毒品走私通道上的重要中转站，所以各大型跨国毒品走私集团的身影都会在土耳其出现。这些走私集团主要是意大利黑手党、黑山族裔犯罪集团、俄罗斯黑手党和高加索族裔犯罪集团以及塞尔维亚跨国毒品走私集团。他们主要负责从地中海向希腊和意大利进行毒品走私。

除了这些外籍的大型走私集团外，土耳其本土的跨国毒品走私集团在毒品走私活动中也发挥着积极的作用。在土耳其本土的毒品走私集团中，库尔德工人党是重要的毒品走私者。库尔德工人党，在2001年更名为库尔德自由与民主委员会。库尔德工人党参与的犯罪活动多数是和西欧有密切关系的走私和洗钱活动。其中，毒品和武器是库尔德工人党主要走私的对象。不仅如此，库尔德工人党还跟多起恐怖主义犯罪活动有着密切的关系。因此，库尔德工人党被土耳其、美国和欧盟一致认定为恐怖主义组织的跨国犯罪集团。不过，在1999年其主要领导人阿卜杜拉·奥贾兰被抓获后，库尔德工人党参与的暴力恐怖活动大大减少。库尔德工人党最初是由居住在土耳其的库尔德人于1974年建立的一个反政府组织，成立之初的奋斗宗旨是在土耳其东南部建立独立的库尔德人独立国家，但目前他们斗争的宗旨逐渐转向在土耳其实现库尔德人的高度自治。1988—1998年这10年是库尔德工人党实施暴力恐怖主义活动的高峰期，在这一期间他们逐渐由在农村行动的反政府武装发展成为在城市活动的恐怖主义者。在这些年间，被库尔德工人党武装杀害的土耳其人超过了2.5万。② 也正是在这一时期，库尔德工人党从土耳其走向了欧洲，开始进行毒品走私和绑架勒索等活动。

库尔德工人党是毒品走私的重要参与者。③ 尽管在领导人奥贾兰被抓获后他们声称放弃了武力斗争的路线，但其犯罪活动并没有停止。其中，库尔德

---

① Turkey, Balkans at the Drug-Trafficking Crossroad.

② Gleen E. Curits amd Tara Karacan, the Nexus among Terrorists, Narcotics Traffickers, weaponsProliferators, and Organized Crime Networks in Western Europe, A Studt Prepared by the Federal Research Divion, Library of Congress under an Interagebcy Agreement with the United States Government, December 2002, p. 19.

③ 关于库尔德工人党参与毒品走私的信息，参见 Turkey's Role in the Afghan Drug Trade, jeremyehommond. com, Apir30, 2010, http: //www. jeremyrhammond. com/2010/04/30/turkeys-role-in-the-afghan-drug-trade/。

工人党参与的主要犯罪活动是毒品走私和人口贩卖。因为在欧洲已经建立了组织的行动小组，并形成了犯罪活动的网络点，同时也开辟出了几条重要的毒品走私路线。这些毒品走私路线主要从伊拉克北部到土耳其，分别是伊斯坦布尔到米兰、伊斯坦布尔到波斯尼亚再到米兰以及土耳其到突尼斯早马耳他再到意大利的走私路线。这些路线上不仅有毒品走私，还有人口的贩卖和武器的走私。不过，在所有这些犯罪活动中，库尔德工人党从中获益最大的还是毒品走私。库尔德工人党在西欧的毒品走私中扮演了重要的角色，德国相关部门曾称在西欧被抓获的毒品走私活动中，80%与库尔德工人党有关。①

四、巴尔干地区的毒品走私与阿尔巴尼亚犯罪集团

巴尔干地区因为有着错综复杂的民族和宗教问题，以及这些问题带来的国家关系之间的复杂性，被称为世界的火药桶。不仅如此，这里还是毒品走私的重要通道。在阿富汗还没有成为世界头号鸦片类毒品生产国之前，这里就是世界上主要的毒品走私通道。二战后，随着世界局势开始走向稳定，西方国家开始成为主要的毒品消费市场，就更加奠定了巴尔干地区毒品走私主要通道的地位。冷战的开始并没有让这一地区的毒品走私活动有所减少，反而在冷战两级格局的掩护下，这里成为了毒贩们向西欧进行毒品走私的理想天堂。在冷战时期，巴尔干地区的毒品走私活动基本上被土耳其毒贩们所垄断。他们将从土耳其收购来的鸦片运往叙利亚和黎巴嫩等中东国家加工成吗啡，再将吗啡从土耳其运往巴尔干地区。这些吗啡分别从南斯拉夫和保加利亚或是从海路被运往德国的慕尼黑，最终目的地是法国的马赛。在马赛，从土耳其经过巴尔干地区走私来的吗啡会被加工成高纯度的海洛因。后来，随着阿富汗鸦片产量的飙升，阿富汗毒品开始垄断了这条走私路线。在整个冷战时期，这条路线都相当稳定，一直持续了40余年。直到1991年，随着南斯拉夫解体而来的前加盟共和国的内战对这条路线上的毒品走私活动造成了很大的影响。但是，毒品走私活动并没有随着南斯拉夫内战的爆发而终止。在毒贩们的努力下，更多的毒品走私路线被开发了出来。不仅如此，随着这一地区局势的混乱，各国政府对毒品走私活动更是无暇他顾，毒贩们乘虚而入，

---

① Radu Tudor, The Drug Mafia Finance the Terrorist Organization in Roania, Ziua, 11 February 2002, FBIS Document EUP20020211000247，转引自 the Nexus among Terrorists, Narcotics Traffickers, weaponsProliferators, and Organized Crime Networks in Western Europe, p. 20。

逐步开辟了多条毒品走私路线。

作为阿富汗毒品走私路线上的最后一环，巴尔干地区由于直接与西欧市场相连而具有举足轻重的地位。随着近两年阿富汗毒品从伊朗过境的减少和从土耳其过境的增加，巴尔干地区势必受到这种态势的影响。从2011年开始，土耳其缴获的毒品数量不断增加，由于经过土耳其的毒品除了经过地中海之外，势必要经过巴尔干地区到达西欧市场，所以这种情况就表示从2011年开始，从巴尔干地区走私过境的阿富汗毒品正在不断增加。由于巴尔干地区直接与西欧市场相连，构成了阿富汗毒品西部走私路线上的最后一环，将会对西欧直接构成影响。从伊朗开端至巴尔干地区的阿富汗毒品西部走私路线，在近几年来一直保持着较稳定的势头，在2010年之前，西部毒品走私路线上所走私的毒品价值总量达到了200亿美元，是市场价值最大的毒品走私路线。①

目前，巴尔干地区的毒品走私活动基本上被阿尔巴尼亚犯罪集团所控制。阿尔巴尼亚犯罪集团并不是一个单一的犯罪组织，它和意大利黑手党相似，这一称呼是对活跃在巴尔干地区和欧洲大陆的各个阿尔巴尼亚族裔犯罪集团的统称。虽然有着众多的组织，但鲜明的地域性和族裔性来源是阿尔巴尼亚犯罪集团区别于其他跨国犯罪集团的标志。今日，阿尔巴尼亚犯罪集团因参与大规模的毒品走私活动、人口贩卖活动以及其他有组织犯罪活动并且因为与其他恐怖主义组织和分裂主义势力有着密切的联系而被世人所关注。

阿尔巴尼亚犯罪集团是在冷战结束之后才逐渐形成的。在冷战时期，东欧各国政府对国家还有着较强的控制力，各国的地下势力虽然有所发展，但并不强大。在冷战时期，移民美国的阿尔巴尼亚人已经组织起了自己的犯罪集团，美国也是阿尔巴尼亚犯罪集团势力最早崛起的地方。1986年，在美国已经经营了100余年的意大利黑手党进一步发生分裂，势力衰落。很快新兴的阿尔巴尼亚犯罪集团就填补了意大利黑手党在美国留下的势力空白。

20世纪80年代末期，东欧地区开始出现社会动荡，直到1991年苏联解体，这一全球性事件造成了巴尔干地区社会的持续动荡，正是在这一时期，阿尔巴尼亚犯罪集团的势力开始在欧洲崛起。东欧社会剧变在一段时间内导致了国家政权的脆弱，造成了社会权力结构的改变。同在美国的情形相似，阿尔巴尼亚犯罪集团很快就填补了社会中的权力空白，开始在巴尔干地区建

① 数据来源于联合国毒品与犯罪办公室网站，http：//www. unodc. org/unodc/zh/drug-trafficking/

立一个庞大的地下组织。与此同时，南斯拉夫国内民族矛盾的爆发导致了内战，阿尔巴尼亚民族问题开始成为巴尔干地区的一个突出问题。在这种情况下，生活在巴尔干地区尤其是科索沃地区的阿尔巴尼亚人日益渴望建立一个阿尔巴尼亚民族的国家。于是，在大阿尔巴尼亚民族主义意识形态的催化下，在建立一个大阿尔巴尼亚民族国家理想的鼓舞下，活跃在欧洲的各个阿尔巴尼亚犯罪组织与阿尔巴尼亚裔的社会活动家、军事行动者甚至恐怖主义建立了密切的联系。早在20世纪80年代，阿尔巴尼亚的毒贩就曾为建立大阿尔巴尼亚国家提供过资金支持。但是从1993年开始，阿尔巴尼亚犯罪集团开始为科索沃解放军提供武器和其他军事装备，而这些都是用走私毒品的毒资所购得的。

1991年南斯拉夫内战的爆发为阿尔巴尼亚犯罪集团控制巴尔干地区的毒品走私提供了绝好的契机。在南斯拉夫内战爆发之前，满足西欧市场的海洛因总量的60%都从南斯拉夫过境，这条由土耳其毒贩和马赛制毒贩毒集团共同开辟的毒品走私路线在几十年来一直都很稳定，① 但内战的爆发阻塞了这条运营了几十年的毒品走私路线。在这种情况下，阿尔巴尼亚就成为毒贩的最佳选择。由此，大量的海洛因开始从阿尔巴尼亚过境，这也让阿尔巴尼亚犯罪集团开始有机会最大程度地参与海洛因走私并最终控制这条毒品走私路线。从阿尔巴尼亚走私的海洛因会被运往意大利，在意大利经过短暂的停留后再被运往西欧和北欧国家。除了走私毒品之外，南斯拉夫内战的爆发也让阿尔巴尼亚犯罪集团从走私军火中获取了暴利，从而奠定了阿尔巴尼亚犯罪集团在巴尔干地区和欧洲的地位。随着国际社会对南斯拉夫的经济制裁以及希腊对南斯拉夫的马其顿共和国实施经济封锁，更多的例如武器、毒品和汽油等物品的走私被阿尔巴尼亚犯罪集团所控制。

阿尔巴尼亚犯罪集团能够迅速在欧洲发展壮大，与他们行动的高效率有着很大的关系。虽然阿尔巴尼亚犯罪集团并不是一个统一的组织，但他们行动的效率却非常高。阿尔巴尼亚犯罪集团之所以有着较高的效率，三个因素起着关键性的作用。第一个因素是阿尔巴尼亚犯罪组织在组织形态上比较牢固。与其他有组织犯罪集团的组织形态有所不同，阿尔巴尼亚犯罪集团在组织形成中家族的血缘和姻亲关系发挥了很大的作用，形成了一种家族犯罪的模式。每个阿尔巴尼亚黑帮的组成人员并不多，拿阿尔巴尼亚贩毒组织来说，

---

① Albanian Organized Crime Groups, European Intelligence Academy, September 2013, http://www.russianlaw.org/Mutschke.htm.

一般他们的成员不会超过 100 人，而这 100 人基本上就是一个家庭的所有成员。巴尔干地区的毒品走私路线基本上被北部阿尔巴尼亚黑帮所控制，他们也被称为“十五大家族”。[①] 正是家族的凝聚力和较为牢固的血缘关系在行动时转化成了较高的效率。第二个因素是阿尔巴尼亚人在整个欧洲都有较为广泛的分布。与其他移民基本上都在西欧某个国家较为集中相比（例如北非移民大多在法国，土耳其移民大多数在德国），阿尔巴尼亚移民在欧洲广泛分布。其中在希腊有 50 万、德国 40 万、瑞士 20 万、土耳其 6.5 万、瑞典 4 万、英国 3 万、比利时 2.5 万、法国 2 万。[②] 正是这样广泛的分布为阿尔巴尼亚犯罪集团提供了严密的组织网络，提高了他们行动的效率。第三个因素是大阿尔巴尼亚意识形态的联系。与其他有组织犯罪集团纯粹的经济目的犯罪相比，阿尔巴尼亚犯罪集团的犯罪行为不仅有着经济目的，他们的意识形态色彩也很浓厚，那就是支持建立一个独立的包括生活在欧洲各地的阿尔巴尼亚人的国家。所以，在这种意识形态的支配下，他们与欧洲的阿尔巴尼亚分裂势力以及各种有这种意识形态的人都有着密切的联系。也正是因为有着这样的意识形态色彩，虽然阿尔巴尼亚犯罪集团并不是一个统一的组织，但他们之间较为团结，很少出现为了争夺利益而相互内斗的情况，这也就是他们能够迅速在欧洲立足的重要原因。

目前，阿尔巴尼亚犯罪集团基本上垄断了巴尔干地区的毒品走私活动。阿尔巴尼亚犯罪集团主要走私的毒品是海洛因，制造这些海洛因的原料都来自阿富汗生产的鸦片。20 世纪 90 年代末期，西欧市场上 80% 的海洛因都是从巴尔干地区走私入境的。[③] 在巴尔干地区，以前由土耳其毒贩和马赛制毒贩毒集团共同开辟的毒品走私路线已经被阿尔巴尼亚犯罪集团新开辟的两条路线所取代。这两条新开辟的毒品走私路线的主要方向是向北和向南。向北的毒品走私路线主要经过保加利亚、罗马尼亚和匈牙利；而向南的毒品走私路线主要经过保加利亚、南斯拉夫的马其顿共和国、科索沃地区以及阿尔巴尼亚。根据禁毒部门的估计，每年从土耳其经巴尔干地区过境的海洛因数量在 4—6 吨，而每年在巴尔干地区被截获的海洛因数量也有 1 吨左右。[④]

---

① Albanian Organized Crime Groups, European Intelligence Academy, Spember 2013, http://www.russianlaw.org/Mutschke.htm.

② Ibid.

③ Albanian Organized Crime Groups.

④ Ioannis Michaletos, Shape of the Albanian Organized Crime, Insitute for European and American, 27 July, 2007, http://www.serbianna.com/columns/michaletos/020.shtml.

目前，阿尔巴尼亚犯罪集团庞大的毒品走私网络已经取代了土耳其贩毒集团在欧洲的地位。阿尔巴尼亚犯罪集团的势力在欧洲国家已经极为强大，尤其是在德国、挪威和瑞典。根据相关资料估计，阿尔巴尼亚犯罪集团基本上控制了德国、奥地利、瑞士以及斯堪迪纳维亚国家海洛因走私的70%。[①] 另外根据瑞典和挪威警方的估计，走私到这两国海洛因总数的80%都跟阿尔巴尼亚犯罪集团有着密切的关系。除了这些国家外，在整个欧洲，阿尔巴尼亚犯罪集团也控制了大约40%的海洛因走私。[②] 除了进行海洛因走私外，阿尔巴尼亚犯罪集团还进行着其他毒品的走私活动。其中，冰毒也是阿尔巴尼亚犯罪集团走私的主要毒品。在马其顿共和国和阿尔巴尼亚的边界地区，还设有阿尔巴尼亚犯罪集团的毒品加工厂，专门负责生产安非他明和冰毒。这里生产的毒品主要用来满足当地市场的需要。

五、西欧的毒品走私活动

一直以来，西欧不仅是主要的毒品消费市场，其内部毒品走私活动也十分活跃。西欧是阿富汗各条毒品走私路线上的终点站，但对于阿富汗毒品走私的西部路线来说，西欧不仅是这条走私路线上的终点站，更是主要消费市场（与西部和南部路线相比，北部路线上沿途的俄罗斯以及中东欧国家也是主要的毒品消费市场）。毒品从各条路线上被运往欧洲后，并不是直接到达各个消费目的地，而是在某个国家集散，然后再进行分销。在西欧长时间的毒品走私活动中，走私路线发生了较大的变化。自二战结束到20世纪70年代中期，西欧的鸦片类毒品主要在法国马赛集散并加工，然后再销往西欧各个国家，这种路径模式基本上是放射式的。而目前，西欧毒品走私活动的大致方向则是从南向北、从东向西，毒品走私的起点也不再局限于一个国家。

希腊是阿富汗毒品向西欧走私的重要集散地之一。近年来，希腊正在逐渐成为一个重要的走私中转站，来自阿尔巴尼亚、意大利、俄罗斯和科索沃的抵抗组织都积极地在希腊进行各种走私活动。其中，大量的武器从希腊的各个港口被走私到欧洲各地。除了走私武器之外，毒品成为从希腊过境的主要违禁品。毒品走私的路径与武器走私基本相同，主要来自苏联国家和意大

---

① Ioannis Michaletos, Shape of the Albanian Organized Crime, Insitute for European and American, 27 July, 2007, http://www.serbianna.com/columns/michaletos/020.shtml.

② Albanian Organized Crime Groups.

利。在希腊活动的主要走私者是西西里黑手党和阿尔巴尼亚犯罪集团。西西里黑手党主要在希腊西部地区活动，他们自 1999 年就在希腊站稳了脚跟并迅速发展。西西里黑帮从希腊向西欧走私的主要违禁品包括毒品、香烟和武器。阿尔巴尼亚犯罪集团是西西里黑帮的主要合作者，他们从 20 世纪 90 年代以来在希腊西北部地区发展迅速。除了这两大主要犯罪集团之外，罗马尼亚犯罪集团也在希腊进行毒品走私活动。

除了希腊之外，意大利是西欧毒品中转的另一个主要集散地。作为世界性跨国犯罪组织的发源地，意大利的走私活动至少有上百年的历史。早在 1992 年，意大利政府就宣称意大利黑帮同叙利亚政府关系密切。通过叙利亚政府的联系，意大利黑帮和阿拉伯国家多个恐怖主义组织建立了联系。其中，意大利黑帮通过走私毒品来为这些恐怖主义组织提供武器。目前，意大利在西欧毒品走私网络中占据着重要的地位。

除了希腊和意大利之外，奥地利、德国以及比利时也都是西欧毒品走私的主要中转站。此外，在西欧的毒品走私活动中不仅有多个跨国组织犯罪集团在参与，还与一些恐怖主义组织和分裂势力存在着密切的联系，这些组织包括科索沃解放军、爱尔兰共和军以及巴斯克分裂主义势力埃塔。这些组织都曾经是西欧毒品走私活动的重要参与者。

第四节　阿富汗毒品走私的北部路线

一、北部路线的形成与发展

阿富汗毒品走私的北方路线，即阿富汗毒品经过中亚五国，以及阿塞拜疆、亚美尼亚、高加索地区，再到达俄罗斯的毒品走私路线。其中，俄罗斯在阿富汗毒品北部走私路线中发挥着双重作用。俄罗斯不仅是这条毒品走私路线上的重要目的地，同时也是中转站。从中亚地区过境的阿富汗毒品中的一部分在俄罗斯被消费，此外，还有相当一部分会经俄罗斯继续向欧洲贩运，主要经过的是东欧国家。阿富汗毒品在从中亚过境最终到达目的地的过程中，基本上朝着三个不同的方向进行。这三个方向分别是北方、西方和东方。朝北方进行毒品走私主要经过的国家是吉尔吉斯斯坦和塔吉克斯坦以及乌兹别克斯坦，最终到达俄罗斯，也有一部分被走私到中国；朝西方进行毒品走私主要的过境国是土库曼斯坦、亚美尼亚、阿塞拜疆、高加索地区，最后也是到达俄罗斯；而朝东进行毒品走私时主要经过哈萨克斯坦，在哈萨克斯坦，一部分毒品在当地被消费，一部分被运往俄罗斯，还有一部分会被走私到中国。与传统的阿富汗南部和西部毒品走私路线相比，途径中亚国家的阿富汗毒品走私的北方路线的路径选择更为多样化，这条路线上存在的消费市场也较传统毒品走私路线上更多。

与传统的南部和西部毒品走私路线相比，阿富汗毒品走私的北方路线是在近20年时间里才被开辟出的一条新毒品走私路线，但却发展迅速。在1991年苏联解体后，中亚五国相继独立，很快这些新独立的国家就成为阿富汗毒品向外流出的重要通道。不过，虽然在苏联时期，作为苏联的加盟共和国，阿富汗毒品很少从这里过境，但中亚国家的独立与阿富汗鸦片产量的激增基本上处在同一时期，再加上地理位置的特殊性，也是导致北部路线上的鸦片走私活动迅速增加的原因。阿富汗毒品走私的北方路线之所以可以迅速发展，是因为既定走私路线的存在可以让阿富汗毒品从这些早已存在的走私路线上顺利地通过。就拿阿富汗毒品走私路线上向西的毒品走私活动来讲，为什么阿富汗毒品在从中亚地区过境后会选择从亚美尼亚、阿塞拜疆和高加索地区到达俄罗斯，很大一部分原因是这些地区的走私路线早已存在。这些走私路线大致上可以包含两种情况，第一种情况是在苏联解体之后，该地区复杂的民族宗教冲突导致了非法走私活动的增加，新的走私路线就是在这种情况下被走私者开辟出来的。亚美尼亚的毒品走私路线大致属于这种情况。第二种情况是高加索地区的恐怖主义势力和分裂分子早在阿富汗抗苏战争时期就同阿富汗的抗苏圣战者组织司令官和军阀等地方势力建立了密切的联系，毒品走私活动早在苏联解体之前就已经存在。在苏联解体后，地区的动荡进一步削弱了政府的有效控制力，毒品走私活动开始迅速增加。

在阿富汗北方毒品走私路线的迅速发展中，还有一些内外部因素同时起到了重要的作用。影响阿富汗毒品走私北部路线迅速发展的外部因素是20世纪80—90年代南部和西部毒品走私路线的逐渐萎缩。可以确定的是，如果不是阿富汗南部和西部这两条传统毒品走私路线出现了萎缩的情况，北部毒品走私路线虽然说会得到一定的发展，但不会这么迅速。伊朗在伊斯兰革命之后实施了对毒品走私活动严厉的惩治措施，从而切断了毒品的西部走私路线，在很大程度上造成了这条路线上毒品走私活动的萎缩。相对于这些外部因素，中亚国家自身的一些因素也是导致这条毒品走私路线迅速发展的最主要原因。这些因素包括：第一，中亚国家独立以后，新成立国家的边防能力与苏联时期相比弱了很多，没有能力控制与阿富汗的边界，导致了走私活动的激增。

在苏联时期，中亚加盟共和国与阿富汗的边界一般都由俄罗斯军队负责把守，苏联解体后，俄罗斯军队陆续从这一地区撤回，新成立的中亚国家军队的边防能力并不足以控制同阿富汗的边界。第二，是腐败。正是中亚国家政权的腐败，尤其是边防军以及执法部门的腐败，让毒贩可以顺利地与之勾结，在这些人的庇护下，毒贩们从中亚走私毒品的危险性就大大降低了，这也当然会导致毒品走私活动的增加。此外，中亚地区的动荡（如塔吉克斯坦发生内战）以及跨界民族等因素的存在也都是造成毒品北方走私路线迅速发展的重要原因。

二、中亚地区的毒品走私活动

阿富汗毒品走私的北部路线基本上包括了所有中亚五国。由于特殊的地理环境以及与阿富汗接壤，穿过中亚五国国境的毒品走私路线可以达到10条之多。其中，主要从塔吉克斯坦过境的走私路线有3条，主要从吉尔吉斯斯坦过境的走私路线有4条，主要经过乌兹别克斯坦的毒品走私路线有3条。主要经过塔吉克斯坦的毒品走私路线是：1. 杜尚别－撒雅西亚－布哈拉－塔什干－奇姆肯特－塔拉斯－阿拉木图－巴尔喀什－卡拉干达－阿斯塔纳－库克斯套－彼得帕夫洛夫斯克－俄罗斯；2. 杜尚别－撒里雅西亚－布哈拉－塔萨乌兹－昆格拉德－贝纽－奥帕纳雅－马卡特－阿特劳－甘育什基诺－俄罗斯；3. 杜尚别－周纠－拜克达什－加诺疆－贝纽－奥帕纳雅－马卡特－阿特劳－甘育什基诺－俄罗斯。从吉尔吉斯斯坦经过的毒品走私路线主要有4条，分别是：1. 比什凯克－库尔戴－阿拉木图－阿亚古兹－格鲁吉维卡－乌斯特·卡米诺格斯特－俄罗斯；2. 比什凯克－阿拉木图－萨里莎干－巴尔喀什－卡拉干达－阿斯塔纳－库克什套－彼得帕洛夫思克－俄罗斯；3. 比什凯克－塔拉斯－奇姆肯特－吉兹里洛达－阿克托别－乌拉斯克－俄罗斯；4. 比什凯克－楚河州－阿拉木图－赛米帕拉汀科斯－诺瓦斯布里克。主要经过乌兹别克斯坦的毒品走私路线有3条，分别是：1. 塔什干－撒鸭噶什－奇姆肯特－塔拉斯－阿拉木图－塔尔德里库尔干－阿亚古兹－格鲁吉维卡－乌斯特·卡米诺格斯特－俄罗斯；2. 塔什干－撒雅噶什－奇姆肯特－塔拉斯－楚河州－比尔力克－巴尔喀什－卡拉干达－帕夫洛达－俄罗斯；3. 努科斯－贝纽－奥帕纳雅－马卡特－阿特劳－甘育什基诺－俄罗斯。①

---

① Illict Drug Trends in Central Asia，UNODC Regional Office for Central Asia，Apirl 2008，p. 33.

哈萨克斯坦由于其地缘位置以及和俄罗斯漫长的边界线，成为中亚地区重要的毒品走私中转站。事实上，阿富汗毒品经过中亚地区向俄罗斯走私的北方路线，如果不是利用航空路线将阿富汗的毒品直接走私到俄罗斯的话，那么哈萨克斯坦的领土就是北方走私路线的必经之地。阿富汗毒品在从其他中亚四国过境之后，最终都会到达哈萨克斯坦汇合，然后再被运往俄罗斯。在哈萨克斯坦，奇姆肯特是阿富汗毒品向俄罗斯继续走私的开端，从塔吉克斯坦和吉尔吉斯斯坦过境的一些毒品都会经过奇姆肯特，然后再从奇姆肯特被运往哈萨克斯坦的其他地方。阿拉木图是哈萨克斯坦的重要毒品中转站，途经其他中亚四个国家的毒品一般都会经过阿拉木图，这些毒品在阿拉木图停留后，再继续向北被运往俄罗斯。

在中亚地区，吉尔吉斯斯坦正在成为阿富汗毒品走私的最主要过境国之一。吉尔吉斯斯坦的重要毒品中转站是奥什市和比什凯克市，而奥什市又成为最主要的毒品集散地。在吉尔吉斯斯坦有两条主要的毒品走私路线，毒品走私的大致途径主要是从塔吉克斯坦到达吉尔吉斯斯坦。其中一条路线是从塔吉克斯坦的戈诺—巴达赫尚地区翻过帕米尔高原到达吉尔吉斯斯坦；另外一条路线是从塔吉克斯坦西北部地区的苦盏向到达吉尔吉斯斯坦。这两条路线在到达吉尔吉斯斯坦后，都要经过奥什、比什凯克以及楚河地区。值得注意的是，奥什—萨里塔什—伊克什塔姆这条连接中国与中亚的国际公路正在成为阿富汗毒品流向中国的通道。沿着这条重要的通道，越来越多的阿富汗毒品不断地流向新疆地区。目前，从吉尔吉斯斯坦过境的阿富汗毒品正在不断增多。仅在2012年的第一季度，在吉尔吉斯斯坦被破获的跟毒品有关的犯罪就有476起，截止到2012年7月，吉尔吉斯斯坦执法部门共缴获各种毒品5.6吨。此外，吉尔吉斯斯坦国家缉毒部门长官鲁斯兰·托库巴耶夫称，2012年从吉尔吉斯斯坦过境的阿富汗毒品的市场价值达到了60亿美元，基本上占到了阿富汗北方毒品走私路线上毒品市场总价值的1/3。①

塔吉克斯坦也是北方走私路线上重要的过境国之一。由于与阿富汗直接接壤、边防军能力不足以及国内长期动乱等原因，塔吉克斯坦曾经是阿富汗毒品从中亚地区过境的最主要国家。从1999年开始，塔吉克斯坦的毒品缴获量都一直在中亚国家中排名第一，2003年塔吉克斯坦一个国家的海洛因缴获

---

① Asker Sultanov, Kyrgyzstan Introduce Anti-Drug Frafficking Measures, registan. net, http://registan. net/2013/07/09/the-three-evils-of-narco-policy-in-central-asia/.

量就占了整个中亚地区毒品缴获量的82%。[①] 塔吉克斯坦东部广袤多山的戈诺—巴达赫尚地区是重要的毒品中转站，这里不仅幅员辽阔、人员稀少，而且和阿富汗仅有一山之隔，这种地理环境让这一地区成为了走私毒品的理想环境。除了这一地区外，杜尚别和苦盏也是塔吉克斯坦重要的毒品中转站。在杜尚别，毒品一般被装上船运往俄罗斯和西欧国家，而苦盏地区的毒品则被运往俄罗斯里海沿岸的城市，如厄木斯克等。

土库曼斯坦在阿富汗毒品北方走私路线上也有着特殊的地位。在地缘位置上，土库曼斯坦与阿富汗接壤，双方的共有边界达到了744公里。在毒品走私路径的选择上，土库曼斯坦不仅可以选择向伊朗进行走私，也可以向北方的俄罗斯进行毒品走私活动。从土库曼斯坦向俄罗斯进行毒品走私的主要线路是穿过设在土库曼斯坦与阿富汗边境舍赫塔巴德的边境检查站，然后经过马里—土库曼巴什最后到达俄罗斯的阿斯特拉罕，或是从阿塞拜疆到达俄罗斯。除了直接向俄罗斯进行毒品走私外，途经土库曼斯坦的毒品还会从乌兹别克斯坦或者是哈萨克斯坦过境。土库曼斯坦毒品从乌兹别克斯坦过境主要经过法拉普，从哈萨克斯坦过境则是经过阿特劳或是曼格斯套。

最后，乌兹别克斯坦也是阿富汗毒品北方走私路线上重要的过境国之一。但值得注意的是，虽然乌兹别克斯坦与阿富汗直接接壤，但一直以来直接从阿富汗向乌兹别克斯坦走私的毒品数量并不是很多，经过乌兹别克斯坦的毒品一般是从塔吉克斯坦或是土库曼斯坦转运而来的。这是因为一方面乌兹别克斯坦与阿富汗的边界被保卫得较好，另一方面阿富汗与乌兹别克斯坦的界河阿姆河构成了大宗毒品走私的天然屏障。但是由于中亚国家之间并没有严格的边界管理，所以从其他中亚国家向乌兹别克斯坦进行走私的毒品就成了可能。一般来说，毒品从塔吉克斯坦和土库曼斯坦被走私到乌兹别克斯坦，再从乌兹别克斯坦运往哈萨克斯坦和吉尔吉斯斯坦。由于乌兹别克斯坦的公路网和铁路网都较为发达，所以利用公路和铁路就可以完成大宗毒品的走私。

三、高加索地区的毒品走私活动

在阿富汗毒品走私的北方路线上，除了中亚国家以外，高加索地区是另外一条阿富汗毒品流入俄罗斯的重要通道。与中亚国家的地缘位置相比，高加索地区对于毒品走私同样提供着便利的条件。如果能够同时满足两个条件，

---

① llict Drug Trends in Central Asia, p. 36.

即符合作为毒品走私通道的最佳条件。这两个条件是既离毒品生产地比较近，又靠近毒品消费市场。由此可见，高加索地区同时满足了这两个条件。首先，高加索地区离毒源阿富汗的距离并不远；其次，高加索地区离毒品市场俄罗斯的距离也较近。不仅如此，与中亚国家相比，如果毒品从高加索地区过境，可以选择的走私路线会更多。从高加索地区过境的毒品不仅可以向北运往俄罗斯，而且由于高加索地区毗邻土耳其，毒品还可以从土耳其运往欧洲。除了地缘位置的便利外，高加索地区也为毒品走私提供了其他的便利条件。这些条件包括：一是高加索地区的各个国家政府的能力有限，尤其表现在边防能力上，其边防能力不足以打击毒品走私，此外，高加索地区各国在打击毒品走私方面所做的努力非常有限；二是高加索地区的政治动荡，为毒品走私提供了便利条件，这里不仅有国家之间和民族之间的冲突、分离主义运动，还有大量的国际难民，这些情况都加剧了该地区的动荡，但却为毒品走私活动提供了很好的掩护；三是同中亚国家一样，高加索各国政府也存在严重的腐败现象，毒贩和政府官员勾结，形成了服务国家的利益集团。这些都为高加索地区的走私提供了便利条件。

在高加索地区，格鲁吉亚是该地区最主要的毒品走私通道。早在20世纪90年代格鲁吉亚独立伊始，其走私活动就非常活跃。这一时期格鲁吉亚的走私活动的路线主要是从格鲁吉亚到土耳其。因为在苏联时期，作为苏联的加盟共和国，格鲁吉亚和土耳其的纺织品贸易比较繁荣，正是这条纺织品贸易的通道，在苏联解体后迅速变成了各种非法物品的走私通道。独立之初的格鲁吉亚不仅边防能力差，边防军官更是腐败，这一时期格鲁吉亚向土耳其的走私大多数是在格鲁吉亚边防军收受贿赂之后得以完成的。不过，在格鲁吉亚独立之初的走私活动中，已经有走私毒品的现象。到了2000年，格鲁吉亚已经成为主要的毒品走私通道。从2000年开始，格鲁吉亚的毒品走私活动开始增多，大批的毒贩也不断地参与进毒品走私活动当中。基本上，该地区的主要贩毒集团都在格鲁吉亚有活动，他们包括：阿布哈兹、南奥赛梯、车臣、阿塞拜疆以及来自独联体其他国家和土耳其的毒贩。2002年，从格鲁吉亚过境的毒品的市场价值已经达到了10亿美元。[①] 从格鲁吉亚过境的毒品主要朝着两个方向进行，一条路线向北，一条路线向西。向北的毒品走私路线主要是从陆路进行的毒品走私活动，向西的毒品走私路线则要

① Involvement of Russian Organisation Crime Syndicates, Criminal Elements in the Russian Military, and Regional Terrorist Groups in Narcotics Trafficking in Central Asia, the Caucasus, and Chechnya, p. 4.

经过黑海。

在格鲁吉亚，最主要的毒品走私中心是班吉西·乔治。乔治是一个坐落在格鲁吉亚西北部偏远山区的长 12 公里的谷地。乔治地区交通便利，与外界联系比较密切。这里与俄罗斯车臣共和国相邻，而在乔治地区的西部，则是格鲁吉亚的南奥赛梯自治区。除了交通便利之外，乔治地区人烟稀少，大部分居民都是车臣人和奥赛梯人。此外，还有大批的车臣难民从车臣共和国逃往此地，在这里定居。车臣难民的到来不仅加剧了当地民族之间的冲突，而且这些人当中成分较为复杂，其中不乏毒品走私犯。正是这些混杂在车臣难民当中的毒贩们利用自身在车臣的关系，进行着从车臣向乔治走私毒品的活动。而且，近年来，随着大量车臣难民的到来，乔治地区已经被车臣走私者所占据，成为了引起国际社会广泛关注的走私中心。在乔治地区进行的走私活动，包括毒品走私与武器走私，都跟车臣的武装叛乱分子和恐怖主义组织关系密切。除了车臣走私者的活动之外，南奥赛梯常年的动荡也蔓延至该地区，令该地区的毒品走私活动更加难以控制。2002 年，在格鲁吉亚军方的努力下，两条从乔治地区向外进行毒品走私的路线被切断，但是很快毒贩们就卷土重来，从乔治地区东部开辟了新的毒品走私路线。

除格鲁吉亚外，阿塞拜疆也是高加索地区另外一个重要的毒品走私通道。早在阿塞拜疆独立以前，这里就发生过毒品走私活动。苏联时代末期，这一地区民族宗教矛盾开始逐渐爆发，最后终于导致了阿塞拜疆和亚美尼亚之间因对那卡尔诺—卡拉巴赫地区的争夺而爆发的战争。“那卡战争”开始后，战争的消耗导致了该地区严重的物资匮乏，亚美尼亚又遭受土耳其的经济封锁而导致了国内走私活动的不断增加，几条走私路线就是在这样的情况下被开辟出来的，这些走私路线后来被土耳其的毒贩所占用，成了走私毒品的重要通道。苏联解体后，阿塞拜疆独立，独立之后的阿塞拜疆就逐渐成为了该地区重要的毒品走私中转站。与中亚国家的情形相似，地区局势的动荡、国内政府的腐败和能力不足以及边防军队素质的低下都是导致阿塞拜疆毒品走私活动增加的重要原因。

在这些因素中，边防因素在阿塞拜疆的毒品走私活动中发挥了重要的作用。阿塞拜疆与多个国家共享着边界，这些国家包括亚美尼亚、俄罗斯、土耳其和伊朗，这些国家大多数都是毒品走私路线上的重要中转站或消费市场。不仅如此，阿塞拜疆与这些国家之间边界的保卫情况也比较差。这里不仅有边防军素质差的因素，自然条件也起着一定的作用。阿塞拜疆南部塔里什山的存在更加剧了边防保卫的困难，翻过这座山也是各国毒贩在走私毒品时的经常性选择。阿塞拜疆的地理位置决定了它作为毒品走私路线的优势条件，在阿塞拜疆进行的毒品走私路线主要有三条，分别是阿富汗—伊朗—阿塞拜疆—格鲁吉亚—西欧；阿富汗—伊朗—阿塞拜疆—俄罗斯；以及阿富汗—中亚—里海—阿塞拜疆—格鲁吉亚—俄罗斯—西欧。

近些年来，从阿塞拜疆过境的阿富汗毒品数量在不断增加，其中大部分都走私到了俄罗斯。根据联合国毒品与犯罪办公室驻巴库的调查，从2006—2009年的三年内，在阿塞拜疆缴获的海洛因数量就从20公斤上升到了59公斤。[①] 由于从阿塞拜疆过境的毒品越来越多地被走私到俄罗斯，也引起了俄罗斯官方的不满。在2011年3月1日，俄罗斯的第一个FSS边防服役副部长甫雅车斯拉夫·多拉科金上将就称，阿塞拜疆在向俄罗斯走私最多毒品的国家之中位列第二位。此外，多拉科金上将称，到2011年为止哈萨克斯坦是向俄罗斯走私毒品最多的国家，排在第三位的是塔吉克斯坦。不仅如此，阿塞拜疆的族裔犯罪集团在俄罗斯本土活动的增多也引起了俄罗斯官方的警惕，俄罗斯境内多家媒体报道称，俄罗斯的毒品走私团伙大部分被阿塞拜疆族裔犯罪集团所控制。2013年1月，俄罗斯联邦毒品控制事务部将阿塞拜疆族裔犯罪集团列为在俄罗斯境内最危险的毒贩，排在他们后面的分别是塔吉克毒品走私团伙、哈萨克毒品走私团伙和阿富汗犯罪团伙。[②]

除了近些年不断增多的毒品走私活动之外，阿塞拜疆境内的毒品走私路线更是数量繁多。2013年4月17日，阿塞拜疆禁毒部的副部长阿迪尔·阿里克巴洛夫表示，在运行着的113条毒品走私路线中，有37条经过阿塞拜疆的领土。[③]

四、俄罗斯境内的毒品走私活动

俄罗斯不仅是北方毒品走私路线上重要的中转站，还是目的地。在阿富汗毒品从中亚和高加索地区被运到俄罗斯后，除了一部分毒品会继续向西欧

---

① Anna Zemblicka, Azerbalijan and the Lost Battle agaist Drug Trafficking, BRIGHT, 18 Apirl 2011, http://www.flarenetwork.org/report/syntheses/article/azerbaijan_and_the_lost_battle_against_drug_smuggling.htm.

② Drug Trafficking through Azerbaijan, or an Attempts of Baku to Ascribe Its Sins to NKR, panorama.am, 20 June, 2013, http://www.panorama.am/en/analytics/2013/06/20/narco-azerbaijan/.

③ Ibid.

走私外，还有相当一部分的毒品直接在当地被消费掉。随着近些年来俄罗斯社会中滥用非法麻醉品数量的不断增多，越来越多的从中亚和高加索地区过境的毒品停留在俄罗斯境内。不仅是在俄罗斯，相似的情况也发生在与俄罗斯邻近的东欧国家中。俄罗斯和东欧国家近些年来的毒品消耗量的增多也直接导致了北方路线上毒品走私活动的加剧。目前，毒品在社会中的泛滥和非法麻醉品使用人数的增多已经成了俄罗斯严重的社会问题，不断加剧着俄罗斯的社会负担。根据俄罗斯内务部的调查，目前俄罗斯的非法麻醉品使用人数已经超过了300万，但在政府登记的不超过30万。不仅有着数量较大的非法麻醉品使用人数，俄罗斯的毒品使用者还正在朝着低龄化的趋势发展。在俄罗斯，年龄在18—30岁的非法麻醉品使用者的人数占到了这一群体总人数的60%。[①] 同样，在东欧国家，这种情况也不乐观。根据联合国发布的2013年世界毒品报告显示，东欧和东南欧国家通过静脉注射方式来使用非法麻醉品的人数在282万—298万之间。[②] 正是非法麻醉品使用人数的增加让俄罗斯和东欧国家也成为了重要的毒品消费市场，导致了北方毒品走私路线上走私活动的增加。

由于俄罗斯幅员辽阔，毒品从中亚和高加索地区被走私到俄罗斯后，在俄罗斯境内还需要经过多次中转才能到达重要的集散地莫斯科和圣彼得堡。莫斯科和圣彼得堡虽然是俄罗斯重要的毒品集散地，但这两个城市并没有接收所有来自从中亚和高加索地区过境的毒品。除了莫斯科和圣彼得堡之外，毒品集散地广泛地分布在俄罗斯辽阔的土地上。在俄罗斯欧洲北部和西西伯利亚的乌拉尔联邦管区，汗特—曼西自治区和亚马儿—涅涅茨自治区以及斯维尔德洛夫斯克是这一地区重要的毒品中转站；在俄罗斯远东地区的领土上，滨海边疆区和哈巴罗夫斯克边疆区则是这里的毒品中转站，而在俄罗斯欧洲南部领土上，毒品中转站主要是乌里杨诺夫斯克、萨马拉州、诺夫哥罗德、以及罗斯托夫。从2001年开始，俄罗斯远东地区的毒品走私活动开始活跃起来，主要是俄罗斯有组织犯罪集团在这一地区活动的结果。

受从中亚过境的毒品走私活动的影响，俄罗斯的南部领土成为毒品走私活动较为活跃的地区。长期以来，从塔吉克斯坦过境向俄罗斯走私的毒品占据了中亚地区过境毒品的大多数，再加上大量从阿塞拜疆和格鲁吉亚过境的毒品，与这些地区接壤的俄罗斯南部领土成为了毒品走私较为严重的地区。

---

① World Drug Report 2013，p. 4.

② Ibid，p. 4.

其中最受影响的几个地区包括阿斯特拉罕、罗斯托夫、车里雅斌斯克等。因为地处中亚地区和俄罗斯的主要交通运输线上，所以阿斯特拉罕成为了连接中亚地区和西方的重要毒品中转站。

除了上述的几个重要的毒品中转站外，俄罗斯的卡尔梅克共和国也是阿富汗毒品走私北方路线上的重要中转站。作为毒品走私的中转站，卡尔梅克共和国地理位置十分优越，处在里海最北端和车臣以及达吉斯坦的北端，这让卡尔梅克共和国成为了连接中亚国家和阿斯特拉罕以及北高加索的最佳位置，从而成为两大毒品走私路线的连接点。从 2001 年开始，受毒品走私北部路线上不断活跃的走私活动的影响，从中亚和高加索地区向卡尔梅克共和国进行毒品走私的活动不断地增加，卡尔梅克共和国正在逐渐成为俄罗斯国内重要的毒品中转站。毒品在到达卡尔梅克共和国后，还会继续向北方和东方继续进行贩运。

第四章　阿富汗毒品与中亚安全

中亚五国自身也拥有长久的毒品滥用历史，这一问题至今仍然较为突出，这就决定了中亚国家不仅作为重要的毒品集散地和中转站，也是阿富汗毒品的消费者。在阿富汗毒品走私的过程中，国际贩毒集团、族裔犯罪集团、恐怖主义组织以及跨国活动的难民都发挥了作用，而中亚政府官员的腐败则进一步助推了毒品问题在该地区的恶化。

第一节　中亚地区的毒品种植、毒品制造和使用状况

一、中亚地区的毒品种植状况

中亚地区的毒品主要有两种，一种是罂粟，另一种是野生大麻。因为历史和地缘位置的毗邻，毒品的种植（或生长）和使用在中亚地区已经有了很长的历史。例如，在中亚地区，哈萨克族经常在节日或葬礼聚会时饮用一种叫作库库纳尔的饮料，这种饮料就含有吗啡、可卡因等生物碱。

中亚地区的毒品种植已经有了相当长的历史。19 世纪末期，伴随着帝俄势力向中亚的扩张，中亚地区开始受到毒品的侵害。十月革命后，苏维埃政权在中亚确立，也开始采取强有力的措施禁毒，并在较短的时间内取得了成果。在苏联时期，中亚地区也存在着毒品种植的状况，但都是为了满足世界医用吗啡生产的需要。在 1916—1973 年，苏联的吉尔吉斯斯坦加盟共和国向世界提供了 16% 的合法鸦片。[①] 1974 年，苏联宣布取缔鸦片生产，各加盟共和国基本上停止了罂粟种植。但罂粟并没有在中亚地区绝迹，在土库曼斯坦东南部、乌兹别克斯坦东南部、塔吉克斯坦东南部以及吉尔吉斯斯坦和哈萨克斯坦的一些地区都生长着罂粟，并生产一定数量的鸦片。大麻在中亚地区

---

① Maral Madi, Drug Trafficking in Weak State: The case of Central Asia, Athesis Submitted in partial Fulfillment of the Requirement for the Degree of Master of Arts in Peace and Conflict Research at Uppsala University, Spring 2003, p. 27.

的生长更是长久存在，因为中亚地区的大麻大多是野生大麻，主要生长在乌兹别克斯坦东部以及哈萨克斯坦的楚河流域。随着苏联的解体和中亚国家的独立，毒品问题开始在中亚国家变得越来越严重。中亚国家独立后，一系列社会问题凸显，经济发展停滞，政府腐败无能，犯罪率日益升高，这些都为毒品问题在中亚国家泛滥种下了祸根。基本上在同一时期，阿富汗的鸦片产量逐渐超越了金三角地区，成为世界上的主要鸦片生产国和输出国。在这种形势下，中亚国家的毒患越来越严重，成为阿富汗毒品的主要输入国。

目前，中亚国家是阿富汗毒品的主要输入国，由于阿富汗毒品大量源源不断地流入中亚国家，且价格相当便宜（例如，在中亚的主要毒品中转站吉尔吉斯斯坦的奥什市，一针剂量的海洛因注射价格要比一杯啤酒的价钱还要便宜）。所以，目前中亚国家的毒品种植面积和毒品产量都不大。联合国毒品与犯罪办公室1999年在中亚国家的毒品调查报告指出，中亚国家的鸦片种植主要在一些偏远的山区，也有极少的农民在自己的土地上种植少量罂粟，种植的主要目的并非是为了出售，而是自己使用。

目前，中亚国家罂粟种植面积已经非常小。在中亚五国当中，曾经罂粟种植面积最大的国家是哈萨克斯坦。根据联合国的调查报告，哈萨克斯坦1999年的罂粟种植面积为1867.5平方米，这些罂粟均为非法作物。其中，大部分罂粟都生长在南哈萨克斯坦，而偏远的山区成为哈萨克斯坦罂粟种植的主要地区，生长在山区的罂粟基本上占了哈萨克斯坦罂粟种植面积的84%。经过一段时期的努力后，哈萨克斯坦的罂粟种植面积逐渐减小，到了2007年已经不足0.07公顷。在联合国毒品与犯罪办公室1999年的报告中，吉尔吉斯斯坦是当时中亚五国中罂粟种植面积最小的国家，只有0.07公顷。吉尔吉斯斯坦的罂粟主要生长在楚河州，所有的罂粟都种植在居民房子周围的花园或空地上，基本上是为了满足自己的需要。2007年，吉尔吉斯斯坦已经不再有非法罂粟种植。除了哈萨克斯坦之外，塔吉克斯坦曾经也有着较大的罂粟种植面积。1999年联合国的调查报告显示，塔吉克斯坦的罂粟种植面积为1.73公顷，其中大部分罂粟都生长在列宁纳巴德和中央直属区RSS。目前，塔吉克斯坦的罂粟种植总面积已经非常小，只有1.01公顷。目前，乌兹别克斯坦是中亚五国中罂粟种植面积最大的国家，但实际种植面积也不是很大，只有1.44公顷。从1999年至今，土库曼斯坦一直没有发现罂粟种植的情况。①

---

① 关于中亚各国的鸦片种植状况，参见 Illict Drug Trends in Central Asia，UNODC，April 2008，pp. 8 –9。

与罂粟种植相比，大麻在中亚地区的生长更为普遍。在中亚五国中，除了一些小规模的大麻种植外，野生大麻大量生长在中亚地区。在中亚五国中，哈萨克斯坦是最大的大麻生产国。根据联合国 1999 年的调查，哈萨克斯坦的大麻主要生长在江布尔州（49680.2 公顷）、东哈萨克斯坦州（10993.1 公顷）、西哈萨克斯坦州（8598.3 公顷）、阿拉木图市（2410.3 公顷）以及阿特劳州（365.7 公顷）。在哈萨克斯坦的楚河流域，由于这里气候和土壤适宜，为野生大麻提供了良好的生长环境，这里不仅大麻生长面积大，而且产量高。其中，江布尔州生长的大麻二胫大麻酚含量最高，深得毒贩的喜爱。据专家估计，哈萨克斯坦楚河流域的大麻年产量在 6000 吨左右。目前，哈萨克斯坦的大麻制品占据中亚五国大麻市场的 97%。不仅如此，哈萨克斯坦的野生大麻生命力非常顽强，即使燃烧或使用化学制剂等方法都不能阻止野生大麻的生长。哈萨克斯坦政府也曾多次组织行动去清剿大麻，但都无功而返，到了第二年大麻的生长反而更为茂盛。所以每年 6—11 月到了大麻收获的季节，都有大量的毒贩前来收集野生大麻。吉尔吉斯斯坦也是野生大麻的理想产地。在吉尔吉斯斯坦，野生大麻主要生长在伊塞克湖州、贾拉拉巴德州、塔拉斯州以及楚河州和奥什市。其中，伊塞克湖州和贾拉拉巴德州的大麻产量不仅大，而且二胫大麻酚含量较高，深受中亚大麻市场欢迎。目前，吉尔吉斯斯坦并没有非法种植的大麻，所有大麻均为野生生长，生长面积也较以前大为减少，到 2006 年大麻生长面积为 537.5 公顷。相比之下，中亚其他三国的大麻种植面积都相对较小，而且二胫大麻酚的含量也较低。从 1999 年至今没有数据显示土库曼斯坦有种植大麻的活动。①

二、中亚国家的毒品使用状况

同阿富汗一样，大麻是最为广泛使用的毒品。因为长期以来使用大麻在中亚并未被视为“问题”存在，所以使用大麻尤其是经常使用大麻者并不用去政府登记注册。随着近年来毒品问题在中亚越来越严重，大麻的使用也逐渐受到中亚各国政府和国际机构的重视。中亚各国政府和国际机构都承认，大麻是在中亚被最为广泛使用的毒品。在中亚五国中，哈萨克斯坦是大麻最

---

① 关于中亚各国的大麻生长状况，参见 Illict Drug Trends in Central Asia，p. 23. 关于哈萨克斯坦的大麻生长状况，参见杨恕：《关于阿富汗及中亚毒品问题的一些考虑》，《东欧中亚情况》2001 年第 31 期，第 3 页。

为盛行的国家，不仅大麻生长面积大，产量高，且使用也极为盛行。根据联合国毒品与犯罪办公室的调查，哈萨克斯坦的大麻使用率占整个国家成年人人口比重的4.2%。不仅如此，大麻在哈萨克斯坦的青年人群中也有着极高的使用率。联合国2006年的调查显示，在哈萨克斯坦有16.8%的青年男性和7%的青年女性使用过大麻，在被调查的四个中亚国家中，哈萨克斯坦青年的大麻使用率最高。同样曾经为中亚地区的主要大麻生产国，吉尔吉斯斯坦有着中亚最高的大麻使用率。2001年联合国毒品与犯罪办公室的调查中显示，吉尔吉斯斯坦当年的大麻使用者占整个国家成年人人口比重的6.2%。与哈萨克斯坦相比，吉尔吉斯斯坦青年的大麻使用率较低，男性青年为8%，女性青年为1.3%。在中亚其他三国中，大麻使用率较高的另一个国家是乌兹别克斯坦，也达到了4.2%。但乌兹别克斯坦青年的大麻使用率比较低，分别是男性青年0.7%，女性青年0.4%。塔吉克斯坦的大麻使用率在中亚五国中相对较低，大麻的使用人数占整个国家成年人口的3.3%。青年群体的大麻使用率也比较低，分别是男性青年0.8%，女性青年0.2%。在中亚五国中，根据现有的调查结果，土库曼斯坦是中亚国家中大麻使用率最低的国家。根据联合国1998年的调查结果显示，当年土库曼斯坦的大麻使用人数仅占国家成年人口的0.3%。①

目前，鸦片类毒品的使用已经成为中亚毒品使用中最为严重的问题。在中亚地区，传统被使用的毒品是鸦片和大麻。但是随着苏联解体和中亚五国纷纷独立，北方路线取代了传统的巴尔干路线成为阿富汗毒品对外输出的主要路线，中亚国家尤其是塔吉克斯坦和吉尔吉斯斯坦成为阿富汗毒品对外输出的主要中转站。阿富汗毒品途经中亚国家对外输出也对中亚国家的吸毒状况造成了很大的影响，其中最为严重的就是海洛因取代了鸦片成为被广泛滥用的鸦片类毒品。2006年联合国在中亚五国的调查统计中，除了土库曼斯坦外，中亚国家登记在册的毒品使用人数是90082人。在这其中，鸦片类毒品的使用人数是63296人。在所有的鸦片类毒品的使用者当中，76%为海洛因使用者，24%为鸦片使用者。此外，在所有的鸦片类毒品使用者当中，有91%的人通过静脉注射的方式使用。②

在中亚五国中，哈萨克斯坦是鸦片类毒品使用率最高的国家。在哈萨克斯坦，鸦片类毒品的使用人数占国家成年人口总数的1.02%。在哈萨克斯坦，

① 关于中亚各国的大麻滥用状况，相关数据参见 Illict Drug Trends in Central Asia，pp. 26 –28。

② Illict Drug Trends in Central Asia，pp. 17 –18.

每10万人当中就有355人为鸦片类毒品的登记使用者。在哈萨克斯坦，鸦片是最为盛行的鸦片类毒品，使用者占整个哈萨克斯坦毒品使用者的47%，也占整个鸦片类毒品使用者的72%。在哈萨克斯坦，鸦片类毒品最为盛行的地方是阿拉木图、江布尔州、卡拉干达州以及东哈萨克斯坦州。作为阿富汗毒品向外输出的主要中转站，吉尔吉斯斯坦的鸦片类毒品的使用率也非常高。吉尔吉斯斯坦的鸦片类毒品的使用率与阿富汗毒品外流的主要通道有着很强的相关性，即在作为阿富汗毒品走私通道的比什凯克市、奥什市、贾拉拉巴德州以及楚河州这些地方，鸦片类毒品的使用率极高，但在其他非毒品走私通道的地方（如伊塞克湖州），鸦片类毒品的使用率则很低。所以在吉尔吉斯斯坦，鸦片类毒品使用率最高的地方是比什凯克市和奥什市。其中，比什凯克市每10万人中有381名毒品使用者，其中海洛因使用者占1/4，鸦片使用者占41%。作为另一个阿富汗毒品向外输出的主要中转站，塔吉克斯坦的鸦片类毒品使用率也非常高。在塔吉克斯坦，每10万人口中有119.1人为毒品使用者。但是值得注意的是，海洛因在塔吉克斯坦的使用率非常高，超过了中亚其他四国。在塔吉克斯坦，有81%的毒品使用者为海洛因使用者。塔吉克斯坦的海洛因高使用率与接近阿富汗这一海洛因产地有着很大关系。在塔吉克斯坦，海洛因最为盛行的地方是首都杜尚别，其次是中央管辖区和戈诺—巴达赫尚自治州。除了上述三个中亚国家外，乌兹别克斯坦的鸦片类毒品的使用率也比较高。在所有的毒品使用者中，海洛因在乌兹别克斯坦极为盛行，海洛因使用者占整个毒品使用者的64%。在乌兹别克斯坦，绝大多数毒品使用者为20—40岁的男性，其中男性使用者占整个毒品使用者的95%。①

目前，合成毒品的使用在中亚国家已经出现，但是，合成毒品并没有取代天然毒品成为中亚毒品市场的主流。合成毒品之所以在中亚国家并不流行，主要原因有两点：一是合成毒品的价格较高，而中亚国家的经济发展状况并不是很好，人民生活水平普遍并不高，难以支付合成毒品的高额毒资；二是中亚国家靠近鸦片类毒品的全球第一大生产国阿富汗，本身又生产大麻，所以无论是大麻还是鸦片类毒品在中亚国家的价钱都不高，人们有能力支付这些毒品的毒资。所以，合成毒品在中亚国家并没有流行起来。在中亚国家，合成毒品的使用者主要是年轻人群体，合成毒品在中亚年轻人群体中的使用

① 关于中亚各国鸦片类毒品滥用状况，相关数据参见 Illict Drug Trends in Central Asia，pp. 17－22。

率已经超过了大麻，并且有越来越高的趋势。

目前，中亚国家制毒主要集中在大麻类毒品上，鸦片类毒品的加工厂或实验室在中亚国家基本上没有被发现。由于在中亚各国普遍生长着大量的野生大麻，尤其是在哈萨克斯坦和吉尔吉斯斯坦的楚河流域，这里生长的大麻不仅数量多，而且二胫大麻酚的含量极高，深受中亚各国毒品走私贩们的喜爱。此外，大麻类毒品的加工制作相对简单，基本上可以在家庭中操作，所以中亚国家目前主要生产的毒品是大麻类毒品。之所以中亚国家基本上不生产鸦片类毒品，有两个主要原因：一是中亚国家对鸦片类毒品比较重视，各国打击力度都比较大；二是中亚国家靠近世界鸦片类毒品毒源阿富汗，是阿富汗毒品向外输出的主要通道，基本上向外输出的阿富汗毒品已经足够满足中亚市场的需求。曾经在塔吉克斯坦同阿富汗交界处的塔方一侧可能有小规模的海洛因精炼厂，不过这些精炼厂随着塔吉克斯坦内战的结束已经关闭。就连深受阿富汗毒品毒害的塔吉克斯坦总统拉赫蒙诺夫都很自豪地宣称目前塔吉克斯坦已经没有海洛因加工厂和实验室了。目前在中亚国家值得注意的是合成毒品的加工。虽然目前没有明显的证据显示中亚国家存在着合成毒品的加工厂，但整个中亚地区广泛生长着麻黄属类植物，也就是制作冰毒前体麻黄素的原料。这些野生的麻黄属植物基本上同大麻一样广泛地生长在中亚地区尤其是哈萨克斯坦、吉尔吉斯斯坦和塔吉克斯坦。有证据显示，在中亚国家和中国交界地区的中亚国家一侧有合法的化学工厂在地下生产合成毒品。而这些化学工厂生产的合成毒品主要是为了满足美国和南美洲市场。

三、毒品使用与 HIV/AIDS

近年来，随着海洛因使用在中亚国家的增多，人类免疫缺陷病毒在中亚国家迅速传播。因为在中亚国家使用海洛因的主要途径是通过静脉注射，而且有共用注射针头的经历，所以这就大大增加了使用海洛因的危险性，即人类免疫缺陷病毒的传播。根据联合国 2001 年的调查，在中亚国家中，88% 新增加的人类免疫缺陷病毒携带者被传染的途径是通过共用注射针头。共用注射针头已经成为中亚国家人们感染人类免疫缺陷病毒的主要途径，虽然在中亚国家人类免疫缺陷病毒的感染率要低于俄罗斯和乌克兰等国家，但是通过共用注射针头导致的传染率要远远高于伊朗、俄罗斯和西欧国家。不仅如此，中亚国家的人类免疫缺陷病毒感染的速度很快，新增感染者众多。2006 年，在中亚国家经政府登记注册的感染者中有23%为新增感染者。从1996年到2006年这十年间，中亚国家人类免疫缺陷病毒的感染者增加了百倍有余，1996年除了土库曼斯坦之外的其余中亚四国经政府登记的人类免疫缺陷病毒感染者只有138人，到了2006年，这一数字已经达到了19199人。但这一数字可能并不能真实反映中亚国家（除了土库曼斯坦外）人类免疫缺陷病毒感染者的真实人数，因为在中亚国家还有相当数量的感染者并没有到政府相关部门登记。联合国认为中亚国家的人类免疫缺陷病毒感染者的真实人数应在52000人左右。①

哈萨克斯坦依然是人类免疫缺陷病毒感染者最多以及感染率最高的中亚国家。2006年哈萨克斯坦有7402名经政府登记的感染者，其中1745名为新增感染者。在哈萨克斯坦，每10万人中有44人为人类免疫缺陷病毒感染者，这一比率在所有中亚国家中最高。但是，联合国认为哈萨克斯坦的感染者人数要远远超过政府登记的人数，联合国估计的哈萨克斯坦的感染者人数在12000人左右。在哈萨克斯坦，人类免疫病毒感染者较多的地区是卡拉干达州、帕夫洛达州、阿拉木图市以及南哈萨克斯坦州。吉尔吉斯斯坦的人类免疫缺陷病毒感染者在近年来增长迅速。1996年，吉尔吉斯斯坦发现了第一位人类免疫缺陷病毒感染者，一直到2001年，吉尔吉斯斯坦的感染者基本上都没有增加。但在2001年以后，吉尔吉斯斯坦的感染者增加迅速，在短短的几年内就增加了数倍。到2006年，吉尔吉斯斯坦经政府登记的感染者已经达到了1070人。在吉尔吉斯斯坦，人类免疫缺陷病毒感染者与毒品通道存在着极大的相关性。吉尔吉斯斯坦感染率最高的地方时奥什市，这与该地区的海洛因高盛行率有关，且这一地区的感染率要远远高于吉尔吉斯斯坦其他地区。其他感染率较高的地区是楚河州和比什凯克市。乌兹别克斯坦是中亚五国中另一个人类免疫缺陷病毒高感染率的国家。1987年乌兹别克斯坦发现了第一例感染者，之后感染者在乌兹别克斯坦增加并不是很快。2006年经政府登记的感染者人数为10015人，但联合国估计的感染人数在31000人左右。在乌兹别克斯坦，感染者主要集中在首都塔什干。在现有资料的显示范围内，塔吉克斯坦是中亚国家中感染率最低的国家，但也是中亚国家中病毒传播最快的国家。2001年塔吉克斯坦经政府登记的感染者只有45人，到了2006年，这一人数达到了710人。但这一数字也远远低于联合国估计的数字，联合国估计的数字在

---

① Illict Drug Trends in Central Asia, p. 47.

4900人左右。在塔吉克斯坦，感染率最高的地区是戈诺—巴达和尚自治州，这也是塔吉克斯坦与阿富汗的交界地带，离阿富汗毒源最近。[①]

第二节 中亚地区的毒品走私者

在目前的中亚国家存在着形形色色的毒品走私者。这些毒品走私者的分类有多种标准。如果根据毒品走私者规模的大小和毒品走私数量的多少作为分类标准的话，毒品走私者可以分为个体毒品走私者、中小型贩毒集团和大型跨国毒品走私集团。虽然毒品走私的直接目的都是为了获得经济利益，但如果根据走私毒品的最终目的来作为判断标准的话，又可以分为经济利益型毒品走私者和政治目的型毒品走私者。经济利益型毒品走私者走私毒品的最终目的是为了从中获取经济利益，一般个体毒品走私者、中小型毒品走私集团和大型跨国犯罪集团走私毒品的目的都是为了获取利益。政治目的型毒品走私者走私毒品也是为了获取利益，但他们获取经济利益的目的是为了支持他们的政治活动，达到一定的政治诉求才是他们的最终目的，这些毒品走私者包括中亚地区各种伊斯兰意识形态的组织、运动以及反政府武装等。他们走私毒品的目的是为了通过毒资获取的资金支持以满足自身的政治诉求，如分裂国家，建立伊斯兰哈里发国家等。

国际上相关问题专家将中亚地区的毒品走私者分为三类，分别用绿、黑和红三种颜色标注。[②] 根据他们的分类标准，绿色的毒品走私者代表着各种为了满足政治诉求而进行毒品走私的组织、团伙和运动等。尽管这些绿色的毒品走私团伙一般都在国际社会中声名显赫，但他们参与毒品走私所获得的利益所占整个毒品走私活动所获利益的比例却非常小。黑色的毒品走私者代表中小型或个体毒品走私者，他们一般动用个人将毒品藏在人体内、衣服内或通过其他隐蔽行为进行毒品走私，一般走私毒品的重量较为有限，也只能满足当地市场的需求。而红色的毒品走私者所代表的是有组织的大规模毒品走私者，一般为跨国犯罪集团或族裔犯罪集团，他们组织严密，走私毒品的数额巨大，且与各国政府和地方政府关系密切，一般能得到不同级别政府的庇护，在所有毒品走私者中也是获取利益最多的。现在中亚国家毒品走私活动

---

① 关于中亚各国 HIV/AIDS 情况，相关数据参见 llict Drug Trends in Central Asia，pp. 47 - 52。

② Sebastine Peyrous，Drug Trafficking in Central Asia：A Poorly Considered Fight? Ponars Eurasia Policy Memo No. 28，September 2012，p. 2.

中值得注意的有两点：一是不同级别的毒品走私者之间相互配合，已经形成了一个严密的毒品走私体系，例如大型有组织跨国犯罪集团往往和各种恐怖主义组织、分裂主义组织关系密切，共同开拓新的毒品走私线路。二是个体毒品走私者当中妇女和儿童所占的比重越来越高，为中亚地区的社会稳定带来了极大的隐患。越来越多的妇女和儿童参与进毒品走私活动的原因可以归结为中亚地区经济发展滞后，不能为社会提供充足的就业岗位，而毒品走私的暴利就吸引着越来越多的人们尤其是妇女和儿童参与进这项行业中。越来越多的妇女和儿童参与毒品走私活动的原因当中，也不排除毒贩们利用妇女和儿童的身份来麻痹执法者从而完成走私活动的意图。例如，从1997年开始，在吉尔吉斯斯坦从事毒品走私活动的妇女开始不断增多。吉尔吉斯斯坦毒品控制局局长拉苏尔别迪·莱姆别迪耶夫称毒品走私正在越来越妇女化。①

目前，所有在中亚国家从事毒品走私行业的组织中，最危险也是最难将之绳之以法的是各种跨国有组织犯罪集团。这些犯罪集团主要包括俄罗斯的各个有组织犯罪集团和活跃在欧亚大陆上的各族裔犯罪集团。其中，主要在中亚地区从事毒品走私的族裔犯罪集团包括塔吉克犯罪集团、吉尔吉斯犯罪集团和车臣犯罪集团等。苏联解体后，中亚五国相继独立，这些犯罪集团逐渐发展壮大，他们的发展壮大是阿富汗毒品走私路线变更的重要原因之一（即从传统的巴尔干路线逐渐向北方中亚路线转移）。反过来，北方中亚路线的开辟又为这些有组织犯罪集团带来了巨额的犯罪收益，使他们更为壮大。正是在这些跨国有组织犯罪集团的活动下，中亚各国的毒品走私愈演愈烈。相比各种反政府组织和恐怖主义组织，这些跨国有组织犯罪集团才是中亚乃至整个欧亚大陆上最为危险的毒品走私者。首先，他们从毒品走私中获取利益最多；其次，这些跨国有组织犯罪集团人员众多，分工明确，分别参与各种不同的犯罪活动，已经形成了专业化的犯罪网络；再次，这些有组织犯罪团伙难以被法律制裁，他们的组织领导者不仅被集团内部各种人员所保护，而且本身就远离犯罪活动。不仅如此，这些犯罪组织还往往通过贿赂各级政权官员来获取他们的保护伞。所以，有组织犯罪集团犯罪往往和腐败共生，这就加剧了打击有组织犯罪集团的难度。

有组织犯罪集团自身的一些特点决定了他们参加犯罪活动和规避法律制

---

① Maral Madi, Drug Trade in Kyrgyzstan: Strucure, Implations and Countermeare, Central Asia Survy23 (3-4), December 2004, p. 255.

裁的便利性。这些特点包括：（1）有组织犯罪集团一般组织较为稳定，稳定代表着经验，即这些有组织犯罪集团一般不是一次作案，而是多次或数次作案；（2）有组织犯罪集团内部不仅具有垂直型的权利分配体系，而且具有横向型的分工体系，这样不仅保障了组织或集团领导不直接参与犯罪活动，分支庞大，组织严密，而且使得犯罪活动分工更为明确，这样即使一人落马也很难危及到整个犯罪链条；（3）有组织犯罪集团领导一般不直接参与犯罪活动，在社会上拥有合法身份，很难将之绳之以法；（4）有组织犯罪集团和各级政府关系密切，被政府官员庇护，往往能逃过法律的制裁；（5）集团内部培训有大量清洗者，对变节的组织成员和执法部门官员进行清洗，帮助组织成员逃避法律制裁；（6）这些跨国有组织犯罪集团大多经过长期发展积累了大量的财富，又装备精良，即使动用武力也难以被肃清。这些特点都决定了打击跨国有组织犯罪的难度。虽然有组织犯罪集团从事的都是各种犯罪行业，但从不同的领域来划分，俄罗斯的有组织犯罪集团一般又分为经济型有组织犯罪集团和刑事型有组织犯罪集团。经济型有组织犯罪集团多通过大型企业从事高智商的经济犯罪，主要代表包括俄罗斯的霍多尔科夫斯基和别列科夫犯罪集团。而参与毒品走私的跨国犯罪集团一般是各种刑事犯罪集团，在俄罗斯和中亚地区数目众多，大小不等，而且作为跨国性的有组织犯罪集团，他们的活动范围已经远远超出了欧亚大陆。在全世界，他们也被统称为“俄罗斯黑手党”。

在中亚国家从事毒品走私的跨国犯罪集团中最臭名昭著的当属俄罗斯跨国犯罪集团。俄罗斯跨国犯罪集团有着悠久的历史，从18世纪末期发展至今已经走过了百余年。18世纪，俄罗斯的盗贼组织开始发展完善，并逐渐形成了今日黑帮的一些传统。到了19世纪，俄罗斯的有组织犯罪团伙已经发展壮大，具备了较为严格的组织特征。除此之外，专业性的分工也开始在该组织内部中出现，有人专门从事盗窃，有人专门从事盗马，有人专门从事杀人等。然而由于沙皇俄国强大的国家机器的存在，这些有组织犯罪团伙没有能够进一步发展壮大。十月革命后，苏维埃政权建立，在新政权建立的最初几年，常年的战争和贫困以及政权的动荡导致了有组织犯罪的增加，再加上新政权建立后政府大赦天下，一批罪犯得以从监狱释放，更加壮大了有组织犯罪的实力。斯大林时期苏联内务部加大了对有组织犯罪集团的打击力度，再加上一批犯罪集团成员在二战时被斯大林从集中营中挑出送往抗德前线，这样有组织犯罪集团的势力在斯大林时期迅速缩水。赫鲁晓夫时期的“解冻”政策和一系列的社会改革催生了有组织犯罪集团的复苏，这些有组织犯罪集团终于在勃列日涅夫时期重新发展壮大。在经历了戈尔巴乔夫时期的自由化浪潮和阿富汗战争的长期影响后，苏联的有组织犯罪集团开始迅速发展。这一时期的有组织犯罪集团不仅通过走私活动获取了巨额利益，而且从阿富汗战场返苏的老兵手中获取了大量武器，一举奠定了今日俄罗斯有组织犯罪集团的基础。在苏联解体后，这些有组织犯罪集团更是利用国家政权虚弱而得以迅速发展。

俄罗斯有组织犯罪集团是中亚国家毒品走私的重要参与者，贩毒获取的毒资是他们获取收益的重要方式。虽然每个俄罗斯有组织犯罪团伙参与贩毒活动的程度并不相同，但基本上对于毒品走私行业都有参与。他们往往和中亚各国当地族裔犯罪集团、毒品黑帮以及各级政府关系密切。俄罗斯跨国有组织犯罪集团是阿富汗毒品向外输出走私环节中的重要一环，甚至起着桥梁的作用。通过和当地族裔犯罪集团合作，他们共同开辟了从阿富汗经过中亚各国到达俄罗斯以及东欧和西欧的毒品走私路线。在亚欧大陆的东段即中亚各国内部，他们和塔吉克斯坦贩毒集团以及吉尔吉斯坦贩毒集团密切合作，通过收买边防军官将阿富汗的毒品走私到俄罗斯。这些毒品中的一部分留在俄罗斯满足其日益扩大的市场需求，另外一部分再由这些犯罪集团继续向西走私到东欧、西欧和波罗的海国家。在从俄罗斯继续向西走私的过程中，俄罗斯有组织犯罪集团相继与乌克兰犯罪集团和阿尔巴尼亚犯罪集团等大型跨国有组织犯罪集团合作，买通过境国政府和边防军官，直至将阿富汗毒品运往目的地。俄罗斯有组织犯罪集团手法专业，实力强进。他们往往通过各种手段去控制手下的毒贩以保证活动的安全。而获取的毒资收益经过他们的洗钱变为合法资本，这些合法资本又继续在国内或国际市场上流通，成为他们继续从事犯罪活动以及买通政府官员获取政治庇护的经济支柱。

除了俄罗斯跨国有组织犯罪集团之外，族裔犯罪集团也是中亚地区重要的毒品走私参与者。族裔犯罪集团最大的特征就是集团的民族化，在整个集团内部不管是领导者还是具体的犯罪实施者都来自同一个民族，因此整个集团具有很强的凝聚力。族裔犯罪集团早在苏联时期就已经出现，并且在当时已经成功地控制了一批地方社团。苏联解体后，族裔犯罪集团开始在苏联的各个加盟共和国迅速发展壮大。族裔犯罪集团在苏联解体之后迅速壮大的原因除了苏联解体后以前的加盟共和国政治动荡、经济发展不景气导致的社会动荡，传统价值观崩溃等之外，苏联原加盟共和国边境之间不设防以及大量跨界民族在不同国家共同生存也都为族裔犯罪集团在不同国家活动提供了便利的条件。在这种情况下，苏联各加盟共和国的族裔犯罪集团的犯罪行为都具有较为明显的地缘特征。例如，在中亚地区尤其是在楚河流域活动的吉尔吉斯族裔犯罪集团以及活动在阿富汗塔吉克斯坦边界的塔吉克族裔犯罪集团多从事毒品走私活动，波罗的海沿岸国家的族裔犯罪集团多从事有色金属和稀有金属的走私和贩卖活动。而在民族众多的高加索山区，族裔犯罪集团发展更为迅速，车臣集团和印古什集团所从事的犯罪行业十分广泛，不仅从事枪支走私、人口贩卖以及其他走私活动，也参与毒品贩卖和敲诈勒索，甚至能够在俄罗斯控制当地的一些银行。目前，发展比较壮大的族裔犯罪集团主要包括车臣集团、塔吉克集团、乌兹别克集团、阿塞拜疆集团、格鲁吉亚集团以及亚美尼亚集团。

在这些族裔犯罪集团中参与中亚毒品走私的集团主要包括吉尔吉斯集团、塔吉克集团、车臣集团和阿塞拜疆集团。在这其中，吉尔吉斯集团和塔吉克集团主要起到的作用是联系当地的毒品黑帮，负责为其他毒品走私者提供货物。除了负责联系中亚当地市场外，吉尔吉斯集团和塔吉克集团也利用自身跨界民族的身份以及在国外尤其是俄罗斯拥有大量同民族劳工的便利，向俄罗斯、中国以及高加索地区走私毒品。目前，吉尔吉斯犯罪集团的发展还不够壮大，但塔吉克犯罪集团不仅在中亚而且在俄罗斯都有较大的影响力，被俄罗斯内务部门列为最为危险的族裔犯罪集团之一。车臣犯罪集团是老牌族裔犯罪集团，他们从中亚当地的毒品黑帮手中获取充足的毒品供应后，就开始沿着阿富汗毒品输出的西线沿途向高加索地区和巴尔干地区走私毒品。车臣犯罪集团势力很大，在俄罗斯的莫斯科和圣彼得堡等西部大城市，它的势力足以跟当地的俄罗斯黑帮相抗衡。① 在莫斯科等俄罗斯西部大城市，车臣犯罪集团跟俄罗斯黑帮经常因为势力范围而发生枪战。阿塞拜疆犯罪集团近些年来发展极为迅速，已经逐渐超过车臣集团成为俄罗斯规模最大的族裔犯罪集团。他们同时也是阿富汗毒品途经中亚国家向外高加索地区走私的最主要参与者。

---

① 关于车臣族裔犯罪集团，参见 Involvement of Russian Organisation Crime Syndicates, Criminal Elements in the Russian Military, and Regional Terrorist Groups in Narcotics Trafficking in Central Asia, the Caucasus, and Chechnya, pp. 23–25。

第三节 中亚地区的毒品与犯罪

中亚国家的毒品泛滥也为这一地区带来了其他的犯罪活动。在这其中，不仅包括经济犯罪，还包括刑事犯罪。在经济犯罪活动中，最为值得关注的是洗钱犯罪活动。洗钱犯罪与贩毒活动可以说是相生的，已经成为一个完整的犯罪链条。贩毒活动是上游犯罪，洗钱犯罪是下游犯罪。洗钱犯罪不仅可以将贩毒所得通过隐蔽的渠道转化为合法所得，还能够进一步为贩毒活动提供活动资金甚至是用来收买政府官员获得政治庇护。

目前，中亚国家不仅存在着洗钱犯罪活动，而且远比想象的要严重。虽然近些年来，中亚国家一直在不断完善自身的法制建设，加强了对银行系统的监管和控制，也在打击洗钱犯罪方面加强了国际合作，但洗钱犯罪活动并没有因此而受到抑制。尽管从表面上来看，中亚国家在打击洗钱犯罪方面已经步入了国际合作的正轨，但实际情况却依然不容乐观。例如，到 2008 年，所有中亚五国都签署了联合国打击跨国有组织犯罪公约、打击金融恐怖主义的国际公约以及联合国打击腐败公约，但这些公约在具体实施方面却并不乐观。由于乌兹别克斯坦和土库曼斯坦相对封闭，国际机构很难监督这两个国家在实际操作中的表现，所以这两个国家在联合国金融行动工作小组的黑名单上赫然在列。同时，也有报告称任何一个中亚国家都不是主要的洗钱犯罪国家，主要是中亚国家的金融系统发展并不完善，没有能力提供洗钱服务。调查报告也显示了中亚国家的银行以及其他金融机构确实没有参与洗钱活动。[①] 虽然在反映中亚国家洗钱犯罪活动方面这些报告确实指出了一些实情，但却忽视了中亚国家洗钱犯罪活动的特点。

中亚国家洗钱犯罪活动有自身的特点，即不主要通过本地区金融系统来进行洗钱活动。首先，如前文所述，洗钱犯罪活动的方式多种多样，既可以通过金融系统洗钱，也可以通过现金的方式洗钱，而中亚地区的洗钱方式大多数是通过现金方式来完成。之所以在中亚国家洗钱犯罪活动要通过现金方式来完成，一方面是因为中亚国家银行系统发展不完善；另一方面，也正是因为在中亚国家洗钱犯罪大多跟毒品走私相关，所洗的钱正是毒资，而在毒品走私活动中大部分结算方式是通过现金来完成的，因此携带大量现金或将

---

① An Overview on Crime and Terrorism in Central Asia, Acams Today, June-August 2011, p. 30.

大量现金藏匿于交通工具出入境成为毒贩们惯用的洗钱方式，这种洗钱方式在中越边境的毒品走私中也极为常见。除了银行的技术限制外，中亚国家的毒品洗钱犯罪者一般能够通过贿赂收买的方式获得政府官员和执法者的庇护，所以一般也不会通过银行等金融机构进行洗钱，而是不加掩饰直接用现金来结算。其次，中亚国家的洗钱犯罪活动虽然不利用地区的金融机构，但由于现在互联网技术的迅速发展以及金融工具的网络化，资本得以在短时间内向全球迅速转移，这就为洗钱犯罪活动提供了相当的便利。中亚国家的洗钱犯罪活动的实施者一般将毒资转移到国外的账户中，并通过这些账户进行洗钱犯罪。中亚的洗钱犯罪者一般将毒资转移到阿拉伯联合酋长国、瑞士或者俄罗斯。

在中亚国家，洗钱犯罪活动方式主要通过三种方式进行。这三种方式分别是为犯罪者的活动经费和犯罪活动的重新投资、洗钱犯罪者自身的消费以及洗钱犯罪者对合法产业的投资。洗钱犯罪者的行动所耗以及重新投资犯罪活动包括购买寄售货物、通信工具和交通工具，为犯罪组织建立安全屋和庇护所，出钱收买政府官员或执法者以及为组织成员或团伙成员发放薪水。洗钱犯罪者自身的花费也是洗钱犯罪的重要手段，这些花费包括洗钱者购买房产或地产、开办宴会或组织会议，以及购买性服务等。这类洗钱犯罪活动一般都是通过现金结算的方式进行，所以在金融机构和银行中会无迹可寻。而将毒资投资到“合法产业”是目前洗钱犯罪最为普遍的形式和做法，也是毒品洗钱犯罪在中亚地区的最重要手段。毒贩或有组织犯罪集团投资洗钱的主要方式是开设前沿公司或者娱乐场所。通过开设前沿公司和制作假发票的手段，洗钱者可以将贩毒所得漂白成公司合法盈利所得。为了开设前沿公司，哈萨克斯坦的有组织犯罪集团渗透到银行业、食品加工业、对外贸易行业以及博彩业当中。其中，博彩业是洗钱犯罪的理想行业，据称在吉尔吉斯斯坦和哈萨克斯坦，大量的毒品走私、枪支走私以及烟酒类商品的走私所获得的非法收益都是通过博彩业来进行漂白的。[①]

中亚五国的毒品洗钱犯罪的情况各不相同。[②] 哈萨克斯坦洗钱犯罪大多数被有组织犯罪集团所控制。联合国毒品与犯罪办公室的报告称哈萨克斯坦的有组织犯罪集团控制了大约3500家合法机构，其中包括400家银行，47家商

---

① An Overview on Crime and Terrorism in Central Asia，pp. 30 – 31.

② 关于土库曼斯坦的洗钱活动，参见 Money Laundering and Related Issues in Turkmenistan，GPML Central Asia Briefing No. 3，11 November 2002，p. 2。

店以及1500家国有企业。通过控制这些合法机构，哈萨克斯坦的有组织犯罪集团可以顺利进行洗钱犯罪活动。[①] 吉尔吉斯斯坦由于银行以及金融机构发展并不完善，所以洗钱活动一般是通过现金来完成。在吉尔吉斯斯坦，存在着大量的毒品以及其他商品的走私活动，这些走私者的洗钱活动一般都是通过携带大量现金来进行。不仅如此，在吉尔吉斯斯坦，毒贩们贿赂政府官员以及执法者的赃款一般也通过现金来进行洗钱。塔吉克斯坦洗钱犯罪的最主要特点是在国外开设洗钱账户。一般情况下，塔吉克斯坦的走私者在塔吉克—阿富汗边境地区用枪支来换取鸦片或者海洛因，并将走私毒品所得转入到开设在阿拉伯联合酋长国或者俄罗斯的账户中，一般情况下，这些钱大部分都不会再流向塔吉克斯坦。在乌兹别克斯坦和土库曼斯坦，由于银行和金融机构确实不发达，影响了这两个国家洗钱犯罪的效率，所以这里的洗钱犯罪活动发生得比较少。但在这两个国家也存在着洗钱犯罪活动，一般和政府官员腐败联系比较大，和毒品相关的洗钱犯罪活动还比较少见。

在毒品使用和犯罪是否存在直接联系这一问题上，目前学界还没有统一的定论。根据研究毒品犯罪的社会学家的划分，毒品使用和犯罪的关系大致可以归纳为三种模式：第一种是精神—药理型作用关系，即在药物作用的影响下，人的行为和认知会随之发生变化，从而在药物的支配下作出一些攻击行为。第二种是经济驱动型关系，这在所有的毒品犯罪中最为常见，指毒品使用者在满足毒瘾的欲望驱动下，为了筹集购买毒品的资金而进行犯罪。第三种模式是系统反应关系。持这种观点的学者认为正是毒品使用者不满足于毒品使用以及毒品市场被认定为非法才导致了犯罪行为。虽然如此，但参与毒品犯罪的大量事实却是存在的，大量的实证研究也证实了鸦片类毒品的使用与犯罪存在着密切联系。[②] 在毒品催生的各种犯罪中，治安和刑事案件最为普遍。虽然在罪行的严重性以及对国家和社会安全造成的影响方面，涉及毒品的治安和刑事案件远远比不上跨国有组织犯罪和洗钱等犯罪活动。但是由于涉及毒品的社会治安和刑事案件十分普遍，涉及的人员更多也更为广泛，所以同样对社会安全造成了严重的影响，需要严厉打击。

在中亚国家，除了跨国有组织犯罪、洗钱犯罪和毒品走私以外，其他跟毒品相关的犯罪活动也比较突出。这些犯罪活动主要包括非法麻醉品的持有、

---

① An Overview on Crime and Terrorism in Central Asia, p. 31.

② 参见罗瑞芳：《毒品与犯罪—基于国外相关实证研究考察》，《江苏警官学院学报》2006年第6期，第87—92页。

贩卖以及毒品使用所导致的社会治安和刑事案件。总体来说，中亚国家跟毒品相关的犯罪从20世纪90年代初期开始初见端倪，到了2000年达到了顶峰之后呈逐渐下降的趋势。根据不同国家的情况，中亚不同国家毒品犯罪的情况也有较大的差异。目前，中亚国家中毒品犯罪情况较为严重的国家是哈萨克斯坦、吉尔吉斯斯坦。其中，哈萨克斯坦自20世纪90年代中期以来就一直是中亚国家毒品相关犯罪最为严重的国家。2006年，哈萨克斯坦每10万人中有68人涉及到与毒品相关的犯罪，这一比率高于中亚国家的平均水平（中亚国家与毒品相关犯罪的比率是每10万人中有41人）。在哈萨克斯坦，最为普遍的涉毒犯罪行为是毒品贩卖，而涉毒犯罪最为严重的地区是阿拉木图、卡拉干达和东哈萨克斯坦。① 吉尔吉斯斯坦是排在哈萨克斯坦之后与毒品相关犯罪率第二高的中亚国家，每10万人中有46人涉及到与毒品相关的犯罪。吉尔吉斯斯坦涉毒犯罪最为普遍的地区是伊塞克湖州、楚河州、奥什市和比什凯克市。值得注意的是，吉尔吉斯斯坦的伊塞克湖州是中亚国家中涉毒犯罪率最高的地区，这一地区的涉毒犯罪率接近中亚国家平均涉毒犯罪率的3倍。② 相比哈萨克斯坦和吉尔吉斯斯坦，乌兹别克斯坦和塔吉克斯坦这两国和毒品相关的犯罪率较低。

第四节　中亚地区毒品问题与腐败

当今中亚国家的毒品走私与政府官员和执法人员的走私之间的联系越来越深。作为处在政治转型时期的国家，苏联时期不成功的政治制度建设和政治文化依然在影响着新独立国家的运转，新的有效制度又迟迟不能得以确立。在这种情况下中亚国家政治生活和经济生活深受腐败的影响。而毒品走私和腐败的关系无疑是相互强化的，一方面，毒品走私加剧了中亚国家的腐败状况，使腐败问题日益难以治理。毒贩或有组织犯罪集团成员为了将阿富汗的毒品在中亚国家顺利过境，不断地贿赂和收买中亚国家的各级政府官员和执法人员，使得毒品问题迅速与腐败挂钩，成为中亚国家独立以后出现的新型腐败问题。另一方面，中亚国家各级官员和执法人员又通过自身的职位带来的权力为毒贩们和有组织犯罪集团提供保护伞，使滥用权力和不作为这些腐败现象在中亚国家愈演愈烈。毒品与腐败的结合不仅使禁毒工作更加难以开

① Illcit Drug Trends in Central Asia，p. 42.

② Ibid，p. 43.

展，也大大消弱了中亚国家的国家能力和政府信誉，甚至有让某些中亚国家沦为失败国家的危险。

腐败一词由谷物发霉发烂这一生物学释义上引申而来。在语境中，腐败一词的含义主要包括公共权力的滥用、社会生活的丑恶现象以及制度的腐朽等。国内外众多学者甚至是权威机构都对腐败下过定义，这些定义虽在表述上有所不同，但基本上都抓住了界定腐败的核心，即在现代政治学的语境中，腐败一词大多与公共权力滥用这一现象相关。尽管众多学者对腐败的定义并不同，但腐败所具有的几个要素是广大学者们所承认的。腐败的第一要素是腐败的行为主体，主要是国家权力的行使者，包括政府官员、党派成员等。腐败的第二个要素是腐败的行为方式。腐败包括两种行为方式，第一种行为方式是以权谋私。在中亚国家的毒品与腐败问题中不乏这种案例，例如在中亚国家边防军官或俄罗斯驻防军队官兵利用自己职位之便参与毒品走私。腐败行为的第二种方式是占用公职却不作为。在与毒品有关的腐败案例中，不作为的情况在中亚国家也相当突出。例如，中亚国家的政府官员、执法人员或检察官等的本职工作是打击毒品犯罪，并将毒贩们绳之以法。但是在接受毒贩们的贿赂后，他们不仅对毒品走私睁一只眼闭一只眼，甚至为毒贩们提供保护伞。腐败的第三个要素是腐败的动机，腐败的动机多数是为了谋取私利。基本上所有的毒品腐败的动机都是这样的。最后就是腐败的后果。腐败对于国家的危害相当严重，严重削弱了政府的能力和公信力，尤其是当腐败和毒品结合后，无论是对国家、社会还是公民都造成了危害。

可以说中亚国家的腐败问题由来已久且成因复杂。很显然，并不是毒品走私和非法贩运导致了中亚国家严重的腐败问题。腐败问题是世界性的政治难题，在全球各个地区都会出现，只是在腐败的程度上有所差别。这一问题的成因极其复杂，不仅涉及到政治制度的建设、政治发展的状况，还涉及到政治文化的影响以及人性的因素。可以说包括中亚国家在内的全球各国在其发展的不同时期都受到这些因素的制约。而中亚国家当今的腐败问题基本上是受政治发展的制约和政治文化的羁绊。

中亚国家的腐败问题首先是受到了政治文化的羁绊。中亚国家在进入现代化的国家形式之前基本上都是由农牧民组成的部落国家或绿洲政权。在19世纪末期，中亚地区逐渐落入了帝俄的版图，从这种意义上来讲，中亚各国的现代化进程是在苏联的体制内进行的。虽然处在不同的地域，由不同的民族构成，但中亚国家还是在苏联的体制内生存了70余年。所以在政治文化上中亚各国受苏联影响很深，尤其是哈萨克斯坦和吉尔吉斯斯坦，这两个国家目前俄语的通用率依然很高，俄语依然作为主要的工作语言和学校教育的语言。所以，苏联建设时期的政治文化尤其是腐败的风气深深地影响了独立后的中亚各国。苏联的腐败主要集中表现在以下几个方面：一是官僚思想和作风日益严重；二是领导干部的特权化问题严重；三是政府官员利用职权倒卖国家财产；四是贪污腐败问题严重。基本上这些问题在苏联后期已经发展得极为严重，甚至成为苏联解体的重要原因。中亚国家在独立后，苏联时期的这些问题并没有被纠正，而是成为了一种社会文化。这种社会文化直至今日依然在中亚国家的政治生活中占据着主导地位，成为导致其腐败的主要原因。例如，在当前中亚国家的领导人特权现象依然比较严重。

其次，中亚国家的腐败问题受政治发展的影响极深，集中表现在中亚国家作为转型国家的身份上。正是国家转型这一特殊时期造成了中亚国家严重的腐败问题。在国家转型时期，基本上所有的国家在这一发展阶段都经历了严重的腐败现象。例如，18 世纪的英国和 20 世纪 60—70 年代的韩国。可以说，转型时期的腐败是政治发展中的通病。主要原因是：首先，转型时期带来了严重的社会骚乱和动荡，对国家权力的监督和制约也相对薄弱，这就为腐败留下了极大的隐患。然而在同一时期，转型导致的社会动荡和混乱往往令民众向往公权力，公权力在转型时期的国家往往大大增强。这些强大不受制约的公权力在转型国家迅速膨胀，成为腐败的诱因。在中亚国家这些公权力可以具体表现在政治制度的建设上。基本上所有的中亚国家都采取强力的总统制。其次，转型时期国家处于制度不健全时期。在国家转型时期，往往旧制度还没有完全被革除，但新的有效的制度又没有建立起来，制度的缺位让腐败有了衍生和繁殖的机会。①

中亚国家和毒品相关的腐败案例不胜枚举。在中亚国家，涉及毒品腐败的官员从职位上来讲十分广泛。不仅有边防士兵接受贿赂或是参与毒品走私，甚至连一些国家高层领导也涉及到毒品走私活动中。在中亚国家，政府官员利用职位之便参与贩毒的现象也比较普遍。例如，前塔吉克斯坦驻哈萨克斯坦大使就曾利用自己外交官的身份做掩护，获得了外交豁免以此参与毒品走私。这位前大使也因毒品走私而两次被执法部门抓获，在第二次被抓获时搜

---

① 郭春生：《论俄罗斯社会转轨时期的腐败难题与腐败治理》，《廊坊师范学院学报（社会科学版）》，2010 年第 4 期，第 63 页。

缴出 62 公斤的海洛因和 100 万美元的现金。[①] 在中亚国家执法部门人员参与毒品腐败的现象也极为普遍，一些执法部门人员甚至直接参与毒品的贩卖。这些毒品极有可能是执法部门人员从毒贩手中搜缴而来的，但并没有交公或是销毁，而是重新拿来贩卖。据称，在吉尔吉斯斯坦地方市场上 36% 的毒品来源于当地的警察。不仅如此，在中亚地区，即使毒贩们或是有组织犯罪集团成员被抓获也难以受到法律的制裁，这是因为司法系统已经遭到了严重的腐蚀。2003 年，土库曼斯坦的国家总检察长库尔班比比·阿塔江诺娃因多年来为一个家族贩毒集团做掩护而遭到逮捕。但阿塔江诺娃并没有遭到任何起诉，甚至保留了自己的工作。（极为讽刺的是，在 2006 年阿塔江诺娃因侵吞国家财产罪被判刑，这些财产只是 3 万个木桶。[②]）

在中亚国家，政府官员为毒贩们或是有组织犯罪集团成员提供保护伞的情况屡见不鲜。在这其中，最为著名是维塔利·乌萨车夫少校的例子。1997 年的一天，乌萨车夫少校照常在阿什哈巴德机场执勤。当他检查一个看似平常的集装箱时，发现其中藏有 400 公斤海洛因。这一数量已经超过了以往在土库曼斯坦缴获海洛因的最大数量，所以他马上向上级做了汇报。事实证明，乌萨车夫少校做了一个错误的决定，他并没有因为这次出色的执勤而被嘉奖。因为进行这次毒品走私活动的并不是其他人，而正是土库曼斯坦某位政府高管。后经查明这条毒品运输线已经在土库曼斯坦经营多年，它的目的地是西欧的格拉斯哥、安特卫普以及汉堡。据估计，这 400 公斤海洛因在到达最终目的地汉堡后价值可达到 4000 万美元。很显然，土库曼斯坦政府高层认为乌萨车夫少校了解的内幕已经太多了，所以在乌萨车夫向上级报告的当天就以参与毒品走私的名义逮捕了他，并很快判以死刑并执行。有时，为了帮助毒贩们逃脱或是掩盖自身犯罪行为，中亚腐败官员甚至不惜杀害自己的边防官兵。[③] 1998 年的土库曼斯坦和阿富汗边境上，一支土库曼斯坦边防小队在边境线巡逻时发现了武装贩毒集团。边防军马上通过无线电向总部发出求援信号。在很短的时间内土库曼斯坦的武装直升机就到达了目的地并向地面发动了猛烈的进攻。但被消灭的并不是毒贩，而是边防军。[④]

---

① Central Asia：Drugs and Conflict，International Crisis Group，26 November 2001，p. 15.

② David Lewis，High Times on the Silk Road：The Central Asian Paradox，Word Policy Journal，Vo. 27，No. 1，Spring 2010，p. 43.

③ 关于乌萨车夫少校的案例，参见 High Times on the Silk Road：The Central Asian Paradox，pp. 42 –43；Drug Trafficking in Weak State：The case of Central Asia，p. 39。

④ High Times on the Silk Road：The Central Asian Paradox，p. 43.

但是，在中亚国家的毒品腐败中，最值得关注也是对地区安全危害最大的是边防腐败和毒资进入社会。边防腐败问题自苏联解体、中亚国家独立以后开始恶化。在苏联时期尤其是苏联从阿富汗撤军后，就已经出现了从阿富汗战场返苏的苏联士兵从阿富汗走私鸦片的情况。这种状况虽然不少，但也只是返苏士兵的个人行为，与现在从中亚过境的大规模毒品走私的情况有很大的不同。在苏联时期，苏联同阿富汗的边境安全还是可以得到保障的。当时阿富汗的毒品走私很难通过苏联的南方边境，即今日的中亚五国以及高加索地区，因此选择从伊朗过境到达土耳其。在苏联时期，中亚加盟共和国并不是阿富汗毒品走私的主要路线。在苏联解体后，中亚五国相继独立。独立后新建立的中亚国家的边境防御失去了苏联时期的庇护，中亚国家不得不独立承担边防的重任。相比拥有强大军事实力的苏联，中亚五国的势力要弱小太多，边防能力自然不能跟苏联相提并论。然而正是在同一时期，阿富汗内战导致鸦片生产剧增，塔吉克斯坦也爆发了内战，这些不安定的因素让大批毒品走私者获得了从中亚国家走私毒品的新机遇。除此之外，大批从事毒品走私的犯罪团伙如土耳其毒贩也在此时来到中亚开拓市场，中亚国家从此成为了毒品走私的过境国和集散地。

毒品走私路线的开通和边防能力的弱化也催生了边防的腐败。在中亚国家，边防的腐败最集中的表现就是边防军官兵被毒贩们或是有组织犯罪集团团伙贿赂或收买，在履行边境检查时睁一只眼闭一只眼，为贩毒活动提供方便。早在 1995 年的土库曼斯坦和俄罗斯边境地区，就有消息称为了走私毒品，土库曼斯坦边防军向俄罗斯边防军行贿，最终俄罗斯边防军接受了土库曼斯坦边防军 2500 公斤鸦片的贿赂。这种情况在中亚五国都屡见不鲜。比起这种占有公职却不作为的情况，更为严重的是边防官兵利用职务之便滥用权力，直接参与毒品走私与贩运。在与阿富汗共享边境最长的塔吉克斯坦，边防官兵参与毒品走私与贩卖的情况极为常见。早在 2003 年，塔吉克斯坦内务部下属的禁毒机构头目加多耶夫就反映称有越来越多的塔吉克斯坦国防部官员参与毒品走私。比起塔吉克斯坦的边防官兵，俄罗斯边防官兵参与贩毒的行为更加严重。在塔吉克斯坦内战结束后，俄罗斯的第 201 摩化步兵师开始在塔吉克斯坦边境驻防。201 摩化步兵师的任务除了防御塔吉克边境以外，更多的是参与毒品和枪支的走私。更有消息称俄罗斯边防军为了方便将阿富汗流出的大宗毒品运往俄罗斯，减少运输中间成本，甚至动用大型运输机直接将毒品运往俄罗斯。这些毒品在俄罗斯驻中亚的空军基地被装上运输机运往莫斯科等地，直接满足当地市场。①

与毒品相关的另一种对国家和社会危害较大的腐败行为是毒资进入社会。比起边防腐败这种直接对国家和地区安全造成危害的行为，毒资进入社会这种腐败行为的危害则更为隐蔽和长久。毒资进入社会这种腐败行为一般和政府高层甚至是国家元首紧密相连，一般涉及到国家内某股政治势力利用毒资支持选举、提高自己的政治声望或者打压竞争者。反过来，在享受了毒资带来的政治便利后，这些政治势力也要为毒贩们提供保护伞。毒资进入社会这种腐败行为的实质是一种国家犯罪行为。毒资进入社会对国家带来的危害相当大，其中最严重的要数这些通过毒资上位的政治势力在掌握国家政权后会继续进行毒品犯罪，严重干扰国家政治秩序的正常运行，这样整个国家就会沦为犯罪国家直至失败国家。

在中亚国家，毒资进入社会是非常常见的腐败行为。这种情况在土库曼斯坦和吉尔吉斯斯坦最为突出。土库曼斯坦独立以后，撒巴尔木拉德·尼亚佐夫成为首任总统。在独揽了土库曼斯坦的军政大权后，尼亚佐夫通过出售国家天然气获取了大量的财富。为了进一步提高自己的政治声望，尼亚佐夫将通过天然气获得的财富用于在全国各个战略要地树立自己及其父母的金质雕像。但是，这些财富不足以支付尼亚佐夫为提高自己的声望而进行的耗费，于是他开始寻求毒资的帮助。土库曼斯坦在20世纪90年代中期成为中亚唯一一个中立国，此后有关土库曼斯坦的消息开始闭塞。但是，关于尼亚佐夫涉毒的消息却层出不穷。2001年3月21日，一家名为Deutsche Welle的新闻媒体引用了一名前土库曼斯坦政治犯的话称，尼亚佐夫参与了在阿什哈巴德的毒品走私活动。此外，据一名曾经担任土库曼斯坦中央银行主席、后潜逃出国的官员称，尼亚佐夫的私人金库中藏有价值百万的阿富汗海洛因。据另一位尼亚佐夫的不同政见者称，在尼亚佐夫的总统官邸中藏有大量的毒品。②

除了土库曼斯坦外，吉尔吉斯斯坦毒资进入社会的现象也很严重。在吉尔吉斯斯坦，曾经在政坛中叱诧风云的议员巴亚曼·艾金巴耶夫本人就是奥什当地著名的毒品大亨。据称，艾金巴耶夫家族控制了经由奥什市的几条重要毒品走私路线。利用贩毒所得艾金巴耶夫开始进军政坛，参加议会选举，并曾在议会竞选中获得95%的支持率。在议会上，基本上没有人敢于反对他。在艾金巴耶夫当选为国会议员后，更是利用毒资的支持不断扩大自己的影响

① Drug Trafficking in Weak State: The case of Central Asia, p. 38.

② High Times on the Silk Road: The Central Asian Paradox, p. 42.

力，排除异己。在2005年吉尔吉斯斯坦爆发导致阿什卡·阿卡耶夫下台的政治骚乱中，艾金巴耶夫的势力起到了很大的作用。在骚乱后期，艾金巴耶夫曾组织自己出资建立学校的学生去总统府官邸闹事。被赶下台的阿卡耶夫在后来接受采访中曾抱怨称，所谓的“郁金香革命”是一场由毒贩和极端主义者制造的骚乱。但是好景不长，阿卡耶夫刚下台不久，艾金巴耶夫就死于一场不同贩毒势力为控制国家新政权而实施的暴乱。于是，在2005年当选吉尔吉斯斯坦总统的巴基耶夫及其家族成为了吉尔吉斯斯坦新的毒品大亨。

第五节　中亚地区毒品走私与恐怖主义势力

近年来，恐怖主义组织与传统犯罪组织之间的互动逐渐增多，并且有交叉发展的趋势。在人们普遍关注恐怖主义组织发展现状的同时，又很少对恐怖主义组织与有组织犯罪集团之间的联系有所了解。大多数人仍然认为，恐怖主义组织的活动是带有强烈的意识形态色彩的且具有强烈的政治意愿，并认为恐怖主义组织当然也从事犯罪活动，但这些活动只是手段，是为了为他们的最终目的提供经济支持或行动支援。这种认识当然有它的合理性，因为它指出了恐怖主义的特征，即政治性。但是随着近些年来恐怖主义组织的发展，这种认识却未能随着恐怖主义组织的发展而揭露它的真相。在恐怖主义组织长期的发展中，一个重要的趋势就是恐怖主义组织正在逐渐与有组织犯罪集团合流，双方之间的互动越来越多，甚至交叉发展。可以说，恐怖主义组织和有组织犯罪组织之间一些共有的特点为他们之间互动的增强打下了基础。从根本上来讲，恐怖主义组织与有组织犯罪组织都是地下组织，他们都进行犯罪活动。虽然两者犯罪的目的或有不同，但却享有共同的经济基础。这一共同的经济基础就是地下经济网络。地下经济网络既为有组织犯罪组织开展活动提供资金支持，又是他们进行犯罪活动的目的（即经济目的）。而恐怖主义组织要实施活动，也必须有一定的行动资金，这就需要地下经济网络的支持。

可以说，共享同一经济基础是恐怖主义组织与有组织犯罪组织之间互动增多、交叉发展的重要原因，但并不是唯一原因。另一个在恐怖主义组织和有组织犯罪组织交叉发展中起着重要作用的因素是这两者的组织结构功能的互补性。这两者组织结构功能的互补性具体体现在获得非法资金的渠道方面，有组织犯罪组织更加有经验，因为他们长期从事走私、绑架、诈骗、盗窃、洗钱等多种犯罪行业，有大量的资金和丰富的来源渠道，而这一点正是恐怖主义组织所缺乏和需要的。而与有组织犯罪组织相比，恐怖主义组织的行动能力则更为突出。恐怖主义组织成员基本上都接触过正式或非正式的军事训练，还有一部分恐怖主义分子就是军人出身，他们在执行例如走私这样的任务时就能发挥自身优势。所以说，正是基于这样的利益结合，恐怖主义组织与有组织犯罪组织之间的合作才会不断加深。最后还有一点值得说明的是，在恐怖主义组织与有组织犯罪组织交叉发展的时候，这一趋势的具体表现多是恐怖主义组织向有组织犯罪组织的方向靠拢，而鲜有有组织犯罪组织表现出恐怖主义组织的倾向。有组织犯罪组织犯罪的目的相对简单，甚少有政治诉求。但他们也积极参与政治，例如通过洗钱活动漂白自己的身份，为组织头目获得合法政治身份提供资金或为某些政治势力提供现金。但有组织犯罪组织渗透进政治领域的目的是为了对犯罪活动提供政治庇护。而恐怖主义组织在为了获取经济支持的犯罪中往往忽略了意识形态的因素或是经济目的，变成纯粹的犯罪组织。

恐怖主义势力为了获取资金参与的犯罪活动多种多样，主要包括走私、贩毒、贩卖人口、组织非法移民、绑架、敲诈勒索等。甚至在目前的犯罪活动中，恐怖主义势力尤其是某些地区的恐怖主义势力已经是当地犯罪活动的主要实施者。例如，在阿富汗，“哈卡尼网络”既是被国际社会认定的恐怖主义组织，也是阿富汗多项犯罪活动的实施者。“哈卡尼网络”主要实施的犯罪活动是走私、绑架和勒索。而东南亚的恐怖主义组织还经常组织非法移民偷渡到大洋洲等地。通过组织非法移民，不仅可以获取暴利，而且还可以通过掌握移民来达到掌握移民社区的目的。在控制了移民社区这一地方网络资源后恐怖主义组织便可以轻易地进行将犯罪实施者安插渗透进移民国家，从而更有效地实施犯罪。不仅如此，甚至在移民过程中，就有不少恐怖分子被安插在非法移民中间。正是通过广泛的参与犯罪活动，恐怖主义组织不仅获得了维持组织运转的资金，还疏通了实施行动的渠道。

参与毒品走私活动是恐怖主义组织获取资金的重要渠道。由于贩运毒品的利润极大，在阿富汗，每公斤纯度较高的海洛因售价仅1000美元，但到了欧洲市场后，纯度大大降低的海洛因每公斤可售价10万美元甚至数十万美元。仅凭这一点就足以吸引恐怖主义组织甘愿铤而走险，参与其中。此外，毒品贩运的成本很低，只要有人愿意藏毒进行贩运即可，稍微大宗的毒品走私也仅需要一支武装去押送，这样的成本在贩毒可获得的巨额利润面前当然不值一提。所以，基本上在毒源附近活动的恐怖主义组织都会参与毒品走私与贩运或是这些犯罪活动的下游犯罪活动。例如，被认为是全球恐怖主义招牌的"基地"组织也是贩毒的重要参与者。虽然在口头上"基地"组织一直否认自身与毒品走私之间的联系，但这一事实却不能被忽视。首先，正是在"基地"组织的资助下，像"乌伊运"等恐怖主义组织才可以成功运作起来甚至是进行毒品走私活动。其次，"基地"组织在毒品走私活动中的角色与有组织犯罪集团上层领导极其类似，他们是毒品走私活动的策划者，而非具体实施者。通过这种方式参与毒品犯罪，既可以通过贩毒攫取暴利又可以避免被抓住参加贩毒的证据。最后，"基地"组织也参与了贩毒红利的分配。据称，本·拉登每年可从毒品走私活动中获取的红利为10亿美元。①

目前在中亚地区活动的恐怖主义组织中，与毒品走私关系最为密切的是乌兹别克斯坦伊斯兰运动（以下简称"乌伊运"）。"乌伊运"产生于苏联统治末期。当时的中亚地区，虽然几个加盟共和国脱离苏联统治的愿望并不强烈，但此时该地区也正处于民族矛盾和伊斯兰教复兴的高涨时期。随着宗教活动的增多以及宗教逐渐复归到人们的正常生活中去，在中亚地区伊斯兰教氛围最为浓烈的费尔干纳盆地，民众对于宗教的政治诉求越来越多。正是在这种政治化的伊斯兰教发展热潮中，"乌伊运"应运而生。"乌伊运"在其成立早期就主张将宗教信仰与宗教生活联系起来，并主张通过斗争争取自身的政治利益。但此时"乌伊运"的政治立场比起其成熟时期略显温和。此时它主张在中亚地区联系不同伊斯兰教派，建立宗教政党。但由于乌兹别克斯坦政府对于该组织一直怀有不信任感甚至是敌意，而该组织也并没有得到中亚地区大多数伊斯兰教学者的支持和信任，该组织决定在中亚地区建立独立的政权，并以费尔干纳盆地作为开展行动的基地。于是，在朱马·纳曼干尼的号召下，一批伊斯兰复兴党成员和地方上宗教狂热者加入了纳曼干尼的队伍，成立了阿多拉特组织，该组织就是"乌伊运"的前身。而在另一方面，乌兹别克斯坦宗教狂热者塔希尔·尤尔达舍夫因不满乌兹别克斯坦政府的世俗性，成立了"民间政府"，公然与政府对抗。随着政府与宗教狂热者对抗的加剧，阿多拉特等组织被政府所取缔，尤尔达舍夫等人也开始逃亡国外。

正是在逃亡期间，纳曼干尼和尤尔达舍夫开始不断地和各地的恐怖主义

---

① Marcia C. Kuarcia，Al Qaede Balkan Links，Wall Street Journal，November 1，2001.

分子交流，寻求政治庇护和经济支持。在1997年尤尔达舍夫和车臣恐怖主义组织达成协议，车臣恐怖主义组织同意帮助“乌伊运”武装提供军事训练。随着塔利班与北方联盟的战斗节节获胜并控制了阿富汗大部分领土，尤尔达舍夫等人开始在喀布尔定居。1998年在塔利班政权的帮助下，“乌伊运”正式成立。作为一个宗教极端主义组织，“乌伊运”活动的目标就是要推翻中亚各国的世俗政权，在该地区建立一个哈里发制国家。而“乌伊运”活动的主要手段就是通过暴力活动来破坏中亚各国的政权基础。自1998年成立后，“乌伊运”发展迅速，多次在中亚地区进行破坏活动，在2001年前后发展至其顶峰。随着“9·11”事件之后美国全球“反恐”战争的展开以及塔利班政权在阿富汗的倒台，“乌伊运”在美国的“反恐”战争中也元气大伤。但在2003年前后，“乌伊运”联合“东突厥斯坦运动”等恐怖主义组织成立了中亚伊斯兰运动，重新组织在中亚地区开展活动，但行动能力比起鼎盛时期已经大大下降。“乌伊运”之所以能够常年在中亚地区采取行动跟该组织能够获取大量活动经费有很大的联系。“乌伊运”的活动经费主要来自于沙特阿拉伯、车臣、“基地”组织以及塔利班等恐怖主义组织的援助。此外，“乌伊运”也通过参与走私、绑架、勒索等获取资金。其中，毒品走私是乌伊运获取资金的重要渠道。

毒品走私是“乌伊运”获取资金的重要手段。早在“乌伊运”成立前期即纳曼干尼等人逃亡时期，他就开始着手在中亚地区经营毒品走私路线。此时正直塔吉克斯坦内战，通过和塔吉克斯坦反对派的接触以及对塔吉克斯坦政府官员的贿赂，“乌伊运”开始了在中亚地区的毒品走私活动。从20世纪90年代初期到2000年，是“乌伊运”毒品走私活动发展最为迅速的时期在这一时期，“乌伊运”利用自身在中亚地区的组织优势大量参与毒品走私活动。除此之外“乌伊运”和其他经营毒品走私活动的恐怖主义组织（如车臣恐怖主义组织）关系密切，在进行毒品走私活动中得到了这些组织的大量帮助。到了2000年，“乌伊运”已经有效地控制了从阿富汗向吉尔吉斯斯坦奥什市的毒品走私线路。有禁毒专家称在这一时期，“乌伊运”控制了从阿富汗向奥什市走私毒品总量的2/3。不仅如此，禁毒专家们估计“乌伊运”在这一时期控制了中亚地区海洛因和鸦片走私总量的70%。[1] 可以说，正是“乌伊运”在这一时期毒品走私活动的加剧大大扩大了中亚地区的毒品市场。

---

① Nalin Kumar Mohapatra, Political and Security Challenges in Central Asia: The Drug Trafficking, Dimension, International Studies, Vol. 44, No. 2, 2007, p. 167.

“乌伊运”在中亚地区涉及毒品的首要活动就是走私毒品并开拓毒品走私通道。在“乌伊运”参加毒品走私之前，阿富汗的毒品主要经塔吉克斯坦进入中亚市场，然后再在中亚国家内部进行分配，最后走私到俄罗斯。为了进一步谋取利益，“乌伊运”开辟了途经吉尔吉斯斯坦（主要是经过吉尔吉斯斯坦南部位于费尔干纳盆地的地区，例如奥什市）的毒品走私通道。吉尔吉斯斯坦被“乌伊运”看重的主要原因就是它的羸弱，本身经济发展的落后已经让政府无暇顾及其他，军队尤其是边防力量更是弱小。除了这点外，吉尔吉斯斯坦的地缘位置也是“乌伊运”选择其作为毒品走私道路的重要原因。在中亚地区，费尔干纳盆地是“乌伊运”的主要活动场所。在费尔干纳盆地上，乌兹别克斯坦、塔吉克斯坦和吉尔吉斯斯坦三国版图犬牙交错，不仅存在着大量的边界纠纷，而且跨界民族在这里世居，再加上中亚国家边防无能，这些都为“乌伊运”进行毒品走私提供了便利的条件。正是在“乌伊运”的活动之下，毒品走私的北方通道逐渐被开辟出来，此后经由这条通道走私的阿富汗毒品数量急剧增加。到了2002年，经有关禁毒专家的判断，经由塔吉克斯坦和土库曼斯坦走私的阿富汗毒品数量已经超过了阿富汗毒品产量的一半。在这其中，“乌伊运”成功地控制了途经费尔干纳盆地的毒品走私通道，不仅包括途经吉尔吉斯斯坦70%的毒品，还经营着从乌兹别克斯坦布哈拉和乌根其到卡拉卡尔帕克自治州西部城市努库斯的毒品走私路线。这条路线在中亚的目的地是哈萨克斯坦，然后再由哈萨克斯坦运往俄罗斯。

值得注意的是，在“乌伊运”的毒品走私活动中，已经很难分清毒品走私活动与其具有明显意识形态特征的恐怖主义活动之间的关系。一般按照“乌伊运”活动的目的来讲，推翻中亚地区的世俗政权，在中亚地区建立哈里法制伊斯兰国家才是其最终目的，恐怖主义活动是其为了达到这一目的而实施的手段，而走私毒品则是为进行活动或维持组织运转提供资金，从根本上讲应该是为了实现最终目的而服务的。但是在实际的行动中，“乌伊运”走私毒品的目的动机已经变得越来越模糊，目的与手段之间的关系也越来越错乱，似乎“乌伊运”进行恐怖主义活动的目的是为了毒品走私。确实，为了成功地开辟毒品走私路线，“乌伊运”在中亚地区进行了一系列的恐怖主义行动，主要是为了干扰政府的视线，从而让毒品走私活动暗度陈仓。有关分析人士认为，“乌伊运”于1999年在吉尔吉斯斯坦、乌兹别克斯坦和塔吉克斯坦横跨三国作案制造的巴特肯事件的真正目的就是为了干扰政府视线，以便将大宗阿富汗毒品从中亚国家走私出去。

不仅参加毒品走私活动，“乌伊运”还在中亚国家进行制毒活动。在2001年就有报道称，在阿富汗和塔吉克斯坦的边境地区的塔吉克斯坦一侧，有“乌伊运”经营的海洛因精炼厂。这些海洛因精炼厂是乌伊运军事领导者纳曼干尼在中亚其他毒贩们的帮助下建立的，而进行海洛因精炼的原料则来自阿富汗。2001年7月，俄罗斯驻塔吉克斯坦边防军官缴获了2.4吨从阿富汗走私进入塔吉克斯坦的生鸦片，这些被走私到塔吉克斯坦的生鸦片是“乌伊运”为了精炼海洛因所用。① 由于经营海洛因精炼厂需要投入大量的人力资源对其进行保护，所以“乌伊运”在塔吉克斯坦境内拥有海洛因精炼厂的事实说明了其能够对塔吉克斯坦的某些领土进行有效的控制。事实证明，位于塔吉克斯坦苏嘉德地区的霍简特被“乌伊运”数名战地指挥官所控制，这里不仅有“乌伊运”经营的海洛因精炼厂，而且是重要的毒品走私集散地。不过目前“乌伊运”的实力与其鼎盛时期相比已经大大下降，对毒品走私路线的控制与以往也不可同日而语。就目前的形势而言，“乌伊运”虽然依然是中亚地区重要的一股势力，但其已经不足以对整个中亚地区造成往日的影响力。但由于中亚地区地缘环境极其复杂，邻国阿富汗又前途未卜，所以“乌伊运”在中亚地区进行毒品走私活动还需要进行不断的观察。

目前在中亚地区，恐怖主义势力与毒品合流的另一个例子是伊扎布特。伊扎布特是伊斯兰解放党的中文直译名称。伊扎布特组织是由约旦人塔基·乃布哈尼·法拉斯丁尼1952年在约旦和沙特阿拉伯等地创立的恐怖主义组织。伊扎布特的前身是埃及穆斯林兄弟会在约旦的分支机构。但是后来随着埃及国内形势的变化，穆兄会内部也发生了分化。在这次穆兄会的分化中，一批深受库特卜激进思想影响的主张武装圣战思想的组织从穆兄会中分裂出来，逐渐发展成为武装圣战组织。因不满穆兄会的主张，并同样受库特卜思想的影响，乃布哈尼建立了伊扎布特组织。伊扎布特组织成立后，就主张尊崇沙里亚教法，建立哈里发制的政教合一的国家。在实施手段方面，伊扎布特坚持走和平斗争的路线，利用散发传单、组织民众游行等和平手段来实现自身的目的。在中亚国家取得独立以后，随着伊斯兰教在中亚地区的复兴，伊扎布特借此机会迅速向中亚国家渗透。在中亚国家独立的二十余年内，伊扎布特组织在中亚国家发展迅速，尤其是在宗教氛围浓重的乌兹别克斯坦和塔吉克斯坦拥有大批成员。进入2000年，吉尔吉斯斯坦和哈萨克斯坦也

① Involvement of Russian Organisation Crime Syndicates, Criminal Elements in the Russian Military, and Regional Terrorist Groups in Narcotics Trafficking in Central Asia, the Caucasus, and Chechnya, p. 14.

不断报道称伊扎布特组织在这两国内活动频繁，不断制造事端与政府对抗。目前，伊扎布特组织已经成为对中亚地区安全和稳定具有严重威胁的恐怖主义势力。

伊扎布特组织是否涉及毒品走私活动一直以来都存在着争议。争议存在的最主要原因是伊扎布特组织参与毒品走私的证据一直以来都很少被发现。但也有一些专家如著名阿富汗专家艾哈迈德·拉希德就认为伊扎布特组织参与了毒品走私活动，他认为是伊扎布特的一些分支组织参与了毒品走私活动。[①] 拉希德的观点具有一定的合理性，即伊扎布特组织参与毒品走私的可能性非常大。原因如下：首先，伊扎布特组织是一个具有明显意识形态倾向的恐怖主义组织，即建立伊斯兰的哈里发制国家，基于通过这种强烈的伊斯兰意识形态来达到吸引民众去加入该组织并实施活动的目的，伊扎布特组织即使参与毒品走私活动也一定会对这种行为加以掩盖，以加强自身意识形态上的合法性。基于这种原因，伊扎布特参与毒品走私的证据更加不易被发现。其次，伊扎布特组织涉毒的相关证据不易被发现跟其组织结构有很大的关系。在建构自身的组织方面，伊扎布特采取自上而下的管理体制。整个伊扎布特组织由很大数量的基层组织构成，基层组织的成员一般在几人到十几人不等，并由基层组织头目控制。在上下级组织之间的联络过程中，只有组织头目负责人有权力跟上一级组织或更高层组织联系。在参与毒品走私方面，参与程度最高的是伊扎布特的基层组织，这样的话在数量众多的伊扎布特基层组织中就很难辨认出毒品走私者。而且即使这些毒品走私者被抓获，因为身份极为保密，成员只要不泄露身份或出卖同伙，他们的身份就很难暴露。

最后，伊扎布特组织也有参与毒品走私的动机。虽然一直以来，外界普遍认为伊扎布特组织获得资金的主要渠道是沙特阿拉伯或其他组织的捐赠，但伊扎布特人数众多，仅凭这些组织的捐赠难以维持伊扎布特的运转。更何况走私毒品带来的暴力对伊扎布特这种地下组织也具有相当大的吸引力。而且随着伊扎布特组织人数的增加以及对年轻人吸引力的增加，伊扎布特在行动上开始由和平方式向暴力方式转变。在目前的伊扎布特组织中，好多成员都具有双重身份，即不仅是伊扎布特组织的成员，还是其他恐怖主义组织例如“乌伊运”的成员。在这种情况下，同一人在参与伊扎布特组织的行动中就极有可能采取其他组织的行动方式。所以，伊扎布特参与毒品走私的可能

---

① Involvement of Russian Organisation Crime Syndicates，Criminal Elements in the Russian Military，and Regional Terrorist Groups in Narcotics Trafficking in Central Asia，the Caucasus，and Chechnya，p. 16.

性很大。拉希德就分析称伊扎布特组织在走私毒品时共享了“乌伊运”或其他毒贩们的资源。最后，即使伊扎布特组织没有参与毒品走私活动，但这一组织仍然与毒品走私有着千丝万缕的联系。因为吉尔吉斯斯坦前内务部官员称伊扎布特组织在吉国内进行非法宣传的资金是由走私毒品的资金提供的。这些毒资在经过基地组织的洗钱漂白后被资助给伊扎布特组织，作为在中亚国家进行反动宣传的资金。鉴于伊扎布特目前在中亚地区发展极快，根基庞大，行动秘密，一旦参与毒品走私可能对中亚地区的安全与稳定带来更大的破坏。

第六节　中亚地区毒品走私与边界管理

中亚地区家毗邻世界最大的鸦片类毒品生产国阿富汗，这是中亚国家目前深受毒害的重要客观原因。除了这一客观原因之外，中亚国家边界状况的混乱也加剧了阿富汗毒品向中亚国家的渗透。边界管理对于打击毒品走私起着举足轻重的作用，边界管理能力的提高无疑会对毒品走私起到极大的抑制作用。之所以目前中亚国家会成为阿富汗毒品外流的主要集散地，北方路线成为主要毒品输出通道，一个重要的原因就是伊朗在近些年来加强了边境管理，提高了边境管理水平，致使毒贩们不得不重新开拓毒品走私路线。而边境管理极为混乱的中亚国家就成为了毒贩们进行毒品走私的理想路线。

种种原因导致了中亚国家边界管理的混乱：

首先是中亚国家缺乏一支有效的边防部队和执法系统。在中亚国家，边防军一般都存在着装备落后、训练滞后与不足的问题，这些问题都导致了中亚国家边防能力的严重不足，以致在打击毒品走私方面显得力不从心。具体表现在，在毒品走私、枪支走私严重泛滥的中亚地区，毒贩们因为资金充足，可以轻易获得较为先进的武器装备，这就导致边防军人在与毒贩们发生交火时处于劣势。而训练的滞后与不足则导致边防能力的下降，而中亚地区的大规模毒品走私者，如“乌伊运”的成员大都是军人出身，不是在苏联的军队中有服役经历，就是在阿富汗的训练营中接受过军事训练。这种情况下，边防军人难以阻止毒贩们的走私行动。作为阿富汗毒品进入中亚地区的第一站，塔吉克斯坦的边防军在打击毒品走私方面就显得难以作为，甚至在很长一段时期内不得不借助俄罗斯的边防军来守卫自己的边界。

其次，中亚国家的边界管理各自为政，缺乏合作。阿富汗毒品经由中亚国家向世界市场输出，对整个中亚国家的安全与稳定都造成了极大的危害。所以，在这种共同的危害面前，中亚国家本应该加强合作，共同应对。但现实却是中亚国家的边境管理依然是各自为政，基本上没有什么合作。这点最为明显地体现在中亚国家没有统一的边境管理机制，对于边境的开放与关闭更是极为随意。中亚某一国家在认为边境受到威胁后随意关闭边境的现象极为普遍，例如，2010 年吉尔吉斯斯坦国内发生严重的民族冲突后，当吉南部与乌兹别克斯坦交界处大量乌兹别克族难民向乌兹别克斯坦外逃避难时，乌兹别克斯坦政府随机宣布关闭两国边界，禁止吉国内的乌兹别克族难民进入乌国境。正是这种各自为政、缺乏合作的边界管理政策加剧了中亚国家边界管理的恶化。

再次，中亚国家之间的矛盾也加剧了边界合作的困难。目前在中亚国家之间还存在着种种矛盾，这些矛盾不仅影响着中亚国家之间双边关系的恶化，也加剧了中亚国家共同的威胁。中亚国家之间的主要矛盾包括水资源矛盾，主要体现在水资源丰富的上游国家塔吉克斯坦、吉尔吉斯斯坦与下游农业国家乌兹别克斯坦之间的矛盾。除此之外，领土争端是中亚国家之间面临的重要矛盾，例如塔吉克斯坦与乌兹别克斯坦之间的飞地问题以及两国关于历史文化名城布哈拉之间的争夺。这些问题导致了中亚国家之间双边关系的恶化，而矛盾的恶化会导致中亚国家在边界管理上采取不合作的态度，甚至是发生边界冲突。

最后，导致中亚国家边界管理混乱的最主要原因是边界管理腐败。即使中亚国家目前有一支装备完善、训练有素的边防部队和执法机构，依然无力应对毒品走私的困局，因为中亚国家边境管理系统极为腐败。有学者指出，中亚国家的边境是一条开放边境，只要经过相应的谈判，满足中亚边防军人开出的价码，通过中亚的边境就不是什么问题。不仅如此，在中亚国家伪造过境许可证件的情况极为普遍，但是只要对边防军人施以恩惠，他们就会采取合作的态度，对这些假证件睁一只眼闭一只眼。边防腐败已经成为中亚边界管理的最大敌人，腐败的边防军人不仅不能遏制毒品走私，反而成为毒贩们进行毒品走私活动的帮凶和支柱，甚至为毒贩们提供掩护。

除此之外，利用难民走私毒品是阿富汗周边国家防止阿富汗毒品外流工作中的另一大主要难题。20 世纪 70 年代末期，种种国内外因素造成的阿富汗社会的持续动荡导致了大批阿富汗人向国外迁徙，由此形成了阿富汗难民。20 世纪 70 年代，阿富汗发生宫廷政变推翻了达伍德政权的统治，由此导致了阿富汗社会的持续动荡，大批阿富汗人流离失所，阿富汗难民开始出现在国际社会的视野中。但是，这些由国内社会动荡形成的阿富汗难民大多数只是离开了自己的居住地，迁移到阿富汗其他地区，而并没有离开阿富汗，所以与之后阿富汗更大规模的难民潮相比，这些难民只是国内难民，并不是现在更为人们所熟知的阿富汗国际难民。1979 年苏联入侵阿富汗，并在占领阿富汗的过程中大量地破坏阿富汗的农田水利和基础设施建设，与此同时圣战者组织开始反抗苏联。在这种情况下，阿富汗大量居民不堪忍受国内的战乱环境，开始向周边国家迁移，由此形成了阿富汗历史上第一次难民潮。在这次迁移过程中，阿富汗难民的主要迁移地是巴基斯坦和伊朗。到了 1981 年，也就是苏联入侵阿富汗两年之后，就有大约 400 万难民逃离了阿富汗，在这其中大约有 230 万人逃到了巴基斯坦，150 万难民落户于伊朗，此外还有 20 万左右难民分别向苏联中亚加盟共和国、欧洲、澳大利亚以及北美逃亡。①

从苏联入侵开始导致的阿富汗国际难民的形成已经成为困扰国际社会的严重问题。1989 年苏联从阿富汗撤军并没有使阿富汗难民问题得以解决，之后阿富汗各派军阀之间相互混战反而导致了第二波阿富汗难民潮的形成。由于苏联撤军后阿富汗各派军阀开始角逐阿富汗权力并争夺地方资源，所以在苏联撤出阿富汗后阿富汗并未获得应有的宁静，反而陷入了军阀混战的局面。随着 1993 年希克马蒂亚尔不满拉巴尼执掌阿富汗政权开始向喀布尔发射火箭弹，阿富汗开始陷入各派军阀混战的局面，第二波难民开始逃离阿富汗。正当各派军阀在阿富汗无休止地攻伐之际，塔利班开始在阿富汗崛起，并由此在阿富汗国内形成了塔利班与北方联盟对抗的局面。这些不同民族和意识形态构成的两大政治军事力量在阿富汗的连年对抗导致了更多的人背井离乡离开阿富汗本土。据估计，在 2001 年塔利班政权倒台前流散在世界各地的阿富汗难民共有约 840 万人。② 战争导致了阿富汗难民的形成，但是跨界民族的存在是阿富汗难民得以顺利在周边国家栖身的重要原因。在阿富汗形成独立的民族国家后，1838—1878 年英帝国发动了三次意欲控制阿富汗领土的英阿战争，虽然阿富汗人民凭借着勇猛顽强的精神三次击退了英帝国的进攻，但在 1893 年阿富汗埃米尔阿卜杜·拉赫曼和英国特使摩蒂默·杜兰签订了划定阿

---

① Drugs in Afghanistan：Opium，Outlaws and Scorpipn Tales，p. 154.

② 据联合国难民署的数据统计，近十年来返乡的阿富汗难民数量为 570 万，仍在国外的阿富汗难民数量为 270 万。http：//www. unhcr. org/pages/49e486eb6. html。

富汗、英属印度以及沙皇俄国边界的政治协议，协议签署后阿富汗与英属印度的新边界被称为杜兰线，这也导致了同属一个民族甚至是同一部落的普什图族被划定在两个不同的国家。一直以来甚至直至今日，杜兰线都不为阿富汗普什图族人所承认，他们并没有确认杜兰线的合法性，也自然就无视这条在他们眼中不合法的国界，所以这一地区人员跨界流动非常频繁，不仅导致了非法难民在巴基斯坦的出现，也导致了这条阿富汗与巴基斯坦边界在今日成为非法越境以及各种非法物品走私的猖獗之地。

阿富汗难民目前艰难的生存状况是导致他们被毒贩们金钱诱惑进行毒品走私的主要问题。在塔利班政权倒台后，卡尔扎伊政权就鼓励难民返乡，并许诺不会歧视他们。但事实上，虽然在阿富汗重建后有不少难民陆续从邻国返回阿富汗，但还有相当多数量的难民继续留在巴基斯坦和伊朗（据估计留在巴基斯坦和伊朗的阿富汗合法难民总数量在300万人左右）。除此之外，在巴基斯坦和伊朗还存在着大量的阿富汗非法难民。阿富汗难民在国外的生存状况十分艰辛，大部分人没有正式的工作，靠打黑工或从事非法行业来谋生，这反过来更加导致了难民接收国对他们的歧视。例如，伊朗虽然接收了大量阿富汗难民，并允许难民的孩子在伊朗接受教育，但却不允许难民的孩子在伊朗获得工作。不仅如此，阿富汗难民整日还饱受各接收国警察的无端骚扰和侵害，在肉体和精神上都受到了折磨。在卡尔扎伊执政后，邻国也开始通过制定各种政策迫使阿富汗难民离开。例如，在接受教育方面，伊朗虽然同意难民的后代在伊朗接受教育，但却要求难民后代必须缴纳一定的费用，这自然就加剧了难民的困难；同时伊朗开始实施严格的难民登记政策，缩紧了获得难民身份的资格，限制阿富汗难民进入伊朗。在这种情况下，大量阿富汗难民不得不选择离开。但是回到祖国的阿富汗难民生活依然艰辛。阿富汗本身仍然处在动荡之中而无暇他顾，回到阿富汗的难民人口总数已经超过了阿富汗人口总数的10%，这无疑更加剧了阿富汗的困难。[①] 阿富汗政府并不能为难民提供生计，这就导致了大量的难民去从事非法行业，尤其是毒品走私，毕竟毒品走私带来的巨额利润对生活潦倒的阿富汗难民具有很大的吸引力。

生存状况的艰辛导致大量阿富汗难民严重依赖毒品的慰藉，也成为毒贩们手中进行毒品走私的工具。目前，阿富汗数量庞大的吸毒群体和阿富汗难民有着密切的关系。在阿富汗毒瘾尤其是海洛因滥用的传播过程中，难民的

---

① 近十年来，返乡的阿富汗难民人数达到了570万，联合国难民署数据，http：//www. unhcr. org/pages/49e486eb6. html。

流动起着重要的作用。大部分第一次接触毒品的阿富汗人都是在伊朗或者巴基斯坦的阿富汗难民营中。当这些接触毒品的阿富汗难民在返乡后，就把毒瘾传播给了其他阿富汗人。在作为阿富汗难民主要接收国的阿富汗邻国中，伊朗、巴基斯坦和塔吉克斯坦都是吸毒人口较多的国家。大多数阿富汗难民都是在这些国家长期生活中逐渐染上毒瘾的。长期以来，在各地的阿富汗难民已经成为严重依赖毒品的群体，这也是导致各难民接收国不断实施政策驱逐阿富汗难民的重要原因。没有稳定工作又身染毒瘾的阿富汗难民在目前已经成为被各种非法地下活动提供实施工具的潜在群体，自然也是毒贩们乐于雇佣的对象。

第五章　阿富汗毒品问题上的禁毒斗争

时至今日，阿富汗毒品问题已经成为对世界和平与发展造成重大影响的国际难题。为了解决阿富汗毒品问题，国际社会在阿富汗开展了不同形式的禁毒斗争。就这些在阿富汗开展禁毒斗争的国际行为体的地域范围上来说，有全球性的国际组织如联合国开展的禁毒斗争，有区域性组织如北约、独联体安全条约组织与上海合作组织开展的禁毒斗争，以及单个国家如美国开展的禁毒工作和周边国家开展的关于禁毒斗争的合作。

第一节　美国在阿富汗的禁毒斗争

一、美国的禁毒理念及美国禁毒实践

无论当今美国在阿富汗的禁毒工作收到了多小的成效，甚至是遭到了非议和诟病，不可否认的是20世纪初美国的外交努力推动了国际毒品管理体系的诞生，也正是在美国的倡议和联络下，1909年上海万国禁烟大会召开，标志着国际社会第一次尝试着通过合作解决毒品问题的努力。

美西战争在很大程度上推动了之后美国禁毒外交的开展。美西战争结束后，菲律宾成为了美国的殖民地。这也是美国在亚洲的第一块殖民地，美国政府自然对菲律宾重视有加。然而在美国占领之下的菲律宾已经是一个鸦片问题泛滥成灾的地区。美国占领菲律宾后相关禁烟制度的缺失是造成菲律宾鸦片泛滥的重要原因。在西班牙统治时期，西政府在菲律宾实施鸦片专卖制度，规定只能向菲华人提供鸦片，并将鸦片收益用于基础设施建设和驻军费用。美国占领菲律宾后，西班牙的鸦片专卖制度也随之遭到废除，此后，菲律宾的鸦片进出口处于无人管制的状态，这是造成菲律宾鸦片泛滥的重要原因。出于对自己第一块亚洲殖民地的重视，美国政府开始考虑在菲律宾实施禁烟政策，政策的制定以及政策制定之前的相关工作也受到了美国第一位菲律宾总督塔夫脱的重视。

为了寻找出一个合适的解决菲律宾鸦片问题的途径，1903年7月，

总督塔夫脱成立了一个“菲律宾鸦片问题调查委员会”。该委员会的工作主要是对列强在亚洲殖民地的鸦片取缔工作进行调查，以从中寻找出菲律宾鸦片问题的解决之道。在1903年8月到次年1月的5个多月时间里，调查团走访了日本、台湾、香港、上海、西贡等地，最后以一篇报告完成了这次调查。这篇报告就是著名的《菲律宾报告书》。该报告书不仅对所调查地区的鸦片吸食情况作出了描述，还评估了调查地区的禁烟工作，并向菲律宾政府提供了关于解决鸦片问题的七点建议。最后，报告书向菲律宾政府建议效仿台湾或印度尼西亚实施政府专卖政策，认为若实施专卖政策，不仅可以杜绝鸦片泛滥，而且可以为政府带来收益。报告书出台后影响极大，不仅触动了以英国为代表的欧洲鸦片利益集团，也激起了中国禁烟运动的高涨。

美国本土麻醉品的泛滥是促使美国开展禁毒外交的另一个重要因素。19世纪80年代中期是美国第一个麻醉品大规模滥用时期。与同一时期基本上都已经沦为列强殖民地或半殖民地的东方国家的麻醉品滥用相比，美国的麻醉品滥用的原因有很大的不同。美国的麻醉品滥用并不是在外力的作用下强制推行的结果，基本上可以说是一种内生性的行为。由于当时美国缺乏对麻醉品控制的相关法律，以及人们普遍缺乏麻醉品的相关知识，在这种情况下，一大批医源性麻醉品成瘾者和非医源性麻醉品成瘾者应运而生。到了19世纪90年代，美国社会中已经大量充斥着麻醉品。不仅麻醉品可以在各个药店买到，还可以通过全国的邮政系统获得，不仅如此，各种含有鸦片或吗啡等成分的专利药也在美国药品市场广泛流行。此时，随着美国国力的不断提升以及国际地位的提高，解决国内麻醉品问题越来越受到政府的重视，有效地推动了美国禁毒外交工作的开展。

《菲律宾报告书》出台后，调查委员会主任布伦特主教致信时任美国总统的西奥多·罗斯福，建议通过国际合作来解决菲律宾鸦片问题。他的建议得到了老罗斯福总统的许可，美国开始在国际社会上寻求通过协调合作来解决鸦片问题。而此时，老罗斯福政府也发现，美国的禁毒主张与当时中国社会上高涨的禁毒运动相得益彰，可以为美国商品进入中国社会提供良好的道德支持。而在当时，由于美国社会中二十余年的排华运动不断高涨，终于导致中国在1905年掀起了抵制美货运动。美国政府考虑到在中国举办一次国际禁烟大会，既可以解决自己殖民地的鸦片问题，又可以缓解中美之间的关系。于是，在美国的联络和推动下，1909年2月“万国禁烟会”在中国上海召开。

虽然当时各国对此次大会的态度迥异，但大会在布伦特主教的主持下还是得以顺利闭幕，并通过了为现代禁毒法律意义奠定基础的九条决议。值得注意的是，美国在这次禁烟会上提出了“完全禁止”的禁毒理念，即将非医用成瘾性麻醉品完全禁断，并完全切断这些非医用成瘾性麻醉品进入美国的途径。美国在此次禁烟会上提出的禁毒理念也极大地推动了美国的麻醉品立法，为以后美国的禁毒外交奠定了基础。

在“万国禁烟会”之后，为了进一步推动国际禁烟合作以及自身的禁毒理念在国际社会上传播，1911 年 12 月，在美国与荷兰的联络和推动下，“海牙国际鸦片会议”召开。在“万国禁烟会”后，美国形成了自身的禁毒理念，并在国内社会中通过了第一部全面禁止成瘾性麻醉品的联邦法案《福斯特法案》。[①] 于是，正在崛起中的美国也希望全世界可以采纳美国的禁毒理念，从而把美国树立成全世界的道德灯塔。但是长期以来，美国的禁毒理念一直都遭到全世界鸦片贸易大国英国的反对。毕竟当时英国还是全球第一强国，因此，美国不得不考虑通过国际会议的形式来宣传自身的禁毒理念。在美国政府的推动和以布伦特为代表的民间人士的运作下，“海牙国际鸦片会议”顺利召开，并取得了很大的成果。这次鸦片会议通过了《海牙鸦片公约》，第一次把所有的传统意义上的包括鸦片、古柯、大麻以及它们的衍生物等成瘾性麻醉品列为禁止的对象。由此，国际禁毒合作进一步制度化和正规化。

国际禁毒运动因一战的爆发而处于停滞状态，直至二战后才得以继续。一战结束后，国际联盟成立，作为第一个全球性的国际组织，国际禁毒工作也理所当然地被列入国联的工作范围之内。在国际联盟内部成立了“鸦片与其他危险性药品走私特别顾问委员会”，成为了第一个全球性的麻醉品管理机构。美国在战后由于跟欧洲传统强国的分歧并未加入国联，但在国际进度合作方面，美国与国联下设的特别顾问委员会之间存在着较为密切的联系。但由于禁毒理念的差异，美国与国联在禁毒合作中也存在着不少障碍，美国认为应通过法律强制措施对成瘾性麻醉品加以控制，而以英国为代表的国联则认为对待成瘾应当采用医疗的角度加以照顾，反对美国提出的强制性措施。由于美国与英国的禁毒理念的差异，以及美国与国联的关系，这一时期美国的禁毒外交受到了较大的制约。

① 关于《福斯特法案内容》，参见早期美国毒品控制模式研究，第 112 页。

由于美国与国联之间微妙的关系，美国在之后的禁毒外交跌入了低潮，主要表现就是美国经历了日内瓦会议的外交挫折。1924 年召开的日内瓦会议是由国联主导、旨在强调《海牙鸦片公约》对远东地区鸦片进行控制的一次会议，也试图通过各国合作建立一个国际成瘾性麻醉品控制的体系。在这次会议上，美国与国联在国际禁毒合作上的分歧加剧了，然而，美国代表团极不成熟的外交手段也是美国遭遇外交滑铁卢的重要原因。这次率团代表美国参会的不再是布伦特主教。与布伦特主教已经在国际禁毒界享有重大声誉且有着圆滑成熟的外交技能不同，这次美国代表团主席斯蒂芬・波特虽然位居美国众议院外交事务委员会主席，却在这次会议中表现出了极其不成熟的一面。首先，波特试图将美国已经通过的法案强行在世界其他地方推行。在波特的主导下，美国于 1924 年通过了《海洛因法》，禁止海洛因的生产，波特也试图让全世界都通过这样的法律，这当然是对欧洲海洛因生产国利益的巨大挑战。其次，波特在此次会议谈判过程中没有回旋的余地。波特表示，如果会议不能达成任何一项抑制毒品走私习惯的协议的话，美国都不会在该协议上签字。波特的这种做法无疑加剧了美国与国联之间的矛盾，最终导致美国代表团退出了这次会议。

20 世纪 30 年代是美国毒品外交取得较大成绩的时期，这一时期，美国也初次将自身的禁毒理念付诸实践。美国在经历了 20 年代禁毒外交的失败后，开始不断调整禁毒外交的策略，其中最重要的就是改善与国联的关系。在一系列的打击非法成瘾性麻醉品的行动中，美国也意识到仅凭一国之力难以解决毒品走私问题。意识到了要通过多边合作解决国际毒品问题后，美国于 1931 年重新返回日内瓦会议，恢复了同国联中断多年的合作，并达成了 1931 年《日内瓦公约》。随着 30 年代禁毒外交的成功与国力的日渐强盛，美国也开始将自身的禁毒理念付诸实践。从 20 年代开始，美国人对成瘾性麻醉品的认识经历了由“疾病”到“犯罪”的巨大变化。在这一认识的改变中，美国人认为毒患来自于外部，例如，南美带来了可卡因，亚洲带来了鸦片，欧洲带来了海洛因等。于是，美国开始积极地通过各种手段对毒品来源进行控制。于是，就发生了美国麻醉品局要求政府拒绝为墨西哥提供石油而打击墨西哥禁毒部门在毒品控制上的不合作行为，最终导致了墨西哥禁毒部门主管列奥波尔多・萨拉扎的被解职。

20 世纪 80 年代中期开始，美国政府将禁毒的目光从海洛因和大麻转向了可卡因，并宣称在国内和整个拉丁美洲对毒品宣战。80 年代末期，美国已经成为一个毒患泛滥的国家。根据一份1988年的国务院报告，在当时，美国消费了全球60%的非法成瘾性麻醉品，有将近600万美国人经常使用可卡因。从1983年到1987年，因使用可卡因导致的紧急医疗事件增加了6倍，因使用可卡因导致的死亡人数从1983年的低于400人增长到1987的超过1400人。[①] 因此，美国政府认为解决毒品问题尤其是可卡因问题迫在眉睫。早在罗纳德·里根竞选总统期间，他就因对毒品问题的关注而得到广大选民的支持。1981年，里根当选美国总统后更是宣布要将减轻毒品问题作为他的整个打击"犯罪流行病"政策的一个重要部分。随后，里根在打击毒品犯罪方面变得更加强硬，白宫针对毒品犯罪采取了多项措施。里根命令中央情报局和其他联邦机构介入毒品的控制，并修正了《波瑟·卡米塔图斯法案》来加强军队介入毒品控制的合法性。在打击非法成瘾性麻醉品问题方面，里根政府的政策制定者更加注重利用强制性手段，也更加注重毒品供应方面的战略，即减少毒品来源地的供应。[②] 总而言之，美国这一时期的毒品外交战略是试图通过强制性的手段以达到快速根除毒患的目的。1986年，里根政府派遣160名武装人员、6架黑鹰武装直升机到玻利维亚执行为期4个月名为"炸开熔炉"的禁毒行动。1987年春天，美国又发动了一次代号为"雪帽"的禁毒行动。

进入21世纪，美国继续在毒品外交政策中采取较为强制性的措施，但打击的重点地区主要集中在哥伦比亚。随着20世纪末期到整个90年代美国主要打击了横跨安第斯山脉进行的可卡因种植与走私行为，这一期间可卡因的主要产地智利、玻利维亚等国家的可卡因种植都得到了一定程度的控制，可卡因种植随之转移到了哥伦比亚。到20世纪90年代末期，哥伦比亚的可卡因产量已经占全球非法可卡因产量的80%。一直以来，哥伦比亚政府都希望利用禁毒的名义谋求美国政府的资助，而其主要目的是假美国之手消灭国内的反政府武装。但克林顿政府对于哥伦比亚政府的请求持较为谨慎的态度，首先其认为哥伦比亚的两大反政府武装尤其是哥伦比亚革命武装力量和民族自由军在90年代活动没有以往那么频繁，美国政府也没有掌握太多这两大反政府武装与毒品贸易之间的证据。其次，美国政府认为哥伦比亚政府及其军队存在着人权滥用的状况。因此，克林顿政府并不十分乐意对哥政府进行大规模援助。1996年9月，美国通过了莱希修正案，该修正案要求美国政府暂停对

---

① US Foreign Policy and the War on Drugs: Displacing the Cocaine and Heroin Industry, p. 82.

② Ibid, p. 11.

被指控滥用人权的军事组织提供援助，直到国务院确认疑犯已经被移交司法。之后随着越来越多的反政府武装参与毒品贸易的证据被美国政府掌握，美国于1997年修改了《莱希修正案》，开始对哥伦比亚政府进行援助。到1999年，哥伦比亚接受美国政府的援助达到了2.89亿美元，从而一跃成为继以色列和埃及之后的第三大美国受援国。之后克林顿政府还制订了对哥伦比亚进行援助的哥伦比亚计划。

布什政府时期的毒品外交相对于克林顿政府时期略有调整。布什执政之初，政府开始试图从毒品需求的角度解决毒品问题，主要着眼于国内。但"9·11"事件很大程度上改变了布什政府的毒品外交政策。"9·11"事件后，布什政府开始进行全球反恐战争，美国开始关注哥伦比亚国内的恐怖分子。2002年2月，哥伦比亚政府宣布哥伦比亚革命武装力量为恐怖主义组织，布什政府随之向国会请求放宽对哥伦比亚政府使用美国援助来打击恐怖主义组织的限制。由此，哥伦比亚政府重新获得了美国政府的大规模援助。

二、美国在阿富汗的禁毒工作

（一）美国在阿富汗禁毒政策的改变

美国在阿富汗的禁毒政策并不是一成不变的，而是随着阿富汗的安全局势以及美国在阿富汗切身利益的变化而变化。在阿富汗重建工作的十几年中，美国在阿富汗的禁毒工作主要经历了三个阶段。第一个阶段是从阿富汗重建工作开始到2004年，这一时期美国并没有在阿富汗明确提出禁毒政策，也没有直接主导阿富汗的禁毒工作。第二个阶段是从2004年到2009年，这一阶段美国开始在阿富汗提出明确的禁毒政策，即"五根支柱"的禁毒政策，并直接主导了阿富汗的禁毒工作，对阿富汗禁毒的援助力度也大大提高。第三个阶段是2009年至今，这一阶段美国开始调整"五根支柱"的禁毒政策，并在阿富汗实施新的禁毒政策，着眼于协调贩毒行动与打击反政府武装活动之间的关系。

从阿富汗重建工作开始到2004年，美国在阿富汗并没有提出明确的禁毒政策，也没有主导阿富汗的禁毒工作。为了帮助阿富汗战后重建，关于国际社会援助阿富汗重建的日内瓦会议在2002年4月于瑞士的日内瓦召开。在这次会议上确定了国际社会对阿富汗的援助战略，即形成了以西方社会为主导的"五根柱石"战略。"五根柱石"战略规定了西方国家在阿富汗的主要援助领域，并确定了援助领域的主要牵头国。根据国际社会在日内瓦会议上达成的协定，美国主要负责组建阿富汗国家军队，并为其提供训练和装备。而禁毒工作的牵头国是英国。所以，从2002年到2004年，美国的工作重心主要是组建新的阿富汗国家军队并为这支军队提供训练。在这期间，美国也通过国家预算为阿富汗提供了一些人道主义援助和短期重建项目援助，共计16亿美元。[①] 在这一期间，美国对阿富汗的禁毒工作的参与比较有限。由于美国也意识到阿富汗鸦片种植和毒品走私对阿富汗重建工作造成了较为严重的影响，因此通过财力支持的方式有限地参与阿富汗的禁毒工作。在第一阶段，美国为阿富汗政府和英国主导的阿富汗禁毒工作投入3.8亿美元。[②] 这些资金主要被用来资助阿富汗缉毒小队，在边境和公路上设立盘查点，支持禁毒行动以及为阿富汗罂粟铲除队提供非致命性装备。总体来说，这一阶段的禁毒工作不是很成功，阿富汗局势的不稳定和安全形势的恶化是造成禁毒工作困难的重要原因。

在意识到解决阿富汗毒品问题的重要性后，美国在2004年开始主导阿富汗的禁毒工作，并制定了明确的禁毒战略。从2002年到2004年，阿富汗的鸦片种植面积不断扩大，安全局势也不断恶化，美国意识到了这两者之间存在着较大的关联性。尤其是在意识到非法走私的毒资是塔利班等反政府武装获益的重要来源后，政府决策者认为贩毒是打击反政府武装的重要环节，开始主导阿富汗的禁毒工作，并提出了“五根支柱”的禁毒战略。“五根支柱”的禁毒战略主要是为了减少阿富汗的罂粟种植，打击毒品的生产与贩运。“五根支柱”战略的五根柱子包括：（1）替代性作物的推广；（2）罂粟的铲除与销毁；（3）禁止活动，主要是打击毒品走私，保护边境安全和组建禁毒警察；（4）推动阿富汗执法部门和司法系统改革；（5）进行公共信息宣传。到2005年，美国开始主导阿富汗的禁毒工作，并在此后的禁毒工作中一直发挥着很大的作用。在这五根柱子中，美国在2005年尤其强调的是“罂粟的铲除与销毁”以及“禁止活动”，这两点在英国主导下的阿富汗禁毒工作一直都不是重点。基于美国提出的“五根支柱”的禁毒战略，阿富汗政府于2006年也更新了它的国家毒品控制战略。这一战略由阿富汗政府在2003年提出，战略的目标就是要消灭毒品生产，戒绝毒品消费以及消除毒品走私与贩运现象。而2006年阿富汗国家毒品战略更新的主要内容就是增加了“罂粟的铲除与销毁”

---

① Afghanistan Drug Control: Despite Improved Efforts, Deteriorting Security Threatens Success of U. S. Goals, GAO Report to Congressional Committees, Gao－07－78, November 2006, p. 6.

② Ibid, p. 8.

以及“禁止活动”这两点。后来，阿富汗国家毒品控制战略在不断更新后被整合进2008年阿富汗国家发展战略中。

在美国制定出明确的禁毒政策后，禁毒工作依然没有取得理想的成绩，尤其是2006年阿富汗的罂粟种植面积和年产量都突破了历史记录。在这种情况下，美国政府于2007年在“五根支柱”的基础上精炼了它的禁毒政策。被精简后的美国禁毒政策力图追求的目标包括以下四个方面：（1）增加发展援助并鼓励发展合法经济；（2）扩大对“罂粟的铲除与销毁”以及“禁止活动”战略的执行力度和范围；（3）在阿富汗政府、美国盟友以及国际民间和军事组织之间鼓励培养一致而持久的禁毒意愿；（4）协调禁毒斗争与打击反政府武装斗争之间的合作，尤其强调将打击毒品走私、保护边境安全和组建禁毒警察的禁止活动纳入到打击反政府武装的行动中去。①

新的禁毒政策出台后，为了更好地协调禁毒工作与打击反政府武装任务之间的关系，国防部修改了国防政策，为禁毒斗争的开展提供了更大的支持。修改之前的国防政策规定禁止美国士兵直接参与打击毒品走私、保护边境安全和组建禁毒警察等禁毒任务。在协调禁毒斗争和打击反政府武装任务时，不少国防部官员和毒品执法部门官员都抱怨这一国防政策大大减弱了政府效率。尤其是美国毒品执法部门官员抱怨说由于这一政策的存在，很多司令官不愿意在不安全地区为毒品执法部门执行任务时提供安全保护，这当然不利于禁毒工作的展开。也有不少官员抱怨说由于国防部不同意军队直接介入进度活动，军队和毒品执法机构在阿富汗活动时往往各自为政，不能有利地交流各自掌握的资源信息，降低了效率，当然也不利于禁毒工作与打击反政府武装任务的整合。对于不同部门提出的建议和意见，国防部在2008年11月给出了回应。国防部声明，美国部队将把一切为反政府武装极恶恐怖组织提供物质援助的人当作军事目标。12月，国防部又对新国防政策的声明进行了详细的解释，国防部称其将允许美国部队参与并为美国和所在国执法部门进行禁毒活动时提供保护，但美国军队不参与毒贩或制毒人员的抓获。可以说，美国国防政策的修改为禁毒斗争的开展提供了较大的支持。②

2009年美国在阿富汗的禁毒政策发生了战略性的转变。这次，美国政府

---

① Afghanistan Drug Control: Strategy Evolving and Progress Reported, but Interi Performance Targets and Evaluation of Justice Reform Efforts Needed, GAO, Report to Congressional Committees, Gao - 10 - 191, March 2010, p. 10.

② Ibid, p. 21.

没有提出新的明确的禁毒斗争，因为美国已经将在阿富汗工作的重心完全转移到了打击反政府武装任务上。由此，美国不再强调罂粟的铲除与销毁任务的重要性，也终止了对阿富汗中央罂粟铲除部队的支助。但是由于已经将“禁止活动”整合到了打击反政府武装的任务中去，所以这一阶段“禁止活动”成了美国在阿富汗禁毒政策的中心。其实，也可以说这一阶段美国在阿富汗已经没有了禁毒政策，禁毒活动已经成为打击反政府武装任务的一部分，而打击反政府武装活动才是2009年以后美国在阿富汗活动的重心。对此，美国阿富汗和巴基斯坦特别代表指出过去美国的罂粟铲除和销毁活动过分地惩罚了农民，并使农民们远离了“理性的经济决定”，而忽视了毒贩们和反政府武装可以通过贩毒获得的收益。所以，在2009年之后，美国在阿富汗的禁毒斗争的重点工作着眼于打击毒品走私，捣毁制毒窝点，以试图切断反政府武装与毒贩之间的经济联系，封闭他们的经济来源。除了更加注重打击毒品走私活动和制毒活动外，美国在这一阶段也更加注重对阿富汗农民和农业的支持，其中替代性农产品的推广依旧是美国通过和平方式开展的禁毒活动的主要方面。

（二）“五根支柱”的禁毒战略

“五根支柱”的禁毒战略是美国在阿富汗提出第一个正式的禁毒战略，也是美国主导阿富汗禁毒工作的主要战略和长期的禁毒工作的指导战略。尽管美国在之后又精炼甚至是战略性地改动了禁毒战略，但基本上还是以“五根支柱”的禁毒战略为参照所制定的。

禁毒战略的第一根支柱是为阿富汗农民提供替代性的生计。根据联合国毒品与犯罪办公室的统计，到2006年，阿富汗有290万人从事罂粟种植、制毒和贩毒等跟毒品相关的行业，从事跟毒品行业相关的人口已经占了阿富汗所有从业人口的一半。[①] 为了使阿富汗人民远离毒品，减少阿富汗经济发展对毒品产业的依赖，美国决定为阿富汗人民实施替代性生计战略。该战略主要由美国国际发展机构资助，主要项目包括在阿富汗兴修农田水利设施，为失业者提供工作，为阿富汗农民发展替代性农产品，并提供贷款等。

实施替代性生计战略的第一项措施是实施区域替代生计项目。该项目主要是为阿富汗人民兴修农田水利工程，并以工代赈，为无业人员提供工作岗

---

① Afghanistan Drug Control: Despite Improved Efforts, Deteriorting Security Threatens Success of U. S. Goals, p. 13.

位。美国国际发展援助机构在2006年为该项目投入了1.25亿美元。[①] 由于阿富汗各地区发展存在差异，在实施该项目的过程中，美国国际发展机构把阿富汗分为三个地区。这三个地区分别是东部地区，主要包括楠格哈尔、拉格曼、库纳尔等城市；北部地区，主要包括巴达赫尚和塔哈尔；南部地区，主要包括赫尔曼德、坎大哈和乌鲁兹甘。在所有这些地区，美国实施了修公路、灌溉系统和排水设施等公共工程，这些劳动密集型的工程项目又正好为阿富汗人民提供了就业机会。在工资结算时，美国国际发展机构采取了现金结算的方式，以便吸引更多的阿富汗人远离毒品相关行业，参加工作。为了保证阿富汗人民投入工作的稳定性，美国在阿富汗发展链条产业，并因地制宜。例如，在东部美国主要发展的是大理石的开采、加工等产业，而在北部美国主要资助的是畜牧业。

实施替代生计战略的第二项措施是为阿富汗农民提供农作物、粮食种子、化肥等，并为阿富汗农民提供农业贷款。2005年9月，美国国际发展机构为阿富汗所有省份的农民提供了小麦种子和化肥。2006年春天，国际发展机构又为阿富汗实施替代生计战略的三个地区的农民提供了蔬菜种子。除了积极地为阿富汗农民寻求罂粟的替代种植作物外，美国国际发展机构还提供了一个1600万美元的农业贷款项目。这一项目实施的目的主要是保证农民能够远离毒贩们贷款的诱惑，进行合法作物的种植。[②]

禁毒战略的第二根支柱是罂粟的铲除与销毁，这根柱子也是美国在实施"五根支柱"战略初期所着重强调的战略。该项目主要是美国国务院对阿富汗政府进行支持，主要分两个层面进行。在中央层面，主要是国务院资助阿富汗政府改组罂粟铲除部队，并为该部队提供运输、后勤和装备等保障。阿富汗罂粟铲除部队在2005年以前叫作中央罂粟铲除部队，它作为阿富汗政府组建的一支专门进行罂粟铲除的部队在执行任务时总是因为种种限制而难以作为。比如，这支部队严重缺乏后勤补给，所以不得不在任务的执行过程中返回喀布尔进行重新装备。不仅如此，这支部队在执行任务时机动性能差，主要是由于缺乏必要的交通工具，同时也跟部队的制度有很大的关系，这支部队在执行任务前往目的地时总是不进行拆分，这就大大降低了这支部队的机动性能。在2005年，中央罂粟铲除部队仅铲除了约0.85平方千米（210英

---

① Afghanistan Drug Control: Despite Improved Efforts, Deteriorting Security Threatens Success of U.S. Goals, p.13.

② Ibid, p.15.

亩）罂粟，这一成绩甚至不如阿富汗警察。在意识到一系列的问题后，美国国务院于2005年支持阿富汗政府对中央罂粟铲除部队进行改组，改组后的新部队叫作阿富汗铲除部队。这支部队不仅仅更换了名字，在编制上也进行了调整，整支部队被分成了四组，每组包括150名禁毒警察，使铲除部队更具机动性。不仅如此，改组后的铲除部队还获得了美国国务院更多的资金支持，2005年美国国务院投入1.04亿美元用来支持铲除部队的行动和重新装备，以及另外的1.24亿美元用来为铲除部队购买飞机以及充当交通费用。[①]

省级的罂粟铲除计划的实施主要是美国国务院向阿富汗省级政府提供资金进行罂粟铲除活动并组建省级的罂粟铲除小队。2005年，国务院向阿富汗省级政府提供了600万美元，主要用来为罂粟铲除活动购买装备和提供训练。当年，在国务院提供的2400万美元的支助下，阿富汗省级政府增加了7个罂粟销毁计划小队，到阿富汗几个罂粟种植大省去执行罂粟铲除任务。[②]

第三根支柱是禁止行动。禁止行动是在美国国务院资助下，由美国禁毒署领导的一系列摧毁毒品实验室、缴获非法制毒原料和抓获毒贩的行动。该项行动在2007年后成为最受美国强调的行动，被整合进了美国对阿富汗反政府武装进行打击的战略中。禁止行动主要包括两方面的援助内容，第一个方面的援助计划是国务院援助阿富汗政府提高其边防能力。众所周知，阿巴边境地区尤其是普什图部落地区一直是阿富汗毒品生产与跨境贩运的重灾区，而阿富汗北方与塔吉克斯坦和乌兹别克斯坦的边境地区也是阿富汗毒品向中亚和俄罗斯走私的重要通道。鉴于这种情况，阿富汗的边境安全水平亟待提高，所以美国在禁止行动中的首要援助项目就是在阿富汗及其邻国的边境线上打击毒品的走私与贩运。这个项目中受资助最多的国家是巴基斯坦。美国为巴基斯坦边防军提供资金用来购买汽车和其他装备，并资助阿富汗缉毒部队进行罂粟铲除和缉毒行动。塔吉克斯坦与土库曼斯坦也是美国资助的对象，主要资助项目包括购买汽车和其他装备，更新边境盘差点以及训练边防警察等。

禁止行动的第二个项目是国务院对国家禁止行动队以及阿富汗缉毒警察的资助。国务院本计划对该项目投入2400万美元，其中1250万美元用于为阿富汗缉毒警察的领导提供汽车、其他装备、住房等，其余的资金用于对国家禁止行动的支持。但是由于国防部主导的阿富汗警务改革还没有结束，这笔

---

① Afghanistan Drug Control: Despite Improved Efforts, Deteriorting Security Threatens Success of U.S. Goals, p.16.

② Ibid, p.19.

资金一直到2006年11月阿富汗缉毒警察的警司得以任命时才到位。[①]

第四根支柱是执法和司法改革。阿富汗经过几十年的战乱，司法系统和执法系统已经趋于瘫痪。不仅阿富汗警察队伍中充斥着大量的腐败分子，缺乏相关的禁毒法律，而且即使是毒贩被抓获，政府却缺乏专业的司法人员进行取证工作，也就难以对这些毒贩进行诉讼，导致被抓获的毒贩最终依然逍遥法外。为了避免这种现象继续发生，美国国务院开始援助阿富汗政府以提高它的执法能力和司法能力。首先，美国国务院帮助阿富汗政府培养专业的检察官。为了帮助阿富汗政府培养专业的检察官，国务院专门从国内派遣了多名高级联邦政府检察官，帮助阿富汗政府训练取证人员和培养检察官，以及协助阿富汗政府进行司法改革和制定相关禁毒法律等工作。为了更好地推动阿富汗政府进行司法系统改革，美国还成立了纠错系统支持计划，该计划主要是为阿富汗政府设计出一个专业、可靠以及集权化的纠错体系。2006年3月，纠错系统支持计划开始为阿富汗训练狱警并修建新的办公大楼。在整个执法和司法改革中，根据美国2005年的年度财政预算，国务院预计为阿富汗政府提供2400万美元，其中200万美元用于培养专业的检察官，其余2200万美元用来资助司法改革项目和禁毒中心的建设。[②]

第五根支柱是公共宣传。为了提高禁毒工作的效率，美国决定在公众舆论上对阿富汗民众进行引导，以达到让阿富汗人民认识到种植罂粟和毒品走私危害的目的，从而有效推动阿富汗禁毒工作的开展。公共宣传工作由国务院委托美国国际发展机构执行，为此，国务院向国际发展机构资助了100万美元的经费。这场无硝烟的战争在2005年展开，主要宣传媒介是无线广播和印刷传单，而主要的受众则是阿富汗罂粟种植的几个大省。为了提高信息宣传效率，美国在三个时期做重点宣传，分别是罂粟种植之前、铲除罂粟之前和铲除罂粟时期，而宣传的主要内容基本上是毒品对人体健康的危害以及政府颁布的法律。在2005—2006年的罂粟生长期，美国国际发展机构共设置了41个广播点在这一时期广播了9000余次。除此之外，国际发展机构还制作了各种宣传禁毒的海报、条幅、粘贴纸以及公告牌来进行宣传。美国的信息宣传基本上涵盖了75%的阿富汗人。[③]

---

① Afghanistan Drug Control：Despite Improved Efforts，Deteriorting Security Threatens Success of U. S. Goals，pp. 22 – 23.

② Ibid，p. 23.

③ Ibid，p. 27.

信息宣传美中不足的是销毁罂粟计划耽搁了。信息宣传原计划是要配合着罂粟铲除计划进行的，但由于2005—2006年罂粟消除计划小组并没有得以组建，所以信息宣传工作和罂粟消除计划并没有有效配合。在多个省份，罂粟消除计划小队并没有在信息宣传下进行活动，他们本身也没有参与信息宣传活动。

第二节　联合国的禁毒活动

禁毒工作是联合国工作中的重要组成部分。禁毒工作不仅是联合国在日常工作中进行维持和平、建设和平、防御冲突和进行人道主义援助工作的重要组成部分，联合国还成立了专项的组织，通过专门的法案以及广泛的宣传来促进会员国之间的合作与交流，以减轻毒品对全球带来的危害。联合国在阿富汗实施的禁毒工作，主要包括为阿富汗政府以及国际社会中阿富汗重建工作的利益相关者制定禁毒战略、推广罂粟的替代种植计划以及打击国际洗钱等，在阿富汗的禁毒斗争中发挥了不可替代的重要作用。但是作为一个由主权国家组成的国际组织，联合国的禁毒工作又具有很大的局限性，具体表现为联合国只为禁毒工作提供战略性的框架或具有一定约束力的公约，而不能较为深入地参与具体的禁毒工作，尤其是禁毒执法工作。

一、联合国的禁毒工作简介

禁毒工作是联合国日常工作的重要组成部分。联合国禁毒工作的主要措施包括成立与毒品相关的组织机构，进行禁毒工作的公共宣传，制定关于国际禁毒的相关条例以及发布世界毒品问题与禁毒工作的相关报告。

联合国禁毒工作首先是成立了相关的组织机构。目前，联合国主要负责禁毒工作的机构是联合国毒品与犯罪办公室。该办公室于1997年成立，总部设在奥地利维也纳，下设有麻醉品管制委员会。该委员会负责联合国麻醉品管制领域的决策，是当今联合国进行麻醉品管制的重要机构。麻醉品管制委员会的前身是成立于1920年12月15日国联第一次大会上的鸦片和其他危险药品走私咨询委员会。该委员会成立后主要负责管理鸦片以及其他危险药品的走私与贩运，并在1921年5月2—5日召开了第一次会议。直到1940年，这个委员会一直在国际社会中履行职能。二战后，国联被联合国所取代，联合国经济与社会理事会在1946年2月16日建立了麻醉品委员会。直到今日，麻醉品委员会还一直在履行职能，并在联合国处理与麻醉品相关问题时发挥着重要的作用。

联合国禁毒工作的第二项工作是草拟并通过相关的禁毒公约。麻醉品委员成立以后，主要负责草拟并在联合国大会上通过了三大禁毒公约，即1961年联大通过的《1961年麻醉品单一公约》、1971年通过的《1971精神药物公约》以及1988年通过的《联合国禁止非法贩运麻醉品和精神药物公约》。这些条约不仅为现在全球药品控制制度奠定了基础，还拓宽了在其生效之前其他禁毒条约所禁止对象的范围。《麻醉品单一公约》的制定主要是为了打击毒品滥用以及协调国际禁毒合作。在这个公约中，干涉原则和控制原则有效地结合了起来。首先，干涉原则主要体现在它试图限制除了医学用途和科学实验以外的一切持有、使用、贩卖、分配、进口、出口、制造和生产毒品。其次，控制原则体现在它通过国际合作来打击毒品的走私。《精神药物公约》的生效为全球含有精神物质的药物的控制提供了一个控制体系。在面对日益多样化和不断增加的毒品滥用时，一方面该公约肯定了精神药物在治疗疾病方面的价值，另一方面该公约又寻求对这些药物的控制之道。如果说1961年的公约和1971年的公约所强调的还只是对麻醉药品本身的控制，那么1988年通过的《联合国禁止非法贩运麻醉品和精神药物公约》则将整个与毒品犯罪相关的活动都作为了打击的对象。该公约不仅打击毒品走私，还打击洗钱活动；不仅禁止麻醉品的非法流通与消费，还禁止任何可制作毒品的化学前体的非法流通和消费，进一步完善了国际禁毒公约。这三个公约在联大通过后，联合国要求各会员国政府都要遵守和执行，促进了国际禁毒合作的开展。

联合国的禁毒活动还包括组织禁毒宣传和撰写毒品报告。联合国的禁毒宣传活动主要包括开展公共禁毒运动和禁毒宣传。联合国组织的最有名的公共禁毒运动是世界毒品运动，该运动由联合国毒品与犯罪办公室领导，主要是向社区尤其是青年群体宣传非法毒品对社会的危害，以提高人们的防毒和反毒意识，并在实际行动中反对毒品滥用。在其他毒品宣传方面影响力最大的就是联合国将每年的6月26日确定为国际禁毒日，全称为国际打击毒品滥用和非法贩毒日。全球禁毒日的禁毒宣传活动从1988年开始，并在1992年后的每个6月26日，联合国都会为国际禁毒日确定一个宣传标语并组织相关的反毒禁毒主题宣传。除了进行公众禁毒活动以外，每年撰写和发布的毒品相关问题的报告是联合国禁毒工作的重要组成部分。联合国每年都会发布关于上一年的世界毒品报告，报告的主要内容涉及全球各类毒品的使用人数、主要分布以及毒品的走私和贩运等相关情况。除了发布每年的世界毒品报告外，毒品与犯罪办公室还发布世界上非法药品种植的主要国家相关的年度报告，现在毒品与犯罪办公室发布的最著名的国家相关报告主要有阿富汗年度鸦片报告等。

二、联合国在阿富汗的替代种植计划

替代种植计划是在1998年联合国第二次禁毒特别联大会议上提出并确定的概念。在长期的禁毒斗争实践中，联合国意识到在禁毒斗争中单纯依靠强制性地销毁毒品种植物、打击毒品制造和毒品走私是无法从根本上解决毒品问题的。联合国发现世界上毒品种植的主要地区基本上都存在着孤立、欠发达、贫困、缺乏市场以及基础设施等制约发展的因素，因此认为根除全球毒品问题不仅要实施强制性的禁毒措施，还需要关注毒品种植地区的发展，关注毒品种植区农民的社会经济状况，把解决毒品问题纳入到社会经济发展这一更广泛的议题中去。于是，在联合国会员国与联合国毒品与犯罪办公室的共同努力下，提出了替代种植概念。这一概念在1998年第二次禁毒特别联大上得到了界定。联合国第二次禁毒特别联大，也就是第52届联合国大会关于毒品问题的特别会议，于1998年在联合国总部召开。由于此前联合国于1990年2月召开过一次名为“国际合作取缔麻醉品和精神药物非法生产、供应、需求、和分销问题的联大特别会议”，所以1998年的联大特别会议是联合国关于禁毒合作的第二次特别会议。这次会议在150多个与会国际代表和观察员国家代表的共同努力下，通过了《政治宣言》、《减少毒品需求指导原则宣言》以及《在处理毒品问题上加强国际合作的措施》三项决议。其中，在最后一项决议中重点强调了打击兴奋剂犯罪，管制用于非法制造麻醉品的化学物质，促进禁毒司法合作，打击洗钱犯罪以及根除非法药物种植和促进替代发展等措施。

在第二次联合国禁毒特别联大会议上，替代性种植发展被定义为：一个通过采取持续的国民经济增长和在禁毒的国家中实施可持续发展战略，识别目标社区和群体的特殊社会文化角色这一经过特别设定的农村发展措施，在广泛和持久的计划下解决非法毒品问题，防止和消除含有麻醉药物和精神性物质的非法药物种植的步骤。① 在界定了替代性种植的定义以后，联合国开始在世界各地非法药品种植地区推广这一计划。不仅如此，联合国还组织专门

① 联合国网站，http：//www. unodc. org/unodc/en/alternative-development/Afghanistanprogramme. html.

的专家负责世界各个地区替代种植发展计划实施情况的监督和评估。2004 年，第 48 届联大麻醉品委员会通过了 45/14 号决议，该决议要求成立由专家组成的独立指导委员会对替代性发展进行全面的主题评估。2005 年 3 月，联合国毒品与犯罪办公室发布了向 48 届麻醉品委员会提交的名为《替代性发展：全球主题评估》的报告。该报告从替代发展对人类发展和减少非法药物种植两方面的影响评估了不同地区替代种植计划的实施效果，并决定了最佳的替代实践。随着替代种植计划的不断推广，这一计划的内涵和外延也在不断被深化和拓展，目前，经过 2010 年第 53 届麻醉品委员会的修订，这一计划已经成为为世代依赖非法药物种植而生存的农村居民提供一系列发展战略的一部分。这些发展包括提高他们的健康、教育、基础设施建设、社区发展水平，保障食品安全以及促进性别平等等。目前，替代发展计划在全球不同非法药物种植区实施的效果并不相同。这一计划在南美和东南亚地区收效较大，其中在秘鲁古柯种植区推广的咖啡和可可种植，加工后的产品（主要是咖啡和巧克力）不仅满足当地市场，还能够出口创汇。而目前阿富汗的替代种植计划收效并不大。

阿富汗重建之初，联合国就十分关注阿富汗的重建工作，而阿富汗的毒品问题已经成为阿富汗重建的障碍。为了解决阿富汗的毒品问题，减轻其毒品的危害，联合国毒品与犯罪办公室参与了阿富汗的禁毒工作。首先，毒品与犯罪办公室帮助阿富汗政府以及阿富汗重建的利益相关方制定了禁毒战略，主要包括替代种植计划。为了确保替代种植计划在阿富汗能够顺利进行，毒品与犯罪办公室向阿富汗派遣了相关专家负责替代种植计划的制订和指导工作。首批专家被派往喀布尔、巴达赫尚和赫拉特，他们的工作主要是帮助阿富汗禁毒部位于这三个省的省级部门制订相关计划以及普及替代种植的相关知识。其次，与阿富汗政府以及相关各方制订阿富汗罂粟清扫路线图和省级简介。主要是毒品与犯罪办公室通过相关报告记录阿富汗新出现的无罂粟种植省份，巩固进度成果并避免重新进行罂粟种植。第三，帮助在阿富汗实施替代性种植计划。毒品与犯罪办公室的主要工作就是协助阿富汗禁毒事务部的省级工作人员制订替代种植方案，为替代种植计划的实施提供技术指导和支持，鼓励从事罂粟种植的阿富汗农民参与替代作物的种植，监督替代种植计划的实施以及评估替代种植工作的实施效果。目前，阿富汗替代种植计划仍然由美国主导进行，实施效果也并不理想，主要障碍依然是安全环境的恶化。① 最后，联

---

① 联合国毒品与犯罪办公室网站，http：//www. unodc. org/unodc/en/alternative-development/afghanistan-projects. html。

合国发布关于阿富汗问题的相关报告。

三、联合国打击国际洗钱活动

随着国际洗钱犯罪活动的日益加剧，为了切断洗钱活动为各种犯罪活动尤其是毒贩们提供资金支持，近年来联合国对国际洗钱活动的打击力度越来越大。

首先，联合国为打击国际洗钱犯罪提供可供参考的依据和准则。联合国为打击国际洗钱犯罪提供的依据和准则可以分为三个层面，第一个层面是联合国通过的相关决议和会员国在协商一致的基础上制定的公约。这些决议和公约为打击洗钱犯罪开展的国际合作提供了共同的标准和原则，使在打击洗钱犯罪的国际合作中“有法可依”。1988 年通过的《联合国禁止非法贩运麻醉药品和精神药物公约》是联合国在打击洗钱犯罪活动上制定的第一个法律工具，同时该公约也是第一个明确地将洗钱犯罪认定为非法活动的国际公约。2003 年和 2005 年联合国分别通过了《联合国打击跨国有组织犯罪公约》和《联合国打击腐败公约》，这两部公约的生效标志着打击洗钱犯罪活动的国际活动机制向不断成熟的方向又迈进了一大步。这两部公约生效的重要意义在于它们扩大了洗钱犯罪活动的范围，洗钱活动不止被视为为非法贩运毒品提供支持的某种活动，还被界定为为一切严重犯罪活动提供支持的某种活动。这两部公约生效后，联合国还要求各加盟国政府制定监督包括一切自然人和法人在内的银行和非银行类金融机构的规章制度，以加强对金融机构活动的约束。在这两部公约的要求下，金融信息组织得以成立。除了这两部公约以外，联合国还在 2002 年通过了《打击金融恐怖主义公约》，这部公约要求会员国采取措施保护本国金融系统免遭经策划的攻击或防止金融机构为恐怖主义活动提供支持。

除此之外，联合国在 2001 年 9 月通过了 1373 号决议，要求会员国打击恐怖主义活动的金融犯罪，预防本国金融机构参加恐怖主义活动或为恐怖主义活动提供服务。

联合国为打击洗钱犯罪活动提供依据和准则的第二个层面是制定相关战略。2006 年 9 月 8 日召开的联大会议上通过了联合国全球反恐战略。该战略是联合国为加强国家之间、地区之间以及全球层面反恐合作而制定的战略。这部公约也是第一个囊括了所有会员国的反恐公约，它明确地表明不仅各种形式的恐怖主义都是不可接受的，而且提出了要采取实际行动来预防和打击恐怖主义。而联合国要求所有会员国不仅要加强国家打击恐怖主义的能力，而且要更好地在联合国的反恐行动中协调合作。

第三个层面的措施是联合国为打击洗钱犯罪活动制定某种准则。这些准则不仅同联合国制定的公约、战略和通过的决议一同构成了打击洗钱犯罪的国际准则，还在某种程度上补充和细化了这些准则。联合国在打击洗钱犯罪活动上制定了两大准则：一个是洗钱犯罪金融活动工作组 40 条建议；另一个是打击金融恐怖主义活动的 9 条特别建议。1990 年 4 月，联合国洗钱犯罪金融活动工作组提出了打击洗钱活动的 40 条建议，主要包括加强国家司法建设，在打击洗钱活动中加强国际合作等。这 40 条建议随着洗钱技术和手段的不断更新也在不断地细化和完善。2001 年 10 月，洗钱犯罪金融活动组在联合国的授权下负责打击金融恐怖主义活动。随后，该工作组制定了打击金融恐怖主义活动的 8 条特别建议。2004 年，经过补充和完善，该工作组又制定了 9 条特别建议并被联合国所采纳。这 9 条特别建议已经成为当今打击金融恐怖主义活动以及为恐怖主义活动提供金融服务的主要准则。①

其次，为了打击洗钱犯罪，联合国制订了一个内容多样的反洗钱计划。这项计划的全称叫作“打击洗钱、犯罪和金融恐怖主义的全球计划”，主要内容包括向会员国政府提供政策咨询以及为加强会员国政府能力而提供的各种培训服务等。其中，为加强会员国政府提高政府能力，有效预防和打击洗钱犯罪而提供的各种培训是这项计划的最主要内容。这些培训由打击洗钱、犯罪和金融恐怖主义全球计划工作组所负责。

打击洗钱、犯罪和金融恐怖主义全球计划所提供的最主要培训是为各会员国培训金融以及金融法律相关专业的人才。这些培训也是该计划最为传统的培训内容，主要通过培训班的方式开展。在培训方式上，主要由全球计划工作组负责，采取和其他专业性机构合作的方式，以达到跨机构资源优势互补的目的。这些培训计划的主要内容包括由打击洗钱、犯罪和金融恐怖主义全球计划工作组所提供的发展对洗钱犯罪进行起诉和没收政策，以及同样是该工作组提供的反洗钱/打击金融恐怖主义评估计划。这两个政策主要是为会员国政府培训相关领域的人才，提高政府能力。其他

① 联合国毒品与犯罪办公司网站，http：//www. unodc. org/unodc/en/money-laundering/Instruments-Standards. html？ ref = menuside。

培训计划还包括金融信息机构提供的管理培训工作以及同其他工作组合作进行的报告培训。

随着洗钱犯罪活动和网络技术的结合变得越来越紧密，现代化的信息科技为洗钱活动提供了完善的技术支持，所以培训计算机方面的专业人才成为打击洗钱犯罪不可缺少的组成部分。打击洗钱、犯罪和金融恐怖主义全球计划工作组为会员国政府提供了 e 学习机制。该机制主要通过基础计算机培训为学员提供一些计算机技能培训，主要包括一个 25 小时的基础洗钱概念培训和金融调查能力培训，以期更好地调查和打击洗钱犯罪活动。

在打击洗钱犯罪活动的实践中，联合国认识到虽然各会员国都遵守了联合国的准则，但由于缺乏相关领域的专家，各国在打击洗钱犯罪活动领域取得的成绩相差甚远，洗钱犯罪活动得以在一些较弱国家继续活动，这严重影响了打击洗钱犯罪的效果。于是，为了为会员国政府提供持久的帮助，打击洗钱、犯罪和金融恐怖主义全球计划在 2000 年又制订了导师计划。该计划由该工作组向会员国政府派遣高级专家，向会员国提供为期 12 个月的人员培训以及政策咨询等。导师计划主要有以下三个目标：一、推动在实践中学的培训方式，避免以往浅尝辄止的培训模式。以前联合国往往只为会员国政府提供短期的培训，而由于洗钱犯罪领域的复杂性，学员们很难真正掌握相关技能。二、为会员国政府提供多种技能的培训，在传统技能培训的基础上增加新的技能培训，以适应打击不断更新手法的洗钱犯罪活动的需要。三、不断向会员国学员提供技术更新支持。①

第三节　国际禁毒工作的问题与不足

虽然长期以来，国际禁毒工作在致力于打击毒品供应和降低需求方面都做了大量的工作，也取得了一些成绩，但是由于一系列主客观因素的存在，国际禁毒工作尤其是在打击阿富汗毒品供应方面还存在着很多的问题与不足。

毒品问题本身的复杂性是国际禁毒工作不能有效开展的重要客观因素。

① 联合国毒品与犯罪办公室网站，http：//www. unodc. org/unodc/en/money-laundering/tools-field-support. html。

毒品问题的复杂性表现在多个层面上，从现时性的角度来讲，毒品问题涉及到供应和需求两个方面，而毒品的供应方面又受一系列因素的影响，不仅跟毒品的价格、相似毒品替代物的价格等因素有关，也受到一些其他因素的制约。例如，阿富汗毒品目前受到本国局势的影响极大，可以说如果在未来阿富汗政府仍然不能有效控制整个阿富汗领土的话，种植罂粟和生产毒品这一问题就不会得到有效的解决。而从历史性的角度来讲，毒品问题的出现和演变是一个复杂的历史过程，所以这一问题的解决也只有当这些历史条件不再发挥作用时才会得以完成。除此之外，毒品问题的复杂性最为直接的表现是毒品的极具成瘾性和难以戒断性，这是在目前禁毒工作中面临的最大挑战。毒品极具成瘾性，一旦上瘾就难以戒断。毒品的难以戒断性除了表现在人的肉体对毒品的依赖以外，还表现在心理因素中。而人从心理上对毒品的依赖是最严重的，也是导致多数人在接受戒毒治疗后复吸毒品的重要原因。目前，全世界仍然有鸦片类毒品的使用者共 1560 万，占整个世界成年人人口的 0.4%，巨大的需求市场直接刺激了毒品的不断供应。虽然目前鸦片类毒品的使用者有所下降，但这一结果并不是国际禁毒工作所取得的成就。新型合成毒品的出现使之成为鸦片类毒品的替代性物品，以及新型合成毒品使用者的增多才是导致鸦片类毒品使用者减少的最主要原因。

除了毒品问题本身的复杂性这一客观的因素外，国际禁毒工作中的问题与不足主要是主观因素所导致的。主要表现包括：

第一，联合国禁毒无手段。作为世界上最具普遍性、代表性和权威性的全球性国际组织，联合国对世界的和平与发展作出了巨大的贡献，也本应在解决世界性问题方面发挥出更好的作用，但是随着国际社会的不断变迁，联合国也面临着一系列的挑战。其中，毒品问题就是联合国在几十年的发展中所一直面临的挑战。虽然几十年来联合国在致力于解决毒品问题方面作出了大量的努力，但是联合国面临的最大问题是在解决毒品问题方面不能实施任何手段。联合国在国际禁毒工作中不能有效作为只是它在面临一系列国际问题不能有效作为的一个缩影，也是联合国面临一系列新形势和新挑战中不能有效解决自身问题的一种表现。不仅是在禁毒合作中，在解决国际金融危机、全球气候以及区域性冲突与恐怖主义问题方面，联合国都拿不出有效的解决办法。联合国面临的财政困难、经费短缺以及对大国的依赖是它在面临这些新困难和新挑战时不能有效作为的最主要原因。

第二，是各国的禁毒理念并不相同。自联合国的三大禁毒公约发布以后，世界上绝大多数国家成为三大禁毒公约的缔约国。虽然三大禁毒公约要求缔约国必须承担相应的义务和采取一定的措施打击毒品犯罪，但各国面临的毒品形式以及法律传统等社会环境因素并不相同，也导致了各国对待毒品问题的态度大相径庭。总体来讲，世界上不同国家主要采取两种禁毒模式：一种是以美国为代表的主要打击毒品供应环节的供应模式；另一种是以荷兰和澳大利亚为代表的危害最小化禁毒模式。以美国为代表的打击毒品供应的禁毒模式认为毒品问题是一种犯罪问题，而解决的最佳途径是铲除毒品原植物、控制毒品制造、打击毒品走私以及限制毒品的非医学使用等。与打击毒品供应的禁毒模式不同，荷兰和澳大利亚等国家实施的危害最小化模式并不认为毒品问题是一种犯罪行为，而是一种公共卫生问题，所以相应地这些国家在制定禁毒措施时主要向社会医疗方面倾斜。由于采取这两种理念的国家都认为自己的措施才是可行的和有效的，所以这两种禁毒理念也经常遭到对方的诟病。例如，采取危害最小化原则的国家认为打击供应并不能真正解决毒品问题，反而会导致社会对吸毒者的歧视，从而对解决毒品问题造成不利的影响；而采取打击毒品供应理念的国家则认为危害最小化的原则是在纵容毒品犯罪。正是禁毒理念的不同，加深了国际禁毒合作的困难。

第三，是禁毒合作的水平低。其中，主要表现就是美国独揽阿富汗禁毒事务而其他相关国家的参与度极低。在最初设定阿富汗的重建工作时，就是由以美国为代表的西方国家所主导，这就把俄罗斯、中国等区域大国排除在外。而在主导阿富汗重建工作的实际进程中，美国又对各项事务大包大揽，完全垄断了阿富汗的各项事务。根据阿富汗重建工作的任务分配，阿富汗的重建工作根据具体任务的不同由不同的国家来承担，但是美国不仅主导了阿富汗国家军队的建设，还主导了本并不应该由它所主导的阿富汗警察的建设和禁毒工作。由于美国独揽了禁毒工作的大权，其他各国在禁毒工作中没有话语权可言，所以这些国家在执行禁毒任务时也并不积极。国际禁毒合作水平低的第二个表现是相关的区域大国都没有实际加入到禁毒合作中。俄罗斯和中国都是阿富汗毒品外流的受害国，也本应该在国际禁毒工作中作出重要的贡献。但在实际的国际禁毒合作中，不仅俄罗斯和中国没有实际参与美国所主导的禁毒合作，就连俄罗斯所主导的独联体集体安全条约组织和本应致力于中亚安全的上海合作组织也没有参与到国际禁毒合作中来。至少，这些相关国家和组织缺乏与美国主导的阿富汗重建体制的对话和交流。

第六章　阿富汗毒品问题形势展望

未来阿富汗毒品问题的走势不仅会受市场因素的影响，也会受到多种非市场因素的干扰。在市场因素中，鸦片类毒品的利润、使用人数、相似产品的价格以及使用人数、毒品走私中的风险成本以及其他内部消耗成本都是影响阿富汗毒品走势的重要因素。而在非市场因素中，阿富汗毒品走势还会受到其毒品文化、独特的经济环境、安全力量的重建、贩毒集团的参与以及其他因素的影响。而在非市场因素对阿富汗的影响中，阿富汗未来局势的发展无疑将成为对其毒品走势产生最大影响的因素。以目前的状况来讲，无论从市场因素的角度还是从非市场因素的角度来看，未来阿富汗的毒品走势都不令人感到乐观。由于一系列的因素都引导着阿富汗毒品走势朝着不好的方向发展，阿富汗未来的局势又极有可能重新回到军阀混战的局面，所以，阿富汗的毒品问题存在着进一步恶化的可能性。

第一节　市场对阿富汗毒品种植的影响

一、作为商品的毒品的供给与需求

在不同的学科中，根据学科解释效用的差别，毒品具有不同的属性。如果从毒品最早出现在人们生活中的历史来看待这一事物的话，毒品是一种药物，这就需要从医学的角度对毒品的本质进行一番解释。在医学中，毒品是一种药物。作为药物的毒品具有多种功效，从人类早期的实践活动中，我们就发现毒品被广泛地用于镇痛，是效果良好的镇痛剂。随着人们医疗实践的不断发展，毒品又被用于治疗失眠以及多种精神疾病。不仅如此，毒品在医学上还具有其他多种功能。总之，毒品既能在人们发生重大疾病时帮助人们延续生命，又能够帮助病人恢复和维持一定的生理功能。但是，毒品又不是一种普通的药品。毒品与其他药品的重要区别在于它具有致瘾性，即使是长期被当作药物来使用也会导致患者对这种药物产生严重的依赖，因此毒品作为药物也受到国家的严格管制。而在经济学中，毒品的本质属性是商品。作为商品，毒品也就具有同其他商品一样的属性。商品经济学清楚地表明了商品是用于交换的劳动产品，所以从这一意义上来讲，无论是罂粟的种植、鸦片的制作还是海洛因的精炼，虽然这是涉及到农业和化工业等不同领域的不同活动，但这些活动的最终目都是为了交易并获取利润。除此之外，在商品经济学中，商品交易的场所就是市场，商品的供求关系是由市场决定的，并受其他多种因素的影响。作为商品的毒品当然也具有这种属性。例如，受市场的影响，毒品总是从价格低的地区向价格高的地区流动。这也就是对目前阿富汗毒品被走私到全世界的一个简单的经济学解释。

毒品是一种地下商品，作为一种特殊的商品，它不仅具有一般商品所包涵的所有属性，还具有一些特性。从毒品的供给角度来讲，它的供给主要具有五种特性：

第一，是毒品市场的进入具有严格的限制，从而能够通过预期利润这一因素影响毒品的供应。在经济学中，供应某种商品的成本，无论这种商品是合法的还是非法的，都可以被简单地分为两部分：其一是这种商品在生产和运输中的实际消耗；其二是正常利润。所谓正常利润，就是资本所有者或提供资本的投资者在他们运用这种资源对某种商品进行生产或运输等投资所获得的收益。然而对于作为商品的毒品来讲，这种正常收益具有很大的不确定性。这种不确定性来自于进行毒品交易时会遇到某种风险。因为毒贩在进行毒品的贩卖过程中很可能被抓获，或者是携带的货物会被缴获。在这种情况下，与合法或正常的商品相比，携带一定量毒品的贩卖者所获得的收益有多少或者甚至是能否获得收益都是不可知的。这其中的差别也比较大，有些毒贩贩卖一定量的毒品会获取暴利，有些人不仅一无所获，甚至还会因此丢掉自己的性命。所以，西方经济学理论预测，在一个充分竞争的市场中，因为进入市场和在市场中竞争都是完全自由的，所以正常利润会随着进入市场的竞争者的增加而不断降低。在通常情况下，毒品的零售市场也会被认为是一个完全竞争的市场，但是毒品零售市场的供应情况却与其他完全竞争的商品市场不同。其中最主要的原因就是毒品零售市场的进入并非是自由的。进行毒品贩卖是非法行为，存在着一定的风险，这就为自由地进入毒品供应市场制造了很大的障碍。

第二，是毒品交易市场买卖双方的信息不对称会影响毒品市场的供应。市场中的信息不对称是指市场上不同交易主体所拥有的信息量是不同的。即某些参与者拥有信息，而另一些参与者却不拥有信息。或者是某些参与者拥有的信息较多，而另外一些参与者拥有的信息较少。而具体到毒品交易市场中，信息的不对称就是指毒品的卖方处于信息优势地位，而毒品的购买者则处于信息劣势地位。具体而言就是指毒品的买卖双方对于毒品的质量、纯度等内在属性所拥有的信息的差异性。一般来讲，毒品的贩卖者虽然不一定亲自参与整个毒品的生产、加工和走私等活动，但是对于毒品的质量，尤其是纯度都有一定程度的了解。而毒品的买主则对于要购买的毒品的基本状况不是特别清楚，例如这些毒品产自哪里、产量多少。不仅如此，买者尤其是对毒贩在毒品中参了多少杂质这一毒品的基本状况并不清楚。买卖双方信息的不对称在整个毒品市场中就表现为一种信息的不透明状况。这种信息的不透明状况在很大程度上会对毒品市场的供应造成影响。在利益存在的前提下，由于信息的不透明，会对一些想要通过贩卖毒品而获取利益的人们在进入这一市场时造成较大的阻碍，从而减少了市场上的供应者。

第三，是供给的高风险性导致了这一产业供给的高利润性。作为商品的毒品与市场上的其他商品具有相同的特征，在供应成本上也一样，即生产或者是贩运毒品者在他们的生产或者贩运过程中会有一定的投资成本。然而，就毒品贩卖这一完整的交易过程中，供应成本也具有一定的特性，即与其他商品相比较，毒品供应成本中的经营性因素较少。主要表现在无论是在罂粟的种植、鸦片的制作、海洛因的精炼还是毒品的仓储以及厂房的租用等活动中，其中经营性的费用并不高。毒品供应成本的费用主要是风险性的。[①] 这些风险性的因素主要又包括了两部分，其中一部分是毒品的种植者、生产者和贩运者在为市场供应毒品的活动中面临着各种风险。例如，毒品种植者面临着作物被强制性铲除以及罚款等风险，而毒品的加工和贩运者更是面临着牢狱之灾或死亡的风险。风险成本中的第二个部分是为了规避这些风险，为市场提供毒品的相关人员打通各种环节所花费的成本。比如，为了避免自己的罂粟田在收获以前被强制性地铲除，农民花钱给执法者；为了顺利地进行跨界毒品走私，毒贩们行贿给边防军；为了维持毒品精炼厂的正常运行，毒品生产者向阿富汗地方军阀提供保护费等。所以说，正是这些风险性成本造成了毒品在市场上高昂的价格。而且风险越大，毒品的价格也就越高。例如，将阿富汗毒品走私到中亚地区的风险较小，所以说中亚地区的海洛因价格较低，有些地方甚至一针剂量的海洛因比一杯啤酒还要便宜。而这些海洛因走

① 参见袁忠民:《对毒品的商品经济学认识》,《公安学刊》2007 年第 3 期，第 46 页。

私到西欧和北美市场的风险很大，风险性成本也较高，所以在西欧和北美一公斤海洛因往往要数百万美元。

第四，是由于种种原因的存在，毒品市场很难达到规模经济效应。在西方经济学和生产经营管理学中，规模经济效应是指生产和经营的规模越大，效益也就会越好。造成这种状况的原因是在适度的生产规模下，生产成本的扩大会导致长期平均成本的下降。所以说一些商品的供应者都会想方设法地提高这种商品的生产规模。然而，这种情况对于毒品的供应市场却并不适用。[①] 毒品供应市场中规模经济效应的不凑效是由毒品供应很难再扩大决定的。造成毒品供应的难以增加又是由多种因素所导致的，主要包括：（1）由于毒品供应市场的进入受到了较多的阻碍，所以毒品供应难以扩大。毒品的供应从生产、加工和贩运这些不同的分工角度来看，基本上都是由专业的贩毒集团所垄断的，在他们的垄断下，毒品产业形成了一条完整的产供销的产业链条，想进入毒品供应市场的难度很大。（2）由于毒品具有超高的利润，正是在这种高额利润的刺激下，毒品的供应量在现有法律的约束之下已经接近饱和，很难再扩大。（3）由于毒品行业具有较高的风险性因素，也阻碍了毒品供应市场的扩大。例如，在目前阿富汗的罂粟种植中，农民一般都会选择在小块土地上进行种植。因为较小块的土地更不容易被罂粟铲除部队所发现。与此相类似，海洛因精炼厂的规模一般也不是很大，在一般的化学实验室中就可以进行。

第五，是其不同单位使用价值所包含的价值是不相同的。[②] 对于一般商品而言，在市场上出售的过程中，无论是包装完好的还是散装的，这些商品在单位的使用价值所包含的价值是相同的。例如，在购买茶叶时，两个相同包装、同样重量、相同种类的茶叶不仅在使用价值上完全相同，而且其内在的价值也不会有什么差别。对于这种具有相同使用价值的商品在质量相同时其价值也基本相同的特征，是作为商品的毒品所不具有的。毒品是一种不同质的商品，即同样的包装和相同的重量在毒品的零售过程中只是一种掩盖毒品真实价值的手段。具有相同包装和相同重量的毒品所具有的内在价值可能是完全不同的。这是因为在毒品的零售市场中，即使将相同品质、相同重量的

---

① Beau Kilmer and Stijn Hoorens, Understanding Illcit Drug Markets, Suooly-Reduction Efforts, and Drug-Related Crime in the European Union, RAND Europe2010, p. 21.

② 参见 Understanding Illcit Drug Markets, Suooly-Reduction Efforts, and Drug-Related Crime in the European Union, p. 25。

毒品分别装进相同的包装袋中出售，这些毒品所具有的价值可能并不相同，甚至会有很大的差别。这是因为，毒品的价值还有其他的表现方式，这就是毒品的纯度。在毒品零售市场中，无论是在同一市场还是不同的市场中，毒品的纯度都并不相同。所以说，在毒品销售时，1 克 90% 纯度的海洛因和相同重量的 20% 纯度的海洛因即使有着相同的重量和包装，他们所具有的价值仍是相差很大的。

正是由于作为商品的毒品的价值并不单纯以质量（重量）为衡量，所以相应地，毒品这种商品的价格也就有两种不同的表现方式。第一种就是只根据毒品的重量来计算的毒品的价格，例如在某个时期某个市场上 1 克海洛因的价格是 100 美元。这种只根据毒品的重量来计算的毒品价格也就是毒品的毛价格。第二种计算毒品价格的方式是在计算毒品重量的基础上还要根据毒品的纯度来计算的毒品价格。例如，在某一时期某个市场上 1 克纯度为 20% 的海洛因的价格是 100 美元，而在同一时期市场上销售的 1 克纯度为 30% 的海洛因的价格也为 100 美元，那么，第一种情况下 1 克纯海洛因的价格就是 500 美元，而第二种情况下 1 克纯海洛因的价格是 333 美元。这种不仅根据毒品的重量而且根据毒品的纯度计算出的毒品价格叫作毒品的纯度调整价格。由于毒品在作为商品时其价格并不仅仅跟商品的重量有很大的关联，毒品的纯度也是决定其价格的重要因素。在现实的毒品零售市场中，毒贩们为了获取更多的利益，经常对纯度较高的毒品进行稀释，所以在零售市场中不同的卖家所销售的毒品的纯度可能会有较大的差别。所以，在毒品零售市场上，重量小而纯度高的毒品可能比重量高但纯度低的毒品价格更高。由于这种情况的存在，毒品零售市场中商品的真实状况并不能仅仅通过毒品的毛价格被真实地反应出来，而是要通过毒品的纯度调整价格才能获得较真实的情况。

通过对毒品纯度调整价格的引入，人们不仅可以更为深刻地了解作为商品的毒品的特殊属性，而且可以更为真实地了解整个毒品市场的变化。首先，通过对毒品纯度调整价格的了解，人们可以分辨出毒品大宗批发市场与零售市场的差别。在毒品的大宗批发市场上，毒品的纯度一般没有太大的差别，但是在毒品进入到零售市场后，由于地方上的毒贩们为了进一步获益，他们往往将毒品进行稀释，所以，在毒品的零售市场上，毒品的纯度会有较大的差别，这时毒品的纯度调整价格就会对了解毒品的零售市场起着关键性的作用。其次，通过对毒品纯度调整价格的了解，人们可以判断出毒品市场上供求关系的变化。在毒品市场中，毒品纯度的一般变化规律是会随着毒品走私链从源头到最终市场的移动而不断降低。所以，根据毒品纯度在大宗批发市场和零售市场上的不同，我们可以大致判断出毒品市场上供求关系的变化。如果在一定时期内，大宗毒品批发市场上毒品的纯度并没有太大的变化，但在同一时期内零售市场上毒品的纯度有较大变化的话，我们就可以据此大致判断出这时毒品供应市场发生了变化。例如，在2000年西欧国家毒品零售市场上海洛因的纯度大致在46%，而到了2001年在相同市场上海洛因的纯度降低到了10%，这是因为塔利班在2000年突然宣布实施禁毒政策，阿富汗鸦片产量在2001年大幅度下降，导致了市场供应的严重不足。所以才会出现海洛因消费市场中纯度下降的问题。①

作为商品的毒品在需求上也表现出两重性，即毒品这种商品不仅满足一半商品的所有特征，还具有自己的特性。在西方经济学中，所谓需求就是在一定时期内，在各种可能的价格水平上，人们愿意并且能够购买的商品量。从这一定义中不难看出，需求的满足需要同时具备两个条件：一是人们有购买某种商品的欲望；二是人们具备支付购买商品的能力。所以说，需求是购买欲望和支付能力的统一。在一般情况下，需求量与商品的价格呈反比。也就是说，当某种商品的价格出现过高的情况时，除了少数的一部分人外，大部分人都不愿去购买这种商品，所以这个时候市场上这种商品的需求量就非常低。但是，当这种商品的价格出现下降时，更多的人开始具有购买这种商品的欲望和能力，与此同时，原本就愿意购买这种商品的人们可能愿意购买更多的这种商品。这时，市场上这种商品的需求量就会上升。这正是市场上一般商品的需求所具备的基本特征。所以说，对于作为商品的毒品来说，这种特征也是存在的。即使毒品具有强烈的致瘾性，毒品的滥用也是被法律所禁止的，但是很多来自第三世界国家的论据显示了无论是初次接触毒品，还是已经使用了毒品，甚至是使用毒品已经带来了消极后果的人们，他们跟毒品的接触都跟毒品的价格有着重要的关系。具体表现就是当毒品的价格上涨后，毒品的使用人数会减少，即使是毒瘾较大的使用者也会减少毒品的使用。

但同时，作为商品的毒品在需求上也会表现出跟其他商品不同的特质，这主要反映在毒品的需求价格弹性上。所谓需求价格弹性，也就是指在一定时期内某种商品的需求量与该商品价格之间的相互关联。作为商品的毒品，其需求价格弹性的特性主要表现在根据不同的群体，它的需求价格弹性系数

① Understanding Illcit Drug Markets, Suooly-Reduction Efforts, and Drug-Related Crime in the European Union, p. 25.

会有较大的差别。对于不滥用毒品的人们来讲，毒品的需求价格弹性就非常大。例如，当毒品的价格比较低时，不滥用毒品的人们可能会在好奇心等因素的趋势下尝试着接触毒品，但当毒品的价格比较高时，即使有再大的好奇心，他们也不会去接触毒品。所以说，对于不滥用毒品的人们来讲，毒品的需求弹性系数是比较大的。而对于滥用毒品已经成瘾的人们，状况就会大不相同。因为长期滥用毒品已经导致了强烈的毒瘾，对毒品已经产生了强烈的依赖。对于这一群体来讲，毒品已经成为生活中的必需品。所以，滥用毒品成瘾者必须周期性地获取一定数量的毒品来满足这种依赖。这就跟毒品的价格高低没有太大的关系了，无论毒品的价格有多高，他们都会想尽办法来获取。所以，在这种情况下，对于毒品滥用已经成瘾者来讲，毒品的需求价格弹性就很低，甚至是没有需求价格弹性可言。

毒品滥用成瘾者对毒品的刚性需求说明了毒品的消费行为是一种非理性的经济行为。西方经济学假定在市场上进行买卖的双方都是具有理性的行为者。所谓消费者的理性是指消费者能够根据自身的经济状况或其他条件来克制消费的冲动，约束自身的行为等。但是毒品滥用者对毒品的需求却已经没有任何的经济理性可言，因为在毒瘾发作的周期性刺激下，毒品滥用成瘾者会不顾自己的经济状况甚至是生命来获取一定数量的毒品。不仅如此，对于毒品滥用成瘾者而言，毒品的致瘾性对他们需求的影响还会产生一种棘轮效应。① 所谓棘轮效应，原本是指在材料力学中材料在非对称应力控制循环加载下非弹性变形的一种积累，在经济学中指人的消费习惯在形成之后具有不可逆性，趋向更高的消费，而难以回到更低的消费。具体在毒品滥用成瘾者的消费中，棘轮效应更为明显。因为从生理角度来讲，人体对毒品的承受剂量是有限的，所以成瘾者要想达到满足毒瘾的状态，既取决于每次使用毒品的剂量，又要保证在一定的时间段内完成使用。但是对于成瘾者而言，若想每一次都能够达到满足毒瘾的状态，就需要比上一次使用更多剂量的毒品，或是减少使用毒品的时间间隔，这就产生了毒品使用的棘轮效应。所以说，对于毒品滥用成瘾者而言，他们对毒品消费的冲动跟自己的经济状况没有太大的关系，在很大程度上都是受满足毒瘾这一冲动的刺激。

作为商品的毒品的供应和需求的这些特性决定了毒品市场价格的多变性。根据经济学的解释，每种商品在市场中都有一个均衡价格。均衡价格是由商

① 关于毒品使用的棘轮效应，参见《对毒品的商品经济学认识》，第 45 页；聂志红：《毒品问题的经济学分析》，《新东方》，2005 年第 1－2 期，第 24 页。

品供应数量和需求数量相互决定的。当商品的供应数量和需求数量相等时就会出现商品供应价格和需求价格相等的状况，商品供应价格和需求价格相等的价格就被称为商品的均衡价格。但是，毒品在作为商品时，由于这种商品市场具有一些特性，例如毒品市场上信息的不完全，以及进入毒品供应市场的障碍比较多，这些都导致了即使在同一个市场中相同商品（例如1克纯度为60%的海洛因）的价格也会不相同，甚至差别很大。在同一市场中，毒品的价格由低到高会呈现出一种分布，即最低价格、中间价格和最高价格。根据这些价格的平均，还可以得到地方市场上毒品的平均价格。根据这些毒品在市场上平均价格和最高价格的变化，可以有效地反映出一个市场上毒品价格的总体变化趋势。所以，在总体上，一个地方市场上毒品价格依然是受到供应和需求这两个因素所制约的，毒品价格的变化会随着供应和需求的变化而变化。

作为商品的毒品的价格因素不仅受市场中供求关系变化的影响，同样也会受到政策性因素的影响。不过总体来说市场对毒品价格的影响是主要的，政策性因素也只是通过对市场施加影响才会对毒品市场发挥作用。因为毒品是一种非法商品，无论是对毒品的种植、制作、携带以及走私和贩卖都会构成犯罪，毒品市场本身也是一个地下交易市场，所以从这一点来讲影响毒品的政策性因素主要是各种禁毒政策。一方面，禁毒政策要对毒品的种植、制作、携带、走私和贩卖进行打击，通过这一系列的工作来减少毒品的来源，从而减少毒品市场的供应；另一方面，毒品政策还会涉及到针对毒品滥用者的惩治以及救助措施等，减少毒品使用者，从而从需求一端对毒品市场进行打击。大体来讲，在对毒品市场的政策性影响因素中，从供应一端对这一市场的影响更大。这是因为从毒品市场的特点来讲，这一市场是一个在不改变法律现状的情况下就一直会对卖方有利的市场。进入毒品供应市场有着较大的障碍以及该市场中买卖双方信息的不对称，导致了毒品供应市场的有限性。而对于毒品需求市场来讲，虽然一直都存在对毒品使用者的惩治和救助措施，但由于毒品成瘾以后难以彻底断戒，再加上现代社会人们光怪陆离的生活图景，对毒品的需求反而会有不断扩大的趋势。所以说从减少供应的角度来对毒品市场造成的政策性因素的影响更大。

对毒品供应市场施加影响的政策以几种不同的具体方式表现出来，包括缴获毒品、毒品作物铲除、制作毒品化学前体的缴获以及贩毒人员的抓获等。在这几种不同的禁毒活动中，缴获毒品可以说是最具有代表性的缉毒行动。

因为在行动中所缴获的是毒品的最后成品，不仅可以通过缴获行动直观地看出毒品的数量、重量，还可以通过有关部门的化验检测出毒品的纯度，并进一步通过这些数据对毒品市场进行相应的判断。所以，毒品缴获行动能大致达到以下四个目的：（1）增大对贩毒活动的阻力；（2）增加毒品供应者的成本，提高毒品的价格，从而减少毒品的市场需求；（4）形成对毒品进入市场以及参与毒品贩卖活动的地域信息；（3）为执法部门提供行动的办法。但由于毒品市场的变化较快，影响毒品市场的因素较多，所以单一从缴获毒品这一行动可能并不能完全反应毒品供应市场的变化。有时缴获毒品数量较多，可能是毒品供应量较大，也可能是执法部门执法效率提高的结果。所以，毒品的缴获可能对整个毒品供应市场的影响并不是很大，因为对这一问题的判断要通过缴获的毒品数量、毒品重量以及毒品纯度等综合去判断。整个毒品犯罪链条不仅庞大，而且灵活多变，如果只是一些毒贩们被抓获，这可能只是零售市场上的销售者，被缴获的毒品的纯度也不会特别高，而这些人的位置很快就会由另外一些受利益刺激的人们所代替。但是，如果是大型的毒品精炼厂被毁，这样对毒品供应市场的影响就会比较大。

二、影响未来阿富汗毒品的市场因素

就现状来讲，阿富汗依然是目前全球最大的鸦片类毒品生产国，从鸦片类毒品的市场来讲，阿富汗是全球鸦片类毒品的主要供应者。所以，如果从市场的角度考察市场对未来阿富汗毒品的影响的话，可以大致视为市场对世界毒品供应的影响。具体对阿富汗毒品来讲，影响未来阿富汗毒品的主要因素主要有鸦片类毒品的利润、使用人数、其他毒品的价格或供应状况、毒品走私的风险有没有增加以及毒品供应环节上的成本有没有提高等。

（一）鸦片类毒品的利润

从总体上来讲，商品被生产的目的就是在市场中被交易从而获取相应的利益，作为商品的毒品当然也不例外。不仅如此，由于毒品是一种特殊的商品，它不但会导致消费者强烈的依赖性，还会对消费者的身体和精神造成严重的伤害，因此毒品是一种非法的商品。正是由于毒品是一种非法商品，毒品交易市场是一个地下市场，所以，这就为毒品的交易带来了巨大的利益。又由于毒品的交易市场是一个信息严重不对称的市场，在毒品交易市场上，信息优势倒向卖方一侧，这又能够使卖方从中获取更多的利益。所以从现实状况来讲，毒品只要在被生产出来后到达消费市场就是有利可图的。从毒品供应链上的不同承担者来看，这些人们都能够因为参与毒品行业而获得较大的利润。在毒品供应链的顶端，是各个跨国犯罪集团，他们支持地方毒品黑帮，进行毒品加工，组织大宗毒品走私，能够从中获取千万元的利润。其次是地方上的毒品黑帮，他们在上游受跨国犯罪集团的资金支持，又在下游组织当地农民种植罂粟以及招募毒贩进行毒品走私，也能够获得不菲的利润。处在毒品供应链最末端的是地方上的农民、个人毒品走私者以及毒品零售市场上的毒贩。农民一般受当地毒品黑帮的组织进行罂粟种植，他们获得的收益比种植一般经济作物要高，这是目前阿富汗农民种植罂粟的最直接动因。而零售市场上的毒贩也能够通过对毒品进行稀释、参杂等行为获取更多的利益。所以，从能够获取利益的角度来讲，巨大利益的推动是鸦片类毒品供应市场存在并发展的根本条件。

（二）鸦片类毒品的使用人口

目前，世界上依然存在着大量的鸦片类毒品使用人口，而且这个人群还有不断扩大的趋势。据联合国毒品与犯罪办公室的计算，2010 年世界上鸦片类毒品的使用人数在 2600 万到 3600 万之间（包括鸦片、吗啡和海洛因）。在世界上从 15—64 岁的全部人口中，鸦片类毒品的使用人数占到了 0.6%—0.8%。据估计，目前世界上每年都使用鸦片类毒品的人数达到了 1300 万到 2100 万之间。[①] 不仅如此，自 2009 年以来，世界上鸦片类毒品的使用人数还存在着不断上升的趋势。鸦片类毒品使用人数的增加在亚洲国家表现得最为明显，尤其是在东亚、东南亚、中亚以及西南亚地区。除了这些地区之外，北美、中近东以及东南欧地区的鸦片类毒品使用状况也尤其突出，超出了全球其他地区的鸦片类毒品的使用水平。除此之外，非洲地区的鸦片类毒品使用也在不断增多。从鸦片类毒品市场需求的宏观角度来讲，正是因为有了这样大量甚至是不断增多的鸦片类毒品的使用人口，才刺激了毒品源不断的供应。而从鸦片类毒品市场需求的微观角度来讲，正是其具有强烈的致瘾性这一特点导致了该市场上消费者对于这种商品的刚性需求。所以通过对鸦片类毒品市场的分析不难看出未来它的需求依然旺盛。

（三）代替品种的价格

在经济学中，代替品种的价格是影响某种商品供应的重要因素。在激烈的市场竞争中，质量相差不多的同类型商品如果谁的价格更低，那么这种商

---

① Word Drug Report 2012，p. 9.

品将会在市场竞争中拥有较大的优势。因为较低的价格一般是由较短的生产这种商品的必要劳动时间所决定的，是生产力提高的结果。在毒品市场中也同样存在这种状况。在毒品市场中，鸦片类毒品的替代品种就是大麻、可卡因以及合成毒品等其他类型的毒品。虽然这些毒品的成瘾因素与鸦片类毒品并不相同，但是基本上能够发挥与鸦片类毒品相似的作用，充当鸦片类毒品的替代品。值得指出的是，曾经传统毒品市场份额的缩小与合成毒品的出现有着很大的关系。正是冰毒等合成毒品的出现打破了海洛因和可卡因在毒品市场中一统江湖的局面，迅速地占据了一部分市场份额。十分讽刺的是，曾经传统毒品市场份额的缩小并不是国际社会禁毒工作有效的体现，而是新型毒品增加的结果。虽然新型合成毒品的出现一度占据了较大的市场份额，导致了海洛因市场的萎缩，新型毒品的价格也由于更低的制造成本而比传统毒品更低，但毕竟毒品这种商品还是有一定的地域性差异的。例如，在中亚地区，由于传统的毒品消费习惯，这里还一直是鸦片类毒品和大麻的天下，新型毒品并没有被更多的人们所使用。而且从2009年至今，新型合成毒品在世界上的使用率开始不断下降，这种势头如果持续存在，无疑将更有利于鸦片类毒品市场的扩大。

（四）毒品犯罪的风险成本因素

就毒品作为一种商品而言，这种商品的供应成本是与其他商品不太相同的。与普通商品相比，毒品的供应成本最主要的特点是其经营性的投资成本较小，而风险性投资成本较大。[①] 也就是说，对于毒品市场的供应者而言，毒品种植、制作、储存以及运输所花费的费用都不是很大，而在这些供应环节中所承担的风险是毒品供应成本中最大的。在毒品供应环节中，毒品的铲除、被缴获、贩毒人员被抓获以及毒品精炼厂或实验室被捣毁都是毒品供应者所面临的风险。如果在毒品供应环节中上述的情况一旦发生，毒品供应者不但面临的是所有商品将无法销售的风险，而且会因此而失去性命。所以，毒品供应的最大成本来自于供应环节中可能面临的各种风险。自从麻醉品被确定除了医用才具备合法性之外，麻醉品的其他各种用途都被视为非法行为。国际社会的禁毒工作已经开展了一百年有余，在各国的禁毒工作中，不乏有美国的尼克松政府为了强制性地销毁毒品供应来源而展开的一系列外交工作，也有伊朗伊斯兰革命后历届政府对毒品走私者和使用者实施的严格的惩治措

① 关于毒品犯罪的风险成本偏低的问题，参见袁忠民：《对毒品问题屡禁不止的经济学分析》，《公安学刊》，2008年第1期，第48—49页。

施，但毒品的供应市场却并没有因此而萎缩。目前，对于贩毒、制毒之类的犯罪行为的惩治措施已经做到了极致。虽然对于毒品种植以及使用的惩治力度还有进一步加大的空间，但由于文化的差异以及国家社会对于这些问题的看法还存在着较为严重的分歧，未来对毒品犯罪的惩治力度与今天相比不会有太多的改变。也就是说，毒品犯罪的风险成本将不会有太大的改变。

（五）毒品供应中的内部消耗成本因素

对于作为商品的毒品而言，它的成本除了在供应环节中所面临的风险因素外，还有一部分是在供应环节中的内部消耗。所谓的内部消耗，也就是为了降低毒品供应环节中的风险、躲避执法部门的惩罚而向一些执法者提供的贿赂。虽然一直以来，并没有资料能够为我们提供这些毒品供应中的内部消耗成本的详细信息，或者是这些内部消耗根据地域的不同而差别较大，但是对于这些毒品供应中的内部消耗成本的涨落可以做基本的判定，即这些成本也不会有太大的变动。这是因为，首先，毒品供应中的内部消耗成本是为了降低毒品走私的风险成本而存在的，也就是说这一成本的变动跟毒品供应环节中的风险成本有着较大的相关性。而根据上面的论述，由于未来对毒品的犯罪的惩治措施不会有太大的变化，所以毒品供应环节中的风险成本不会有太大的提高，相应地，毒品供应中的内部消耗成本也因此不会有太大的变动。其次，毒品内部供应消耗成本中的绝大部分是贩毒集团跟一些执法者之间形成了共同犯罪的利益集团的结果，所以由此可以基本预测出这些成本在将来不会上涨到毒品供应无法进行的地步。所以，毒品供应中的内部消耗成本也基本不会有大幅变化。

第二节　对阿富汗毒品问题影响的非市场因素分析

除了市场因素会对阿富汗的毒品种植有一定的影响之外，还有一些非市场因素也会对未来阿富汗的毒品种植产生重要的影响，这些因素主要包括阿富汗的毒品文化、阿富汗的经济环境、阿富汗重建的效果以及阿富汗地方势力和国际贩毒集团对毒品犯罪的参与等。

一、毒品文化对阿富汗毒品问题的影响

在会对阿富汗毒品走势产生影响的众多因素中，毒品文化在阿富汗的形成是一个重要的因素，但也是一个消极的因素。这种文化主要从三个方面对

阿富汗毒品走私产生影响。主要包括：

第一，毒品文化在阿富汗有着长久的历史。毒品文化在阿富汗从最初形成到最终稳定经历了一个漫长的过程。毒品文化在阿富汗形成已经有了好几百年的历史，早在莫卧儿帝国统治这片土地时就已经形成。虽然阿富汗是当今世界上鸦片类毒品的第一生产国，但毒品文化在阿富汗形成之初，鸦片类毒品并没有起到重要的作用。大麻是阿富汗人们长期以来主要使用的毒品。大麻作为阿富汗土生土长的天然麻醉品，它的使用在阿富汗已经有了很长的历史，在阿富汗人长久使用大麻的过程中毒品文化开始悄然出现。毒品文化出现的标志是它在一个主流的文化圈之内生成了一个亚文化圈，并能够对主流文化中的道德观念和禁忌因素产生稀释作用。这一点在阿富汗的主要表现就是其作为一个基本上全民信仰伊斯兰教的国家，任何麻醉品的使用在伊斯兰教中都被视为非法，但在阿富汗伊斯兰文化的大氛围内却盛行着毒品亚文化。在阿富汗，使用大麻并不被认为是一种违反伊斯兰教法或是不道德的事情，甚至是被社会所接受的。不仅如此，在莫卧儿帝国统治阿富汗时期，王宫上层社会的生活对毒品文化在社会中的进一步传播起到了重要的作用。莫卧儿帝国时期，尤其是巴布尔本人，不但酷爱饮酒，更喜欢使用参有大麻油和鸦片的蜜饯等食物。他的这一行为被社会中的百姓所争相效仿，毒品文化在阿富汗进一步传播。到了苏联入侵阿富汗时期，阿富汗的毒品文化又发生了进一步的转向。虽然长久以来，阿富汗人们使用大麻，而且大部分人一直认为鸦片是违背伊斯兰教法的，鸦片的使用也被认为是非法甚至是不道德的，但是随着苏联入侵阿富汗，被破坏的不仅是阿富汗的基础设施建设和农田水利工程，伊斯兰的戒律和道德观也随着战争而一同走向没落。越来越多的人为了麻痹战争带来的苦难，开始使用鸦片甚至是海洛因。所以，在苏联入侵阿富汗的时期，难民是鸦片类毒品使用的最主要群体。

第二，毒品文化主要表现在毒品使用范围的广泛。毒品在阿富汗使用的广泛性又有两种体现：第一种体现是毒品在阿富汗的使用有多种用途。在阿富汗，毒品不仅是人们日常生活中被滥用的非法麻醉品，而且是治病救人的良药。同世界其他地区一样，毒品在阿富汗最初也被用于治疗疾病。在阿富汗社会中一直到今天，穆斯林医生哈基姆还在医疗体系中发挥着重要的作用，而哈基姆们所调配的用于治疗多种疾病的药方中一般都会包括大麻和鸦片。第二种体现是毒品使用者身份也十分广泛。在阿富汗社会中，从古至今，不仅普通百姓使用毒品，统治者也是各种麻醉品的爱好者。同时，毒品不仅会出现在阿富汗普通百姓的世俗生活中，也会被宗教人士所使用。在各种宗教人士中，苏菲派教徒就是大麻爱好者，他们甚至认为大麻烟所带来的迷幻体验拉近了其与造物主之间的距离，让他们能够更好地体验到造物主的存在。

第三，毒品文化一旦形成，就具有很强的不可逆性。就拿鸦片类毒品在阿富汗的盛行经历来看，在苏联入侵阿富汗之前，虽然阿富汗人也在日常生活中滥用一些麻醉品，但鸦片类毒品基本上并不被阿富汗人所接受。而苏联入侵阿富汗的十年是鸦片类毒品在阿富汗迅速流行和传播的十年。在这十年中，大批的阿富汗人沾染上毒瘾。但是随着苏联从阿富汗的撤军，鸦片类毒品并没有一起消失在人们的视野中，反而越来越盛行。虽然后来塔利班掌握阿富汗政权后对毒品使用者采取了严厉的惩罚措施，但由于毒品文化经过近二十年的重新发展已经在阿富汗占据了较为巩固的地位，所以毒品使用这一现象即使在塔利班统治时期也并没有淡出人们的日常生活。只不过人们畏惧塔利班的惩罚，使用毒品不再是一种光明正大的行为，而转入了地下。随着塔利班政权被推翻，在阿富汗重建阶段，由于新政府的法律并不完备，毒品使用又开始重新抬头。由此可见，毒品文化一旦形成，如果试图削弱这种文化对社会生活的影响无疑是困难的，也是需要耐心的。所以，在可以预见的未来，这种文化仍然将在阿富汗的社会生活中产生一定的影响，并继续对阿富汗毒品问题的走势产生消极的影响。

二、阿富汗的经济环境

阿富汗自身的经济环境是影响其毒品问题走势的一个重要因素。在这个环境中，农民的贫困造成了对罂粟种植的严重依赖，而经过长期发展鸦片在阿富汗又获得了良好的金融声誉，并最终形成了一套完整的鸦片信贷体系。

农民的贫困无疑是导致阿富汗罂粟种植的重要原因。在苏联入侵阿富汗以前，阿富汗并不是主要的鸦片生产国。苏联入侵阿富汗导致了之后二十余年的战乱与动荡，不仅严重破坏了阿富汗国内的农田水利设施和基础设施建设，还导致了阿富汗人民的贫困。阿富汗的罂粟种植活动正是与贫困相伴而生的。在战乱期间几乎一无所有的农民只有依靠罂粟种植才能勉强度日。最终，战争和动乱导致了阿富汗国家经济的畸形发展。2001 年塔利班的倒台和阿富汗的重建并没有改变阿富汗人民的贫困状况。2001 年阿富汗重建伊始，阿富汗的人均国民生产总值只有 153 美元，而到了 2012 年，阿富汗的人均国民生产总值虽然比起重建之初有了较大幅度的提高，但依然只有 687 美元，排在世界第 168 位。[①] 阿富汗在重建之后不仅没有更好地解决鸦片问题，反而时刻都有进一步恶化的趋势，阿富汗人民的贫困在其中起到了很大的作用。对于阿富汗农民来说，他们除了依靠种植罂粟来获取收入之外，再无其他获得收入的渠道。正如 2010 年北约发言人阿帕苏莱在回应俄罗斯联邦药物管制局局长维克托·伊万诺夫要求北约部队彻底清除阿富汗南部的罂粟种植园时称，作为经济落后的国家，罂粟种植是当地农民获得收入的唯一渠道，因此处理这里的罂粟种植问题应当谨慎并要考虑避免伤害当地人。[②]

在阿富汗，鸦片不仅是一种用来交换的商品，也是人们在日常生活中滥用的非法麻醉品，甚至是一种货币。正是农民对鸦片的长期依赖造成了鸦片可以作为货币使用这样一种特殊的地位。反过来，鸦片可以当作货币来使用又令农民更加依赖罂粟种植。一方面，比起种植其他经济作物，种植罂粟和生产鸦片可以获得更多的收益，经济动因是阿富汗农民种植罂粟的重要因素。而且比起一般的经济作物，鸦片的价格在市场上较为坚挺，对于农民来说，种植罂粟和生产鸦片所获得的收益是有保障的。另一方面，在阿富汗，鸦片不仅可以当作货币来交换其他产品，而且这种货币具有很好的金融声誉，甚至很难贬值，比政府发放的货币都更加稳定。在这种情况下，农民自然愿意种植罂粟和生产鸦片。不仅如此，一般情况下，农民甚至会储存一定数量的鸦片用来抵御各种危机。

最终，在农民甚至是整个国家经济都严重依赖鸦片行业来支撑的畸形发展下，阿富汗形成了一套完整的鸦片信贷体系。在阿富汗，鸦片信贷体系叫作萨拉姆。这种信贷体系的运作过程一般是当地毒品黑帮或军阀等地方势力贷款给农民，令农民种植罂粟并生产鸦片。在鸦片丰收后，农民必须以低于市场的价格将鸦片卖给放贷者偿还债务。阿富汗农民本身是贫穷的，但是萨拉姆体系的运作并没有使农民通过生产鸦片而获得更多的财富，而是造成了农民的进一步贫穷和对生产鸦片的依赖。由于罂粟种植是违法行为，萨拉姆体系也是一种在地下运作的体系，一旦农民种植的罂粟被政府派来的铲除队所铲除，农民将拿不出任何东西来偿还债务。在这种情况下，农民的债务就会进一步累计。虽然长期以来萨拉姆体系都被政府所禁止，但这一体系在阿富汗农村却依然很流行。正是在这一体系的作用下，农民的贫困和罂粟的种

① Word Bank 官网数据，http：//data. worldbank. orglindicator/NY. GDP. PACD. CD。

② 《北约拒绝清除阿富汗罂粟园，要求谨慎处理阿富汗毒品问题》，《中国日报》2010 年 3 月 25 日，http：//www. chinadaily. com. cn/hqgj/2010 –03/25/content_ 9641597. htm。

植成了一种恶性循环。

三、贩毒集团的影响

毫无疑问，贩毒集团的介入对阿富汗毒品问题的走势发挥着不可替代的影响作用。正是贩毒集团的介入，有效地组织了社会中的各种资源参与到毒品犯罪行业中，组织农民种植罂粟，开发了新的毒品走私路线，甚至把最新的科技运用到毒品犯罪行业中。这些都加剧了国际社会解决毒品问题的难度。

首先，贩毒集团凭借他们强大的财力和物力有效地组织了社会中的各种资源，并将这些资源投入到毒品犯罪行业中去，从而形成了一条完整的毒品犯罪链条。完整的毒品犯罪链条基本上包括了毒品的种植、生产、加工、走私和贩运等一系列环节。整个毒品犯罪链呈一个金字塔型。在金字塔的最顶端，就是各个跨国犯罪集团，他们形成了“毒品辛迪加”，基本上控制了整个毒品市场的供应，并雇佣地方毒品黑帮组织当地农民种植罂粟等毒品原植物以及组织走私者进行大宗毒品的走私等活动。他们不仅参与毒品上游的犯罪，还贿赂或买通官员并进行洗钱犯罪活动。当然，他们也是毒品犯罪活动的最大受益者。正是在他们的操纵下，毒品买卖成为仅次于军火走私的全球第二大非法交易。金字塔的中层是当地的毒品黑帮，他们一般由跨国犯罪集团雇佣，收取佣金并对贩毒集团负责。他们在毒品犯罪链条上的重要作用在于他们出钱组织农民进行毒品原植物种植，令农民进一步依赖于种植毒品，以及组织毒品走私者。在金字塔最底端的就是地方上的农民以及受雇的毒品走私者。

其次，贩毒集团在毒品走私活动中不断地开辟出新的毒品走私路线，增加了国际社会打击毒品走私的难度。毒品走私是毒品犯罪中的重要环节。虽然一些毒品犯罪活动也包含一些政治动机（如阿尔巴尼亚黑帮会利用走私毒品所获利益支持建立独立的大阿尔巴尼亚国家），但大部分毒品犯罪都是经济动机使然，或者经济是直接动机。所以，毒品走私的成功与否，直接决定了贩毒集团能否在接下来的毒品犯罪活动中获益。所以，为了最大限度地保证在毒品走私过程中毒品不被截获，贩毒集团一般会使用两种方式应对：一种是贿赂或收买执法者或官员，同他们结成犯罪的利益联盟；第二种就是不断地开辟出新的毒品走私路线。当然，在一些情况下，这两种方式是需要同时进行的。当新开辟的路线被用于毒品走私时，就需要买通这条路线上的执法者和官员。无论如何，目前越来越多的毒品走私路线增加了国际禁毒工作开展的难度。

最后，为了最大限度地保证毒品走私的成功，贩毒集团甚至会不断改变毒品走私的手段，甚至会将新科技投入到毒品走私活动中。传统的毒品走私方式是在陆路或海路中进行夹带或藏毒，但是随着国际社会禁毒工作力度的加大，更多的更为隐蔽的藏毒方式被使用，例如利用人的身体藏毒等。有时为了适应不断变化的市场需求，为了缩短运输毒品的时间，同时也为了更好地避免毒品被截获，利用飞行器走私毒品就成为越来越多的毒贩们的选择。与此同时，为了保障毒品走私的成功，毒贩们一般都配备了较好的武器和其他装备。性能优良的武器能够使毒贩们在遭到缉毒者的盘查时依靠武力强制性地闯过盘查点，而如夜视仪等先进的其他装备，能够保障毒贩们在黑夜的掩护下最大程度地降低走私的风险。

四、腐败与阿富汗毒品走势

在对阿富汗毒品走势产生影响的各种因素中，与贩毒集团的活动相伴而生的就是腐败问题。因为在毒品供应环节中，供应者所投入的经营性成本极少，毒品供应的最大成本是供应过程中所存在的风险。所以，为了减少毒品供应环节的风险，以及在最大程度上减轻毒品供应环节上的各种障碍，贩毒集团除了要开辟新的毒品走私通道来躲避禁毒活动外，还要贿赂和买通执法者。所以，腐败就成为国际社会禁毒工作的大敌。就腐败与毒品犯罪的关系而言，这两者是一块硬币的两面，毒品问题加剧了腐败问题的严重程度，反过来，腐败又助长了毒品犯罪。所以，毒品犯罪与腐败问题相连的情况在全世界都具有普遍性。毒品问题与腐败联系的普遍性主要体现在：第一，毒品犯罪的每个环节都与腐败问题紧密相连。无论是毒品的种植、走私、贩运、洗钱以及毒贩被抓获后的审判都会和腐败挂钩。农民深陷鸦片借贷体系，为了还贷只能更加依赖种植罂粟，这时为了能够避免罂粟被铲除而向铲除部队行贿。这样，罂粟田得以保留就会收获更多的鸦片，这些鸦片最终会被毒品黑帮所收购，然后更多的海洛因会被生产出来。在走私环节中，如果没有买通边防军官或者政府官员的话，走私是不可能成功的。而毒品到了消费市场后，贩卖的过程中需要得到腐败警察的庇护。最后，即使是毒贩被抓获后，在遭受审判的过程中仍有可能会遭到因接受贿赂而干涉司法的行为。第二，世界各个毒品问题严重的地区基本上都伴随着不同程度的腐败。在世界三大毒品产地，即金三角地区、金新月地区以及南美洲地区，腐败在毒品问题的恶化过程中都发挥了重要的作用。

阿富汗毒品问题的泛滥与当地腐败有着重要的关系。罂粟种植是阿富汗毒品问题的源头，但这一问题之所以在阿富汗长期得不到有效的解决，跟腐败有着密切的关系。地方警督的保护以及缉毒部队的堕落是阿富汗罂粟种植长期得不到解决的重要原因。另外一个刺激阿富汗罂粟种植的因素就是利益，而利益之所以可以持续地获得，毒品走私在其中发挥了重要的作用，而毒品走私中的腐败现象更是极为普遍。所以，如果想要在未来有效地解决阿富汗毒品问题，必须有效地解决各种腐败问题。鉴于目前阿富汗的毒品问题已经严重地国际化了，与阿富汗毒品问题相关的腐败问题也不仅涉及到阿富汗一国。除了阿富汗本国外，处在阿富汗毒品走私路线上的巴基斯坦、中亚国家以及土耳其和俄罗斯等国都受到与毒品问题相关的腐败的影响。阿富汗在未来的毒品走私依然会受到与毒品相关的腐败的严重影响。但由于腐败问题是人类政治发展中长期存在的问题，腐败的解决不可能在短时间内快速有效的完成，所以由于这种情况的存在，阿富汗未来毒品问题的走势依然不容乐观。

五、阿富汗安全建设与毒品走势

阿富汗安全力量的建设将在未来阿富汗毒品走势中发挥着重要的作用。阿富汗重建过程中，罂粟种植、毒品生产和走私等一系列问题再次突出，成为对国际社会产生严重危害的问题。虽然阿富汗从重建开始，就遵照《波恩协定》的进程开始了一系列的重建，但是在阿富汗毒品问题日益恶化的过程中，阿富汗安全力量建设的不到位在其中产生了重要的影响。阿富汗安全重建主要包括三大部分：一是阿富汗国民军队建设。阿富汗国民军队的重建始于 2002 年。美国是阿富汗国民军队重建的主导援助国，其他国家包括法国、英国、土耳其等多国部队的国家和美国的盟友也参与了阿富汗国民军队的重建并作出了一定的贡献。从 2003 年开始，阿富汗国民军队就开始和美国以及多国部队执行任务。阿富汗国民军队参与执行的重要任务中，2003 年的“勇士清扫行动”比较具有代表性，这次任务主要是阿富汗国民军和美国一起在帕卡蒂亚省执行对活动在当地的塔利班和基地组织的清扫行动。到 2006 年阿富汗国民军队建设已经基本成形。阿富汗安全重建的第二部分是阿富汗国民警察的重建。阿富汗国民警察在缉毒、边境巡逻和搜查以及维护地方稳定方面发挥着重要的作用。阿富汗国民警察主要由德国提供训练。但是到了 2003

年，阿富汗国家警察的建设工作逐步被美国接手。美国国务院、国防部以及白宫的官员开始对德国主导下的阿富汗国民警察的训练进度表示不满，美国军队开始取代德国主导阿富汗国民警察的训练。除了正规警察之外，阿富汗还建立了辅助警察系统。除了上述阿富汗国家安全力量之外，阿富汗还成立了国家安全局。国安局权力广泛，包括拘留、询问、调查、起诉和审判被控犯有危害国家安全罪的人员，并参与相关军事行动。

阿富汗安全力量的重建虽然取得了一系列的成果，但是在应对毒品问题时还是暴露出了诸多问题。首先，阿富汗安全重建中存在功能性缺失，例如没有一支真正的禁毒力量可以执行禁毒任务。阿富汗国家警察主要活动地区在基层，分布更为广泛，本来应该在禁毒工作中发挥重要的作用，但是由于重建中对阿富汗国家警察投入的力度并不够，这就使得阿富汗国家警察并不能够在禁毒工作中发挥较好的作用。阿富汗国家警察的建设并没有受到应有的重视，只有美国较为热心，国际社会其他成员并没有十分重视，主要表现就是多国部队教官不愿意参与阿富汗国家警察的训练。因此，阿富汗国家警察不能够保证充足的训练时间。除此以外，阿富汗国家警察的工资较低、装备较差，但却要承担相对危险的任务，这也让很多人失去了参与国家警察的工作和训练的热情。而在实际行动中，阿富汗国家警察和其他禁毒部队执行禁毒任务的效果是比较差的。在阿富汗几年禁毒措施的实施中，阿富汗国家警察和阿富汗禁毒部队铲除的罂粟非常少。不仅如此，阿富汗禁毒部队在执行禁毒任务时常常行为粗暴，对于不愿意配合禁毒工作的烟农甚至动用私刑，不是毒打，就是将他们无端囚禁。这样的行为遭致烟农的不满，他们经常抵制政府的禁烟行动，烧毁禁烟部队的车辆，甚至开枪向禁毒部队射击，这也是近些年来时常有禁毒部队成员在执行任务时伤亡的重要原因。禁毒部队粗暴的工作方式也对政府的形象造成了很大的影响，在这种情况下，烟农自然不愿意同政府合作，甚至向塔利班等反政府武装寻求庇护。所以，如果阿富汗政府不能在未来尤其是多国部队从阿富汗撤军后培养出一批优秀的安全力量的话，阿富汗国内毒品形势无疑将朝着更坏的方向不断恶化。

六、阿富汗地方势力与毒品

在未来，阿富汗毒品问题的走势在很大程度上跟地方势力有着密切的关系。阿富汗地方势力主要是指一切独立于阿富汗中央政权之外，并且不受中央政府管辖的力量。这些势力主要包括军阀、部落武装、地方宗教势力、塔利班以及一些恐怖主义组织。如果要判断未来阿富汗地方势力对毒品问题会带来什么样的影响，就需要考虑两个问题：一是地方势力在未来阿富汗的地位如何；二是要看这些地方势力参与毒品犯罪的程度如何。从地方势力在阿富汗重建过程中的表现来看，这些力量目前仍然不容小视。塔利班虽然在美国的打击下失去了政权，但由于在执政时期，塔利班在地方上有较为稳固的执政基础，所以在阿富汗一些地区，尤其是在南部以普什图族为主要居民的地方，塔利班仍然可以发挥一定的影响力。正因为在地方上依然存在实力，所以塔利班经历了十几年的“反恐”战争依然存在，并依然能够在阿富汗发动一些袭击。不仅如此，就是在目前的和谈进程中，塔利班也成功地绕过了阿富汗政府与美国直接接触。所以，塔利班在未来的阿富汗可能依然是一支重要的力量。军阀的实力在重建后的阿富汗可谓是有增无减。尤其是一些军阀甚至凭借着自身的影响力成了阿富汗的国家领袖。而部落和地方宗教势力则是自阿富汗成为独立的民族国家后就一直在地方上发挥着重大影响力。从阿富汗国家最高权力机构大支尔格会议这种形式来看，就是阿富汗地方势力对国家政权发挥影响的一种表现。

而从地方势力对毒品犯罪的参与程度上来看，所有这些地方势力基本上都是毒品犯罪的重要参与者。塔利班虽然失去了政权，但凭借在地方上的影响力，依然能够组织地方农民种植罂粟和生产鸦片，并收取什一税和保护费。不仅如此，塔利班还参与毒品走私和洗钱活动。这些毒资依然是塔利班维持日常开销的重要来源。不仅如此，在地方上，塔利班还受到一些宗教毛拉的支持，这些宗教毛拉常常利用自身的宗教影响帮助塔利班来组织农民进行罂粟种植。除了塔利班和宗教毛拉外，地方部落长老也一直是毒品种植和制作的重要参与者和获益者。从目前阿富汗的毒品种植区域来看，主要集中在阿巴边境部落区的阿富汗一侧。这些部落长老从抗苏战争时期就带领部落参与毒品种植和制作，并从中获益了几十年。目前，部落地区的毒品问题已经成为阿富汗禁毒工作中最难以解决的部分。十分讽刺的是，阿富汗禁毒工作的成效基本上要依靠部落长老的同意，否则，禁毒工作很难在这些地方进行。其中最明显的表现就是2005年楠格哈尔省罂粟种植面积的减少正是在部落长老同意下才得以实现的。而在阿富汗重建后，军阀与毒品的关系也依旧密切。随着阿富汗国家重建工作的展开，阿富汗出现了两种不同身份和社会地位的军阀。一些主要的大军阀紧跟着国家重建的主流进程，在重建后的阿富汗拥有了合法的身份甚至成为国家的领袖，而另一些军阀依然游离于国家的法律和制度以外。但不管是拥有什么样的身份和地位，这些军阀和毒品的关系却并没有改变，毒资依然是为他们提供资金、获取忠诚、购买武器以及招募武装的重要来源。所以，无论是何种地方势力，毒品与他们之间的利益依然密切，这就大大增加了阿富汗毒品问题继续恶化的可能性。

七、认同问题与阿富汗毒品

在表面上，认同似乎对阿富汗毒品并没有产生直接的影响，但在阿富汗毒品问题的背后，认同发挥着重要的作用：

首先，阿富汗国家认同的缺失导致了地方势力的强大，地方势力参与毒品导致了阿富汗毒品问题的持续恶化。在阿富汗建立独立的民族国家之前，阿富汗人基本上都是依据生活所在地区的部落来识别自身和他者。这种根据部落和血缘来确定亲疏的认同方式长久以来都是阿富汗人的首要认同。随后，这种认同方式就十分固化地保持了下来。在阿富汗历史上，历次的地方叛乱基本上都跟这种地方认同有着密切的关系。到了近代，阿富汗人的国家认同并没有随着世界现代化和民族国家地位在世界的确立而有所巩固，部落认同和血缘认同等地方认同的程度依然高于对国家的认同。正是由于这种高度的地方认同的存在，在一些政治学家眼中，阿富汗甚至不是一个国家，而只不过是一个部落共同体。这种对阿富汗的认识并不是没有道理。在阿富汗，越小的社会组成单位，所获得的认同程度越高，而且阿富汗人的最终认同会落脚在部落上。这就是说，在阿富汗认同程度的高低依次排列是家庭、部族、部落、民族，最后才会是国家。而有时，阿富汗人甚至对国家并不认同。这种对国家的不认同就导致了地方势力的强大，而地方势力的强大就自然会进一步导致民众对政府的不认同，也就自然削弱了政府的能力和效率。阿富汗毒品的恶化正是在这种国家认同缺失的情况下一步一步恶化的。在导致阿富汗毒品问题恶化的过程中，军阀和部落等地方势力都发挥了巨大的作用。而他们之所以能够发挥出如此作用，正是由于他们获得了更多的认同。

其次，国家认同对阿富汗毒品的影响反映在阿富汗民众的法律意识上。虽然在重建后，阿富汗政府就宣布了罂粟种植和鸦片制造是非法的，但正是由于对部族和部落的认同程度要高于对国家和政府的认同，所以政府颁布的法律在阿富汗民众的心目中当然比不上部族和部落的习惯法，甚至是部落长老的命令。在这种情况下，部落习俗依然凌驾于国家法律之上，所以只要获得部落长老和领袖的支持，阿富汗农民就认为种植罂粟和生产鸦片是合法行为，当然会置国家的法律于不顾。正是这种认同缺失所导致的法律意识的淡漠，导致了阿富汗毒品成为一个不受法律约束的问题。不仅如此，在罂粟生长和鸦片收获期间，如果烟农遇到了政府派来强行铲除罂粟的部队，会认为他们的行为违反了本部落的法律，为了捍卫部落法同时也为了保护自己的利益，烟农们甚至会拿起武器同罂粟铲除部队进行交火。除了部落的法律以外，在阿富汗重建的过程中，国家法律还受到了另一股势力的挑战，即伊斯兰教法。作为一个基本上全民信仰伊斯兰教的国家，宗教势力对阿富汗社会具有非常大的影响。因此，阿富汗国家法律的地位也常常遭到伊斯兰教法的挑战。例如，在男女平等的问题上，虽然阿富汗国家法律允许妇女走出家门参加工作，但在实际生活中，因为受到伊斯兰社会习俗的规约而走出家门参加工作的妇女依然不多。而在阿富汗毒品问题上，伊斯兰教法对阿富汗法律的挑战极具讽刺性。本来，在伊斯兰教法中，毒品的种植、制作、使用和贩卖都是非法的，但一些毛拉出于对某些势力的支持，不仅不对种植罂粟和制作鸦片加以制止，还睁一只眼闭一只眼，甚至利用自身的宗教地位鼓励这些行为。总之，阿富汗国家认同的缺失导致了毒品问题的恶化。

第三节　阿富汗未来局势与阿富汗毒品

一、影响阿富汗局势的三角关系

截至 2014 年底，负责阿富汗安全的多国部队完成从阿富汗的撤离，阿富汗局势何去何从无疑会成为影响其毒品问题走向的最关键因素。在 2014 年多国部队从阿富汗撤出之际，美国、阿富汗政府与塔利班之间三角关系的互动成为影响阿富汗未来局势的重要因素，甚至将决定多国部队撤出后会留下一个什么样的阿富汗。

首先来看美国与阿富汗政府的关系。经过十几年的“反恐”战争，美国与阿富汗政府已经是盟友关系。可以说，正是在美国的帮助下，塔利班政权被推翻，阿富汗新政府得以建立。不仅如此，阿富汗重建的大部分工作都是在以美国为主导的国际社会的帮助下得以完成的，所以从未来的阿富汗国家发展的角度来看，阿富汗政府无疑对美国是有需求的。而对美国政府来说，建立一个阿富汗民选政府只是完成了阿富汗重建的第一步，促使阿富汗各方势力和解以及稳定阿富汗的局势才是根本的任务。但是，毕竟美国已经深陷阿富汗战争的泥潭十几年，战争的巨大消耗和伤亡以及经历了 2008 年金融危机都让美国想从阿富汗尽快脱身。而对于奥巴马政府来说，致力于在其任期内结束美军在阿富汗的驻防，是他在竞选美国总统时就喊出的口号。而奥巴马在担任美国总统期间，也致力于美国从阿富汗的撤离。2013 年 1 月 11 日，奥巴马与卡尔扎伊在华盛顿会晤后，在随后的新闻发布会上共同表示美军将在 2013 年春季完成阿富汗安全部队的作战移交任务。在这次会晤中，奥巴马除了表示美军将提前离开阿富汗，还表示仍有部分美军会在阿富汗发挥“非常有限”的作用，并继续为阿富汗军队提供训练、建议和协助工作。但美国与阿富汗政府在撤军问题上也存在一定的分歧，这些分歧主要集中在 2014 年后驻阿美军能否获得司法豁免权上。

但在美军进行正常的撤军节奏的同时，阿富汗政府与美国的矛盾似乎越来越大。这些矛盾主要集中在美国政府与塔利班的和谈上。2013 年 6 月 18 日，卡尔扎伊突然宣布阿富汗安全部队将要接管在阿富汗境内军事行动的指挥权。按照美国和阿富汗双方谈判中的部署，早在 2013 年春季阿富汗境内的军事指挥权就将移交给阿富汗安全部队，但这一方案一直都没有执行。卡尔扎伊之所以会在 6 月 18 日突然宣布这一决定，实则是在表达对美国单方面与塔利班接触的不满。然而就在卡尔扎伊宣布阿富汗安全部队接管阿富汗境内安全行动军事指挥权的当天，塔利班宣布了在多哈的联络处正式启动，并呼吁国际社会与其进行和谈。其实一直以来，美国政府都在绕过阿富汗政府与塔利班进行单方面的接触，而塔利班也宣称不愿与阿富汗政府谈判。在美军即将从阿富汗撤军之际，卡尔扎伊无疑对塔利班的卷土重来身怀恐惧。更令卡尔扎伊担心的是，美国单方面与塔利班的谈判不仅会架空阿富汗政府的存在，还会让塔利班进一步获得国际社会的认可，从而重返阿富汗政坛。

随着多国部队从阿富汗撤军时刻表的临近，美国与阿富汗政府的矛盾又进一步深化。美国与阿富汗政府的新近矛盾主要集中在美阿安全协定的签署时间上。为了尽快从阿富汗撤军，也是准时履行对选民的承诺，美国以及多国部队都希望阿富汗政府能在 2013 年底签署新一轮的安全协定。而阿富汗方面虽然在 2013 年 11 月 24 日的大支尔格会议上通过了美阿《双边安全协议草案》，但卡尔扎伊政府却表示要等到 2014 年春季总统大选结束后再与美国签署安全协议。阿富汗政府的拖延无疑会延误多国部队从阿富汗的撤军计划。美国为了迫使卡尔扎伊政府尽快签署安全协定，甚至中断了对阿富汗的能源补给，这也遭到了卡尔扎伊政府的谴责。不仅如此，美国还通过北约对卡尔扎伊政府施加压力。2013 年 12 月 3 日，北约秘书长拉斯穆森称希望阿富汗政府尽快与美国签署双边协议。卡尔扎伊之所以一再表示在 2014 年 4 月的总统大选进行之前不会与美国签署双边安全协议，还是不满于美国与塔利班的接触。据称，卡尔扎伊曾表示如果签署双边安全协议的话，美国必须满足两个条件：一是停止与塔利班的单方面接触；二是保证在 2014 年的总统大选中不支持任何参选者。

就美国与塔利班的关系来讲，似乎在发生着一些微妙的变化。美国与塔利班无疑是敌对的双方，正是美国在“9·11”事件之后指责塔利班政权为恐怖主义组织提供了庇护，并在之后发动了全球“反恐”战争推翻了塔利班政权。对于塔利班来说，自己在阿富汗的统治被美国所推翻，之后更是有多位战地指挥官死于美国的空袭之下。而这样一对敌人却在进行了十几年的战争后要开始进行和谈。其实奥巴马在执掌美国政府后，就指出对塔利班内部的不同派别要区别对待，并与之取得接触。在 2011 年 6 月，时任美国国防部长的罗伯特·盖茨在接受美国媒体采访时正式透露称，美国已经与塔利班进行了正式的接触。虽然在美国与塔利班进行正式接触后双方之间的战斗并未停止，但 2013 年 6 月塔利班宣布启动在多哈的联络处之后，美国依然作出了回应，而反观阿富汗政府与塔利班的关系却一直僵化着。虽然早在美国政府与塔利班正式接触之前，阿富汗政府就先美国一步作出了要跟塔利班进行和谈的姿态，并由卡尔扎伊牵头成立了高级和谈委员会，但塔利班似乎对卡尔扎伊的热情并不感冒。在与卡尔扎伊和谈的问题上，塔利班一再以多国部队从阿富汗撤军为条件。塔利班不仅拒绝了卡尔扎伊的和谈，还宣布将对阿富汗实施新一轮的春季攻势。不仅如此，塔利班还通过暗杀高级和谈委员会成员的方式直接拒绝了卡尔扎伊的和谈邀请。其中，在 2011 年 9 月 20 日，高级和平委员会成员、阿富汗前总统拉巴尼被塔利班通过炸弹袭击的方式刺杀身亡。

在美国、阿富汗政府与塔利班的三角关系上，巴基斯坦因其特殊的国家地位在其中发挥着重要的作用。一直以来，在“反恐”问题上，巴基斯坦都是美国的重要盟友。而在多国部队从阿富汗撤军的问题上巴基斯坦也将发挥重要的作用。巴基斯坦将作为多国部队装备运输的重要中转站，这样就会进一步减少多国部队的运输费用。而对于阿富汗政府来讲，虽然一直以来两国关系因普什图族的问题而不太稳定，但在多国部队从阿富汗全面撤军之际，阿富汗对巴基斯坦无疑是有需求的。就目前的状况而言，阿富汗对巴基斯坦的最大需求就是通过巴基斯塔与塔利班的特殊关系而促成与塔利班的直接和谈。在塔利班与美国的接触过程中，阿富汗政府一直处于边缘地位，而塔利班更是明确表示不会与阿富汗政府谈判。所以，在这种情况下，能够拉拢巴基斯坦劝服塔利班与阿富汗政府接触是十分必要的。所以在 2013 年 8 月对巴基斯坦的访问中，卡尔扎伊与第三次执掌巴基斯坦政权的谢里夫进行了一系列的和谈，并希望巴基斯坦劝说塔利班与高级和平委员会进行谈判。

二、阿富汗未来局势发展与阿富汗毒品走势

始自 2001 年的阿富汗战争至今，阿富汗重建已逾十年，其中 2010 年 7 月 20 日在喀布尔召开的阿富汗问题国际会议标志着阿富汗重建工作进入了一个全新的历史阶段，即喀布尔进程。所谓喀布尔进程，即从这次会议的召开始，至 2014 年，阿富汗政府要全面接管国家管理和安全方面的工作。如果按照喀布尔进程的设定发展下去，阿富汗将会在宪法构筑下，现政权全面实现国家管理和安全职能，这就意味着阿富汗政府的有效性会大为提升，这种结果无疑是令人振奋的。但是，从喀布尔会议召开至今，喀布尔进程已经走过了近一半，而阿富汗的重建工作还是未能取得太大的进展。同时，阿富汗的局势及其发展前景还是令人堪忧。

阿富汗重建工作伊始，阿富汗局势及其发展前景一直是国际国内相关问题专家和学者最为热衷的议题。从阿富汗重建开始到 2006 年，虽然这一阶段的重建工作也暴露出某些问题，但毕竟重建工作刚起步，而且阿富汗国内安全局势得到了好转，所以专家学者们对阿富汗的重建抱有一些希望。但在 2006 年阿富汗安全环境恶化后，大多数专家学者开始对阿富汗重建的前景看法悲观：有些学者认为美国在阿富汗越反越恐，阿富汗已经成为美国的困局；[①] 还有些学者认为阿富汗政府管辖有限，政府官员腐败严重，且阿富汗的国情与西方为其设定的发展模式很难相容，这些都成为阿富汗重建失效的重要原因。[②] 这些有关阿富汗局势和前景的看法，在 2006 年后成了主流意见。2010 年喀布尔会议召开后，虽有某些专家学者认为阿富汗局势并没有看上去那么糟，而且美国还依然掌握着对阿富汗局势的控制权，但对阿富汗局势抱

---

① 参见刘青建：《试析美国在阿富汗的困局》，《现代国际关系》2009 年第 2 期。

② 参见赵华胜：《阿富汗：失去的机会和前景》，《国际观察》2010 年第 6 期，刘青建：《阿富汗重建失效之分析》，《西亚非洲》2008 年第 10 期。

悲观看法的依然占多数。

虽然国际国内专家学者对阿富汗局势及其发展前景关注颇多，尤其是阿富汗的安全局势，但军阀问题始终没有得到相应的重视。从目前阿富汗专家学者们对阿富汗局势的热议中，不难看出讨论主要集中在两点：一是多国部队撤出后塔利班重掌阿富汗的可能性；二是阿富汗现政府的执政能力能否满足喀布尔进程的要求。这两个问题的最终落脚点无疑还是阿富汗的安全问题，安全问题是阿富汗重建的首要问题，没有安全的环境，阿富汗重建无疑是失败的，但军阀也会造成阿富汗安全局势恶化这个问题却始终得不到重视。这与军阀这个群体在阿富汗的现状有很大的关系，大多数军阀在阿富汗重建后在表面上都归顺了政府，甚至成为政府中的要员，他们中的很多人也都参与了解除武装、复员和重返社会的进程，与政府签订协议，向政府交出了军队。但正是由于军阀在中央和地方上担任要职，从而继续对军队有控制权，他们不仅不服从中央政府的政令，还经常互相攻伐，对阿富汗的安全环境造成了很大的破坏。军阀这个群体在阿富汗重建中不仅没有退出历史舞台，其地位反而得到了强化，并且出现了一些新的发展，如中小军阀逐渐崛起以及军阀派别中多权力中心的出现，军阀参与毒品、武器的走私与贩运，并逐步退化为组织化犯罪团伙。由此可见，军阀对阿富汗重建的破坏已经不仅超出了安全领域，还渗透了政治领域、经济领域乃至文化领域。军阀自阿富汗重建起就在体制外和体制内对阿富汗的重建进行着破坏，在军阀的诸多问题中，目前最令人担忧的是军阀战争的重启。

（一）阿富汗重建后军阀的发展和分布

军阀不是阿富汗重建过程中产生的新问题。近代以来，部落长老和省督一直是地方上的割据势力，他们是现代阿富汗军阀的主要来源和基础。抗苏战争、阿富汗内战、塔利班统治和“反恐”战争，都为军阀的发展提供了机会。尤其是阿富汗重建过程中，军阀的地位得到进一步的巩固和强化。这点首先表现在军阀合法地进入了国家权力中心。由于在以军阀为基础的北方联盟参加了美国推翻塔利班政权的战争，从而为军阀在阿富汗重建中赢得了政治筹码。这在《波恩协议》中体现得最为明显，而潘杰希尔（Panjshir）塔吉克军阀成为阿富汗战后初期的大赢家，就是一个突出的例子。根据《波恩协议》的规定，在随后成立的阿富汗临时政府中，潘杰希尔塔吉克军阀占据了国家的主要权力部门。其中，法希姆（Muhammad Qasim Fahim）担任临时政府副主席并兼国防部长，尤努斯·加努尼（Yunus Qanuni）担任内政部长，阿卜杜拉·阿卜杜拉（Abdullah Abdullah）担任外交部长，由此，这一派军阀基本上控制了阿富汗的内政外交大权。在阿富汗临时政府之后的过渡政府中，军阀也担任了相当重要的职务。例如，法希姆担任过渡政府副总统并继续兼任国防部长，哈扎拉军阀穆罕默德·卡里姆·哈利利（Muhammad Karim Khalili）也成为副总统，另外有多位部长也是军阀或具有军阀背景。军阀不仅进入了国家权力中心，也成为地方上的主要势力，多位军阀成为省长或某地区的实权人物。在这种情况下，很多人担心阿富汗会重新进入一个由军阀统治的时代。

（二）各主要军阀的状况及其势力范围

阿富汗军阀具有十分明显的民族、地域特征。就较大的地域范围来看，在阿富汗北方，主要是塔吉克人、乌兹别克人和以哈扎拉人为主体的少数民族军阀，而在南方，主要是普什图军阀以及普什图部落军阀。阿富汗各主要军阀状况及势力范围如下：

（1）伊斯兰促进会（Jamaati al-Islami）。目前，在阿富汗实力最强的是以东北部潘杰希尔谷地为根据地的伊斯兰促进会派，该派军阀以潘杰希尔谷地为根据地，以当地塔吉克族为基础。虽有数据显示潘杰希尔塔吉克军阀目前有约5万人的兵力，但我们认为塔吉克军阀的人数不会超过该数据的一半，但其人数仍然在军阀中居首位。不仅如此，该派军阀还控制着庞大的经济网络，甚至基本垄断了阿富汗同中亚地区的贸易。

（2）伊斯兰民族运动（Junbesh-i-Milli-ye Islami）。伊斯兰民族运动主要由阿富汗北部的乌兹别克族民兵组成，以马扎里沙里夫（Mazar-e-Sharif）为主要活动中心，该派军阀的领袖是阿卜杜尔·拉什德·杜斯塔姆（Abud Lashd Dostum），目前大约拥有兵力2万人，值得说明的是，该派军阀的组织结构较为松散，杜斯塔姆虽然也控制着一支武装，但已经不能对他手下的诸侯军阀进行有效的控制，诸侯军阀成为他们所控制地区的实权者，所以，该派军阀目前正出现多个权力中心的现象。

（3）伊斯梅尔·汗派（Ismail Khan）。伊斯梅尔·汗派军阀由于也是塔吉克人，名义上属于伊斯兰促进会，但实际上自成一派。该派军阀以阿富汗西部重镇赫拉特（Heart）为中心，以当地主要居民塔吉克族为基础，领袖为伊斯梅尔·汗，拥有武装人员2.5万人，控制着赫拉特地区的主要财政税收。值得说明的是，随着伊斯梅尔·汗的逐渐老去，该派系内的主要诸侯军阀正在崛起并试图摆脱伊斯梅尔·汗的控制。

(4) 伊斯兰党希克马蒂亚尔派（Hezb-i-Islam Hekmatiyar）。伊斯兰党希克马蒂亚尔派是由古勒布丁·希克马蒂亚尔（Gulbuddin Hekmatiyar）于抗苏战争时期所创建的一支武装力量，主要由普什图人组成。该派军阀曾经得到了巴基斯坦军阀和情报部门的大力支持，势力一度非常强大，并成为潘杰希尔塔吉克人的主要竞争对手，但后来随着塔利班的崛起而失势。阿富汗重建后，该派军阀并不承认中央政府的权威和合法性，而是继续在喀布尔（Kabul）、昆都士（Kunduz）、巴格兰（Baghlan）、库纳尔（Kunar）、楠格哈尔（Nangarhar）等地同政府进行游击战争，该派军阀目前拥有兵力数百人。

(5) 伊斯兰统一党哈利利派（Hizbi-Wahdat-Islami）。伊斯兰统一党哈利利派主要由阿富汗中部巴米扬地区的哈扎拉人组成，该派领袖为现任阿富汗副总统阿卜杜勒·卡里姆·哈利利，由于该派为伊斯兰统一党内八个派别中的一支，武装人员约为4000人，实力并不是很强，所以他们同中央政府的关系较为融洽。

(三) 阿富汗军阀战争重启的可能形式

在阿富汗重建过程中最令人担忧的莫过于军阀战争的重启，它可能以三种形式表现出来：

第一，是军阀之间因不同原因爆发的战争。而军阀之间的混战又将在两个层面上表现出来，其一是同一民族、同一派别内军阀的混战日益加剧。这种状况已经突出地表现在杜斯塔姆的伊斯兰民族运动和伊斯梅尔·汗派中。在伊斯兰民族运动中，事实上自1997年5月阿卜杜尔·马利克（Abud Malik）将军发动对伊斯兰民族运动领袖杜斯塔姆的叛乱以后，虽然杜斯塔姆后来成功重建了这一派别，但他对伊斯兰民族运动的实际控制能力已经不能和叛乱之前相比。尤其是在阿富汗重建后，该派别内诸侯军阀逐渐崛起，这些诸侯军阀成为阿富汗北方各乌兹别克社区的实际控制者，而随着该派别最高权力所有者杜斯塔姆的逐渐衰落，诸侯军阀们会为派别内最高权力的所有权而相互攻伐，具体会表现为诸侯军阀之间为了领土、人口、资源而发动兼并战争。类似的情况也正出现在赫拉特地区的伊斯梅尔·汗派中。其二是不同民族、不同派别军阀之间冲突的加剧。在阿富汗，不同民族、不同派别军阀之间的矛盾素来很大，在抗苏战争结束和纳吉布拉政权倒台后阿富汗陷入内战就是对这一矛盾的最好注解。而在阿富汗重建的今日，这一矛盾最为突出的地方是北方的马扎里沙里夫。在这里，乌兹别克族和塔吉克族共存，而马扎里沙里夫是传说中的伊斯兰圣贤之一阿里的陵墓所在地，从而成为阿富汗各民族前往朝拜的圣地，也成为乌兹别克族和塔吉克族争相控制的对象。客观上讲，塔吉克军阀和乌兹别克军阀也是该地区最具实力的两股势力，并且两派军阀的积怨很深。在 2001 年，虽然杜斯塔姆和乌斯塔德·阿塔（Ustad Ata）合作攻取了马扎里沙里夫，但之后不久两派就爆发了矛盾，并演变为长达 18 个月的武装冲突。因此，在乌兹别克族和塔吉克族的激烈争夺下，这一地区将会是军阀之间战争最为激烈的地区。

第二，是军阀和塔利班之间的战斗加剧，这在很大程度上取决于塔利班自身的实力状况与它的意图同美国阿富汗战略以及军阀利益之间的互动状况。2001 年，塔利班虽然在美国的打击下垮台了，但它失势后经过战略和组织上的重新整合和重组，实力得以保存，并一方面利用在巴基斯坦的基地不断地骚扰阿富汗，另一方面又不断地寻求和国际社会而非阿富汗政府的直接对话。塔利班的目的是最大程度上重新夺取阿富汗政权。而从美国方面来讲，阿富汗的十年重建并没有产生令人满意的结果，而且奥巴马上台后和卡尔扎伊政府的矛盾频频，美军士兵的伤亡也在逐年增加，在不愿承担人员物资上的巨大损耗和国内民意对战争的不满所带来的对大选的风险后，奥巴马政府于 2011 年决定启动撤军计划。由此，美国在阿富汗开始处于想走走不了，想留又不能留的尴尬境地。

美军在阿富汗焚烧古兰经和枪杀 17 名平民的行为在阿富汗激起了新一轮的反美情绪，而塔利班也适时利用这一时机，在阿富汗群众中争取民心。塔利班在事件发生后第一时间谴责了美国的暴行，并随即中断了同美国的谈判，由此可以假设，塔利班已经把这些事件看作重返阿富汗政权的好机会。

但塔利班也自知，即使在多国部队撤出阿富汗后，重掌阿富汗也并非一帆风顺。因为目前在阿富汗，军阀对于塔利班重掌阿富汗的抵制是最为强烈的。在这其中，军阀的这种动机出于三重因素的考量：第一，军阀和塔利班是世仇，尤其是阿富汗主要大军阀派别都由少数民族构成，民族矛盾成为双方斗争不断的有力驱动。而且在塔利班崛起过程中，军阀与他们的战斗中曾发生过双方互相屠杀对方平民的行为，这也就使双方的矛盾升化为民族矛盾，从而达到不可调和的地步。而在之后随着塔利班的崛起，军阀与塔利班的战斗就变成了由少数民族组成的北方联盟同塔利班的战斗，实质上已经是少数民族同普什图族的内战。所以在阿富汗重建后，军阀也极力反对甚至破坏政府同塔利班的和谈，甚至有些军阀在政府向塔利班发出和谈的信号后重新招募了武装。① 第二，军阀对塔利班的抵制得到了美国的支持。对美国来说，利用军阀打击塔利班大大降低了美军士兵的伤亡率，也增加了美国同阿富汗政府谈判的筹码，所以正如一名美国政府官员所说，军阀是抗击塔利班和“基地”组织的有效堡垒。② 第三，也是军阀最为重要的考量因素，打击塔利班符合军阀的最大利益。对各军阀来说，塔利班的垮台让他们成为阿富汗最大的受益群体，不仅重新回到了原来的势力范围，并使自己的势力范围形成实际上的独立王国，还能得到美国提供的物质以及技术支持，同时也不断丰富和完善了自己武装的战斗经历和能力，所有这一切都能使自身在同其他军阀以及中央政府的竞争中获益。而且，塔利班还是军阀毒品走私、武装贩运以及收取过路费等非法盈利项目的主要竞争者，塔利班的出没势必对军阀们的利益形成威胁。

阿富汗南方的楠格哈尔、帕卡蒂亚（Paktia）、帕卡蒂卡（Paktika）、坎大哈（Kandahar）、查布尔（Zabul）、赫尔曼德（Helmand）等省份是普什图军阀和普什图部落军阀的主要势力范围，也是塔利班进行袭扰、宣传动员、物资运输以及人员招募的主要地区，所以在这些地区军阀和塔利班的争夺最为激烈。这些地区的军阀主要是普什图族军阀以及由普什图部落领袖蜕化成的军阀，他们虽不像北方少数民族军阀有统一派别下较为庞大的规模，但却同样有很强的实力。首先，他们在下属中拥有更高的权威，他们虽然各自为战，控制的武装人数也无法同北方少数民族大军阀相比，但由于普什图军阀大多数由部族长老、村长或宗教毛拉蜕化而来，因此这些军阀在当地的普什图社会中具有较高的权威性，他们更为容易招募并组织起自己的武装。其次，普什图军阀具有一定的实战经验和能力。这些军阀中的一些在抗苏战争前就组织起了反对人民民主党政权的武装，之后又经历了抗苏战争、内战以及同塔利班的战斗，这使他们获得了丰富的战斗经验和技术。再次，普什图军阀也拥有充足的资金和自己的经济网络。普什图军阀和部落军阀在

---

① Ben Farmer, Afghanistan Warlords Prepare to Rearm as Taliban Arrive for Peace Talks in Kabul, 24 Octorber, 2010, http://www.telegraph.co.uk/news/worldnews/asia/afghanistan/8082845/Afghan.

② Madoka Futamura, Transitional Justice in The Afghan Peacebuilding Process The Potential and Limitations, Towarding Bring Stability in Afghanistan: A Revildingiew of the peacebuilding Strategy, IPSHU English Research Report Series No. 24, 2009, p. 104.

阿富汗南方各省大多参与毒品与武器的走私与贩运，并控制着主要城市之间的公路，收取保护费，从而形成了自己独立的经济网络，从中获取了巨大的利益。[①] 最后，普什图军阀还获得了巨大的外部支持。美国就一直在为普什图军阀提供资金、武器和技术支持。以上这些实力都将使军阀成为塔利班重掌阿富汗的障碍。

阿富汗军阀战争重启的第三种表现形式是军阀与阿富汗政府之间的冲突加剧而导致战争的爆发。军阀和阿富汗政府之间的矛盾始自阿富汗重建之初，美国支持的卡尔扎伊政府的出现打破了军阀在塔利班垮台后主导阿富汗政治的美梦，这使军阀一直都对卡尔扎伊政府耿耿于怀。由于军阀的存在严重破坏了阿富汗的安全重建、政治重建、经济重建乃至文化重建，使政府的权威性不能有效地向全国（尤其是北方）扩展，这使政府的实际管辖范围仅仅局限在喀布尔。基于此，卡尔扎伊执政之初，就着手解决军阀问题，并采取了一系列措施，但最终因自身实力的有限并未能有效实施。所以，目前的军阀和政府间的关系发生分异，大体情况是，南方普什图军阀由于得到了卡尔扎伊相当程度的重用而与政府的关系比较好，而北方的马扎里沙里夫和西部的赫拉特的军阀则与政府的关系十分紧张，军阀和政府军的武装冲突时断时续，双方的武装冲突升级为战争的可能性一直存在。

阿富汗政府能力的不足是军阀与政府发生冲突的根本原因。阿富汗政府能力的有限首先表现在政府不能有效地发展经济。这种能力的缺失就导致政府不能有效地动员群众，反过来，阿富汗政府有效性的缺失又导致了它的合法性的不足。与此同时，很多地方基础设施的兴建都有军阀的参与，如马扎里沙里夫的医院是杜斯塔姆修建的，而赫拉特地区的公路则是伊斯梅尔·汗出资建造的，这使军阀获取了民众的支持和拥护，甚至在地方上取代了中央政府和地方政府的合法性。诚如兰德公司高级分析师赛斯·琼斯所言，本地政府越是强大和有向民众提供服务的能力，它就越能够削弱反叛力量的群众基础并最终战胜它。[②] 目前在阿富汗，军阀虽然并没有反叛政府，但他们也不在政府的有效控制之下，况且，军阀的存在已经严重削弱了政府的合法性，

---

① 关于军阀霸占阿富汗的相关情况，参见 John F. Tiernry, Extortion and Corruption Along The US Supply Chain in Afghanistan, Peport of The Majority Staff, 2010。

② Seth G. Jones, Counteringsurgency in Afghanistan, RAND Counteringsurgency Study Volume4, 2008, pp. 12 – 13.

在这种情况下政府能力不足自然使一些民众倒向军阀。政府能力的有限还表现在它不能有效地控制事态朝向有利于自己的方向发展。这点最为明显地体现在当卡尔扎伊政府在军阀之间实施合纵连横政策时，最后获益的却是军阀。更为严重的是，有些时候政府在处理军阀问题上完全无法控制事态的发展，如2003年卡尔扎伊政府成功地在杜斯塔姆和阿塔之间制造了矛盾，但双方由冲突发展为18个月的激战，并险些造成蔓延至整个北方的内战时，政府毫无办法，最后不得不靠多国部队解决了这一问题。①

最可叹的是，美国等多国部队已经在阿富汗启动了撤军计划并开始逐步实施，可阿富汗政府的能力在重建的十年中并未有所提高，尤其是阿富汗国民军的建设远远不能满足为阿富汗提供安全的要求。阿富汗国民军不仅装备落后，还疏于训练，资金和后勤供给更是严重缺乏，这些因素都导致了阿富汗国民军能力和素质的低下，也为军阀和政府之间发生冲突创造了条件。

可以认为，目前阿富汗军阀战争之所以没有重启，关键原因是多国部队拥有强大的控制力，无论军阀和塔利班都不可能冒着被消灭的危险而挑起战端。但是，在多国部队撤出之后，也就是说这种力量不再存在或只是部分存在的情况下，军阀战争重启就是必然的了，只是无法对战争重启的地点、时间、规模作出准确的判断。

目前，多国部队仍是能够决定阿富汗局势走向的唯一一支力量，也是制约军阀战争重启的最重要因素。军阀现在拥有多少武装力量，是决定军阀战争重启的重要因素。虽然表面上几大军阀都在阿富汗重建初期就同中央政府签订了解除武装的协定，但之后仍以各种较为隐蔽的方式招募原有武装力量（如开设安全公司），所以，目前军阀实际掌握的武装人数还不可知，这一人数虽然不如重建初期，但很有可能依然是一个不小的数目。但在人数上，多国部队依然具有压倒性的优势，截至2010年美国未向阿富汗大规模增兵之前，由多国部队组成的国际安全援助部队共约12万人，其中美军约7.8万人，除美军之外的其他北约部队约为3.8万人，其他非北约国家也派出部队3813人，而美国在向阿富汗大规模增兵之后美军人数更是达到了10万之众。② 这样一

① Antonio Giustozzi, Empires of Mud: War and Warlords in Afghanistan, London: C. Huret&Co. ltd, 2010, p. 156.

② Andrew R. Hoehn, Sarah Harting, Risting NATO: Testing the Limits of the Alliance in Afghabistan, RAND Project Air Force, 2010, pp. 31 – 32.

支人数众多又装备精良、训练有素的部队无疑对塔利班、“基地”组织残余势力和军阀都具有压倒性的优势，也制约着他们之间冲突升级为战争的可能性。也正是多国部队的存在，才使阿富汗国家秩序得以较好的维持。但是，多国部队在阿富汗的存在并不是集中的，而是几乎分散在阿富汗的各个省，他们的分布情况如下：在阿富汗西部主要驻防的是意大利和西班牙，此外，美国在赫拉特临近的法拉省也有驻军；在北部主要是马扎里沙里夫地区，主要承担安全任务的是德国，此外，瑞典、挪威、匈牙利和土耳其也在北部地区有少量驻军；在首都喀布尔驻军的是土耳其和西班牙；在东部地区，美军基本上承担了喀布尔周围省份的安全任务，此外，还有捷克斯洛伐克、韩国和土耳其的少量军队；在南部和东南部，主要由英军驻防。[①] 从多国部队的分布上不难看出，占多国部队人数2/3 的美军集中占据了首都喀布尔周围的阿富汗东部地区，而且在这些仅占阿富汗国土面积的约 1/5，距离美军的地方司令部位置上更近，便于联系，且基本上处于美国的统一指挥下，所以不难理解喀布尔及其周边地区的安全环境较阿富汗其他地区更好。而反观在军阀和塔利班活跃的北部、西部和南部地区，情况则恰恰相反。即便如此，多国部队的存在仍然对军阀和塔利班起着很大的限制作用，一旦多国部队撤离或部分撤离，情况就很难预料了，阿富汗很有可能重新回到 20 世纪 90 年代军阀割据的局面，到那时，军阀战争的重启也就是必然了。

阿富汗从成为独立的民族国家开始，地方势力就一直是干扰国家统一和认同的重要势力。而在各种地方势力中，军阀无疑又是最为强大的。从阿富汗毒品问题的产生上来说，阿富汗抗苏圣战者组织（各个军阀的前身）的参与是阿富汗毒品问题形成的重要内生因素。所以军阀在阿富汗的崛起、阿富汗内战的产生以及毒品问题的恶化是相伴相生的。而从阿富汗军阀与毒品的关系上来讲，军阀可以说是阿富汗毒品最早的参与者，军阀参与毒品事业在阿富汗已经有了三十多年的历史。在阿富汗重建之后，军阀并没有退出历史的舞台，反而以更为隐蔽且强大的方式重返阿富汗政坛。势力复苏的军阀仍然是阿富汗毒品最重要的参与者。而且随着阿富汗重建的进程，不同军阀派别内部都发生了重要的分化，即大军阀派别只维持表面的统一，而在派别内部却在不断分化出新的势力。这一现象的发生改变了以往军阀派别内部“权力—金钱”这一维持上下层级稳定的运作模式，在地方上活动的军阀为了维

---

① Risting NATO：Testing the Limits of the Alliance in Afghabistan，p. 44.

持生存只能更加依赖犯罪活动，这样，军阀也就蜕变成了有组织的犯罪集团。在这种情况下，军阀对毒品经济的依赖就加剧了。而一旦阿富汗重新回到军阀战争的局面，毒品将成为为各个军阀带来战争补给的重要物资。届时，以毒养战的局面很可能重新出现在阿富汗的土地上。

结　　语

自阿富汗毒品问题形成至今已经有三十余年的历史，在阿富汗毒品问题形成和不断恶化的过程中，体现了一种规律性和特殊性的统一。阿富汗毒品问题的规律性在于阿富汗是贫穷、落后且动乱不止的国家，这里毒品问题的泛滥符合世界上所有出现严重毒品问题国家的特定规律；而阿富汗问题的独特性在于，作为一个基本上全民信仰伊斯兰教的国家，毒品原植物的种植和毒品的制作、消费、贩运都是伊斯兰教明令禁止的行为，而且世界上目前还没有出现过一个毒品问题像阿富汗一样严重的穆斯林国家的案例。

根据伊斯兰教的禁忌，毒品属于非法之物。作为人类社会中普遍存在的一种现象，禁忌广泛地存在于各种宗教和民族文化习俗当中，并对人类文明的发展起到了重要的作用。在人类的各种禁忌当中，又以宗教禁忌最为严格和纯正，在人类社会习惯和伦理道德的塑造方面影响巨大。而在世界性三大宗教中，伊斯兰教以严格的尊经奉训而著称，经训不仅对社会生活中的林林总总都进行了阐释和界定（穆斯林该如何做，以及行为的合法与非法等），还成为穆斯林良好的伦理和道德的规范来源。从不同的作用和功能来讲，伊斯兰教的禁忌主要分为精神与社会行为禁忌、饮食禁忌、婚姻禁忌、丧葬禁忌以及卫生禁忌等。其中对于毒品的使用在社会行为禁忌和饮食禁忌中都有说明。而从违反禁忌而遭到的量罚角度来讲，伊斯兰的禁忌又可分为可憎的行为、严重可憎的行为和非法的禁戒行为三大类。其中，毒品的生产、消费和贩运以及毒品原植物的种植在伊斯兰教看来都应被归为非法的禁戒行为，即最为严重的非法行为之列。根据伊斯兰教的教义，违背了这一类禁忌不仅要在现世遭到法律的制裁，而且还要真诚悔改，否则在后世中也会受到真主的责罚。

对于毒品，伊斯兰教的经训中并没有直接提到这种东西为非法，但是根据伊斯兰律法的四大来源（即除了经训以外，还有类比和创制），毒品与伊斯兰精神背道而驰，是伊斯兰教所明令禁止的东西。伊斯兰教对于毒品的禁令来源于对酒的禁令。在蒙昧时期，阿拉伯人也酷爱饮酒，而且经常三五成群喝得酩酊大醉。在醉酒后经常出现胡言乱语、打架斗殴，甚至是干出一些败坏社会风气之事。由此，饮酒往往成为各种社会失范的源头。所以，在伊斯兰教复兴以后，为了纯洁和净化社会风气，重塑人们的道德和信仰，穆罕默德严禁信徒们饮酒。对于饮酒，穆罕默德称这种行为是万恶之母，与正信势不两立。《古兰经》中也有对饮酒这种行为的界定，要求信徒禁断饮酒："信道的人们啊！饮酒、赌博、拜像、求签、只是一种秽行，只是恶魔的行为，故当远离，以便你们成功. 恶魔惟愿你们因饮酒和赌博而互相仇恨，并且阻止你们记念真主和谨守拜功。你们将戒除［饮酒和赌博］吗?"（《古兰经》五章九〇、九一节）在伊斯兰教中，拜佛求签是以物配主的大罪，是不可饶恕的严重罪行，《古兰经》中将饮酒列为同拜佛求签同等的大罪，由此可见饮酒的严重性。

此外，除了纯洁和净化社会风气之外，伊斯兰教禁酒的重要目的在于让信徒更好地履行宗教义务，从而走上正道。在伊斯兰教义中，念拜斋课朝是穆斯林在现实生活中必须要履行的宗教义务。而饮酒的另一大危害在于会破坏信徒对宗教功课的履行。就饮酒对念功的影响来讲，在履行念功义务时，除了要做到准确无误之外，还要内心清静，而饮酒者可能连准确无误都做不到，更不用说内心清静了。而饮酒对拜功的影响就更为严重了。礼拜被称为伊斯兰教的支柱，其地位在所有宗教功课中处于重中之重的地位。而礼拜是由一系列严格的动作和念词构成的，所以在礼拜中不仅要求穆斯林念词准确、动作无误，还要求穆斯林心无杂念，这样才能完成拜功。所以，礼拜必须首先确保穆斯林保持身体洁净和头脑清醒。而饮酒无疑是对拜功前体的破坏。所以《古兰经》中称："信道的人们啊！你们在酒醉后不要礼拜。"①

在伊斯兰教中，被称为"酒"而被严禁的东西是一种广义的称谓。在伊斯兰教看来，无论一种饮料或物品是由什么原料制成的，只要能够使人达到醉的状态，这种饮料或物品就应被归为"酒"之列。所以当有人向穆罕默德请教蜂蜜、苞谷、玉米或大小麦等发酵成酒精后，这些饮料究竟合法与否时，穆罕默德给出了精炼的答案，他说："凡是使人麻醉的，都是酒，凡是酒就皆为非法之物。"

在伊斯兰教中，酒都是被禁止的，所以同样能够达到麻醉状态甚至效果更甚的麻醉品或精神药物也当然被列入非法物品之列。从致人麻醉的效果上

① 《古兰经》马坚译本，第五章90节。

来看，麻醉品或精神药物比酒精更强，尤其是新型合成毒品中的某些药物（如摇头丸等），同时具有使人兴奋和迷幻的双重作用，只需少量服用就会产生强烈的效果，从而导致精神失调和身体损伤。从这个意义上来讲，各种毒品（无论是麻醉品和精神药物）在伊斯兰教看来都是非法之物。不仅如此，毒品还严重违背了伊斯兰教中的道德伦理主张，因此也被视为恶的代表。首先，伊斯兰教尊重生命，崇尚和平。而毒品的使用不仅会损害人的身体健康，甚至还会造成自杀和杀人等现象，从而严重践踏了人的生命和尊严。其次，伊斯兰教重视伦理和道德。而毒品的使用会导致人道德观和社会责任感的漠视和缺失，从而衍生出大量其他犯罪行为，导致人们社会行为的失范。再次，伊斯兰教推崇身体洁净和健康。而毒品的使用尤其是注射式毒品的使用方式严重违背了伊斯兰教要求清洁的原则，导致了各种传染性疾病的传播，破坏人们的健康。所以，无论从哪个角度来讲，毒品都是被伊斯兰教所不容的。

所以，虽然经训中并没有专门提出对毒品的禁令，但认为毒品为非法的这种论断却得到了教法学家们的一致认同。例如，伊斯兰教的权威学者伊本·特伊密是这些法学家们的先锋，他说："这种大麻烟，不论它使人醉与不醉，都是非法的、必须禁止的东西。犯罪者之所以要吸服它，是因为它能使人微醉和狂欢，所以它是一种综合的麻醉剂，至于酒，它会引起人们兴奋和争执，而吸服大麻等麻醉剂又会导致人们萎靡和无耻，败坏了气质和理性，打开淫欲之门。从教理上来看，麻醉剂造成对宗教热忱的丧失，其危害性，要比酒尤甚。所以吸毒者和饮酒者应受同样的刑罚，不论吸食或饮的多寡，一律处以四十至八十鞭。"①

虽然伊斯兰教严格禁止鸦片原植物的种植以及鸦片的生产、消费和贩运，但遗憾的是阿富汗的重建并没有有效地遏制毒品问题的进一步恶化。在阿富汗重建的过程中，阿富汗政府和国际社会都在禁毒工作中做了大量的工作，也取得了一些成绩，但直到今日阿富汗毒品问题依然严峻并呈现出不断恶化的趋势。从 2001 年阿富汗重建启动至今，阿富汗的罂粟种植面积增长了 15 倍之多，罂粟种植面积和鸦片产量不断突破历史记录。2008 年，阿富汗的鸦片产量创纪录地达到了 8200 吨，打破了世界上任何一个国家在任何一个时期鸦片产量的最高纪录。而在 2013 年，阿富汗的罂粟种植面积又再创新高，达到

① 伊本·特伊密：《关于法律的决定》，阿拉伯语版本翻译，第四卷，第 226 页。

了20.9万公顷，产量比2012年提高50%。不仅如此，阿富汗政府和国际社会一直为之努力的减少罂粟种植省份路线图的计划也一直在进退之间。截至目前，在阿富汗所有34个省份中依然有15个省存在罂粟种植现象。其中值得注意的是，阿富汗罂粟种植面积和鸦片产量最大的赫尔曼德、坎大哈、乌鲁兹甘等省份的罂粟种植活动自阿富汗重建工作开始以来就没有停止过。这些地方主要是集中在阿富汗南部，是军阀们和部落武装的传统势力范围。这也说明了阿富汗政府的有效控制力并没有达到这些地区。

最后，回到阿富汗农民为什么选择种植罂粟的问题上来。归根结底，贫穷和局势的动乱是阿富汗农民选择种植罂粟的原因。与传统的农作物和经济作物相比，鸦片的市场价格无疑要高出许多，这无疑是贫穷的阿富汗农民选择种植罂粟的最直接原因。拿小麦来说，2013年其国际市场价格是每蒲式耳6.65—7.15美元。[①] 根据蒲式耳与公斤之间的换算公式（蒲式耳为容积单位，在不同国家根据不同农产品，蒲式耳与公斤之间的换算是有差别的，但小麦的换算在不同国家基本上不存在差别），2013年每公斤小麦的国际市场价格约为0.25美元。而每公斤鸦片在2013年的农场交易价格是145美元，是同一时期小麦市场价格的500倍还要多。正是由于鸦片与传统农作物和经济作物在市场价格上的巨大差别，吸引着大多数的阿富汗农民投入到鸦片生产当中。此外，由于鸦片的生产对土地要求不高，只需在简单的灌溉条件下就能够收获，而且还能够长时间的储存。比起种植传统的农作物和经济作物，这些特点对于地形复杂、基础设施建设极差、交通不便利的内陆国家阿富汗来说，是种植罂粟和生产鸦片的巨大优势。

此外，如果单纯从制作鸦片所获得的经济效益上来确定这就是阿富汗农民选择种植罂粟的原因的话，无疑是不全面的。因为这忽视了政府在制约非法活动上的有效性。毕竟，在任何一个国家，种植罂粟和生产鸦片都是非法行为，所以说并非每一个国家的农民都能够在经济利益的刺激下进行罂粟种植活动。这些活动之所以能够在阿富汗长时间地存在，跟阿富汗局势的动乱有着密切的联系。其中，在解释为什么2013年阿富汗的罂粟种植面积会再创历史新高时，联合国毒品与犯罪办公室驻阿富汗代表马修勒就说道：局势动荡导致的阿富汗农民普遍的不安全感是他们选择种植罂粟的重要原因。他说："显而易见，阿富汗农民继续受到罂粟种植高额利润的诱

① 数据来源：美国农业部网站，http：//www.ers.usda.gov/data-products/wheat-data.aspx#25171。

惑，因为一公斤鸦片目前的农场交货价格为 145 美元，远远高于 2006—2008 年的水平。同时，农民加大种植罂粟可能是为了积累更多的资产，来应对明年的未知情况，因为很多人担心北约部队从阿富汗撤出后，他们可能会缺乏‘安全保障’。”①

① 《联合国：阿富汗罂粟种植两再创新高，鸦片产量上涨》，人民网，http：//world. people. com. cn/n/2013/1114/c1002 - 23535526. html。

参考文献

中文文献

相关书籍

朱永彪：《“9·11”之后的阿富汗》，北京：新华出版社，2009年版。

张敏：《阿富汗文化和社会》，北京：昆仑出版社，2007年版。

C. M. 阿基姆别科夫著，杨恕、汪金国译：《阿富汗焦点和中亚安全问题》，兰州：兰州大学出版社，2002年版。

马克思·韦伯著，王荣芬译：《儒教与道教》，北京：商务印书馆，1995年版。

弗朗西斯·福山著，黄胜强、许铭元：《国家建构——21世纪的国家治理与世界秩序》，北京：中国社会科学出版社，2007年版。

彭树智主编、彭树智、黄杨文著：《中东国家通史阿富汗卷》，北京：商务印书馆，2000年版。

路易斯·杜普雷著，黄民兴译：《阿富汗现代史纲要》，西安：西北大学中东研究所，2002年版。

王凤：《阿富汗》，北京：社会科学文献出版社，2007年版。

王春荣：《聚焦阿富汗》，北京：新华出版社，2002年版。

马丁·布思著，任华梨译：《鸦片史》，海口：海南出版社，1999年版。

罗伊·波特、米库拉什·泰希主编：《历史上的药物与毒品》，商务印书馆，2004年版。

姚贤镐编：《中国近代对外贸易史资料》第3册，北京：中华书局，1962年版。

李文治编：《中国近代农业史资料（1840—1911）》，三联书店，1957年版。

马莫贞：《中国禁毒史资料》，天津：天津人民出版社，1998年版。

夏国美、杨秀石等著：《社会学视野下的新型毒品》，上海：上海社会科学院出版社，2009年版。

相关文章

刘锦前、李立凡：《阿富汗毒品交易与禁毒现状》，《国际资料信息》，2006年第4期。

宋海啸：《阿富汗毒品经济：历史、作用与成因》，《南亚研究》，2010年第3期。

杨恕、辛万翔：《阿巴边境地区的毒品生产与贩运》，《南亚研究季刊》，2009年第1期。

姚大学、赵新宇：《阿富汗毒品问题的历史考察》，《史学集刊》，2011年第7期。

申玉辉：《阿富汗毒品问题的利益角色分析》，《南亚研究》，2012年第1期。

傅小强：《美国阿巴战略进展与阿富汗问题前景》，《现代国际关系》，2010第12期。

刘青建：《试析美国在阿富汗的困局》，《现代国际关系》，2009年第2期。

史澜、李文经：《阿富汗重建是一场新的较量》，《当代亚太》，2002年第4期。

刘青建：《阿富汗重建失效之分析》，《西亚非洲》，2008年第10期。

赵华胜：《阿富汗：失去的机会和前景》，《国际观察》，2010年第6期。

荣鹰：《阿富汗大选和阿富汗重建问题》，《和平与发展》，2009年第6期。

傅小强：《阿富汗重建进展及前景》，《现代国际关系》，2006年第7期。

闫伟：《阿富汗重建进程中的国际合作探析》，《国际资料信息》，2011年第11期。

叶麒麟：《权力·权威·能力—论现代国家的理想型》，《社会主义研究》，2008年第2期。

朱永彪、后俊：《论阿富汗民族、部落因素对毒品问题的影响》，《兰州大学学报（社会科学版）》，2011年第3期。

刘向阳：《阿富汗毒品问题对其政治、经济及社会安全的影响》，《新疆社会科学》，2011年第6期。

邵育群：《阿富汗毒品问题及相关国际合作》，《现代国际关系》，2009 年第 1 期。

杨恕、汪金国：《中亚安全和阿富汗毒品》，《东欧中亚研究》，2001 年第 4 期。

叶海林：《对俾路支解放军恐怖活动的分析》，《南亚研究》，2007 年第 4 期。

袁忠民：《对毒品的商品经济学认识》，《公安学刊》，2007 年第 3 期。

袁忠民：《对毒品问题屡禁不止的经济学分析》，《公安学刊》，2008 年第 1 期。

于海洋：《建国初期禁毒斗争述评》，《中国人民公安大学学报（社会科学版）》，2008 年第 2 期。

尚季芳：《建国初期甘肃省的禁烟禁毒斗争—兼与民国政府时期的禁政对比分析》，《西北民族大学学报（哲学社会科学版）》，2010 年第 2 期。

胡君：《抗日战争时期陕甘宁边区的禁烟运动》，《大庆师范学院学报》，2012 年第 2 期。

何泉生、谢桂珍整理：《中国禁毒斗争大事记（九）》，《毒品犯罪的发展趋势与治理对策》课题组，《公安大学学报》，1999 年第 6 期。

宋红彬、陈育涛、张昆：《20 世纪 90 年代以来新疆毒品问题的质变与禁毒变革》，《新疆社会科学》，2012 年第 5 期。

黄伯华、杨苏群：《新疆毒情分析即对策研究》，《新疆警官高等专科学校学报》2004 年第 4 期。

杨亚非：《新疆毒品犯罪》，《中国刑事警察》，2004 年第 6 期。

张昆、李彦明：《云南和新疆境外毒品渗透的危害性比较》，《云南警官学院学报》，2010 年第 6 期，第 29 页。

何泉生、谢桂珍整理：《中国禁毒斗争大事记（四）》，《毒品犯罪的发展趋势与治理对策》课题组，《公安大学学报》，1999 年第 1 期。

艾尔肯·沙木沙克：《新疆毒品犯罪现状及其防治对策探讨》，《犯罪研究》，2010 年第 3 期。

阿地力江·阿不来提，《中亚毒品问题的国际化及其对我国地区稳定的影响》，《中国人民公安大学学报（社会科学版）》，2010 年第 2 期。

外文文献

相关书籍

Ahmed Rashid, The Power of Militant Islam in Afghanistan and Beyond, London. New York: I. B. TAURIS, 2000.

David Macdonald, Drugsin Afghanistan: Opium, Outlaws and Scorpion Tales, London: Pluto Press, 2007.

Shanthie Mariet D'souza. Afghanistan in Transition Beyond 2014? New Delhi: Pentagon Press, 2012.

Hafizullah Emadi, Dynamics of Political Development in Afghanistan: The British, Russian, andAmerician Invasions, New York: PALGRAVE MACMILAN, 2010.

Amir Zada Asad and Robert Harris, The Politics and Economics of Drug Prodiction on the Pakistan-Afghanistan Border, England, 1988.

Neamatollah Nojumi, Dyan Mazurana, and Elizabeth Stites, After the Taliban: Life and Security in Rural Afghanistan, U. S. A: ROMAN and LITTLEFIELD PUBLISHERS, INC, 2009.

Antonio Giustozzi, Empires of Mud: War and Warlords in Afghanistan, London: HURST and COMPANY, 2009.

Ahmed Rashid, Taliban: Militant Islam, Oil and Fundamentalism in Central Asia, Yale Nuiversity Press, 2000.

Ahmed Rashid, Taliban: Isla, Oil and the New Great Game in Centrl Asia, I. B. Tauris, 2000.

D. T. Courtwright, Force of Habit: Drugs and the Making of Morden World, Haverard University Press, 2001.

E. J. Epstein, Agency of Fear: Opites and Political Power in America, G. P. Putnam, s Sons, 1977.

相关报告

Hidea Shinoda, What Was Wrong with Afghanistan? Reflection upon The Past and Prospect for The Future, Towarding Bring Stability in Afghanistan: A Revildingiew of the peacebuilding Strategy, IPSHU English Research Report Series

No. 24, 2009, p. 19.

Ali Wardak, Jirga-A Traditional Mechanism of Conflict Resolution in Afghanistan, University of Glamorgan, 2003, p. 14.

John F. Tiernry, Extortion and Corruption Along The US Supply Chain in Afghanistan, Peport of The Majority Staff, 2010.

Antonio Giustozzi, Noor Ullah, "Tribes" And Warlords in southern Afghanistan, 1980 –2005, Crisis States Research Centre Working Paper no. 7, 2006.

Antonio Giustozzi, The Debate on Warlordism: The Importance of Military Legitimacy, Crisis States research Centre Discussion Paper no. 13, 2005.

S. Frederick Starr. Karzai's Fiscal Foes and How to Beat Them, Confronting Afghanistan's Security Dilemma, BICC Brief 28, 2003.

Antonio Giustozzi, Pespectable Warlords? The Politics of State-Building in Post-Taleban Afghanistan, Development Research Centre LSE Working Paper No. 33, 2003.

Gretch Peters, How Opium Profits the Taliban, United States Institute of Peace, 2009.

Madoka Futamura, Transitional Justice in The Afghan Peacebuilding Process The Potential and Limitations, Towarding Bring Stability in Afghanistan: A Revildingiew of the peacebuilding Strategy, IPSHU English Research Report Series No. 24, 2009.

Mark Sedra, New Beginning or Return to Arms? The Disarment, Demobilization&Reintegration Process in Afghanistan, Bonn Internation Center for Conversion, 2003.

Conrad Schetter, Rainer Glassner and Masood Karokhail, Beyond warlordism: The Local Security Architecture in Afghanistan, International Crisis Grpup, 2007.

Andrew R. Hoehn, Sarah Harting, Risking NATO, Testing the Limits of the Alliance in Afghanistan, RAND Project Air Force, 2010.

Seth G. Jones, Counteringsurgency in Afghanistan, RAND National Defense Research Institute, 2008.

The Opium Economy in Afghanistan-An International Problem, New York: Offoce on Drugs and Crime, 2003.

Jonathan Goodhand and Mark Sedra, Bargains for Peace? Aid, Conditionalities and Reconstruction in Afghanistan, Netherlands Institue of International Relations "Clingendal" Conflict Research Unit, 2006.

The Opium Economy in Afghanista: An International Problem, UNODC, 2002.

Gleen E. Curits and Tara Karacan, the Nexus among Terrorists, Narcotics Traffickers, weapons Proliferators, and Organized Crime Networks in Western Europe, A Studty Prepared by the Federal Research Divion, Library of Congress under an Interagebcy Agreement with the United States Government, December 2002.

Afghanistan Opium Poppy Free Poad Map and Provincial Profile, NUODC, June 2008.

Musa Khan Jalazai, Silent Killer: Drug Trafficking in Pakistan Afghanistan and Central Asia, Lahore: Institute of Advance and Strategic Studies, 2005.

Louise I. Shelley and Nazia Hussain, Narco-Trafficking in Pakistan-Afghanistan Border Areas and Implications for Security, The National Bureau of Asian Research, 2009.

Report on Progress Toward Security and Stability in Afghanistan and United States Plan for Sustaining the Afghanistan National Security Forces, The Deparment of Defence, Apirl 2010.

Illict Drug Trends in Central Asia, UNODC Regional Office for Central Asia, Apirl 2008.

Sebastine Peyrous, Drug Trafficking in Central Asia: A Poorly Considered Fight? Ponars Eurasia Policy Memo No. 28, September 2012.

Illict Drug Trends in Pakistan, UNODC, 2008.

Central Asia: Drugs and Conflict, International Crisis Group, 26 November 2001.

Afghanistan Drug Control: Despite Improved Efforts, Deteriorting Security Threatens Success of U. S. Goals, GAO Report to Congressional Committees, Gao – 07 – 78, November 2006.

Afghanistan Drug Control: Strategy Evolving and Progress Reported, but Interi Performance Targets and Evaluation of Justice Reform Efforts Needed, GAO, Report to Congressional Committees, Gao – 10 – 191, March 2010.

Beau Kilmer and Stijn Hoorens, Understanding Illcit Drug Markets, Suooly-

Reduction Efforts, and Drug-Related Crime in the European Union, RAND Europe2010.

Ko-lin Chin, The Chinese Connection: Cross-Border Drug Trafficking between Myannmar and China, Final Report to The United States Department of Justice Office of Justice Programs National Institute of Justice Grant#2004 – IJ – CX – 0023, Apirl 2007.

Jacob Townsend, China and Afghan Poiates: Assessing the Risk, Silk Road Paper, June 2005.

Dr. Murray Scot Tanner, China Confront Afghan Drugs: Law Enforcement of "The Golden Crescent", CAN China Studies, March 2011.

Zhang Yong-an, Asia, International Drug Trafficking, and U. S. -China Counternarcotics Cooperation, The Brookings Institution Center for Northeast Asian Policy Studies, Februrary 2012.

Nancy Lubin, Alex Klaits and Igor Barsegian, National Interdiction in Afghanistan and Central Asia: Challenges for International Assistance, A Report to the Open Society Institute's Central Eurasia Project and Network Women's Programme, 2002.

Afghanistan Opium Survey 2005, UNODC, November 2005.

Afghanistan Opium Survey 2007, UNODC, October 2007.

Afghanistan Opium Survey 2008, UNODC, August 2008.

Afghanistan Opium Survey 2009, UNODC, Septmber 2009.

Afghanistan Opium Survey 2010 Summary Findings, UNODC, September 2010.

Afghanistan Opium Survey 2011 Winter Rapid Assessment for the Central, Eastern, Southern and Western Regions, UNODC, January 2011.

Afghanistan Opium Survey 2012 Opium Risk Assessment for all Regions, UNODC, April 2012.

Afghanistan Cannabis Survey 2010, UNODC, June 2011.

Drug Use Survey 2010 Sarpoza Prison, Kanda, Afghanistan, Assement of Drug Use Leves and Assiociated High-risk Behavious amongst the Prison Population of Sarpoza Prison, Kandahar, June 2010, p. 5.

Human Right Watch Word Report 2011, Human Right Watch, 2011.

Gretchen Peters, How Opium Profits the Taliban, United States Institute of Peace, August 2009.

Jefdrey Dressler and Reza Jan, The Haqqani Nttwork in Kurram: The Regional Implications of A Growing Insurgency, Institute for the Study of War, May 2011.

Jeffrey A. Dressler, The Haooqrni Network: From Pakistan to Afganistan, Institute for the Study of War, October 2010.

Report on Progress Toward Security and Stability in Afghanistan and United States Plan for Sustaining the Afghanistan National Security Forces, The Deparment of Defence, Apirl 2010.

World Drug Report 2010, UNODC, New York, 2010.

World Drug Report 2012, UNODC, New York, 2012.

Word Drug Report 2013, UNODC, New York, 2013.

David Lewis, High Times on the Silk Road: The Central Asian Paradox, Word Policy Journal, Vo. 27, No. 1, Spring 2010.

Nalin Kumar Mohapatra, Political and Security Challenges in Central Asia: The Drug Trafficking, Dimension, International Studies, Vol. 44, No. 2, 2007.

Davia Wishart, The Opium Poppy: The Forbidden Crop, Journal of Geography, Vol. 73, No. 1, 1974.

Gintautas Zenkevicius, Post-Conflict Reconstruction: Rebuilding Afghanistan-Is That Post-Conflict Reconstruction? Baltic security&Defence Review, Vo. 9, 2007.

Abul Malik, Syeda Farhana Sarfaraz, Origin and Development Drug Addiction in South Asia with Special Reference to Pakistan, Pak. J. Commer. Soc. Sci., Vol. 5, 2011.

其他相关文章

Garlotta Gall and Ruhullah Khapalwak, Karzai Buries A Brother, and Quickly Appoints Anther As Successor, New York Times, July 13, 2011, http://www.nytimes.com/2011/07/14/world/asia/14kandahar.html.

Ian Fisher, Warlords Pushes for Control of Corner of Afghanistan, New York Times, 6 August 2002.

Remarks of President Barack Obama, As Prepared Pakistan to defeat Al Qaeda and Combat extremism, February24, 2009, http://www.withehouse.gov/the_

press_ office/Remarks-of-President-Barack-Obama-Address-to-Joint-Session-of-Congress/.

D. Suba handran, Drug Trafficking and the Security of the State: Case Study of Pakistan, http://www.idsa-india.org/an-sep8-7.html.

Turkey, Balkans at the Drug-Trafficking Crossroad, novinite.com, January 11, 2012, http://www.novinite.com/view_ news.php? id =135605.

Iran Sidesteps Sanctions With Smuggling and Drug Trafficking, theTrumpet.com, May 20, 2013, http://www.thetrumpet.com/article/10630.29435.0.0/society/drugs/iran-sidesteps-sanctions-with-smuggling-and-drug-trafficking.

Drug trafficking and border control Situation Analysis, Unodc, https://www.unodc.org/islamicrepublicofiran/drug-trafficking-and-border-control.html.

Turkey' s Role in the Afghan Drug Trade, jeremyehommond.com, Apirl30, 2010, http://www.jeremyrhammond.com/2010/04/30/turkeys-role-in-the-afghan-drug-trade/.

Albanian Organized Crime Groups, European Intelligence Academy, Spember 2013, http://www.russianlaw.org/Mutschke.htm.

Marcia C. Kuarcia, Al Qaede Balkan Links, Wall Street Journal, November 1, 2001.

Ioannis Michaletos, Shape of the Albanian Organized Crime, Insitute for European and American, 27 July, 2007, http://www.serbianna.com/columns/michaletos/020.shtml.

Asker Sultanov, Kyrgyzstan Introduce Anti-Drug Frafficking Measures, registan.net, http://registan.net/2013/07/09/the-three-evils-of-narco-policy-in-central-asia/.

Anna Zemblicka, Azerbalijan and the Lost Battle agaist Drug Trafficking, BRIGHT, 18 Apirl2011, http://www.flarenetwork.org/report/syntheses/article/azerbaijan_ and_ the_ lost_ battle_ against_ drug_ smuggling.htm.

Drug Trafficking through Azerbaijan, or anAttempts of Baku to Ascribe Its Sins to NKR, panorama.am, 20 June, 2013, http://www.panorama.am/en/analytics/2013/06/20/narco-azerbaijan/.

An Overview on Crime and Terrorism in Central Asia, Acams Today, June-August 2011.

Marcia C. Kuarcia, Al Qaede Balkan Links, Wall Street Journal, November 1, 2001.

Thomas Land, Afghanistan to Help Western Europe, sAnti-Drug Drive, Contempary Review, January 1974.

Asker Sultanov, Haqqani Network Could Surface in Kyrgyzstan, 13 June 2012, Centralasiaonline. com, http: // Centralasiaonline. com/en _ GB/article/caii/features/main/2012/06/13/feature -01.

Simon Tisdall, Ahmed Wali Karzai, the Corrupt and Lawless Face of Modern Afghanistan, The Guardian, 12 July 2011, http: //www. theguardian. com/world/2011/jul/12/ahmed-karzai-modern-afghan-warlord.

Laura Lynch, Widows in War-Torn Afghanistan, PRI's the World, http: //pri. org/stories/2011 -09 -26/widows-war-torn-afghanistan.

参考网站

[1] www. afghangovernment. org.

[2] www. mfa. gov. af.

[3] www. un. org.

[4] www. whitehouse. gov.

[5] www. hazara. net.

[6] www. bbc. co. uk.

[7] www. people. com. cn.

[8] www. xinhua. com. cn.

图书在版编目（CIP）数据

阿富汗毒品与地区安全/杨恕，宛程著．—北京：时事出版社，2015.11

ISBN 978-7-80232-886-0

Ⅰ.①阿…　Ⅱ.①杨…②宛…　Ⅲ.①禁毒—研究—阿富汗
Ⅳ.①D737.288

中国版本图书馆 CIP 数据核字（2015）第 240745 号

出 版 发 行：时事出版社
地　　　址：北京市海淀区万寿寺甲 2 号
邮　　　编：100081
发 行 热 线：（010）88547590　88547591
读者服务部：（010）88547595
传　　　真：（010）88547592
电 子 邮 箱：shishichubanshe@sina.com
网　　　址：www.shishishe.com
印　　　刷：北京市昌平百善印刷厂

开本：787×1092　1/16　印张：17.25　字数：300 千字
2015 年 11 月第 1 版　2015 年 11 月第 1 次印刷
定价：68.00 元